21世纪通用法学系列教材



# 残障人法教程

LAW TEXTBOOKS FOR NON-LEGAL MAJORS

主　编　黎建飞
副主编　王治江　　崔凤鸣
参编人　石　娟　　李　静
　　　　周　培　　赵启峰
　　　　袁　纲　　董泽华

中国人民大学出版社
·北京·

# 序言

## 一、我国残障人权益的法制现状

我国有8 500万残障人，是世界上残障人最多的国家。① 自改革开放以来，随着经济社会的发展，我国残障人事业取得了举世瞩目的成就，《残疾人保障法》不仅引领了我国社会保障立法的前行，而且开启了我国社会保障制度化、法律化之先河。我国已经形成以宪法为依据，以刑事、民事、行政等法律为基础，以残障人保障法为主导，以残障人教育条例、就业条例等行政法规为辅助，以优惠和扶助残障人的地方性法规为补充，全面保障残障人权利和促进残障人事业发展的法律体系。直接涉及残障人权利保护的法律，已经达到五十多部。

《残疾人教育条例》、《残疾人就业条例》和《无障碍环境建设条例》的实施，《残疾预防和残障人康复条例》的制定，对残障人在社会保障中的教育、就业、康复和无障碍权利作出了更为明确和具体的规定。残障人的受教育程度、就业率有了普遍提高，很多残障人得到了康复的机会。据统计，在2008—2012年五年间，我国有280.9万城镇残障职工参加了社会保险，498.6万城镇残障居民参加了基本医疗保险；残障人参加新型农村和城镇居民社会养老保险工作实现制度全覆盖，325.3万和1 338.4万城乡残障人参加了城镇居民社会养老保险和新型农村社会养老保险，参保率分别为58.4%和63.8%，在60岁以下的参保重度残障人中，有超过94%的人得到了政府的参保扶助，享受了全额或部分代缴的优惠政策；600多万城乡困难残障人享受最低生活保障。②

与此同时，我国始终活跃在残障人权利保护领域的国际舞台上，支持并认真执行联合国《关于残障人的世界行动纲领》，参与制定《残障人机会均等标准规则》。《残障人权利公约》是人类历史上第一部系统性保护残障人权利的国际法律文书，涵盖残障人生命、家庭、教育、健康、就业、人身安全、获得司法保护、参与政治和公共生活等各方面权利。中国是《残障人权利公约》的首批签署国，残障人人权保障也是中国人权事业的亮点，被前联合国秘书长安南誉为发展中国家的典范。2008年4月，修订后的《残疾人保障法》第一次引入"禁止基于残障的歧视"概念，突出"以残障人权利为本"的理念，明确提出了国家保障残障人享有各项社会保

---

① "我国实行比较严格的残障认定标准，即使这样，我国残障人的人口总数也超过8 500万，占总人口的比例达到6.34%，涉及家庭人口近3亿。"王治江：《反残疾人就业歧视法律制度研究》，2页，北京，华夏出版社，2014。

② 参见施雨岑：《让残疾人群体共享经济社会发展成果——解读国务院常务会议部署保障和改善残疾人民生系列举措》，见新华网，2014-12-24，http：//news.xinhuanet.com/gongyi/2014-12/25/c_127333330.htm，访问日期：2015-01-06。

障等权利，强化了侵害残障人的权益所应承担的法律责任。

在北京召开的2014年亚太经合组织领导人非正式会议，专门举办了“促进残疾人共享经济社会发展成果”主题系列活动，并且将“残障人问题”写入亚太经合组织第二十二次领导人非正式会议宣言附件，强调为弱势群体特别是妇女、青年、残障人以及贫困人群参与经济活动创造有利环境，致力于加强创业、就业、卫生、粮食安全、食品安全、农业可持续发展、妇女参与经济、青年、残障人、防灾减灾、社会责任、商业道德、反腐败和安全贸易方面合作。①

亚太地区有6.5亿残障人，约占全球残障人口的65%。2015年9月3日，在我国的积极推动下，亚太经合组织（APEC）残障人之友小组第一次会议在菲律宾宿务的APEC第三次高官会上举行，标志着残障人事务正式纳入APEC框架。来自19个APEC经济体的代表重申残障人与经济发展密切相关，呼吁进一步加强残障人经济赋权，消除他们参与经济的障碍，鼓励各相关机制采取切实措施，打造包容性经济，促进残障人实现其作为劳动者的价值。②

### （一）残障人就业保障

对社会而言，就业乃民生之本。对劳动者而言，就业是生存之道。对残障人而言，就业不仅是生存，更重要的是尊严。残障人通过就业参与社会，实现残障人与非残障人的全面平等，证明残障人与非残障人都是社会生活中无任何差别的完全一样的人。

我国非常重视通过立法保障残障人的就业权利。《宪法》、《就业促进法》、《残疾人保障法》都有保障残障人就业权利的专门规定，国务院制定了专门的行政法规——《残疾人就业条例》，人力资源和社会保障行政部门也有一系列保障残障人就业的举措，但我国残障人在公开劳动力市场上的弱势地位并未得到根本性改变，在就业过程中歧视残障人的现象依然存在。2010年度我国残障人状况监测数据显示，劳动年龄段生活能够自理的城镇残障人就业率为34.0%，农村为49.2%，远低于非残障人的就业率。在世界卫生组织和世界银行发布的《2011年世界残障报告》中，男性残障人的就业率整体上比男性健全人低8个百分点，女性残障人的就业率整体上比女性健全人低10个百分点。我国的相关数据与此相比仍有差距。③

在残障人就业保障上，法制建设需要观念先行，我们需要牢固树立以下观念：只有不适合残障人工作的岗位，没有不适合工作的残障人。针对残障人的就业歧视是对残障人基本权利的侵犯。立法是消除残障人就业歧视的根本手段。对残障人的特殊保护不能视为对其他人的歧视。在现实中，既有公务员考试中拿出空岗招考残障人的积极举措，也有身高只有1米的海某

① 在残障人案件的司法实践中，也应当考虑到残障人自身的特点和弱点，建立特有的权益保障机制。例如，由公安部挂牌督办的特大残障人盗窃团伙案，经亳州市人民检察院审查，对以被告人金某为首的32名被告人提起公诉。32名被告人中有30人系聋哑人。鉴于案件中多名残障人既是犯罪嫌疑人又是受害者，案件移送检察院审查起诉后，对其中12名犯罪情节轻微的嫌疑人作出不起诉决定。在为12名不起诉人员发放释放证明时，为切实保障他们的人身安全，检察官逐一联系他们的家人，要求被释放的人员必须由直系亲属亲自接走。参见陈乾宇等：《特大残疾人盗窃团伙32人被诉》，载《安徽法制报》，2014-08-20。见 http：//epaper. anhuinews. com/html/ahfzb/20140820/article _ 3137627. shtml，访问日期：2015-08-23。

② 参见张希敏：《中国推动将残疾人事务正式纳入亚太经合组织框架》，见中国新闻网，2015-09-03，http：//finance. ifeng. com/a/20150903/13953901 _ 0. shtml，访问日期：2015-09-05。

③ 参见王治江：《反残疾人就业歧视法律制度研究》，20、22页，北京，华夏出版社，2014。

某，顺利完成了本科学业并且成绩优秀，但她的求职却见识到了社会的残酷或者不友好的一面。有语言轻浮的询问："你够得着电脑吗？"有不耐烦地挥手让她快走。即便如此，人们期望的似乎只有"即使不能给她岗位，但至少应该给她尊重"①。而事实上，用人单位不仅应当给她岗位，而且应当为她的履职提供"合理便利"或者"必要条件"②。这既是法律对于残障人就业的权利保障，也是法律加诸用人单位的法定义务。③ 违反这些义务的用人单位，应当为其歧视残障人就业的违法行为承担严重的法律后果。同时，我们还会注意到，《残疾人就业条例》实施后和残障人就业保障金征收后，残障人就业率并无实质性变化的现实。一个尴尬的现实是，部分企业宁愿交钱，也不肯按比例接纳残障人就业。"企业是追求效益的，残障人一般工作效率较低，并且一些情况下用人单位还要考虑到为残障人设立无障碍设施，这样就无形中增加了聘请残障人的成本。"某服务性行业私企总公司每年都有专门的残保金划拨给分公司，用于向政府部门缴纳，意味着这些企业宁愿缴纳残保金，而不是招聘残障人。④

① 苑广阔：《从海某某求职看残障人艰难就业》，载《海南日报》，2014-06-13。海某某是洛阳师范学院的优秀毕业生，但从找单位实习开始就屡受歧视，她觉得自己有点像古希腊神话里的西西弗斯，一遍遍的重复，仿佛只是证明命运的徒劳。第一次找单位实习是在2013年暑假，海某某还特意蹬上了厚有三四厘米的"高跟鞋"，带着简历和自己的设计作品，从路边的平面设计店一家一家地找起。一家复印店的回答是"你是大人吗？够得着电脑桌吗？"2014年6月份，论文答辩结束后，海某某开始求职，为了减少尴尬和浪费时间，先把身高跟公司说明，人家不介意再去面试。但结果还是："并不是你不够优秀，考虑到公司的整体素质拓展，综合能力考验还不太适合。"参见刘娇：《"一米大学生"海某某求职记》，载《人民日报》，2014-06-10。后来，海某某求职难的相关报道见报后，有十余家公司愿为她提供工作机会。见 http://www.sn.xinhuanet.com/2014-06/10/c_1111074588.htm，访问日期：2016-01-06；http://dpls.ruc.edu.cn/show.php?contentid=2063，访问日期：2015-01-06。

② "合理安排"是美国残障人法中的一个概念或者说是一项制度，十分重要和有用。中国残障人保障法没有这一概念或者制度。所谓合理安排，是当雇员的残障可能阻碍其工作时，他可以要求雇主作出合理安排，包括提供新设备、整改现有设备、提供特殊器材，诸如聋人沟通器、电话放大机、特殊软件、放大印刷字体或者将印刷字体转换成语音、在设备上用盲文或是凸起印刷的触觉记号、发声计算器、免提电话、有显示灯的计时器等。法律要求雇主提供"合理安排"，雇主必须经相关雇员谘商并优先考虑其喜好作出合理安排。只有当某项安排如果会对雇主造成"非常困境"时，雇主才可能免责，即带来极端困难或极大代价、影响该场所的运作，造成工作团队的组织、结构、功能或者地理位置的分离等。这些都是中国应当学习和借鉴的。在中国，残障人立法中就没有"合理安排"这个概念，相应的也就完全不会有这方面的制度性保障。这仅给残障人就业增加了难度，而且在残障人入学等方面也会困难重重。参见黎建飞：《美国与中国残疾人法的比较与启示》，载《中国法学》（英文版），2014（2）。

③ 在现实生活中，出现了与提供"合理便利"完全相反的事例：2012年8月，视障人士李某与北京中网在线广告有限公司达成岗位为"专门录音的后期制作"的约定。同年10月11日，李某入职该公司，主要工作为视频剪辑和录像带制作。公司将其岗位调整为"视频后期制作"，一个多月后，他收到公司通知"公司现在没有适合你的岗位，你的眼睛没法完成考核和绩效"，并要求当天办理离职手续，他只得在"离职证明"上签字。"明知我是视障人士，还将我的岗位调整为视频制作，这不是故意要辞退我吗？"李某称，公司此举打击了他的就业信心，请求法院判令"中网在线"公开赔礼道歉，赔偿经济损失和精神抚慰金12万余元。该案是北京市首例"残障就业歧视案"。参见张媛：《盲人调岗让干视频》，载《新京报》，2013-07-30。见 http://www.bjnews.com.cn/news/2013/07/30/275823.html，访问日期：2015-01-06。

④ 参见李征等：《江西：多种原因导致自身文化水平不高 残障人就业面临歧视》，载《信息日报》，2014-03-31，中国江西网，http://www.jxcn.cn/system/2014/03/31/013017957.shtml，访问日期：2015-01-07。广东某化工厂职工总人数为382人，外来工82人，根据《广州市按比例安排残障人就业办法实施细则》，该厂应招用残障人6.3人，但是，该企业宁愿连续每年缴纳残障人就业保障金11.59万元，也不肯招收一名残障人。厂领导的解释是因为缴钱比招收残障人更"合算"，而且残障人的"形象不太好，能力一般般"，所以，"罚一些钱也无所谓了。"参见周林刚等：《歧视理论视野下的残疾人就业——对广州市几个典型个案的解析》，载《中国残障人》，2007（6）。见 http://www.cqvip.com/QK/71135X/201107/24573197.html，访问日期：2015-01-07。

**附：2014 年 1 月至 2015 年 6 月侵犯残障人就业权益的案件类型 ①**

<table>
<tr><th>案件类型</th><th>判决类型</th><th>案由</th><th colspan="2">案件核心内容</th><th>案件数量</th></tr>
<tr><td rowspan="5">刑事案件</td><td rowspan="5">刑事判决书</td><td>玩忽职守罪</td><td colspan="2">福利企业安排残障人数量不够，达不到退税标准却骗取增值税退税，国家机关工作人员因为疏忽大意没有发现</td><td>18</td></tr>
<tr><td>滥用职权罪</td><td colspan="2">福利企业不符合福利企业标准但享受增值税退税优惠，国家机关工作人员明知却故意不履行职责放任国家财产损失</td><td>2</td></tr>
<tr><td>贪污罪</td><td colspan="2">利用职务便利，利用虚假残障人证和重复安排残障人就业等手段，骗取并占有公款</td><td>1</td></tr>
<tr><td>挪用公款罪</td><td colspan="2">利用职务便利，挪用单位用于残障人就业的公款</td><td>1</td></tr>
<tr><td>受贿罪</td><td colspan="2">接受用人单位的贿赂，在残障人就业方面为其谋利益</td><td>2</td></tr>
<tr><td rowspan="3">行政案件</td><td rowspan="2">行政执行裁定书</td><td rowspan="2">残保金强制征收</td><td colspan="2">残联申请执行残保金缴纳决定书</td><td>42</td></tr>
<tr><td colspan="2">被执行人拒不执行法院已经发出的执行通知书，残联申请划拨残保金</td><td>2</td></tr>
<tr><td>行政判决书</td><td>残保金征收</td><td colspan="2">残联具有征收残保金的主体资格</td><td>1</td></tr>
<tr><td rowspan="10">民事案件</td><td rowspan="10">民事判决书</td><td rowspan="8">劳动争议</td><td rowspan="2">支付劳动报酬和经济补偿金</td><td>判决支持诉讼请求</td><td>21</td></tr>
<tr><td>判决驳回诉讼请求</td><td>10</td></tr>
<tr><td rowspan="2">确定劳动关系</td><td>判决确认劳动关系</td><td>3</td></tr>
<tr><td>判决驳回诉讼请求</td><td>3</td></tr>
<tr><td rowspan="2">支付基本生活费</td><td>判决支持诉讼请求</td><td>1</td></tr>
<tr><td>判决驳回诉讼请求</td><td>1</td></tr>
<tr><td rowspan="2">支付社会保险费</td><td>判决支持诉讼请求</td><td>1</td></tr>
<tr><td>判决驳回诉讼请求</td><td>1</td></tr>
<tr><td rowspan="2">劳务派遣合同纠纷</td><td rowspan="2">支付残保金的主体</td><td>用工单位</td><td>5</td></tr>
<tr><td>用人单位</td><td>1</td></tr>
</table>

### （二）残障人教育保障

在人生过程中享受优质教育是每个人应有的基本权利。教育是人的全面发展的基础，对于残障人发展和共享经济社会发展成果具有举足轻重的作用，是残障人能够在社会中有尊严地生活的重要前提。《残障人权利公约》中特别要求缔约国确认残障人享有受教育的权利，在不受歧视和机会均等的情况下实现这一权利，要求缔约国确保在各级教育实行包容性教育制度和终生学习。

为充分保障残障人接受教育的权利，我国专门颁布了《残疾人教育条例》，并在《残疾人保障法》中专设“教育”一章，规定“国家保障残疾人享有平等接受教育的权利”。全国为残障儿童少年兴办有特殊教育学，义务教育普通学校附设有特教班。残障人职业教育有专门的培训机构。高等教育对残障人平等招收，还设立有残障研究方向研究生学位。2014 年 12 月，北京联合大学获批国内首个专门面向视障生源的临床医学（中医）硕士专业学位授权点，并按照

① 数据来源于中国裁判文书网 2014 年 1 月 1 日至 2015 年 6 月 9 日中的残障人就业裁判文书，由宣湾湾归纳分类整理。在涉及残保金征收的行政纠纷主要涉及残保金的征收、征收主体和强制征收。在涉及残障人劳动合同权益的民事纠纷中，用人单位侵犯残障人权益的行为主要存在三个阶段：一是残障人进入用人单位之前，用人单位设置歧视性条件，不平等对待残障人的就业权；二是残障人进入用人单位后，在工作时间、工作报酬、工作条件、社会保险等方面受到不公正待遇；三是残障人离开用人单位时受到不公正待遇，主要表现为，用人单位没有正当理由解雇残障人、拒不支付残障人经济补偿金。侵犯残障人就业权益的纠纷大多数都是民事和行政类型的，涉及的刑事纠纷多是因为国家工作人员利用职务便利谋取私人利益间接侵犯残障人利益，犯罪类型多是贪污、受贿、渎职类犯罪。涉及的非法行为有：国家工作人员与接受用人单位或者福利企业的贿赂，利用职务便利，帮助企业获得税收优惠、不征少征残保金、非法认定福利企业资格。

全国硕士研究生招生考试要求实行了单考单招，完善了我国残障人高等教育体系，填补了残障人高等教育的空白，让残障人渴望同健全人一样平等享受高等教育的梦想成为现实。①

但我们同样看到，"残疾女生刘某玲高考 549 分被退档"，学校给出的理由仍然是"体检不合格"，而且断言"她参加高考还将会面临同样的问题"②。我们还看到，2014 年 6 月 7 日，全国高考首日，8 点 35 分，脑瘫患者刘某潇第一次坐上了属于自己的高考考位。然而，8 点 44 分，他在教室坐了 9 分钟后却泪别考场。因为根据三十多年来的规矩，需要以书写的方式作答考题——但作为只能靠轮椅出行的脑瘫患者，眼睛有2 500度近视、双手几乎不能握笔，刘某潇根本无法进行正常的书写。他希望是以"别人念题、他来口答、再由别人代写答案"的方法作答，此前，他的家人和教育部门进行了多次沟通，但最终未能获准。对此，法律应当提供的保障不仅是刘某潇们的高考参与权，而且是他们参加高考的特殊保障权，比如，提供"合理且必要"的专用教室、专用考场、专用桌椅和专用文具，配备专门的语音服务，专用的试题试卷，尤其是为他们延长考试的时间，即提供给他们比正常考生更加合理且充足的考试时间。只有这样，回望着教学楼失声痛哭的刘某潇那一声"等着我，总有一天我还会回来参加高考的"③ 的大吼才有可能成为现实。

---

① 2014 年 12 月 27 日至 28 日，首次全国硕士研究生招生考试视力残障考生单考单招在北京联合大学特教学院举行，来自北京、山东、新疆和辽宁的 18 名拥有本科学历的视障考生参加了考试。此前，我国单独面向残障人的高等教育仅有本科、专科两个层次，不能满足残障人接受更高层次高等教育的需求。此次考试将按成绩从高往低划定录取分数线，预计首次将招生 5 人。参见杜丁：《视障学生首次考研，北京联大获批国内首个视障生源硕士点》，载《新京报》，2015-01-05。见 http：//www. zgxzw. com/ZhaoSheng/View. asp? ID＝194492，访问日期：2015-01-06。

② 刘某玲是一名双腿残障的学生，以高考 549 分的成绩报考江夏学院，曾收到学校招生办电话询问是否服从调剂一个冷门专业，刘某玲一口答应，但最后仍然被退档。多年来，她除了没有办法走远路，上下楼梯需要帮忙，其他正常生活可以自理。江夏学院招生办一位负责人称，对照医生对于该生内科及外科的诊断，根据有关规定，决定对其进行退档处理，并经福建省教育考试院审核同意。"对此我们深表遗憾，如果体检一直不合格，她参加高考还将会面临同样的问题。"参见孟昭丽等：《残疾女生高考 549 分，因体检不合格被退档》，载《北京青年报》，2014-08-05。见 http：//epaper. ynet. com/html/2014-08/05/content _ 77349. htm? div＝－1，访问日期：2015-01-07。后来，刘某玲高分被拒的相关报道见报后，厦门大学嘉庚学院决定录取刘某玲同学在该校财务管理专业学习。福建美菰林生物科技有限公司为刘某玲提供每月 600 元生活补助，并与刘某玲签订就业帮扶协议，愿意接纳和推荐其到比较优秀的企业就业。

③ 1987 年，刘某潇出生在雅安，不到一岁时被确诊为痉挛性脑瘫，康复治疗后依旧直不起身子，不能正常行走和使用双手。由于有2 000多度的近视，只能拿着放大镜看书，除了小学、初中、高中的全部课程外，刘某潇还自学了 14 门法学的主干课程。他想上大学系统学习法律。虽然身体残障，但是可以从事法学理论方面的研究，既可以自食其力，又能用学到的法律知识帮助更多像他一样的人。为了能参加高考，2013 年 6 月 22 日，刘某潇向四川省残障人联合会发出一份求助信，省残联通过电话告诉刘某潇，只要他出示残障人相关证明，便能在当地参加高考。由于刘某潇痉挛性脑瘫影响肢体不协调，写一个字就能占 A4 纸半页纸，刘某潇的外婆李某容还向雅安市教育局请求，能否单独给他设立一个考室，别人念题、他口答、再由别人代写，或者把题输入电脑在网上答题？"就目前而言，几十年来传统的高考答题方式都是书面答题，没有口头答题的先例，暂时也不可行。"雅安市招办副主任刘兴双说。2014 年 6 月 7 日上午 8 点，坐在轮椅上的刘某潇穿着一身运动装，戴着一副如啤酒瓶底一般厚的眼镜，用橡皮筋束在后脑勺上，由母亲李某推着来到雅安中学 2014 高考考点。李某向考点负责人提出：儿子不能正常书写答题，能否安排单独考室并通过口头方式答题？这不是李某第一次提出这个请求，但依旧被拒绝。"反正今天也来过考场了，实在不行，要不我们就回家了吧？"刘某潇坐在轮椅上不说话，在众人的目光中，李某也低着头一言不发，推着刘某潇准备离开。"不行！我要到属于我的高考座位去看看。"刘某潇突然大声地说道，吓了周围人一大跳。文科 001 考场在教学楼的二楼尽头，从刘某潇所处的广场进教学楼，要上 20 多级台阶。看到一楼到二楼的楼梯有扶手，刘某潇坚持自己扶着慢慢往上挪。他说："只要给我一定的辅助条件，我相信，我能行！"8 点 35 分，工作人员将刘某潇推进教室。坐在轮椅上，刘某潇看了看身边的其他考生，努力将腰杆挺得笔直。"如果要坚持坐在考场里，必须至少要等开考一个半小时才能交卷出来。"监考人员提醒。李某心疼儿子，"这样干坐着也毫无意义，还是走吧"。8 点 44 分，从教室出来刚走出约 20 米，轮椅上的刘某潇突然双手用力地撑着轮椅，脚使劲地向上蹬着，想要努力站起来，他扭过头憋着劲回望着教学楼，大吼了一声："等着我，总有一天我还会回来参加高考的！"走出校门时，刘某潇把如啤酒瓶底一般厚的眼镜推到额头上，失声痛哭。参见顾爱刚等：《26 岁脑瘫考生的 9 分钟高考：开考前 16 分钟泪别考场》，载《成都商报》，2014-06-09。见 http：//scnews. newssc. org/system/20140609/000392813. html，访问日期：2015-01-07。

一患有血友病的学生因在高考体检表中隐瞒病史而被所在高校开除学籍。① 而这样的学生，以及有身心残障、慢性病乃至艾滋病的学生都不应当在招生和教学方面受到歧视。在国际上，残障人士、罕见病患者及任何身心缺陷人士都应平等拥有接受高等教育的权利。我国早已批准的联合国《经济、社会及文化权利国际公约》第13条规定："高等教育应根据成绩，以一切适当方法，对一切人平等开放，特别要逐渐做到免费。"《残障人权利公约》第24条规定："缔约国应当确保，残障人能够在不受歧视和与其他人平等的基础上，获得普通高等教育、职业培训、成人教育和终生学习。为此目的，缔约国应当确保向残障人提供合理便利。"在我国习以为常的"入学体检"，在许多国家都并非必要，而且禁止询问申请者病史。高等教育机构还必须为身心缺陷人士接受教育和课外活动创造合理便利。比如，大学必须为有慢性病患者制订特殊教育计划，为需要轮椅出行的人士改造电梯、提供同等价格且经改造的寝室，为听障人士提供助听系统，为视觉障碍人士提供大字体或盲文教材等。高校不仅招生无须体检，还应为身心缺陷人士和慢性病患者提供特殊补贴，该补贴覆盖日常学习所需的特殊设备（如盲文阅读器）、人工帮助（如雇佣手语翻译）等。物理学家霍金在其21岁时就被诊断患有肌萎缩性脊髓侧索硬化症（又称为"渐冻症"），但霍金本科就读的牛津大学和研究生就读的剑桥大学都没有将其逐出校门，否则，很可能就会抹杀一个物理天才。②

**（三）残障人无障碍环境保障**

无障碍环境是保障残障人平等参与社会生活的必要条件，同时也可为老年人等其他社会成员提供生活便利。《残疾人保障法》和《残障人权利公约》对无障碍环境均作了规定。据调查，2009年度城镇残障人对无障碍设施的满意度为66.8%，有79.5%的城镇残障人所生活的城镇中至少有一种无障碍设施，体现出无障碍建设的成效。大部分医院、银行、车站、商场、文化体育建筑、公共交通工具等加强了对残障人的无障碍服务。信息无障碍建设取得显著进展。盲文、手语的应用得到扶持和保护。大部分省级电视台开办了手语新闻节目。越来越多的影视节目加配字幕解说。2012年6月，国务院公布《无障碍环境建设条例》，对新建道路和建筑物的无障碍设施建设，对已建成道路和建筑物的无障碍设施改造，对无障碍设施的保护与维修，对无障碍信息交流，以及无障碍社区服务都从法律制度层面进行了规范。③

---

① 患血友病乙型的2014级学生郑清（化名），因未能如实填写高考体检表且复查不合格，面临被中国劳动关系学院取消学籍。在中国劳动关系学院取消其学籍的决定书上，校方称郑清在新生入学体检中查出血常规化验异常，轻度贫血伴血小板明显减少，继而在北京协和医院进一步检查，明确诊断郑清患有血友病（FIX贫乏）。校方追问其病史，得知郑清在6岁时已确诊为血友病。该校取消郑清学籍的依据是教育部于2003年颁布的《普通高等学校招生体检工作指导意见》。该文件规定："患有以下疾病者，学校可以不予录取：严重的血液、内分泌及代谢系统疾病、风湿性疾病。"决定书还称，郑清在高考电子档案的体检信息中未显示血友病病史，考生没有如实填写既往病史，体检信息结论显示为合格。根据该校《学生学籍管理规定》第2条的规定："凡违反招生规定，弄虚作假、徇私舞弊取得入学资格者，无论何时被发现，一经查实，取消学籍。"而中国劳动关系学院招生科科长蔡月称，如果当初郑清在其高考体检表的既往病史一栏如实填写他患有血友病，学校有可能就不会录取他。参见刘盾：《患病大学生面临被取消学籍》，载《中国教育报》，2014-12-19。见 http：//edu.people.com.cn/n/2014/1219/c1053-26238738.html，访问日期：2015-01-07。

② 参见周蔚：《海外高校招生：无论疾病人人平等》，见网易新闻，2014-12-24，http：//dpls.ruc.edu.cn/show.php？contentid=2290，访问日期：2015-01-07。

③ 河南郑州一名残障人因郑州火车站无障碍通道上锁误了上火车，最终获得3 000元经济赔偿，成为《无障碍环境建设条例》生效后国内首例赔偿。残障小伙子王某6日下午坐轮椅到郑州火车站乘车前往重庆，不料进站口无障碍通道大门紧锁。拨打墙上铁路部门公布的服务电话半个多小时，仍无法打通。无法进站，只能眼看着火车开走。《无障碍环境建设条例》规定，若因无障碍设施无法正常使用，造成人身、财产损害，所有人及管理人承担过错赔偿责任。王某因此得到了郑州火车站管委会的致歉和3 000元赔偿。参见胡晓辉：《郑州一残障人因无障碍通道被锁错过火车，获国内首例赔偿》，见中国广播网，2012-08-08，http：//china.cnr.cn/NewsFeeds/201208/t20120808_510523270.shtml，访问日期：2015-08-23。

此外，中国民用航空局发布了《民用机场旅客航站区无障碍设施设备配置标准》，原铁道部发布实施了《铁路旅客车站无障碍设计规范》。工业和信息化部着手制订网站无障碍等信息无障碍建设标准。国务院相关部委、中国残联对无障碍规范多次进行了修订，颁行《无障碍设计规范》，增加了城市绿地、信息交流无障碍等内容，进一步适应了时代发展需要。在信息化时代，残障人有权利享受信息化便利，否则会加剧残障人与社会的隔离。欧盟将“实现网络无障碍，建立全民共有的信息社会”作为“电子欧洲”（e-Europe）计划的重要方面，并从2000年开始出台了一系列文件对此进行讨论和规范。英国残障人权利委员会联合英国标准协会制定了网页无障碍方面的规范，涵盖了无障碍网站开发的各个方面，比如技术标准、自动测试工具、代码验证方法以及如何让残障用户参与设计过程中。①

相对于城市而言，加强农村无障碍建设的法制工作尤为迫切。我国农村残障人的生活状况较城市落后很多，无障碍环境的建设差距甚远。现行的《无障碍环境建设条例》仅仅作出了“乡、村庄的建设和发展，应当逐步达到无障碍设施工程建设标准”的表述，没有体现出对农村无障碍建设的特别关注。我国农村残障人占残障人总数75%以上，但无障碍环境建设尚未系统展开，村镇无障碍环境不能满足残障人对基本公共服务的需求，不能适应残障人平等参与社会生活的需要。要在立法层面着手推进针对农村地区的无障碍建设的法律、法规，增强对农村残障人的保障，构建农村无障碍环境。②

残障人乘机难、必须在指定地点申请购票、必须“事先告知”，且残障人数等有严格限制，如27名聋哑人登机被拒等事件③，依据的是2009年中国民用航空局《残障人航空运输办法（试行）》，该办法规定，航班座位数为51～100个时，残障人士不得超过2名；座位数为101～200个时，不得超过4名；座位数为201～400个时，不得超过6名。座位数为400个以上时，不得超过8名。当载运残障人数超过上述规定时，应按1∶1的比例增加陪伴人员，但残障人数最多不得超过上述规定的1倍。载运残障人团体时，在增加陪伴人员的前提下，承运人采取相应措施，可酌情增加残障人乘机数量。新修订的《残疾人航空运输管理办法》于2015年3月1日施行。该办法的修订参照了《残障人权利国际公约》和《残疾人保障法》、《无障碍环境建设条例》及美国运输部《航空旅行中不歧视残障人》、欧盟《关于残障人以及行动不便者航空运输的权利》等国际惯例，明确了相关部门要为残障人办理乘机提供方便，充分尊重残障人隐私，特别规定了机场应为残障人设置独立、私密的安全检查空间。此外，残障人有医用氧气、托运电动轮椅、服务犬等需求时通知航空公司的时间也被压缩。这些规定不仅为残障人无障碍出行提供了方便，而且为通过专项规定落实上位法的法律条文提供了范例。

现实中，无障碍设施被占用的情况很普遍，这也是在公共场所看不到残障人的一个重要原

---

① 参见苗玉凤等：《欧美立法起步较早我国五方面工作须加强》，载《世界电信》，2008（5），24～26页。

② 参见中国残障人联合会：《国务院关于加快推进残疾人小康进程的意见学习辅导读本》，125页，北京，华夏出版社，2015。

③ 2014年12月29日下午，武汉一家旅行社组织一个38人的旅行团赴台湾旅游，其中27名游客是聋哑人。他们一行在天河机场领取登机牌后，却被执飞的航空公司告知，因残障乘客人数超过上限，不能登机。该航空公司还表示，根据相关规定，每4个聋哑人必须配备1个手语老师，以免影响服务质量。双方随即发生争执，黄亮赶至机场交涉，直到该航班起飞，这个旅行团仍未能登机。双方僵持到当晚8时许，黄亮只得带领游客返回。事发后，一些聋哑人士表示不解，有的还哭了起来，失望而归。参见林永俊等：《残障人乘机有人数限制，聋哑人旅行团出游登机被拒》，见荆楚网，2014-05-31，http：//news.cnhubei.com/xw/sh/201405/t2942512.shtml，访问日期：2015-01-07。

因。以停车场为残障人预留车位为例，在立法中就不是一件顺理成章的事。最大的问题是停车位稀缺。以北京为例，截至2012年9月，北京有512万辆汽车，截至2013年5月，却只有217万个停车位。因此，许多人反对留出停车场供残障人使用。他们认为这将是一种浪费，会导致更多的交通问题。但立法作了应有的坚持，该条款也在北京市制定的《〈残疾人权益保障法〉实施办法》中成为地方性法规。但是，由于缺乏公共设施的业主或经营者有消除公共建筑障碍的相关规定，残障人停车难的问题依然存在。与此相关的是盲道占用情况极为突出。近些年来我国的城市建设都注重盲道修建，有关方面也为此投入不少的费用。然而，即便是北京、上海、深圳这样的现代化大城市，盲道被占的情况也十分突出。在一些颇具现代化色彩且标注为无障碍设施完备的高档写字楼里，一些无障碍设施只具展示功能而不具使用价值——因为轮椅进去后根本无法转弯，当然更无法掉头。相关立法和相关技术标准都尚付阙如。①

**（四）残障人康复保障**

大部分残障人是可通过康复治疗或训练，使自身的功能恢复到尽可能好的水平，以便在身体、精神、社会活动、教育就业等方面的能力得到最大程度地发挥，从而最大程度地回归社会。据统计，2009年度，620万残障人得到不同程度的康复服务，全国已建立1 578个聋儿康复机构，近5 000个肢体残障康复训练机构和2 000多个辅助器具供应服务机构。在1 727个市县开展精神病防治康复工作，在807个市辖区和1 569个县（市）开展了社区康复工作。农村残障人服务体系逐步完善，全国农村县级建立残障人服务社1 887个，乡镇建立残障人服务分社18 979个，残障人服务社（分社）的工作人员达到28 601人。

国际劳工组织《残障人职业康复和就业公约》和联合国《关于残障人的世界行动纲领》是残障人康复保障的重要文件，其主要目标就在于通过预防残障的有效措施，使残障人得到康复，实现全面平等参与的目标。为此，必须给残障人提供教育、培训和工作的机会，通过动员更多的人力资源，将残障人人力资源开发纳入国家的人力资源开发计划，与充分挖掘人类潜力和才能的过程相结合。通过人力资源开发，残障人能够有效地行使其完全公民的权利。残障人是自己命运的主宰者，不是被看护的对象，作为个人或组织成员，应作为平等的一员参与决策过程。通过政府和非政府组织提供的以社区为基础的附加服务，加强残障人及家庭成员的能力建设，提高残障人的自主性，使他们能够参与社会的发展。政府应承认并支持残障人组织在计划帮助残障人对自己生活负责中发挥作用。

为此，我们需要尽快出台《残障预防和康复条例》，对《残疾人保障法》中的有关内容作出具有操作性的规定。明确各级政府、康复机构的责任，规定残障人康复的保障措施，并对康

---

① 我国每年大约新增盲人45万人，低视力患者135万人，也就是说，约每分钟就会出现1个盲人，3个低视力患者。不少盲人称现在盲人不敢走盲道，主要还是由于市区占道情况严重，再加上很多市民对盲道认识较浅，在车位紧缺的地方随意阻断盲道，变成了"车道"。张先生是个盲人，他每次出行都要家人陪同，不然很容易磕到碰到。"市区有专门铺设的盲道，可我之前走过几次，不是撞到车子就是撞到电线杆上，要不就找不到路了。我只能不走盲道，改成让家人陪同才能出门。很多盲道都被一些车辆占用了，我们没办法正常使用。"记者咨询了龙岩市城市管理行政执法局的相关工作人员。工作人员称，盲道位于人行道内，在盲道上摆摊设点和乱停车的问题不归他们管理，他们主要处理机动车道内占道经营现象。龙岩市新罗区交警大队相关负责人也表示，对于疏通盲道的责任不在他们权限内，只有机动车停放在盲道上的行为，大队可以通过贴罚单的方式，对这种行为进行限制，但自行车或小摊贩占用盲道的问题则没有办法。参见廖燕妮：《盲道被乱占用，到底归谁管?》，载《海西晨报》，2013-12-12。见 http://www.sun-news.cn/dzb/hxcb/html/2013-12/12/content_514730.htm。

复服务的内容、提供方式、服务规范等作出相应的规定。同时，对康复服务的相关法律责任进行细化。针对大多数残障人经济条件较差，负担能力有限的情形，鼓励社会力量从事康复服务，制定专门的立法规范工商登记、税费减免和财政补贴等。参照国外对残障康复技术和辅助器具提供经费支持的先例，增加对残障人享受康复服务和辅助器具的支持力度，在立法上逐步扩大减免费用的康复服务范围和辅助器具种类。在进一步研究残障人康复需求和医疗保险资金平衡的基础上，逐步扩大康复费用的医保报销范围基础上包含更多的康复项目。

据统计，2014 年，全国 751.5 万残障人接受了不同层次的康复服务。全国康复机构达到 6 914个，员工人数达到了 23.36 万人，其中有 16 万名专业人员。1 662个县的1 958个医疗机构中启动了早期残障儿童的筛查。4.8 万个孩子 0～6 岁被诊断为残障。在多层次的康复机构的支持下，成立了1 547个家长学校，举办3 625次活动，有残障儿童家长参与94 170次。为视力障碍者提供服务的康复机构 891 个，为 74.8 万例白内障患者进行了手术，其中 30 万人为免费。14.2 万低视力患者接受了视觉辅助治疗，3.6 万低视力儿童的父母接受了培训，以便有效地提供以家庭为基础的康复训练。12.3 万盲人接受定向和机动训练。29 个省、市建立了辅助设备提供机构，为6 261名技术人员提供了多层次、多形式的专业培训。通过项目实施，共有 152.4 万个辅助装置是免费或者通过价格补贴提供的。①

尽管早在 2006 年，《中国残障人事业“十一五”（2006—2010 年）发展纲要》中就提出：“推动精神病康复托养机构建设；大力开展精神病防治社区康复工作，采用工疗、娱疗、日常照料等多种康复手段，努力提高康复效果。”“发挥社区和家庭的作用，以幼儿园、特殊教育学校、社区服务机构、工疗养护机构为依托，开展智力残障康复综合服务。调动智力残障人亲友的积极性，对智力残障儿童进行生活自理和认知能力与语言交流等训练，对成年智力残障人进行简单劳动技能、社会适应能力等训练；积极创造条件，建设集教育、康复、娱乐、劳动为一体的智力残障和重度残障人的养护机构，提供系统、终身康复服务。”② 但我国还没有残障人服务方面的专项法律、法规。有关残障人服务、特别是托养等专项服务内容的相关规定基本散见于部门规章或者地方性规范性文件中，各地的残障人服务政策各不相同，服务对象也不完全一致，对服务提供者和被服务对象的权利与义务方面的规定都不够明确，也没有出台相关的惩罚条例，一旦出现责任事故或矛盾纠纷，其责任划分就比较模糊。例如，关于残障人托养服务工作，我国政府民政部门和残联均各自出台了有关管理规范，其中关于托养机构设施的规定不尽相同，且均规定了本部门对于托养机构的监管权限，却均缺乏具体设施的设置标准和监督管理的具体规程，这就导致了主管部门职权的混乱和具体执法依据的欠缺。残障人托养服务保障涉及财政、民政、卫生、教育、人社、工商、税务、残联等多个部门和机构，政府各部门按其职能归口管理相关工作。在行政执法方面，残障人社会保障政出多门，需要协商解决，但部门之间缺乏沟通联系和统一协调，结果往往各自为政、相互推诿扯皮。执法机构设置欠缺，执法人员素质不高，也是导致执法不到位、政策不落实的重要原因之一。此外，由于我国目前还没有建立残障人托养机构的评价体系和监督机制，评价的主体、内容、标准、方法基本是空白，而监督仅仅依靠社会上的道德和舆论监督，导致主管部门无据可依，托养机构的自身管理无法

① “ehabilitation”，见中国残疾人联合会网站，http：//www.cdpf.org.cn/english/rehabilitation/200804/t20080410_267381.html，访问日期：2015-09-11。

② http：//www.gov.cn/jrzg/2006-06/08/content_304096.htm，访问日期：2015-09-11。

可循。

司法应为残障人权益受到侵犯时的主要救助途径，但同样由于制度建设上的滞后和缺陷，导致有些诉讼无法可依或有法难依。例如，当残障人在托养过程中与托养机构发生争议时，由于目前某些事项尚未明确，或缺乏明确的法律条文，或法律条文缺乏强制性，仲裁机构和法院缺乏权威性的法律依据进行仲裁或判决。特别是我国残障人权益保障司法实践中缺乏科学、合理的举证责任制度，公平、严格的赔偿与惩罚制度，残障人权益受到侵害时诉讼举证难、获得赔偿更难。我国司法救济比较薄弱，在《关于对经济确有困难的当事人予以司法救助的规定》中，只有"没有固定生活来源的残疾人"才可以向人民法院申请司法救助，把其他原因的残障人排除在外。在《刑事诉讼法》、《法律援助条例》中，也将能够获得刑事法律援助的范围限定在盲、聋、哑残障人之内，而实际上，精神残障人和智力残障人在诉讼中处于更为不利的地位。

通过相应法律、法规等规范性文件规范福利的供给与需求，是福利事业制度化的基本要求。纵观国际和西方发达国家残障人事业发展的先进经验，无一没有完善、细致的法律体系作保障。残障人服务法律制度的缺乏导致被托养的残障人个人权益无法得到有效保障，一旦发生法律纠纷，残障人的合法权益无法及时得到有效救济；服务机构管理机制的不规范，造成机构无法实现长效运转。因此，完善残障人服务保障制度是改革的重中之重。制定残障人服务机构管理专项制度，将原则性的规定具体化，使得我国残障人康复制度能够真正得到落实，发挥功效。

## 二、残障人权益保障的社会实践

2007年1月11日，在美国哈佛大学、威廉玛丽学院、德国海德堡大学、爱尔兰国立大学和中国残障人联合会、中国社会科学院、北京大学、清华大学等专家学者的参与和见证下，中国第一家专门从事残障人权益保障法律研究与服务的公益性组织——中国人民大学残障人权益保障法律研究与服务中心成立。

中国人民大学残障人权益保障法律研究与服务中心以残障人群体为服务对象，通过建立残障人权益保障的维权机制，提高残障人的权利意识和维权能力，帮助其走上自尊、自强之路。中心的研究人员和志愿者以人大法律人特有的人文情怀、崇尚法治、追求真理、奉献社会的价值追求为引导，积极开展保障残障人权益的活动，并与哈佛大学以及中国残障人联合会的研究人员一起，为中国残障人权益保障事业的进步不懈努力。①

### （一）为保障残障人权益构建健全的法律框架

法律是保障公民权利的最佳手段，自成立之日起，中心就以中心和学者的名义参与了多项立法、修法活动。2009年9月24日，黎建飞教授作为专家组组长，参加了北京市人大内务司法办公室、法制办、北京市政府法制办和市残联主办的关于修订《北京市实施〈中华人民共和国残疾人保障法〉办法》立项调研座谈会，为修订《北京市实施〈中华人民共和国残疾人保障法〉办法》提出了建设性意见。2009年11月14日，残障人权益保障中心志愿者参加中国残联

① 相关内容摘编自袁鹏于2013年7月18日撰写的《用法律的光辉温暖残障人的身心——中国人民大学残障人权益保障法律研究与服务中心工作纪实》。

《无障碍建设条例（草案）》专家讨论会。残障人权益保障法律服务与研究中心志愿参加了会议，并向会议提交了中心此前逐条讨论后提出的修改意见。2010 年 3 月 19 日，《残疾人教育条例》修订研讨会在中国人民大学明德法学楼国际学术报告中心举行。教育部政策法规司、国务院法制办公室教科文卫司、教育部基础二司特殊教育处、中国残障人联合会教育就业部等领导出席了会议，中心主任黎建飞教授在会议做了发言。

在《无障碍建设条例（草案第四稿建议）》中，中心从立法技术角度对第 1 条的立法宗旨提出意见："本条是关于无障碍建设的立法宗旨，条文中使用了'为……为……'的结构，从字面上并不能明确了解条文的最终目的，很容易理解成条例的宗旨分为两部分，一是提升城乡建设和管理水平，二是对残障人、老年人及妇女儿童等有特殊需求的人平等充分参与社会生活创造条件，且两者是并列关系。"强调无障碍建设条例的宗旨应以保障残障人、老年人及妇女儿童等有特殊需求的人平等充分参与社会生活为最终目的，尽管无障碍建设有利于提升城乡建设和管理水平，显示一个国家和城市的文明程度，但这些最终都是落实到对这些特殊需求的人的保护上。无障碍建设不论多健全、多漂亮，如果不够人性化，不能为这些群体正常使用，其作用就无法显现。建议参照国家法律的表述，开头使用"为了"一词，表示目的，后面不再用"为"的表述，直接规定宗旨的具体内容。"当目的具有多项内容，需要用多句表述时，一般采用具体到抽象、直接到间接、由近到远的顺序排列。"①

在《中国无障碍建设的法制保障》中指出，尽管我国的无障碍建设法律体系依法保障了无障碍建设的发展，但由于缺乏更为具体、操作性更强的行政法规规定，我国无障碍建设相对滞后：城市的无障碍设施系统性不强，农村的无障碍设施基本上一片空白，贫困残障人家庭无障碍改造工作也刻不容缓，信息交流无障碍也比较薄弱，相关技术、产品的研发、生产、投入使用还比较滞后。总的来说，全社会的无障碍环境尚未形成，我国无障碍建设的现状与现代文明社会的功能、形象还存在巨大差距，尤其是在法律责任承担的主体上尚欠统一。《残疾人保障法》在规定无障碍设施的建设和改造时，是以"新建、改建和扩建建筑物、道路、交通设施"，"无障碍设施应当及时维护和保护"等行为作为规定的依据，具体的责任承担主体并不明确。各个地方在进行地方立法时缺乏统一的标准，对相关承担主体的规定也并不统一。一方面遗漏了相关的责任主体，另一方面在实际建设过程中会带来许多麻烦和障碍。在无障碍建设的监管上不够明确。由于《残疾人保障法》仅规定由有关主管部门处理，并没有统一规定具体的负责部门，各个地方在立法时缺乏统一的立法依据，对无障碍建设的监督管理主体规定过于笼统、模糊。无障碍设施建设、养护和使用，实施监督和管理涉及规划、建设、市政管理、交通、公安机关交通管理等部门，管理部门过多，缺乏明确的责任主体，给建设和维护管理带来很多障碍。由于对承担主体和监管主体的规定不够统一和明确，在确定具体的法律责任，尤其是责任承担方式时，相关立法出现了较大的差异，有的地方立法对行政机关及其工作人员违反、不履行法定职责或者滥用职权的情形作出了规定，而有的地方立法并无明文规定。②

为了完善《北京市实施〈中华人民共和国残疾人保障法〉办法》，中心提交了"修订《北京市实施〈中华人民共和国残疾人保障法〉办法》国外参考资料"，从"总则"中的"英国的

---

① 周旺生：《论法的总则部分构造》，载《政治与法律》，1995（3），47 页。

② 参见邱燕楠等：《中国无障碍建设的法制保障》，中国人民大学残障人权益保障法律研究与服务中心，2011-04-01。见 http：//www. cjrjob. cn/？action-viewnews-itemid-42036，访问日期：2015-08-30。

残障人工作机制及组织机构、法国的残障人工作机制和组织机构、欧洲其他国家的残障人组织”到“康复制度：康复概念和目的、康复体系、护理制度”；“教育：《残障人权利公约》、美国的残障人教育法、德国残障人教育、英国残障人教育、澳大利亚残障人教育、日本残障人教育、西班牙残障人教育、印度残障人教育、瑞典残障人教育”；“劳动就业：按比例就业、庇护性集中就业、对残障人个体经营和自主就业的扶持、残障人就业的特别保护、反就业歧视”；“文化生活：在文化生活上相应主体的职责、丰富残障人精神文化生活的措施、在文体活动中禁止歧视残障人”；“社会保障：残障人社会保障模式、残障人社会保险、残障人社会救助、残障人社会福利”；“无障碍环境：美国的无障碍建设、日本的无障碍建设、英国的无障碍建设、意大利的无障碍建设”，分别表述了这些国家的无障碍立法、无障碍设施、公共服务无障碍和信息交流无障碍。①

2014 年 6 月，中心承担了民政部社会福利和慈善事业促进司委托的“残障人服务机构管理制度研究”课题，向委托单位提供了《残障人托养服务法律问题研究报告》和《残障人服务机构管理办法（草案）》专家建议稿。《残障人托养服务法律问题研究报告》论证了残障人托养服务法律体系的基本框架、我国残障人托养服务法律存在的问题、我国残障人托养服务的研究现状、残障人“两个体系”的研究和国外及港澳台地区残障人托养服务的研究现状评述。②

在《残障人服务机构管理办法（草案）》专家建议稿中，草拟了包括总则、机构设立与备案、服务内容、监督检查、法律责任和附则等内容，并且逐条列举了“立法说明”和“立法依据”，详尽阐述了立法的相关理由。例如，第 2 条（适用范围），本办法所称残障人服务机构是指国家、社会组织和个人举办的，为残障人长期提供寄宿制集中居住和照料服务的机构。本办法不适用于以下残障人服务机构：（1）任何纯粹为残障人提供医疗康复服务的机构；（2）《残疾人教育条例》规定的寄宿制教育机构；（3）《残疾人就业条例》（第 10 条）所指的政府和社会依法兴办的残障人福利企业、盲人按摩机构和其他福利性单位；但利用养老机构为残障人提供长期寄宿制集中居住和照料服务的，同时适用《养老机构管理办法》和本办法。在“立法说明”阐明本条是对《社会福利机构管理暂行办法》第 2 条的修改，是关于服务机构范围和类型的界定。因为民政部针对老年人已制定了专门的《养老机构管理办法》，且目前为残障人提供服务的机构也不限于社会福利性机构，还有营利性机构，因此，《社会福利机构管理暂行办法》的有关规定已不符合现实管理需求。此外，为了避免与《残疾人就业条例》、《残疾人教育条例》、《养老机构管理办法》等规范在适用上发生冲突，故做了排他性规定。在“立法依据”中，包括了《宪法》第 54 条，《残疾人保障法》第 49 条，《社会福利机构管理暂行办法》，香

---

① 2008 年 4 月，全国人大常委会修订了《残疾人保障法》，在立法原则上进行了调整，提出以权利为本、机会均等、全面融入社会、反对歧视和特别扶助五项基本原则，在残障人权利保障、无障碍环境建设、政府职责等七个方面有很大突破。2009 年 12 月，北京市人大常委会主任会议讨论通过修订《北京市实施〈中华人民共和国残疾人保障法〉实施办法》的立项论证报告。立法起草工作于 2010 年 4 月启动，并于 2011 年 4 月完成。在论证与起草过程中，立法不仅要关注残障人衣食住行等基本生活的各个方面，而且要更加注重如何让残障人生活得有尊严。体现在建立残障人数据信息系统，明确申请残障评定的程序，确立重性精神疾病患者基本药物免费制度，鼓励社会组织参与残障儿童学前教育，强化老年残障人生活保障，为残障人出行提供交通便利。参见钟蔚延等：《为了 99.9 万残障人的美好生活——〈北京市实施《残疾人保障法》办法〉出台记》，载《北京人大》，2012（1）。见 http：//www.doc88.com/p-736455920909.html，访问日期：2015-08-30。

② 课题组成员郭力琳参与了该项报告的写作。

港《残障人士院舍条例》第3条，台湾地区“身心障碍者保护法”第58条等。

2015年4月，中心参与《北京市残疾人就业条例》起草会议，就草案中的“按比例就业”的方案、残障人就业保障在实施中的问题进行立法规制。重点在于怎样落实用人单位责任，尤其是党政机关、国有企业和公营单位的责任，残障人就业弹性工作制是否可行，重度残障人计算比例能否扩大至残障大学生等。

在所提交的《北京市残疾人就业条例起草调研报告》中，详细陈述了残障人就业中各个不同领域和方面存在的相关法律问题和立法解决这些问题的法律途经。第一，按比例就业中存在的问题：(1) 部分用人单位不执行或者变相执行按比例就业制度；(2) 按比例就业中的“比例”不具有合理性；(3) 按比例就业政策的保障措施地位尴尬；(4) 创设国家机关、事业单位、社会团体、国有企业安排残障人就业的专门制度；(5) 完善按比例就业制度中的补贴制度；(6) 残障人工作时间弹性化以及退休年龄的提前；(7) 落实按比例就业需要完善就业服务安排；(8) 加强对残障人的职业培训以及在职残障人的心理辅导；(9) 合理协调残障人就业和残障人低保之间的利益关系；(10) 用人单位存在随意解雇残障职工的现象。第二，集中就业中存在的问题：(1) 集中就业的管理成本问题；(2) 福利企业体制改革的问题；(3) 残障人职工灵活退休的问题；(4) 在免费培训后残障人没有就职的问题。第三，自主就业和灵活就业中存在的问题：(1) 残障人创业、个体及灵活就业支持体系问题；(2) 残障人创业、个体及灵活就业的融资；(3) 残障人创业、个体及灵活就业的风险；(4) 残障人创业、个体及灵活就业的多元发展；(5) 残障人自主就业的扶持措施不具有合理性，造成部分残障人为了补贴而自主就业；(6) 残障人灵活就业缺乏质量好可持续的项目，就业效果差；(7) 精神残障人在自主就业、灵活就业时受到限制。第四，农村残障人就业中存在的问题：(1) 农村残障人就业定性难，标准不确定；(2) 农村残障人的就业愿望与就业现状存在矛盾；(3) 农村残障人就业扶贫基地经济效益差，生存空间小；(4) 残障人依靠家庭住房就业模式受到了威胁；(5) 农村残障人的就业服务资源匮乏，就业信息不畅通；(6) 农村残障人就业优惠扶持措施不到位。第五，残障人就业培训中存在的问题：(1) 完善残障人就业培训体系；(2) 构建残障人就业能力评估体系；(3) 完善残障人职业培训与企业用工对接；(4) 深化残障人就业培训内容；(5) 建立高层次残障人就业服务体系；(6) 残障人职业培训跟踪管理。第六，残障人就业服务机制中存在的问题：(1) 建立免费为残障人提供就业服务机制；(2) 建立精细化残障人就业服务机制；(3) 借鉴国内外残障人就业服务机制经验。第七，残障人就业保障金中存在的问题：(1) 残保金征收中存在的问题；(2) 用人单位拒不缴纳残保金的处罚力度不够；(3) 残保金使用中存在的问题；(4) 残保金监督中的问题。①

有关这些问题的解决，在《北京市残疾人就业条例》专家建议稿中，课题组都做了不同程度的努力。

### (二) 为残障人法的实施维护残障人权益

作为全国第一家由高校成立的残障人权益保障法律研究和服务中心，中心自成立之日起，就将法律研究与服务作为中心的宗旨，并将法律研究与服务置于同等重要的地位，因此，中心的研究人员就与志愿者一起，投身到残障人权益保障事业实践中去。残障人权益保障需要社会

① 课题组成员王晶、宣湾湾、董鹏亮、肖谢和李静参与了该报告的写作。

各界的共同努力，将法律对于残障人权益的保障和社会对于残障人的关怀落到实处。在积极参与残障人权益保障法律、法规的制定和修改的同时，中国人民大学残障人权益保障法律研究与服务中心的研究人员和志愿者一起，开展了多项助残活动和专项维权活动。

2007年8月，中心主任黎建飞教授接受中国网记者专访，就湖南省博物馆以残障为由辞退上海大学女硕士事件明确指出这是严重的违法行为。

湖南省岳阳市平江县人叶某，系上海大学中文系文艺学应届硕士研究生。幼时曾患小儿麻痹症，经多年治疗和矫正，左腿微跛，但走路已与常人无异。2006年年底，她在湖南省博物馆网站看到招聘启事，遂投了一份简历，所投职位是“网站编辑”。接到复试通知后，先后来长沙参加了一轮笔试、两轮面试，其表现获得了专家与领导的好评，被湖南省博物馆录用，双方签订了就业协议，但职位由起初的“网站编辑”调整为“社会教育研究”。在其中的一次面试过程中，因为之前摔跤致使腿受伤导致走路不正常而被面试官问及时，叶某未主动说明其幼时曾患小儿麻痹症的情况。2007年6月28日，叶某硕士毕业如期来到湖南省博物馆正式报到，走路还是有些微跛，引起博物馆的重视。2007年7月2日，湖南省博物馆要求叶某提供所有病历资料。2007年7月20日，湖南省博物馆告知叶某已解除与她之间的就业协议，原因是她没有如实说明她身体的残障情况，并强调她所在岗位不适合残障人工作。叶某认为自己受到了歧视和不公正对待。

黎建飞教授指出，这个事件应该说是我国《劳动合同法》通过之后的一起比较典型的残障人就业歧视事件，这个事件发生在我国《残疾人就业条例》刚刚施行不久，应该说是令人遗憾的。就本事件来说，其涉及的法律关系主要集中在劳动关系和侵权关系两个领域。也就是说，湖南省博物馆和叶某之间形成了劳动关系，是用人单位和劳动者的关系。湖南省博物馆强行要求叶某提供个人所有病例资料属于侵权关系，其侵犯了叶某的个人隐私权。

从法律上讲，我国《劳动法》和《劳动合同法》均将保护劳动者的合法权益作为立法宗旨，残障人属于劳动者，同样受到法律的保护。我国《残疾人保障法》也专章对残障人就业进行了相应规定。同时，2007年5月1日施行的《残疾人就业条例》专门就残障人就业进行了相应的规定，该条例第8条规定，用人单位应当按照一定比例安排残障人就业，并为其提供适当的工种和岗位，同时还规定用人单位安排残障人就业的比例不得低于本单位在职职工总数的1.5%。从这些规定看，任何用人单位不能以残障为由辞退劳动者，解除双方的劳动（聘用）关系。在本事件中，女硕士叶某因为幼年不幸患上小儿麻痹症，但是经多年治疗和矫正，左腿微跛，但走路已与常人没有特别明显的差别。同时，其应聘的工作也是网站编辑，这项工作与其身体状况并不冲突，其仅仅是腿稍微有点跛，而网站编辑的工作一般而言都是坐着的。即便是后面调整的“社会教育研究”这一岗位，其主要负责的也是解说及对志愿者培训，并不涉及因为其腿微跛而不能从事工作的问题。而且，社会公众在参观湖南省博物馆时，看到一位残障的女硕士在为其进行解说，更能对其充满敬意和尊重。

在这个过程中，湖南省博物馆方面特别强调叶某在面试时没有如实说明她身体的残障情况。针对用人单位是否有权要求求职者说明自己身体的残障情况这一现象，黎建飞教授指出，这关系到个人隐私问题。我国《劳动法》和《劳动合同法》对于劳动者在同用人单位订立劳动合同时规定了劳动者的如实告知义务，但是该告知义务所告知的，也即用人单位有权了解的，仅仅是劳动者与劳动合同直接相关的基本情况，对于这些基本情况劳动者应当如实说明。但是，对于基本情况范畴以外的其他情况，尤其是属于劳动者的个人隐私范畴的情况，劳动者可以自主进行选择，可以告知也可以不告知，这均不应成为用人单位解除劳动合同的理由。具体到本事件看，女硕士应聘的是“网络编辑”的职位，可见该职位要求与应聘者是否腿跛并没有关系，也就是说，女硕士因为幼时曾患小儿麻痹症导致左腿微跛并不影响她在湖南省博物馆的工作。所以，湖南省博物馆主张女硕士在面试的时候没有如实说明她的身体残障情况的看法是不正确的，女硕士在面试的时候应该如实告知的与其工作相关的信息并不包括其之前患过小儿麻痹症的病历情况。也就是说，女硕士之前患病的情况属于其个人隐私，没有必须告知的义务。

我国《残疾人就业条例》第 8 条规定了用人单位在安排残障人就业方面的责任。不足之处是，《残疾人就业条例》并没有在相应的法律责任章对该行为规定相应的法律责任。但是，相应的规定可以从我国《残疾人保障法》中找到，该法第 49 条规定了残障人的合法权益受到侵害的，被侵害人或者其代理人有权要求有关主管部门处理，或者依法向人民法院提起诉讼。同时第 51 条还规定，侵害残障人的合法权益，造成财产损失或者其他损失、损害的，应当依法赔偿或者承担其他民事责任。就本案而言，法律责任可以归结为，叶某要求湖南省博物馆继续履行劳动合同，同时，对于因为辞退事件给其造成的损失进行赔偿。①

2011 年 11 月，针对残障考生董某某入学被拒事件，黎建飞教授接受《法律与生活》记者专访，并撰写了《撑开残疾人权益保障的法律之伞》。董某某于 1984 年出生在辽宁省大连市的一个农民家庭。从小患有先天性眼病，只有微弱的视力，在 10 岁时彻底失去了光明。尽管从小上的是盲聋学校，但知识的“魔力”让她喜欢上了学习，她的学习成绩非常好，但身体上带来的不便最终还是让初中毕业的她选择了学习按摩专业。毕业后，董某某在大连一家盲人按摩院找到了工作，虽然每个月能挣 3 000 元钱，足够自立和贴补家用，但她却不这么想。她时时都在工作中寻找能继续受教育的机会。2006 年 10 月，董某某辞掉工作来到北京，到北京人民广播电台播音主持培训中心接受专业培训。随后，董某某还参加了北京市普通话水平测试，并以 97.8 分的成绩获得“普通话一级甲等”证书，达到了中央电视台和中央人民广播电台对新闻播音员的要求。2010 年 6 月，董某某在中央人民广播电台“夏青杯”播音主持大赛中脱颖而出，获得了二等奖。然而，2011 年 1 月，董某某按照北京市自考办的相关要求，在指定网站报名，参加将于同年 4 月举行的高等教育自考播音与主持专业本科的考试。同年 3 月，董某某前往朝阳区自考办进行新生照片采集工作，却被自考办工作人员告知：“不允许视障人士参加自学考试。”董某某一次次与朝阳区自考办的上级主管部门——北京教育考试院反复沟通，希望对方能解除“盲人不得参加自考”的禁令。通过社会各界的关注与协调沟通，2011 年 10 月 26 日，北京教育考试院相关负责人找到了董某某，就其参加自考事宜进行了恳谈。北京教育考试院决定：包括董某某在内的视障人士可以报名参加今后在北京地区举行的自学考试，并承诺将为视障人士提供最便利的考试条件。2011 年 12 月 17 日，在北京举行的第三届残障人权益保障国际研讨会上，教育部法制办公室副主任王大泉专门为此表示，有关部门在正在修订的《残疾人教育条例》（草案）中专门增加一条，“残疾人参加国家机构各种考试，教育考试机构应该予

---

① 参见胡永平：《湖南省博物馆以残障为由辞退女硕士，专家表示违法——访中国人民大学法学院黎建飞教授》，见中国网，2007-08-09，http：//blog. sina. com. cn/s/blog _ 4de9750a01000cna. html，访问日期：2015-09-08。

以专门的安排”①。

2012 年 1 月 5 日，中国人民大学法学院、残障人权益保障法律研究与服务中心向中央电视台寄出建议信，建议中央电视台为新闻联播节目加配手语和字幕。在《关于中央电视台新闻联播节目加配手语和字幕的建议》中指出：根据第二次全国残障人抽样调查数据，我国目前有听力残障人 2 700 万，占残障人总数的 24.16%，占全国人口总数的 1.53%。一些听力残障人可以通过助听器、人工耳蜗等辅助器具改善听力状况，减轻听力障碍带来的不便。但是，大部分听力残障人只能生活在无声的世界里，与外界沟通、交流存在诸多困难，在获得各种信息时存在诸多障碍。很多听力残障人只能生活在封闭、隔离的环境中，难以充分融入社会生活。

电视目前已经成为公众获取信息的主要渠道。根据 2007 年中央电视台委托国家统计局进行的第五次全国电视观众抽样调查，我国 99.89%的观众家庭拥有电视机，其中 25.41%的家庭拥有两台电视机。虽然不同类型媒体的竞争日趋激烈，但电视依然是人们接触的主要媒体，95%的人几乎每天看电视，而且每天看电视的时间都在 3 小时以上。还有 93.72%的调查对象表示，看电视是自己闲暇时最主要的生活内容。听力残障人由于与他人交流方面存在不便，所以更希望通过电视等公共媒体获取信息。但是，由于很多电视节目没有加配字幕，也没有提供同步手语翻译，给残障人收看这些电视节目造成了障碍。考虑到听力残障人在收看电视节目时的尴尬和无奈，许多听力残障人家庭所有家庭成员都不得不放弃了收看电视节目。伴随经济社会的快速发展，国家的许多公共信息都是通过电视传达给社会公众的，如果残障人家庭成员全部不收看电视节目，势必影响国家公共信息的有效贯彻和传达。

为保障听力残障人获取公共信息的平等权利，全国人大常委会于 1990 年制定通过的《残疾人保障法》第 43 条中明确规定，政府和社会应当采取措施，“开办电视手语节目，开办残障人专题广播栏目，推进电视栏目、影视作品加配字幕、解说”，丰富残障人的精神文化生活。《残疾人保障法》实施二十多年来，上述规定中的大部分内容都得到了较好的贯彻执行。很多电视台都为听力残障人开办了电视手语节目，许多电视节目、影视作品都加配了字幕，为听力残障人收看提供了极大帮助。即使被广大听力残障人长期批评的春节联欢晚会，也在重播时加配了字幕，受到广大听力残障人及其家属的肯定和赞扬。

然而，我国各级电视台的新闻节目中普遍没有加配字幕，也没有提供同步手语翻译。2011 年 9 月 25 日，第五十四次“国际聋人日”期间，一些听力残障人对 35 家中央和省级电视台晚间黄金时段的新闻栏目进行了一次调查，发现只有西藏卫视、青海卫视和甘肃卫视三家电视台配有字幕解说，其他 32 家电视台播音员播报内容都没有字幕。但是节目中的受访者发言内容则普遍配有字幕，8 家电视台新闻节目中外景主持人的现场播报配有字幕。这些没有加配字幕的新闻节目就包括中央电视台的新闻联播。在第五次全国电视观众抽样调查中，中央电视台在权威性、可信性、娱乐性、整体水平认可度和广告规范性等方面获得的评价较高。全国观众经常收看 CCTV-1 的观众比率达 81.46%；被观众提及的各种栏目有1 000多个，涉及全国 120 个频道，而在这1 000多个栏目中排在第一位的就是新闻联播。作为全国观众最喜爱的电视栏目，

---

① 马海燕：《盲人女孩高考被拒引〈残疾人教育条例〉修改》。见 http：//www.xueliedu.com/a/xinwenzixun/2011/1218/8040.html，访问日期：2015-09-08。

新闻联播却不加配字幕，这无论如何都是说不过去的。

新闻节目加配字幕目前不存在任何技术上的障碍。早在20世纪80年代，美国就开始使用“隐匿式字幕”技术，在电视节目中加配字幕，并在电视遥控器上增加一个专门的按键，按一下出现字幕，再按一下取消字幕。这样就满足了需要字幕的观众和不需要字幕观众的不同需求。美国在1990年出台的美国电视译码法中规定，1993年以后凡是美国出售的13英寸以上的电视机都必须配有字幕解码器。老式的电视机可以通过外带字幕解码器解决这个问题。目前，许多国家已经参照美国的做法，在电视节目中普遍采用了“隐匿式字幕技术”。中国的这项技术也比较成熟，例如各种DVD机，通过遥控器不仅可以选择是否启用字幕，而且可以选择不同语种的字幕。我国各级电视台虽然没有采用“隐匿式字幕技术”，但是许多电视节目都加配了字幕，并且还比较好地处理了字幕位置问题。

一些电视台以新闻具有突发性为由，拒绝为新闻节目加配字幕。这个理由是站不住脚的。首先，我国新闻节目的大部分内容是录播的，如前所述，新闻节目中的受访者发言内容普遍配有字幕，外景主持人的现场播报也配有字幕，因此，播音员的播报当然也可以加配字幕。其次，目前绝大多数新闻节目中播音员既有文字提示屏，又有文字打印稿，将这些文字变为字幕不存在任何技术上的困难。再次，即使有突发性新闻或者播音员有临时加播内容，也可以通过速录解决。我国目前速录员队伍已经初步形成规模，对新闻节目进行速录也不存在任何技术上的问题。最后，我国西部地区的西藏卫视、青海卫视和甘肃卫视能够在新闻节目中加配字幕，为其他地区电视台的新闻节目加配字幕提供了借鉴和参考。因此，电视新闻节目加配字幕在技术上是可行的，在实践中也不应该存在任何障碍。

新闻节目加配字幕具有重要的意义：第一，这是国家法律、法规的基本要求。除《残疾人保障法》中有电视栏目加配字幕的要求外，国务院《无障碍环境建设条例（征求意见稿）》第24条也规定：“设区的市级以上电视台在播出或者重播电视节目时应当加配字幕。”伴随这个经济社会的不断发展，法律、法规的此类规定将越来越严格。第二，这是我国应当履行的国际义务。我国签署和批准的联合国《残障人权利公约》第30条中明确规定，缔约国确认残障人有权在与其他人平等的基础上参与文化生活，并应当采取一切适当措施，确保残障人“获得以无障碍模式提供的电视节目、电影、戏剧和其他文化活动”。第三，这是保障听力残障人平等权利的具体举措。包括听力残障人在内的广大残障人的权利容易被社会忽视和遗忘。残障人的权利不仅包括基本的生存权，也包括参与文化娱乐活动的权利和获得各种公共信息服务的权利。新闻节目加配字幕，可以为2 000多万听力残障人获得公共信息服务提供便利和帮助，这是保障听力残障人平等权利的具体举措。第四，这是促进听力残障人融入社会生活的有效方法。听力残障人不能充分融入社会生活，他们中的很多人只能生活在听力残障人自己的圈子里，导致胁迫、操纵、诱骗聋哑青少年犯罪成为近年来社会关注的热点问题，中央综治办、最高人民法院、公安部、共青团中央、中国残联等就此问题还专门召开会议，下发文件，呼吁政府和社会各界为聋哑青少年融入社会创造条件。新闻节目是传达国家大政方针的主渠道，新闻节目加配字幕可以帮助听力残障人了解国家的法律、法规，避免他们误入歧途，促进他们融入主流生活。第五，这是满足观众多样化需求的重要保障。新闻节目加配字幕不仅能够满足听力残障人的需求，也能满足部分老年人、少数民族、外国人等的需求。新闻节目加配字幕既是“通用设计”的重要内容，也是我国信息无障碍建设的必然要求。[①]

经过中心和全社会的共同努力，自2011年10月22日起，中央电视台新闻频道每天傍晚18点到19点直播的《共同关注》节目增设了手语主播，在原有新闻主播带给观众当日新鲜资讯的同时，手语主播同步用手语将节目内容翻译给聋哑残障人士。2012年3月，中央电视新闻频道第一次在全国人民代表大会和全国人民政治协商会议直播中加入了手语，保证了残障人士能够即时接收到最新的“两会”信息。[②]

### （三）为残障人权益保障提供理论支持和人才储备

中国人民大学残障人权益保障法律研究与服务中心作为中国人民大学这一高等学府所主办的机构，不仅在立法、实践中给予了残障人权益保障事业支持，更重要的是，中心还承担着对残障人权益保障事业进行理论研究，并为残障人权益保障事业培养人才的重任。

在中心成立当日，即与中国残障人联合会维权部、哈佛大学法学院共同参与主办了“残障人权益保障法律机制国际研讨会”。来自美国哈佛大学、威廉玛丽学院、德国海德堡大学、爱尔兰国立大学和国家行政学院、中国社会科学院、北京大学、清华大学等国内高校和研究机构的教授、专家、学者共六十多人出席会议。2007年10月，世界夏季特殊奥林匹克运动会在上海举行，中心主任黎建飞教授作为国际特殊奥林匹克运动会主席的特邀贵宾出席了开幕式，并参加了“智障人福利全球论坛政策高峰论坛”。2008年12月9日，由中残联与联合国儿童基金会联合举办的中国残障儿童法律保护研讨会在北京西郊宾馆召开。黎建飞教授和中心志愿者参加了此次研讨，从地震致残儿童的角度出发就《残疾儿童的基本权利保障》作了专题发言，以四川省汶川大地震为背景，对残障儿童的生存权、平等权及受教育权三项基本权利进行了阐述。

2010年7月16日，在上海世博会意大利馆举行的“超越障碍”的国际会议上，黎建飞教授做了“中国无障碍建设的法制保障”主题演讲，就我国无障碍建设法制方面的现状和发展做了讲解。2010年10月4日，以“全纳与和谐”为主题的第二届残障人权益保障国际研讨会在中国人民大学法学院举行。中国人民大学残障人权益保障法律研究与服务中心主任黎建飞教授以及来自哈佛大学、中国残障人联合会、教育部的五十余位专家、学者出席了研讨会。2012年4月19日，黎建飞教授在北京大学参加了由荷兰Utrecht大学人权研究机构和北京大学人权研究中心联合召开的“残障人权利保护”国际会议，并在会上做了“Latest Development and Major Problems of Chinese Legislation on Persons with Disabilities”的主题发言，并就残障人教育和中国批准人权公约后，在残障人保护方面的履约情况与参会专家深入讨论，厘清了部分参会人员对我国残障人保护方面现状和我国政府的努力方面的认识偏差。2012年6月18日，第四届国际残障人夏季研讨会在爱尔兰高威国立大学举行，黎建飞教授应邀出席本次会议。这是我国第一次有代表参加这个研讨会。2012年9月，黎建飞教授前往美国印第安纳大学法学院研究残障人权益与权益保障，考察了承担残障人权益保障事宜的该院法律诊所，了解他们开展的由法学院的教授和学生对残障人进行走访调查，为身体或者精神方面的残障人提供专业咨询和

---

① 参见李铁柱：《人大法学院致信央视建议新闻联播配手语字幕》，见正义网，2012-01-05，http：//news.jcrb.com/jxsw/201201/t20120105_785664.html，访问日期：2015-09-08。

② 参见张璐：《央视首次手语直播两会》，载《北京晨报》，2012年3月4日。见 http：//lianghui.people.com.cn/2012npc/GB/17285798.html，访问日期：2015-09-08。

法律事务代理，从残障等级的认定，初始状况的生活保障到残障保障金的持续发放、残障人士及其家庭的全面社会保障和社会福利等全方位开展法律援助。

2013 年 9 月，黎建飞教授到耶鲁大学访学，访问并考察了美国多个残障人工作机构，学习和了解相关的立法和实务工作。马萨诸塞州残障人工作办公室（Massachusetts Office on Disability）是该州政府专门负责残障人权益保障的机构，其职能包括个人服务，即对残障人士本人及其家庭提供信息和帮助解决具体问题；社区服务，即给社区提供信息和给予社区残障事业法律支持和技术援助；政府服务，监督和促进政府遵守州和联邦的保护残障人士的法律。黎建飞教授与办公室负责人讨论了事先提交给他们的五个问题：（1）无障碍的设施——如何判断歧视，尤其是在残障人士乘坐飞机、就业和入学以及在公共场合活动时？（2）艾滋病人的歧视——如何认定艾滋病毒携带者应聘教师和公务员被拒？（3）精神残障者在其父母去世后的照顾和财产托管由谁负责？（4）在参与残障人士保障方面，政府机构与非政府组织之间在功能上有何差异？（5）在实际工作中怎样判定雇主依据美国《残障人法》为残障人士提供工作条件中的“reasonable”？接着，就我国 2013 年 5 月 1 日开始实施的《精神卫生法》面临的异常心理者在公共场所使用暴力及其管控等问题，双方进行了讨论与探讨。该州的残障人保护委员会（Disabled Persons Protection Commission，DPPC）创建于 1987 年，是一个极其特殊的地方政府机构。该机构是依据州而不是联邦立法建立的，这大概是源于美国宪法修正案前十个修正案即《权利法案》的前提性推定：威胁公民权利与自由的只可能是联邦政府，而关系密切的州政府是不会成为威胁的。所以，类似的机构在全美也只存在于五个州中。仅从该机构有自己的警察部门就知道它的独特之处了。包括警察在内的 28 名工作人员负责全州残障人士的保护，即通过调查、监督，提高公众意识和提前预防，保护成年残障人免受其照顾者的虐待行为或不当行为。前者涉及的主要是刑事犯罪，后者保护残障人士的民事权利，从而填补了儿童和家庭（17 岁前）和老年人（ 60 岁以上）保障之间的空隙。作为一个独立的国家机构，DPPC 通过它的三个委员直接向州长和立法机关汇报。设立 24 小时热线，确保滥用或者不当行为能够及时制止。该机构负责人在会谈后还向黎教授赠送了相关的工作文件、年度办案情况和相关的光盘。在此期间，还与哈佛大学中国残障人项目主任崔凤鸣博士就残障人士保障的国际趋势，美国残障法的发展与变化，中国相关事项的应对等问题进行了讨论和沟通。

2014 年 4 月 22 日，为纪念中美两国共同促进残障人权利和欢迎美国国务院国际残障人权利事务特别顾问朱迪思·休曼（Judith Heumann），美国大使馆公使衔政务参赞丹尼尔·康达（Daniel J. Kritenbrink）在美国大使馆公使官邸举行残障人权益活动，中心主任黎建飞教授参加了相关活动。休曼女士是美国残障人权益和立法中的代表人物，不仅通过诉讼成为美国的第一位残障人教师，开创了残障人在美国任教的历史，而且在制定和执行美国《残障人法》（Americans with Disabilities Act）等方面都发挥着重要的作用。美国国会于 1990 年通过的《残障人法》是美国最全面的民权法案之一。该法案禁止歧视，并保障残障人拥有与所有其他人一样进入美国生活主流的机会。2014 年 7 月 14 日，中心与哈佛大学中国残障人项目主任崔凤鸣博士就残障人权益法律保障、残障人研究课题以及进一步开展合作的事宜进行了讨论。参加过《残障人权利公约》倡议、起草、签署全过程的王志江处长介绍了公约制定中的相关国家的共识与认同，并重点就中国履行公约的实际情况进行了说明，向参会者提供了中国的报告和联合国的回复与评估。北京市残疾人就业服务中心唐春梅副主任介绍了北京市残障人的就业情况、残障人就业保障金的征收和使用以及北京市残联在推动残障人就业方面的创新性做法。黎建飞教授就中心在残障人权益保障活动方面的情况，中心承担的国家和北京市重点课题与立法项目进行了说明，并且就其中存在和有可能面临的问题向大家征求意见。崔凤鸣博士根据自己在残障人权益保障中长期的研究与实践，就上述事项进行了逐一解答和说明，并以美国的典型案例和相关立法为例，结合中国实际情况提出了富有建设性和独特价值的意见。Judith Mosoff 女士也根据加拿大在残障人教育及就业方面立法和司法进行了补充说明。针对我国现阶段残障人教育、就业等方面权益保护存在的问题，应当根据自身的研究或工作经验撰写专门教材，开设专项课程，开展诊所教学，承办典型案件等活动推进残障人法律保障事业的发展。2014 年 12 月 2 日至 3 日，由中国人民大学法学院与美国耶鲁大学中国法律研究中心共同主办，并由中国人民大学残障人权益保障法律研究与服务中心承办的“中美残障人法国际研讨会”在中国人民大学法学院召开。会议研讨了四个方面的内容：(1) 残障人就业权益的立法和反歧视的司法实践；(2) 残障人受教育权的立法完善和发展趋势；(3) 残障人服务机构管理制度的建立和立法比较；(4) 我国《精神卫生法》实施中的问题与对策。来自中外的残障人法律专家就残障人法进行了专题讨论，交流残障人法在不同法域中的执法与司法实践，用以促进残障人权益保障法律制度在中国的完善和发展。

2015 年 4 月，黎建飞教授被聘为中国残联和中国残障人事业“十三五”发展纲要编制专家。同年 4 月 24 日上午，在中国残联会议厅，黎建飞教授就残障人士的权利认可与法律保障做了发言。强调要对残障人在权利上给予认可，承认残障人士是社会的正常存在，是社会成员不可或缺的一部分，应该与健全人一样参与到全部社会生活中。从残障人士保障的法制建设入手，“十三五”发展纲要注意现行立法中倡导性条款过多、操作性不强，法律适用困难等问题。要从法律文字实现法律效果从形式到实质的转变。同时，要注意法律的稳定和发展中的前瞻性，用多元化的视角看待残障人的权益保障，并根据地域差异的特点寻求残障人权益保障的平衡。同年 4 月 24 日下午，在中国残障人事业“十三五”发展纲要重点支撑课题开题会上，黎建飞教授作为首席专家，就课题“全面推进依法治国背景下残障人权益保障机制研究”(15ZD001) 向专家委员会做了开题讲解。课题组成员李静向大家介绍了课题研究的基本思路、重点和难点问题，并就接下来开展的残障案例研究和专项实务调研做了说明。

自中心成立以来，中心的多名研究人员和志愿者们在致力于推进残障人权益保障立法进程和躬身残障人权益保障实务的同时，更是加强了对与残障人权益保障事业有关的理论研究，将实践中的需求总结上升到理论层面，为残障人权益保障事业提供理论的导航灯。中心先后有多名研究人员和志愿者写了关于残障人权益保障研究的多篇博士、硕士论文，并发表了多篇关于残障人权益保障的文章。例如，《残障儿童权利保障的法律原则》指出残障儿童权利保障的法律原则有四项：(1) 完全平等保障原则。法律对于残障儿童权利的确认和保障应当是全面而且充分的，应当让残障儿童全部享有其他儿童享有的权利。(2) 满足特殊需求原则。为了使残障儿童的权利得到实现，必须在各个方面满足他们的特殊需求。应当有助于残障儿童尽可能充分地参与社会，实现个人发展。(3) 反对歧视原则。残障儿童受到的歧视和排斥包括直接和间接的两种形式，必须在法律制度上加大对弱势群体中残障儿童的保护力度。(4) 禁止暴力、剥削与虐待原则。残障儿童极易遭受暴力和侵害，应当培训专业人员加强保护。[①]《中国残疾人社会保障法制建设的现状、问题与发展》强调残障人是社会中一个特殊的弱势群体，他们由于先天或后天的原因，导致身体残障或智力障碍，造成了个人生存和发展中的严重困难。与一般社会成员相比，他们有着特殊的社会需求和生活方式。但他们在人格权利、政治权利、生存发展权利上与其他社会成员是平等的，这是现代文明社会通行的准则。我国残障人的社会保障立法包括五个方面，即就业保障、基本生活保障、医疗与康复保障、教育保障和服务保障。受整个社会保障立法滞后的影响，残障人社会保障法律制度亟待完善。在残障人社会保障法律体系的构建中，应当从立法角度促进残障人社会保障事业，建立切合残障人需求的社会保障制度，确保残障人就业权的实现。[②]《〈关于中央电视台新闻联播节目加配手语和字幕的建议〉的法律依据》强调了国务院《无障碍环境建设条例（征求意见稿）》第24条的相关规定："设区的市级以上电视台在播出或者重播电视节目时应当加配字幕"；援引了联合国《残障人权利公约》第30条的规定：缔约国确认残障人有权在与其他人平等的基础上参与文化生活，并应当采取一切适当措施，确保残障人"获得以无障碍模式提供的电视节目、电影、戏剧和其他文化活动"，我国已经签署和批准了这一公约。[③] 在《残障人权益保障法制建设的几个问题》中，探讨残障人权益保障法制建设的理论依据现代社会保障残障人的权利是基于慈善、伦理、人道还是作为人权的应有之义，指出不同的理论依据会产生不同的法律需求和具体的法律制度。[④]《用法律保障残疾人权益》比较了我国与其他国家在残障人法的立法时间、立法内容和我国残障人保障立法的实施中要着力解决的问题。[⑤]《从"人道"到"权利"：我国残疾人立法发展路径》提出我国经济发展为残障人权利保障提供了物质支撑，应实现残障人保障立法观念从"人道"到"权利"的转变，同时加强残障人权利保障立法的可操作性。相关的法律规则应当更加具体和细化，相关的法律责任应当加重和得到追究。[⑥]《残保金监督制度研究》提出残保金的监督是残保金运行中的重要环节，是保障残保金征、管、用合法、有序的必要约束机制。目前我国立法对残保金监督规定较少，有待完善。残保金的监督主体包括人大、政府部门、社会公众以及利益相关者。这四大主体都是对残保金征、管、用进行全面的监督，而不是部分监督。各级人大主要通过审议预算草案进行监督；政府部门主要通过查账进行监督；社会公众主要通过残保金信息公开进行监督；利益相关者主要通过提起行政诉讼进行监督。[⑦]《依法治国背景下的残疾人保障法制建设》就残障人保障法制的健全和完善进行了探讨。在残障人就业保障上，应当更加注重法律的实施效果，通过司法裁决抑制对残障人的就业歧视现象。同时，还应在按比例就业、就业优先、专产专营等制度上细化立法，使这些积极性就业保障措施具有操作性和相应的法律责任。应该不断完善残障人就业保障金征管机制，为残障人技能培训和就业扶持创造经济基础，明显提高残障人就业率。残障人康复保障需要尽快出台《残疾预防和残障康复条例》，

① 参见中国残障人联合会：《首届中国残疾人事业发展论坛论文集》，2007-12-01。见 http：//d. wanfangdata. com. cn/Conference/7524760，访问日期：2015-09-10。

② 参见《河南省政法管理干部学院学报》，2007（3）。

③ 参见《方圆法治》，2012（4）。

④ 参见《中国发展观察》，2010（7）。

⑤ 参见《光明日报》，2010-12-17。

⑥ 参见《中国社会科学报》，2014-06-25。

⑦ 参见《残障人研究》，2015（1）。

对《残疾人保障法》中的有关内容作出具有操作性的规定。一是明确各级政府、康复机构的责任，规定残障人康复的保障措施，并对康复服务的内容、提供方式、服务规范等作出相应规定；二是针对大多数残障人经济条件较差，负担能力有限的情形，鼓励社会力量从事康复服务，专门立法规范工商登记、税费减免和财政补贴等；三是参照国外对残障康复技术和辅助器具提供经费的经验做法，增加对残障人享受康复服务和辅助器具的支持力度，在立法上逐步扩大减免费用的康复服务范围和辅助器具种类；四是在进一步研究残障人康复需求和医疗保险基金平衡的基础上，逐步扩大康复费用的医保报销范围。《无障碍环境建设条例》起草和实施中面临的主要问题是：（1）无障碍设施被阻碍或者占用后，怎样进行法律救济？（2）谁来负责追究占用无障碍设施的违法行为？（3）违法者应当承担怎样的责任？在我国，无障碍设施被占用的情况很普遍，这也是在公共场所看不到残障人的一个重要原因。近年来我国城市建设注重修建盲道。即便如此，北京、上海、深圳等现代化大城市盲道占用情况仍十分突出。在一些标注无障碍设施完备的高档写字楼，一些无障碍设施只具有展示功能而不具有使用价值——因为轮椅进去后根本无法转弯，当然更无法掉头。相关立法和技术标准都存在空白。① 我国正在全面推进依法治国，为残障人社会保障事业发展提供了新的机遇。在社会保障方面，要全面建成覆盖城乡居民的社会保障体系；完善社会救助体系，健全社会福利制度，支持发展慈善事业；健全残障人社会保障和服务体系，切实保障残障人权益。对我国残障人社会保障事业的发展，对残障人社会保障法制建设提出更高、更新、更具体的要求。②

2014 年 2 月 26 日，黎建飞教授主讲的教授沙龙“中美残障人法比较”围绕美国与中国残障人法的比较与启示展开。介绍了在耶鲁访问期间的研究成果，从法哲学或者法史学的角度比较中美的残障人立法方面的异同点，并且就中美残障人法各项具体制度进行相关性比较。

在时间上，美国最早的残障人立法开始于 1918 年，美国国会通过了康复计划，保证联邦资金用于职业培训和就业辅导。在 1921 年，联邦政府建立一个退伍军人局提供的伤残军人的伤残补偿和职业康复。美国以这两部法律开启了其残障人立法的先河。然后是最为大家熟知的 1935 年美国国会通过的《社会保障法》，这是人类社会第一次对社会保障进行系统和统一的立法，也创建了一个永久性针对残障人权益进行社会保障的制度。1990 年，美国颁布了《残障人法》(ADA)，这部法律被布什总统称为“一个大锤打掉了可耻的隔阂，排除了把残障人与美国社会相分离的传统做法”。相比之下，我国最早的一部关于残障人的法律是 1990 年 12 月 28 日通过的《残疾人保障法》，这既是中国的第一部残障人立法，也是中国第一部社会保障方面的立法。我们以《残疾人保障法》开启了我国社会保障立法的先河。之后颁布了《残疾人教育条例》，并且对该条例的修改正在进行当中。2008 年修订了《残疾人保障法》。后来通过并实施了《无障碍环境建设条例》。通过比较可以看出，中美两国残障人立法的共同点是时间都相对集中，美国集中在 20 世纪后半叶，中国集中在改革开放后的 20 世纪末和 21 世纪初。

在观念上，美国残障人观念发展与变化经历了以下三个阶段：

---

① 载《中国劳动保障报》，2015-01-06。

② 参见黎建飞等：“Current Trends in the Development of the Chinese Social Security System for People with Disabilities”，17th Congress Papers of The International Labour and Employment Relations Association (ILERA)，7-11 September 2015，Cape Town. http：//www.ilera2015.com/index.php/en/abstracts/download-congress-papers，访问日期：2015-09-11。

第一阶段是医疗模式。20 世纪初，美国残障人的医疗模式也称为“康复模式”。在这个阶段，美国的立法将残障人看作是需要通过医疗方法（Medicare）进行修复的群体。该模式定义残障人是源于其个人的缺陷，是个人需要治疗残障或者阻止残障状况恶化。残障人的不幸仅被视为使其个人或家庭的不幸，而非社会的责任，故而社会仅仅需要帮助残障人进行补救而已。受这种模式及其理论的影响，立法主要表现为残障人的康复计划，保证联邦资金用于职业培训和就业辅导。

第二阶段是社会政治模式。这一模式的意义在于把残障人的缺陷从内部转向外部，从自身转向社会。换言之，残障人在社会生活中所受到的限制或者遭遇的麻烦，不是因其个人存在缺陷或不足，而是社会本身存在障碍，是社会对残障人施加的约束。因为现代社会环境的出发点和归属都是专为“普通人”提供的，至多是在普通人需求的基础上“增加或者减少半个标准”。对此，Laura 教授的表述具有代表性：“社会对于那些不符合特定样式的身体和精神有缺陷的残障人制造了障碍。”用 Richard Scotch 的话来说就是：“楼梯限制了坐轮椅的人进入，印刷字样限制了盲人的阅读。”David Pfeiffer 的说法具有典型意义：“它取决于所谓‘正常’（Normal）的概念。也就是说，一个行动受到限制的残障人，只是一个不能以（所谓的）‘正常’方式行动的人。但是，什么才是正常的方式呢？有些人愿意步行，有些人会骑自行车、坐公共汽车或者出租车或者驾他们自己的爱车；其他人则愿意踩着滑板或者溜着旱冰鞋。而有些人就是要用轮椅。所以，我认为，并没有所谓‘正常’的出行方式。”Robert Burgdorf 的结论是：“在人类社会中，‘有残障的人’与‘无残障的人’之间并不存在阵营分明的界限，……残障是‘来源于社会群体中自然而然的属性，它或早或迟地会出现在我们大多数人的生活中’。”随着人类寿命的延长，每个人或多或少或早或晚都会经历失能（disable）的阶段，所谓的残障（disability）成为一个普遍的现象。正如楼梯，是按照普通人的标准所设计的，如果换做残障人，可能会变成完全不同形态的设计。在此基础上，很多学者关注到了现代社会中的文化现象，一些电影和电视节目把残障人刻画成无助、无奈甚至是可怜的生物。这种现象在当今的中国，表现为在喜剧节目中以残障人作为取笑的对象，或者把残障人的生理缺陷作为剧情中添加的笑料。

第三阶段为少数人权利模式。少数人权利模式实际上是把残障人权利与种族、性别等平等权利相结合的一种模式，也是在上述模式的基础上把残障人权利引向特殊保护的模式。对此，Hahn 的解释是：“如果分配给残障选手的赛道上堆满了障碍物……这样的竞争很难被认为是公平的。而且，对于大多数残障儿童和成人而言，摆放在他们面前的通行障碍、交流障碍、轻蔑态度和歧视环境几乎是不可逾越的。”因此，“解决之道显然是‘清除障碍’、改变环境，而不是改变残障人”。对于少数人而言，除了赋予他们平等的权利，在此基础上还要给予他们更多的关注。所以，学者会将残障人权利与女权进行比较，“与一开始就充满争斗的女权运动不同，建立在平等对待基础上的残障人立法落后于已经实现了的包容和参与的目标”。

反观中国现有的观念，虽然较之以往有了一定的发展，用“残障”的概念取代了“残废”的概念。其实，早在近百年前，在颇有影响的我国台湾地区学者史尚宽所著《劳动法原论》中，就已经明确使用“残疾”取代“残废”的意义。在现实生活中，“残疾”被解释为“残而不废”。与“残废”相比，这是一个很大的进步。然而，“残疾”一词的表述仍是落后的，基本上是属于美国在医疗模式时期的称呼，用“残障”一词更符合当代残障人权利保护的理念，即这并非一种疾病，而仅仅是一种障碍。在联合国等机构的表述中，已经用 a person with disability 取代了原来的 The disabled 或者 disability。a person with disability 表明他们首先是“一个人”仅仅是有某种程度的“障碍”（disability）而已。

此外，我们对待残障人士的态度还停留在“慈善”以及“人道”层面。我们经常听说：“不是不人道，而是不知道。”意思就是不是社会对残障人不好，而是宣传不到位，社会不知道残障人需要什么。“人道”是残障人保护的一面大旗，残障人确实需要人文关怀，但是，仅仅停留在“慈善”与“人道”上是不够的，因为对于残障人来说，这些权利本来就是其应当享有的，而不应是由他人施舍的。不难看出，我们的观念还需要进一步改进，随着社会的发展而发展。这也是人类社会所必经的发展过程。①

与此同时，残障人法律保障相关的专业人才培养如影随形。《残疾人社会保障法律制度研究》，《从〈德国残疾人康复与参与法〉看残障人平等权的实现》，《离婚案件中残疾人权益保障研究——以立法论为视角的思考》，《司法无障碍理念的提出与适用》，《残疾人康复法律制度研究》，《反残疾人就业歧视法律制度研究》，《通用设计与我国无障碍环境立法研究》等一大批法学博士论文、法学硕士论文通过答辩和出版，硕士研究生和博士研究生发表的专业文章也多次获得“曾宪梓助残奖学金”等奖项。

《残障人法教程》的写作与出版是具有开拓意义的，无论是在国内还是在国际。本教材的写作既是本书作者近十年从事残障人法律权益保障理论与实践的结晶，也是我们继续拓展残障人法研究领域、有效维护残障人权益的积极进取。随着教材和课程的延伸，残障人法制建设将会奠定在一个新的层面上，作为其归属的人权事业也会有长足的进步。

本书作者长期致力于残障人法律权益的专项理论研究和志愿服务实践，为本书的面世进行了相对充分的准备。两位副主编或者从事专门的残障人权益维护和参与国内的相关立法，或者在国际视野中引领着先进的残障人法制观念和推动着残障人法制建设前行。这些人为的因素为本书提供、预备了厚实的基础和成型的架构，也为残障人法制的进一步完善和在这个过程中完善本书提供了可能。

---

① 在古罗马时期，罗马城外有一条河，人们会将身体有残障的儿童扔到河里。我们也能在一些古代遗址中发现成堆的婴儿尸骨，都证明了人类早期对待残障人是野蛮的和人类社会都是这样发展过来的。参见《中美残疾人法比较：黎建飞教授主讲本学期第一讲教授沙龙》，见 http：//www. caw. ruc. edu. cn/articale/? 44669. htm.

# 目录

# 第一章 残障人法概述

## 第一节 残障和残障人的界定

残障人是一个数量众多、特性突出、特别需要帮助的社会群体。① 根据世界卫生组织（WHO）的统计数据，目前残障人占世界人口的比例约15.3%，全球残障人总数超过10亿人。有些国家残障人口所占比例估计高达20%，因此，如果算上家属和亲属，就有50%的人口受到残障的不利影响。② 我国采取比较严格的残障认定标准，但是即使这样，我国残障人总数也超过了8 500万人，占全国总人口的6.34%，涉及家庭人口近3亿人。③

### 一、残障与残障人称谓的演变

在人类历史的相当一段时期，社会普遍将用来描述一个人有缺陷的词语形容和称谓残障人，也就是所谓的残障“医学模式”，也叫做“缺陷模式”或“个人模式”。医学模式被认为“以极大的力度影响了现代历史对残障的界定”④。过去这些公认的贬义词语在日常语言中普遍地使用，例如，愚人、畸形、精神错乱者、疯子、神经病、瘸子、跛子、聋子、哑巴、瞎子、羊角风、白痴、傻子等，至今其中有些仍然被继续使用。另外，在一些语言中，残障人被描述为无能者、无用者或残废者，换句话说就是废人。这些以医学或者施舍为出发点的残障观，造成对残障人长期的错误认识和消极偏见。⑤ 社会公众认为残障人是“病态的”、“不正常的”，他们是社会的“异类”。这种不正确的认识和态度，导致在社会和日常生活中方方面面对残障人有意的或者无意的隔离、孤立与排斥，进而导致在国家的立法和政策中忽略、遗忘残障群体的利益诉求。这反映了社会普遍对残障人存在的歧视，并且这种歧视不是偶然的、片面的，而是长期的、普遍的，甚至是根深蒂固的。⑥

---

① 参见《中共中央 国务院关于促进残疾人事业发展的意见》（中发［2008］7号）。

② See World Health Organization & The World Bank, *World Report on Disability*, World Health Organization, 2011.

③ 参见中国残疾人联合会：《2010年末全国残疾人总数及各类、不同残疾等级人数》，见 http://www.cdpf.org.cn/sjzx/cjrgk/201206/t20120626_387581.shtml。

④ Rosemary Kayess and Phillip French, “Out of Darkness into Light? Introducing the Convention of the Rights of Persons with Disabilities”, 8 *Hum. Rights L.*, *Rev.* 1, 5 (2008).

⑤ See Arlene Kanter, “*The Development of Disability Rights under International Law: From Charity to Human Rights.*” Routledge: London and New York, 2015.

⑥ 参见王治江：《残疾人权利保障：中国和国际社会》，载《以权利为基础促进发展》，196页，北京，北京大学出版社，2005。

伴随着人类文明的进步、社会经济和科技的发展，以及通用设计的创新和发展，世界各国对残障及残障人能力和价值的认识逐步改善，特别是伴随着人权事业的不断发展，各国政府和社会各界开始转变对残障和残障人的认识，希望使用一个比较积极或者中性的词汇形容“残障”和“残障人”，修正在概念上造成的歧视。与此同时，残障人运动不断兴起，许多残障人以及他们的家庭和代表机构开始采取更为积极、主动的方式主张和维护自身权利，表达自己的诉求，与残障权利的其他倡导者共同努力，促使各国政府和社会各界逐步转变态度和观念。在这个过程中，各国学者及其相关机构在研究、教学、人才培训等方面给予了大力支持。自20世纪70年代以来，对残障的定义逐步发生一种从基于个人和医学的视角向结构和社会的视角转变，也就是通常所指的从“医学”模式向“社会”模式的转换。①

残障的社会视角形成可以追溯到英国于1975年颁布的《残障的根本原则》。② 残障的社会视角认为残障人被社会所限制，而不是像人们一直认为的那样被残障人的身体所限制。《残障人机会均等标准规则》也指出：“接近60年代末期，一些国家的残障人组织开始拟定一个新的残障概念。这一概念表明了残障人个人遇到的限制不但与环境的设计和机构密切相关，而且也与人民的态度密切相关。”③ 然而，在之后的约三十年中，残障的社会视角带来的影响非常有限，直到联合国《残障人权利公约》生效以来，尤其是《残障人权利公约》带来的残障人及其代表机构对自己认识的觉醒。残障的定义从社会视角被纳入人权的框架下，并且把权利保障从过去被看做被动的转换为各国政府的义务。④

历史上在“残障”出现之前有过很多词汇，如缺陷、残疾等。近年来，正是因为悄然发生的、对待残障的观念和视角的变化，那些旧的词汇在许多国家被逐步重新界定，其内涵和外延都得到重新审视和质疑，被认为不再适合作为残障这样一个新视角下较为积极的概念的同义词。

日本使用的是“身心障害者”，由于“害”字容易引起歧视争议，所以，很多日本人在日常生活中开始将“障害者”称为“障碍者”（障がい者）。我国台湾地区原来的法律中使用的是“残障者”，1997年伴随着“身心障碍者保护法”的公布，开始使用“身心障碍者”。英国、菲律宾、巴基斯坦的法律中使用disabled persons，印度、加拿大法律中使用persons with disabilities，美国法律中使用过 the Handicapped，disabled等，目前普遍用 individuals 或 persons with Disabilities。在这种概念的演变过程中，persons with disabilities 取代了 disabled persons 的表述，强调残障人作为一个权利主体，完全的人，残障只作为他们附属的特征。因此，一些国家的立法及时响应这样的积极变化，用persons with disabilities替换disabled persons。联合国《残障人权利公约》英文版使用的就是persons with disabilities。还有一个有力的例子就是“智力障碍”的称谓在美国及其他国家的演变过程。自1961年以来，American Association for Mental Retardation（AAMR，美国智力障碍协会）开始使用Mental Retardation，用以取代之前普遍用来形容智力障碍人的feeblemindedness（愚钝），idiocy（白痴），subnormality（低常）等贬义词

① See Michael Oliver，*Social Work with Disabled People*，Basingstoke：MacMillian，1983.

② See Union of Physically Impaired against Segration，*Fundamental Principles of Disability*，1975.

③ 《残疾人机会均等标准规则》第5段。

④ See Arlene S. Kanter，*The Development of Disability Rights Under the International Law：From Charity to Human Rights*，Routledge：London and New York，2015.

汇。Mental Retardation 也随即被用在学界权威机构 American Psychiatric Association（APA，美国精神协会）出版的《精神疾病诊断及统计手册》（DSM）中。然而四十多年后，Mental Retardation 的负面含义不断遭到同样质疑，更受到智力障碍人和其家庭及他们的权利倡导伙伴包括学界的反对，认为 MR 有贬义，容易导致对智力障碍的曲解。[①] 2007 年，AAMR 率先把机构的名称改为 American Association for Intellectual and Developmental Disabilities（AAIDD）。紧接着，美国国会、政府各机构及其他公立和私立机构都相继发出更替声明，开始用 IDD 取代 MR。但是，许多人认为 disability 这个词本身就带有消极的属性，于是呼吁能够找到一个更为中性的词汇，充分体现人类的多样性，避免贴标签。国际残奥委会主席菲利普·克雷文曾说，他最终的理想是 disabled 这个词的最终消失。他在北京残奥会开幕式上说："你们将认识到，你们所认为的人与人之间的差别，实际上并没有那么明显。"

本教程使用"残障"，肯定其复杂、动态、多元和争议性，从发展的、社会的视角在权利的框架下看待残障，客观地尊重残障所包含的功能局限和外部环境及态度的相互作用的综合性。对中文中法律和文件等原文文献所使用"残疾"或其他名称予以保留。

回顾历史，我们不难发现，我国古代从医学等角度，对不同的残障大都有相应的称谓。仅下肢障碍的就有跛、踦、蹇、踊、跀、跂等不同的称谓。[②] 盲、聋等称谓一直从古沿用至今。唐朝对残障有了比较明确的界定和分类，《唐律》根据残障的轻重程度，将残障依次划分为"残疾"、"废疾"和"笃疾"。"诸一目盲、两耳聋、手无二指、足无三指、手足无大拇指、秃疮无发、久漏下重、大瘿，如此之类，皆为残疾。痴痖、侏儒、腰脊折、一肢废，如此之类，皆为废疾。恶疾、癫狂、两肢废、两目盲，如此之类，皆为笃疾。"[③]《唐律》之后，《宋刑统》、《庆元条法事类》，直至《大明律》、《大清刑律》基本都沿用这一标准。[④]在日常生活中，残障人往往被称为"残废人"。例如，"永军残废之士，听还江南"[⑤]。"如伤人未中要害，不致折损残废，约略数日可愈者，不报伤人亦可。"[⑥]"残废也有残废生活的办法，乐观些罢。"[⑦] 新中国成立以来，我国政府部门、军队出台的相关政策和颁发的证件中曾经广泛使用"残废"一词，例如，《革命残废军人抚恤证》、《工作人员残废抚恤证》、《人民警察残废抚恤证》、《民兵民工残废抚恤证》等，甚至在 1982 年《宪法》第 45 条中仍然使用了"残废军人"的称谓。1988 年中国残疾人联合会成立，1990 年全国人大常委会审议通过《残疾人保障法》，"残疾人"这一概念才逐渐被国家和社会各界广泛接受。但是残废人、聋子、瘸子、哑巴、神经病、傻子等贬义性称谓仍然在日常生活中不时被使用。

毫无疑问，"残疾人"的称谓要比"残废人"更具有积极意义，因为"残疾"去除了"残

---

① See Salvador-Carulla L.，Reed GM，Vaez-Azizi LM，et al. Intellectual Development Disorders：Towards a New Name，Definition and Framework for 'Mental Retardation/Intellectual Disability，in ICD-11. *World Psychiatry* 2011，10：175-180.

② 《说文》：踦，一足也；蹇，跛也；踊，足不正也；跀，断足也；跂，足多指。参见相自成：《中国残疾人保护法律问题史论》，11～22 页，北京，中国法制出版社，2003。

③ 《唐令拾遗·户令》。

④ 参见相自成：《中国残疾人保护法律问题史论》，14 页，北京，中国法制出版社，2003。

⑤ 《魏书·显祖纪》。

⑥ （清）黄六鸿：《福惠全书·刑名·贼盗》。

⑦ 许地山：《无法投递之邮件》。

废”中隐含的“即残则废”的错误的、公然歧视性含义。但是，“残疾人”的称谓仍然落后、偏颇，甚至误导。正如前面所指出的，它从医学的视角片面地强调了残障人功能局限的一面，忽略了环境因素，即“障”对残障人的影响。2008 年《残疾人保障法》修改时，部分人建议将“残疾人”改为“残障人”。但是，无论是学术界还是社会公众，对此都有较大争议。主张修改者认为，“残疾”是纯粹的医学的视角，更侧重强调疾病或缺陷，完全从概念上忽略环境和态度的因素造成的影响；而“残障”则从社会视角客观地强调功能损伤所带来的限制和外界环境障碍和负面态度等不利因素相互作用对个体的影响，采用残障的概念更符合我国对残障人的定性和法律的宗旨，更符合把残障人作为权利主体的理念，有利于推动社会环境的改善、障碍的消除、观念的改变及意识的提升，体现社会的进步，彰显法律的进步和公义。反对者认为，“残疾人”是通俗的概念，比较客观。法律名称都是约定俗成的，要保持连贯性，目前宪法和其他法律中均使用“残疾人”这一概念，因此，“残疾人”的法律称谓不宜改为“残障人”①。最后修订后的《残疾人保障法》中仍然沿用了残疾人的称谓。

“残障”与“残疾”相比虽然强调了外界的障碍，虽然仍然不是一个非常理想的词汇，但是弥补了“残疾”单纯强调个人的功能局限和忽略外界因素的片面影响。“残障”作为能够体现人类差异普遍性的、积极的概念词汇在法律的制定中通过严格的概念界定，广泛的公众教育，有助于消除对残障人的歧视和偏见。不能否认，如果不能从根本上消除社会对残障和残障人的歧视，用以取代“残疾”和“残疾人”的任何中性或者褒义性词汇都面临着被贬义化的可能。但是，纠正歧视性和偏见性的称谓就是纠正错误观念和态度、建立不歧视系统的一个重要方面。在观念的产生和演变过程中，语言的作用是非常大的，而且语言的使用，在很大程度上体现和折射隐含的观念。在医学的视角下残障被看做个人的悲剧，对他们予以同情和有限的帮助，解决残障所导致的问题是片面强调残障人个人及其家庭的责任。在这种视角的影响下，残障人被排除在系统外，主要是被动接受慈善和隔离的安置方法。在社会的视角下，残障被规定为社会的责任，以平等的权利保护为宗旨，把残障相关事宜纳入国家发展的总体框架下，充分鼓励和保障残障人本身的参与和贡献。因此，在寻找合适的替代性词汇过程中，更为重要的是通过各种举措同时消除对残障人的陈陋观念和不正确看法，培养社会公众对残障的客观认识和正确态度。

这并非不可能。在我国苗族社会里，“残疾”这个概念是不存在的。在主流社会中被视为残障的人群，在苗族社会里却被视为普通。在这样的社会里，社会制度不会刻意制造障碍，因此，“残障人”享有同等的参与社会的机会和权利。② 这表明，隔离的安置是在观念影响下的人为所致，融合是纠错，不是残障人给社会带来的额外负担。随着社会对残障人歧视的不断消除，将残障人真正融合到主流社会之中，给予残障人平等的法律地位和社会地位，那么“残疾”和“残疾人”称谓的负面性便能够凸显出来，就如同我们现在再回过头去重新看待“残废”这个词，对其贬低含义和歧视性一目了然。这就是观念改变和残障意识提升的最有力证明。在社会不断进步过程中，对负面概念的容忍和忽略，便是对这种进步的桎梏。这是法律进步和有效实施遇到的一种普遍现象。因此，寻找到中性的、客观的，甚至是具有积极意味的词

① 陈丽平：《保护八千余万残疾人权益法律再次打磨》，载《法制日报》，2008-02-27。

② 参见葛忠明、李锦绣：《不同视角下的残疾预防及其组织体系建设》，载《残疾人研究》，2011 (3)，31 页。

语表述“残障”和“残障人”，是社会各界一个美好的愿望；切实地推动残障人平等权利的重要体现，需要立法机构、政府部门和社会公众的共同努力。

## 二、残障与残障人的定义

社会公众对残障和残障人并不陌生，但是对这两者进行明确的界定却是一件非常困难的事情。不同的人、不同的组织、不同的政府都曾以不同的方式进行过界定，但是现在仍然没有一个统一的定义，因为这原本就是一件复杂的事情，受各种政治、经济、文化等社会因素的影响。不仅如此，即使对残障概念达成了共识，如何找到最佳的方法表述和诠释这一概念，如何使用普遍理解和接受的语言和在不同文化中均不带有负面、独断或者贬损含义的词语，也是很难的。[①] 尽管如此，各国并没有放弃努力，大多数进行残障人立法的国家在相关法律中对残障和残障人都有相应的界定。

### （一）部分国家对残障和残障人的界定

纵观各国残障人立法中对残障和残障人的界定，基本可以分为三种形式：一是概括式；二是列举式；三是综合式。这些界定多数从“损伤与功能”之间的关系出发，绝大多数概念已经隐含或包含了社会因素，也伴随着或者折射出权利意识和社会发展的渐进式变化。

1. 概括式。英国、西班牙、瑞典、德国、约旦、菲律宾、韩国、日本等国的立法中采取了概括式，主要通过相对抽象的语言界定残障和残障人的主要特征。例如：

1995 年《英国残障歧视法》第 1 条规定，除附表 1 另有规定外，就本法而言，如若某人在身体或者精神上有损伤，该损伤对其从事每日正常活动的能力产生实质的和长期的不利影响，该人即有残障。本法中的“残障人”，是指任何有残障的人。[②]

1982 年《西班牙残障人社会融合法》第 7 条规定，本法中“残障人”，是指由于先天或者非先天的永久生理、心理、知觉缺陷，在社会融合、教育、劳动体系中的可能性受到削弱的人。

1999 年《瑞典禁止在就业中歧视残障人法》第 2 条规定，“残障”，是指由于出生后出现的或者可能出现的损伤或者疾病从而导致的肢体、精神或者智力的永久性功能限制。

1986 年《德国重度残障人法》第 3 条规定，本法中所称“残障”，是指由于异常的身体、智力或者精神状态造成的非暂时性的功能性障碍。[③]

1991 年《菲律宾残障人大宪章》第 4 条规定，残障人是指因为智力、身体或者器官损伤而在行为方式上受到限制或者与通常认为的人的正常行为方式存在差异的人。[④]

---

① 参见陈新民主编：《残疾人权益保障——国际立法与实践》，4 页，北京，华夏出版社，2003。

② See Disability Discrimination Act 1995, Part 1.

③ 根据《德国重度残疾人法》规定，明显地偏离相关年龄行为规范的状态被视为异常，超过 6 个月的期限被视为非暂时性的。在多重残疾互相影响造成功能减退的情况下，他们的总体后果具有决定性意义。功能性障碍的后果以残疾等级的度数表示，从 20 度到 100 度，每 10 度划分为一个等级。重度残疾人是指残疾等级达到至少 50 度的残疾人。

④ 该法还对“损伤”、“残障”和“限制”分别进行了界定，以示区别和不同。“损伤”，是指在心理上、生理上或者在人体结构上或功能上的任何丧失、削弱或者失常。“残障”是指：（1）身体上或者智力上的损伤，这种损伤限制了个人一项或者多项心理功能、生理功能、人体结构功能或者活动；（2）此类损伤的经历；（3）被认为有此损伤。“限制”，是指因为某种损伤或者某种残疾给个人造成的不利，与相同年龄和性别的其他人相比，这些不利限制或者阻碍了该人的功能或者活动。

1970年《日本残障人基本法》第2条规定，本法中的“残障人”，是指身体障碍、智力障碍和精神障碍，并因此使其日常生活或社会生活持续地受到相应限制的人。

2007年《韩国反对歧视残障人及救济法》第2条规定，残障是指身体或精神功能受到损害或丧失，从而使个人身体活动和个人社会活动受到长期的实质性限制。残障人就是具有前述残障的人。

《约旦残障人福利法》将“残障人”定义为：“在感官、生理、智力或者精神上的能力存在全部或者部分永久的障碍，造成学习能力和工作能力受到限制，这种限制使他或她在类似情况下与其他人相比难以满足正常的日常需求。”

除上述国家的立法外，2001年生效的《美洲国家关于消除对残障人的一切形式歧视公约》，对残障的界定也采用了概括式。该《公约》规定，“残障”一词是指某种生理、心智或者感官上的永久的或者暂时性的限制，使人从事日常生活中一项或者多项重要活动的能力受限，且该限制可由经济和社会环境导致或者加重。①

2. 列举式。澳大利亚、印度等国家以及香港特区的立法中对残障的界定采取列举式，主要通过列举残障的不同类别实现对残障的界定。

1992年《澳大利亚残障歧视法》第4条规定，“残障”，就某人而言，指：(a) 该人身体或心智方面的机能全部或者部分丧失；或 (b) 身体任何部分全部或者局部丧失；或 (c) 在其体内存在引起疾病的有机体；或 (d) 在其体内存在可以引致疾病的有机体；或 (e) 该人身体任何部分机能失常、畸形或毁损；或 (f) 因机能失调或失常导致该人的学习情况与无此失调或失常的人有所不同；或 (g) 患有影响该人的思维过程、现实感知、情绪、判断或者引致行为紊乱的任何失调或疾病；亦包括 (h) 现存的残障；或 (i) 曾经存在但已不再存在的残障；或 (j) 在将来可能存在的残障；或 (k) 可归责于某人的残障。

1995年《印度残障人（机会均等、权利保护和全面参与）法》第2条规定，本法所称的“残障”是指：失明；弱视；麻风病后遗症；听力受损；行动障碍；智力障碍；精神疾病。并就不同类别残障进行了比较明确的界定，如“听力受损”，是指在最佳状态下丧失了正常交谈范围所需的60分贝或者60分贝以上声音的听觉。

1995年香港《残疾歧视条例》第2条规定，“残疾”，就任何人而言，指 (a) 该人的身体或心智方面的机能的全部或局部丧失；(b) 全部或局部失去其身体任何部分；(c) 在其体内存在有机体而引致疾病；(d) 在其体内存在可能引致疾病的有机体；(e) 该人的身体的任何部分的机能失常、畸形或毁损；(f) 由于失调或机能失常引致该人的学习情况与无此失调或机能失常情况的人的学习情况有所不同；(g) 影响任何人的思想过程、对现实情况的理解、情绪或判断、或引致行为紊乱的任何失调或疾病，亦包括 (i) 现存的残疾；(ii) 曾经存在但已不再存在的残疾；(iii) 在将来可能存在的残疾；(iv) 归于任何人的残疾人。

3. 综合式。中国、巴基斯坦等国家及我国台湾地区立法中对残障和残障人的界定采取综合式，即将概括式和列举式融为一体，既有抽象的概括，又有残障或残障人不同类别的列举。

1991年我国《残疾人保障法》第2条规定，残疾人是指心理、生理、人体结构上，某种组

---

① See Inter-American Convention on the Eliminaiton of All Forms of Discrimination Against Persons with Disabilities, Article I (1).

织、功能丧失或者不正常，全部或者部分丧失以正常方式从事某种活动能力的人。残疾人包括视力残疾、听力残疾、言语残疾、肢体残疾、智力残疾、精神残疾、多重残疾和其他残疾的人。

2009年台湾地区“身心障碍者权益保障法”第5条规定，本法所称身心障碍者，指下列各款身体系统构造或功能，有损伤或不全导致显著偏离或丧失，影响其活动与参与社会生活，经医事、社会工作、特殊教育与职业辅导评量等相关专业人员组成之专业团体鉴定及评估，领有身心障碍证明者：（1）神经系统构造及精神、心智功能；（2）眼、耳及相关构造与感官功能及疼痛；（3）循环、造血、免疫与呼吸系统构造及其功能；（4）消化、新陈代谢与内分泌系统相关构造及其功能；（5）泌尿与生殖系统相关构造及其功能；（6）神经、肌肉、骨骼之移动相关构造及其功能；（7）皮肤与相关构造及其功能。

1981年《巴基斯坦残障人（就业和康复）法令》第2条规定，“残障人”，是指由伤害、疾病或者先天畸形，在从事用于谋生的任何有偿职业或工作上存在障碍的人，残障人包括视力、听力、肢体和智力障碍人。

### （二）联合国对残障和残障人的界定

早在1975年12月9日联合国大会通过《残障人权利宣言》时，就对“残障人”进行了界定：“残障人”一词的意义是指任何由于先天性或者非先天性的身心局限而不能保证自己可以取得正常的个人生活和（或）社会生活上一切或部分必需品的人。但是，从现代残障史中逐渐演化出“残疾”和“障碍”两个词汇，并且“残疾”和“障碍”由于这两个词在使用上往往含义不清和相互混淆，难以很好地指导决策和政治行动。1980年，世界卫生组织采用了一项对限制、残障和障碍的国际分类，提出了一种更加准确同时又是相对论的方法。这一项分类明确地把“限制”、“残障”和“障碍”区分开来。该分类现已广泛用于康复、教育、统计、政策、立法、人口统计、社会学、经济学和人类学等领域。①

基于世界卫生组织在保健方面的经验，1982年12月3日，联合国大会通过的《关于残障人的世界行动纲领》对限制、残障和障碍三者作了如下区分：限制是指心理上、生理上或人体结构上某种组织或功能的任何形式的丧失或畸形。残障是指由于限制而缺乏作为一个正常人以正常姿态从事某种正常活动的能力或具有任何限制。障碍是指一个个人，由于限制或残障，处于某种不利地位，以至于限制或阻碍该人发挥根据年龄、性别、社会与文化因素应能发挥的正常作用。障碍因此是对残障人与其生存环境之间关系的一种作用。当残障人遭遇文化、物质或社会阻碍，阻止他们参与其他公民可以享有的各种社会系统时，就产生了障碍。因此，障碍是丧失与其他人平等参与社会生活的机会或是这种机会受到限制。这个“障碍”的定义，已经体现出社会模式下残障人与环境相互作用的观点，比1980年世界卫生组织关于“障碍”的定义先进了一步。

1993年12月20日，联合国大会通过《残障人机会均等标准规则》，其中对残障和障碍进行了再次界定。“残障”一词概括地泛指世界各国任何人口中出现的许许多多的各种功能上的限制。人们出现的残障既可以是生理、智力或者感官上的局限，也可以是医学上的状况或精神

---

① 参见《关于残障人的世界行动纲领》第19段和第20段。有些使用者表示关切，认为该分类对于障碍一词的定义仍可被视为太偏重于医学，太偏重于个人，也许不足以明确表示出社会状况或社会期望与个人能力之间的相互作用关系。

疾病。此种局限、状况或疾病有可能是长期的，也可能是过渡性质的。“障碍”一词是机会的丧失或受到限制，无法与其他人在同等基础上参与社会生活。它是指患某种残障的人与环境的冲突。使用此词的目的是着重强调环境中和社会上许多有组织活动诸如信息、交流和教育中的缺欠，使残障人无法在平等基础上进行参与。

在联合国《残障人权利公约》制定过程中，一些国家代表、很多残障人代表机构和国际组织极力想对残障和残障人进行一个明确的界定，用以指导各缔约国的相关立法、政策制定及保障残障人权利的各项行动，避免成员国因为该《公约》没有提供具体的残障定义而在国家的残障法律中排除对一些残障群体的权利保护。为此，第七次特委会会议着重讨论该《公约》中合适的残障定义问题。① 但是最终反对在该《公约》中包括一个具体的残障概念的方面得胜。他们反对的理由是无论如何在该《公约》中表述一个残障的概念，都会出现把一些人包括进来、另一些人排除在外的情况。而且，随着时间的推移，残障概念的变化将来可能会把目前定义为有残障的人排除出去。更进一步说，反对派认为在该《公约》中包含一个具体的残障定义削弱了该《公约》突出的残障的社会视角，因为，无论一个人的残障如何，从社会的视角出发，杜绝基于残障的歧视的责任在社会，而不在个人。② 实事求是地讲，残障的界定涉及政治、社会、历史、文化、宗教等复杂因素，甚至与一个国家的经济发展水平都有莫大关系。因此，2006 年 12 月 13 日，联合国大会通过的《残障人权利公约》对残障和残障人的界定采取了一种比较开放的办法，但突出体现了定义残障的社会视角。一是在序言中指出“确认残障是一个不断演变中的概念，残障是伤残者和阻碍他们在与其他人平等的基础上充分和切实地参与社会的各种态度和环境障碍相互作用所产生的结果”；二是在第 1 条“宗旨”第 2 款中规定“残障人包括肢体、精神、智力或感官有长期损伤的人，这些损伤与各种障碍相互作用，可能阻碍残障人在与他人平等的基础上充分和切实地参与社会”。在《残障人权利公约》的谈判过程中，与会各国都认为该《公约》中的规定只是对残障和残障人的特征进行了一些简单描述和原则规范，供各国参考。

**（三）残障和残障人界定的拓展趋势**

许多国家立法对残障进行界定时采取了一种逐步拓展的模式，实际上把许多传统意义上并不存在功能局限的人也纳入了残障人法的保护范围，尤其是在认识到预防、早期支持和干预的重要性的情况下。

1990 年《美国残障人法》（ADA）规定，“残障”是指一个人：（1）具有实质性限制了其某一方面或者更多方面的主要生命活动的身体或者精神损伤；（2）具有该类身体或者精神损伤的经历；或者（3）被认为有该种损伤。1991 年《菲律宾残障人大宪章》第 4 条规定，“残障”是指：（1）身体上或者智力上的损伤，这种损伤限制了个人一项或者多项心理功能、生理功能、人体结构功能或者活动；（2）此类损伤的经历；（3）被认为有此损伤。ADA 作为一部反歧视法，其中的残障概念是法律概念，而不是医学概念，根据美国立法规定，如果一个人虽然现在没有残障但是以前曾经有过，或者一个人虽然没有残障但是其他人认为他有，那么这种情

①② See Arlene S. Kenter: *The Premise and Challenges of the United Nations Convention on the Rights of Persons with Disabilities*, *supra note* 89, *at* 292 (*Citing Press Release*, *General Assembly*, *Disability Convention Drafting Committee Discusses International Monitoring*, *International Cooperation*, *Definition of Disability*, U. N. Doc. SOC/4709, Aug, 15, 2006) .

况也属于有残障，受法律的保护；因为其他人认为他有，便置此人于遭受基于残障歧视的危机。立法作出这种规定的考虑是，避免任何人因为残障受到歧视，不管这种残障是现在的、过去的、甚至是假想的。举例来说，如果一个人在参加招聘时，雇主发现该人曾经在5年前短暂罹患过精神病，因此拒绝录用该人，那么该人就可以依据残障人法的规定寻求保护，认为雇主构成基于残障的歧视。如果一个人在参加招聘时，雇主发现该人比较肥胖，认为该人是残障人不予录用。即使肥胖本身并不属于残障，但该人也可以依据残障人法的规定寻求保护，认为雇主构成基于残障的歧视。这种规定的主要目的是杜绝基于残障的歧视，以下列举的其他国家的定义也存在类似的情况；在理解这些概念的界定问题时，要从法律的整体方面考虑，不能断章取义。

澳大利亚和中国香港地区在反歧视方面规定得更为严格。"归责于任何人的残疾"与"被认为有此损伤"类似，实际上都是一种假想的残疾，残疾并不存在。"在将来可能存在的残疾"也是一种假想的残疾，将来残疾存在与否并不确定，但现时残疾并不存在。香港平等机会委员会处理过大量类似案例。如某人申请政府部门的急救服务职位，因为该人的父亲有精神分裂疾病，雇主认为该人属于高危者，工作压力可能诱发精神病，因此拒绝录用该人。2002年12月，该案得以和解，雇主聘用该人并赔偿相关损失27.5万人。[①] 某人应聘某纪律部队成员，但雇主认为该人体能测验仅仅及格，显示他可能有潜在的局部心脏病，因此雇主拒绝录用该人。2003年1月，该案得以和解，雇主聘用该人并损失赔偿40万元。[②] 这些情况均可以获得残障人法的保护。

美国、菲律宾、澳大利亚和中国香港地区的立法是基于这样一种理念，即残障人法不仅仅是保护残障人免遭歧视，而且保障所有人免遭"基于残障的歧视"。这就势必使残障人法所界定的残障和残障人的范围更大，所保护的群体范围也更大。从各国残障人法的情况看，在残障和残障人认定上有不断拓展的趋势，努力使残障人立法应用的范围更为广泛。例如，加拿大对"残障"的定义十分宽泛，即使可矫正的情况也可能被认为是残障，肥胖、酗酒、药物依赖等高危状态通常都被视为残障，尽管这些行为大多是能够自我控制的。[③]

从各国残障和残障人认定的实际情况看，也面临着一种逐步拓展的趋势，各国残障人在总人口中所占比例逐年提高。比如，英国1987年为7.1%，1994年为15%，2002年为18%。美国1991年为12.2%，2001年为18%。澳大利亚1976年为4.8%，1993年为18%。[④] 韩国2000年为3.09%，2005年为4.59%，2010年估计达到6%。我国1987年为4.90%，2006年为6.34%。各国残障人比例增高的原因主要有：一是残障人法对残障和残障人认定范围的扩大，鉴别和评估体系不断的完善。二是伴随着老龄化社会的到来，残障人数量明显增多；2006年第二次全国残障人抽样调查数据显示，60岁及以上人口中残障人数量比1987年时该年龄段增加了236万人，占全国残障人总数新增量的75.5%。[⑤] 三是各国社会保障制度和福利制度的

---

① 见 www.eod.org..hk/cc/home.com，记录册编号：DDO/2/December/2002。

② 见 www.eod.org..hk/cc/home.com，记录册编号：DDO/1/January/2003。

③ 参见陈新民主编：《残疾人权益保障——国际立法与实践》，6页，北京，华夏出版社，2003。

④ 参见第二次全国残疾人抽样调查办公室：《第二次全国残疾人抽样调查主要数据手册》，33～34页，北京，华夏出版社，2007。

⑤ 参见第二次全国残疾人抽样调查办公室：《第二次全国残疾人抽样调查主要数据手册》，28页，北京，华夏出版社，2007。

不断完善，残障人的各种社会保障和福利增加，社会的接纳程度逐步提高，越来越多的残障人家庭对残障调查的抵触逐步减少。四是残障人运动和人权事业的发展，许多人开始正视残障现象和残障人问题，抛弃了原来“以残障为耻”的错误观念。残障人口数量增加的趋势告诉我们，经济的发展不能带来残障的减少。

(四) 结论

毫无疑问，我们很难为残障和残障人找到一个完美的界定。但是，对残障和残障人进行界定还是有基本原则和规律可循。有人认为，在讨论和定义残障时应当考虑以下核心要素：(1) 避免以明示或暗示的方法对残障的等级或层级按照感觉上的重要性和任何其他有限顺序进行排列；(2) 对“隐性”残障和其他不明显的、不常见的或者不为人所知的残障情形应予以注意；(3) 残障人最大范围的参与，应作为任何尝试界定过程的核心。无论如何选择和界定残障的概念，最重要的是要认识到残障所产生的限制不仅与残障本身有关，而且与物质环境或社会环境存在的或施加的限制有关。① 笔者认为，对残障和残障人进行界定时应当坚持以下原则：(1) 伴随着经济社会的发展，社会对残障和残障人的认识是不断变化和提升的，因此，对于残障和残障人不能固守一个亘古不变的定义，而应当根据不断发展变化的形势，促进形成更加客观、积极的定义。(2) 对残障和残障人的界定应当消除医学模式造成的制度障碍，避免将残障仅仅归咎于个人的缺陷与不便，应当考虑到社会环境与残障人个人之间的互动关系，正视环境因素对残障人的必然影响，明确人对残障的认知是不断发展的。(3) 对残障和残障人进行界定应从尊重残障人意愿的角度出发，把残障人作为权利主体，要围绕他们的权利和需求定义，而不应当纯粹从非残障人的角度界定，不应该把残障人作为一种“对象”或者“客体”，必须放弃对残障人的“恩赐”、“救济”思想和态度。(4) 对残障和残障人进行界定的目的不是将他们与其他社会公众相区别，更不是将残障人群体贴上“特殊标签”，隔离于主流社会，而是应当最大限度地为残障人服务，消除残障人面临的障碍与不便，促进权利保护和社会融合。

## 第二节　残障人权利保障归因

伴随着经济社会发展和人权事业进步，残障人权利保障作为“少数人问题”逐渐引起社会各界的高度关注。基于以下以及更多的原因，通过立法等途径保障残障人权利也成为世界各国的广泛共识。

### 一、社会文明进步的必然趋势

人类具有和其他动物类似的自然属性，又具有独特的社会属性。理性是人类区别于其他动物的根本属性，也是人类社会不断发展的必然要求。西塞罗曾经说过，人和野兽之间的最大区别在于，动物只在感觉驱使的范围内活动，只能适应现存的环境和条件，很少想到过去和未来。人却具有理性……从而不想、不做欲望驱使人去做、去想的任何事情。由这一切产生和形成我们所追求的东西——道德的高尚性。② 伴随着社会的不断发展，人类不断建立促进社会向

① 参见陈新民主编：《残疾人权益保障——国际立法与实践》，6～7页，北京，华夏出版社，2003。

② 参见［古罗马］西塞罗：《论义务》，王焕生译，15～17页，北京，中国政法大学出版社，1999。

更高阶段发展的社会规则，不断用道德、理性，乃至法律评价、衡量、规范人们的行为，从而使人类社会的发展不断摆脱落后、野蛮的行为方式，走向更加文明与和谐。

在人类社会文明进步过程中，社会对待残障人的态度必然会不断发生变化。首先是“优生”的论调受到人们的反对，社会不再从肉体上消灭残障人，而是“容忍”他们的存在，给予他们基本的生存条件；其次是社会从慈悲角度关怀残障人，给予他们相应的生活条件，部分残障人可以有计划从事一些简单的生产活动；然后社会逐渐认识到残障人的基本权利和价值，给予他们一些教育和培训机会，成功的残障人也逐步得到社会的认可和尊重。在这一过程中，虽然主流社会对待残障人的态度从厌恶、排斥进步至容忍，但主流社会始终采取居高临下的、怜悯的态度看待他们，接纳程度很低。直至近代，由非残障人主导的主流社会才逐渐树立了较为平等的残障人观，承认残障人平等的社会地位，逐渐学会尊重人类的多样性。人类社会对待残障人的态度基本上可以总结为这样一个过程：消灭→容忍→接纳→认可→融合。当然，这个过程并不是一条笔直的直线，而是在不断交错反复中向正确的方向逐步迈进的。

伴随着近代西方思想启蒙运动，残障人逐步从“幕后”走向“台前”，残障人问题也逐步呈现在政府和社会各界面前。正如有学者所言，“少数人”是非常古老的现象，但“少数人问题”却是近代社会的产物，“少数人权利”彰显是现代社会文明和宽容的标志。[①] 残障人问题被认识、被讨论，这本身就是社会文明进步的重要体现。

## 二、生产力发展的必然需要

自然界不会自动满足人的各种需要。人的需要和自然之间的矛盾是生产力发展的根本原因。马克思、恩格斯在《德意志意识形态》中写道：“人们所达到的生产力的总和决定着社会状况。”[②] 1992年年初，邓小平同志在“南方谈话”中提出：“社会主义的本质，是解放生产力，发展生产力，消灭剥削，消除两极分化，最终达到共同富裕。”生产力是社会发展的最终决定力量，在社会发展中具有基础性作用。生产力是人们解决社会同自然矛盾的实际能力，是人类征服和改造自然使其适应社会需要的客观物质力量。生产力具有三个核心要素，即劳动者、劳动工具和劳动对象。劳动者是生产力的首要的、能动的要素，因为只有劳动者才能制造和改进生产工具，掌握和使用生产资料。因此，说作为劳动者的人是生产力的第一要素并不为过。

在人类社会早期，人类征服自然、改造自然主要依靠健全的体魄，“残疾”成为“残障人”参加体力劳动最为严重的桎梏和障碍。囿于当时的科技发展水平，社会难以为残障人提供必要的辅助器具，因此，许多残障人被排除在劳动者的队伍之外。伴随着生产力的不断发展和生产方式的不断进步以及社会分工的不断细化，劳动者的体力因素在生产力发展中的作用逐步下降，劳动者的智力因素在生产力发展中的作用不断提升，劳动者劳动能力的评价因素逐渐多元化，残障对残障人参与劳动的负面影响逐渐缩小。特别是伴随着科技的发展，辅助器具的种类不断丰富，功能不断增强，逐渐弥补了残障给残障人带来的不便，使他们逐渐进入劳动者行列，并且发挥了越来越重要的作用。在人类历史上不乏诸多残障人的优秀代表，如我们熟知的古代军事家孙膑、历史学家司马迁、佛学家鉴真、音乐家阿炳等，国外的如美国总统罗斯福、

---

① 参见郑玉敏：《作为平等的人受到对待的权利——德沃金的少数人权利法理》，285～286页，北京，法律出版社，2010。

② 《马克思恩格斯选集》，第1卷，3版，160页，北京，人民出版社，2012。

英国科学家霍金等，这些人都为人类的科学事业和社会事业发展作出了杰出的贡献。没有人会否认他们的劳动价值，也没有人会把他们从劳动者的队伍中排除出去。

残障人作为劳动者是生产力发展的必然需要。生产力的发展不以人的意志为转移，也不仅仅局限于物质生产，而且逐步去除“功能至上”的思想。即使社会对残障和残障人存在歧视，对残障人作为劳动者存在怀疑甚至排斥，但是生产力的发展不会完全受人类偏见和错误认识的拘束，生产力的发展会自动将具有劳动能力的人集中到劳动者的行列，并且通过多种形式不断挖掘和发挥劳动者的潜能，丰富对能力的认识。因此，残障人作为劳动者可能会因为人类的不正确看法受到不利影响，但是生产力的发展和其应当推动整个社会发展的要求，会必然需要残障人进入劳动者行列，为人类社会的不断发展做贡献。我们可以比较乐观地预见，随着经济的不断发展和科技的不断进步，残障人将不断得到解放，影响其劳动能力的不利因素会越来越少，他们的劳动能力会不断得到重新认识和提升，残障人最终将与其他人不仅成为法律上的平等劳动者，也必将成为事实上的平等劳动者。在促进生产力发展和社会进步过程中，残障人与其他人之间实质性差别将逐步趋小，真正成为人类多样性和差异性的平等一分子。①

## 三、人权事业发展的必然要求

1762年，“天赋人权”出现在让·雅克·卢梭的《社会契约论》一书中，尽管卢梭采用“人权”这一术语时并没有给出解释。到1763年，依据一份地下出版的新闻小报，“人权”已经成为一个广为人知的词语。英国法学家威廉·布莱克斯通将“人权”定义为：“人类的天赋自由”，即“人类的绝对权力，它被认为是一种自由的原动力，具有识别善与恶的功能”②。1776年，美国《独立宣言》中指出：“我们认为下述真理是不言而喻的：人人生而平等，造物主赋予了他们若干不可让渡的权利，其中包括生命权、自由权和追求幸福的权利。”1789年，法国《人权与公民权宣言》开篇即指出：“无知、忽视或蔑视人权是公众不幸和政府腐败的唯一原因”，并指出人权是“天赋的、不可剥夺的和神圣的”。但是直到第二次世界大战后，国际上才开始出现对人权的真正关注，人权方面的观念和制度逐步在全球范围内整合。1945年4月至6月召开的联合国制宪会议将国际合作和保护人权推向了第一个高潮，《联合国宪章》首先宣告了基本人权的信念，而后东京、纽伦堡审判为世界人权铺平了道路。1948年的《世界人权宣言》使整体人权在全球的角度得以加强，而后联合国人权两公约以及其他相关公约的相继签署，各区域的国际人权合作也体现出强劲的态势，国际人权的规定及其实施发展到了一个崭新的阶段。③

由于社会长期忽略残障人作为权利主体的存在，把他们的生理特点放大，其结果就是很多人忽略已经被固化的不公正，残障人遭受歧视被视为想当然的事情。在国际人权运动初始，残

---

① 在上述框架下讨论残障问题时，重度和多重残障特别是严重学习障碍者的价值难以得到充分认可，这是因为重度和多重残障尤其是重度学习障碍者对提高生产力只能作出有限的贡献。他们的贡献需要我们多角度的深度思考。这一难题说明了单纯从生产力发展的需要阐述残障权利保障这样一个综合议题有很大的局限性。这或许可以提醒我们，生产力只是反映人类价值的维度之一，人之为人的伦理、道德和审美价值是生产力无法有效体现的价值。

② ［美］林·亨特：《人权的发明——一部历史》，沈占春译，10～11页，北京，商务印书馆，2011。

③ 参见何志鹏：《人权全球化基本理论研究》，61～62页，北京，科学出版社，2008。

障人问题并没有得到应有的重视和引起社会的深刻反思。1948 年《世界人权宣言》中所列举的导致歧视的原因包括"种族、肤色、性别、语言、宗教、政治或其他见解、国籍或社会出身、财产、出生或其他身份"，其中不包括"残障"；只是在第 25 条中把"残障"作为享受社会保障待遇的理由之一。对残障的歧视不是一种正常的社会现象，它是人类劣根性的一种具体表现。任何针对残障人的歧视行为都是对人权和基本自由的侵犯。消除歧视，不仅是人类社会文明进步的具体体现，也是保障残障人人权和基本自由及完善人权体系的必然要求。伴随着人权事业的不断发展进步，残障人人权问题开始进入国际社会和世界各国的视野，在保障其人权方面也逐步形成共识，促成了 2006 年联合国《残障人权利公约》的制定和顺利通过。

人权的焦点是人的生命和固有的尊严。[①] 所有的歧视都是对人类自由和平等的一种蔑视和冒犯。因此，消除对残障人的歧视、切实保障残障人人权是人权事业发展的必然要求。我国《国家人权行动计划（2009—2010 年）》中明确指出："实现充分的人权是人类长期追求的理想，也是我国人民和我国政府长期为之奋斗的目标。"并明确规定了残障人权保障的具体目标和措施，这必将促进我国残障人人权保障不断取得新进展。

## 四、残障人运动的必然结果

随着人类不断走向文明，一直以来受到排挤的群体不再愿意被迫沉默或被边缘化，其中一些特殊的权利诉求日益引起了我们的注意……我们时时能感到少数人在为自己的权利嘶哑地呐喊。[②] 为了捍卫自己的权利，各国残障人也纷纷进行各种形式的斗争，残障人权利运动在各国不断地以各种方式进行。

在美国，20 世纪 60 年代几乎是一个历史分界线，在此之前和之后的美国，非常不同。60 年代美国民权运动的结果不仅仅是立法取消了种族隔离，它还使得自由派思潮广为流行。保护每一个人的权利的观念浮到了表层上，尤其是少数人和弱势群体，比如，少数民族、妇女、残障人等，他们的权利受到了前所未有的关注。[③] 60 年代黑人民权运动和妇女解放运动感染了残障人。1962 年，因为小儿麻痹症而四肢瘫痪的 Edward V. Roberts 经过艰苦不懈的努力和法律诉讼，被准许进入加州大学伯克利分校读书，从而引起美国社会对残障人教育问题的关注。他不仅获得本科和硕士学位，并且帮助创立了"独立生活中心"（Center for Independent Living），在俄罗斯、澳大利亚、日本和法国开展提升残障意识的活动。[④] Edward V. Roberts 也被称为美国"残障人权利运动之先锋和开拓者"。从 1970 年开始在美国掀起的"残障人民权运动"，推动了联邦政府颁布法律，帮助残障人独立参与社会生活的进程。人们逐渐认识到残障人有权利和能力掌管他们自己的生活，主张公共政策的正确目标应为残障人创造便利的条件帮助他们行

---

① 参见［澳］曼弗雷德·诺瓦克：《国际人权制度导论》，柳华文译，1 页，北京，北京大学出版社，2010。

② 参见郑玉敏：《作为平等的人受到对待的权利——德沃金的少数人权利法理》，286 页，北京，法律出版社，2010。

③ 参见郑玉敏：《作为平等的人受到对待的权利——德沃金的少数人权利法理》，38 页，北京，法律出版社，2010。

④ See J. Michael Elliott，*Edward v. Roberts*，56. *Champion of the Disabled*，1995，available at http：//www.nytimes.com/1995/03/16/obituaries/edward-v-roberts-56-champion-of-the-disabled.html.

使自己的权利。[①] 在这场运动中，残障人民权运动在强调自立的同时，更加强调独立自主。即残障人作为美国公民，应当享有与正常人相同的尊严和权利。[②] 代表残障人利益的各种组织纷纷采取行动，要求联邦政府关心残障人的人权事业。其中，美国残障人委员会在1986年发表了致政府和人民的宣言，其核心思想是强调残障人走向独立，要求联邦政府颁布一部保护残障人的法律，帮助其自力更生地生活。这一时期，美国的残障人政策制定开始增加了残障人权利的视角。经过残障人和社会各界努力，美国国会正式通过了《1990年美国残障人法》，为残障人提供了一系列保护措施，保证了他们在就业、公共交通、电信服务等领域享有同其他人平等的权利。

在加拿大，残障人是最后一个被反歧视立法保护的少数群体。在1982年《加拿大权利和自由宪章》制定以前，反歧视立法基本不将残障人作为完整的保护对象，也因此不能给予他们法律上的充分保护。[③] 20世纪70年代末，受1975年颁布的联合国《残障人权利宣言》对成员国的敦促，加拿大残障人开始组织起来，掀起了轰轰烈烈的争取权利运动。[④] 1980年11月3日，加拿大地方各省残障人组织联合会的14名成员在国会山示威，强烈要求政府在《加拿大权利和自由宪章》提案中承认残障人的权利。他们宣称政府不应再对残障人权利写进宪法一事保持沉默，并声称"联合会成员拟将此种情况提交联合国或者请求英国议会延缓把宪法修改权交给加拿大议会，直到他们的要求得到满足"[⑤]。残障人极力促成议会建立一个有关残障问题的特别委员会（障碍委员会），着手调查残障人遭遇的体制方面或社会方面的障碍，经过几次反复，1981年1月28日，不得基于残障进行歧视被写入《加拿大权利和自由宪章》第15条平等权保护的建议稿。[⑥]

为了争取自己的合法权利，韩国残障人开展了反对就业歧视、教育歧视、出行歧视等各种抗争运动，并取得明显效果。以下列举的是一些比较突出的例子，从另一个方面反映残障人权利诉求表达的悲哀历程。1980年，朴恩淑、朴灿、赵秉勋、金信四名残障人通过了第二十二届司法考试，并修完司法进修课程，但是在1982年申请法官任用时被无理由淘汰，因此二十多个残障人团体组成的"共同对策委员会"展开了多方面的抗议活动，通过100万人签名运动、提交团体请愿书，在整个韩国引起很大反响，迫使法院最终采取了纠正措施。这一事件成为韩国残障人开展反对就业歧视运动的标志。[⑦] 韩国残障人保障出行权运动源于1984年，坐轮椅的残障人金顺锡为了要求首尔的路上没有坑而自杀。韩国残障人争取生存权的运动可以追溯到1993年，肢体障碍人想要在甲平地区的夜市摆摊，和公务人员发生了冲突，公务人员对残

---

① See Richard K. Scotch, *Politics and Policy in the History of the Disability Rights Movement*, in *Disability Policy: Restoring Socioeconomic Independence*, The Milbank Quarterly, Vol. 67 Supplement 2, Part 2 (1989), pp. 380-400.

② See *Historical Context of the Americans with Disabilities Act*, http://www.adata.org.

③ 参见张明锋、童建华：《论加拿大残疾人的宪法平等权》，载《人权法评论》，第2卷，218页，北京，北京大学出版社，2007。

④ See J. Derksen, *The Disabled Consumer Movement: Policy Implications for Rehabilitation Service Provision*, Ottawa: COPOH, 1980.

⑤ *Handicapped Protest*, Ottawa Citizen, November 4, 1980.

⑥ 参见张明锋、童建华：《论加拿大残疾人的宪法平等权》，载《人权法评论》，第2卷，220页，北京，北京大学出版社，2007。

⑦ 参见刘东澈：《韩国残疾运动的成果与课题》，载《社会福利政策》，2005（4），5～33页。

障人施加了暴力。事情发生后，韩国肢体障碍人协会于同年 8 月 27 日在汝矣岛举行了“谴责对残障人施加暴力的行为和争取人权的动员大会”，要求保障残障人的生存权。① 1995 年 1 月，在城北区丁陵洞夜市摆摊的残障人和城北区政府工作人员发生口角导致冲突。残障人联合会认为区政府已经默认夜市存在又予以取缔，要求保障残障人的生存权。② 1995 年 3 月，由于清溪川 8 街地摊被拆除，失去了生活来源的肢体障碍人崔正焕焚身自杀，引起全国范围内对残障人生存权的广泛关注。全国地摊摊主联合会和全国残障人一家协会等 25 个团体共同成立了紧急对策委员会，以残障贫民方式举行了葬礼仪式，成立“残障人自立推进委员会”，并要求对事件相关者进行处罚、制定保障残障人生存权的特别法案。③ 1996 年 7 月，在釜山海运大学海水浴场，摆地摊的残障人李东在在抗议区政府的过程中自焚，釜山残障人团体联合会成立了对策委员会，并提出了残障人生存权问题。④ 残障人的生存权运动曾经停止过一段时间，但在 2000 年 10 月施行国民基本生存保障法之后又被再次掀起。曾接受国民基本生活保障金的崔玉兰（脑病变一级）在 2001 年 12 月将连最低生活费标准都达不到的生活保障金返还给了国务总理，并向宪法法院提出违宪诉讼。⑤ 残障人运动对于消除韩国国内长期存在的残障歧视、保障残障人权利方面还是发挥了至关重要的作用，切实推进了韩国残障人权利保障的历史进程。其最直接的效果就是残障人问题引起了韩国国会、政府和社会各界的普遍关注，国会不断制定相关法律，政府相继出台有关政策和措施，残障人可以平等地接受各种各类教育，政府机构雇用残障人的比例由 1991 年的 0.52%上升到 2005 年的 2.25%，残障人在宪法法院、普通法院诉讼屡获胜绩，逐步无障碍地融入社会生活。

世界各地的残障人表达自己意愿和诉求的方式各不相同，用平和方式的占大多数，也有采取比较激烈形式的。残障人本身及其家庭的这些不懈的抗争，引起了各国政府和社会各界对残障人问题的关注，各国政府采取措施积极保障残障人权利，这毫无疑问是残障权利运动的一个必然结果。

## 第三节　残障人立法现状

法律是克服文化和社会的负面态度、消除阻碍残障人充分参与社会生活和发展的各种障碍的重要的、不可或缺的工具。因此，在国内立法中体现残障人事务属于人权事务的观念十分关键，这将有助于克服和防止有关残障人的荒谬否定和陈腐偏见继续存在。⑥ 国际社会和许多国家都注重通过法律手段保障残障人的合法权益，明确规定残障人享有的政治、经济、文化、社会等方面的权利，并对侵犯残障人权利的行为给予法律制裁，确保他们和其他人在法律面前的平等地位。

### 一、联合国残障人立法

联合国对残障人问题的关注源于这样一种认识：残障人常常由于众人的偏见和无知而遭到

---

① 参见刘东澈：《韩国残疾运动的成果与课题》，载《社会福利政策》，2005（4），5～33 页。

② 参见《残疾人福利报》，1995-01-20。

③ 参见《残疾人福利报》，1995-03-24。

④⑤ 参见刘东澈：《韩国残疾运动的成果与课题》，载《社会福利政策》，2005（4），5～33 页。

⑥ 参见陈新民主编：《残疾人权益保障——国际立法与实践》，前言，第 2 页，北京，华夏出版社，2003。

歧视，而且往往难以获得基本的生活设施。这是一种“默无声息的危机”，不仅影响到残障人自己和他们的家庭，而且影响到整个社会的经济和社会发展，因为在这样的社会中，人类潜能的一个重要的资源库被忽视了。残障往往是由于人类的活动造成的，或者仅仅由于不小心而造成，因此，国际社会应该提供援助结束这种“默无声息的紧急情况”①。联合国成立的宗旨就是倡导全人类的人权、基本自由和平等，所以，联合国应当作出努力，确保残障人和其他人一样在平等的基础上行使他们的公民、政治、社会和文化权利。正是基于这种理念，联合国大会以及联合国教科文组织、世界卫生组织、联合国儿童基金会、国际劳工组织等专门机构都通过不同途径和方式，积极致力于消除针对残障人的歧视，推动残障人的人权实现和平等保护，并取得了卓有成效的成绩。

20 世纪 50 年代，联合国的残障人工作主要集中在一些康复计划和康复项目上。20 世纪 60 年代，联合国把残障人问题作为一个社会福利问题，从社会模式的角度开展残障人工作，激励残障人更全面地参与社会。在《世界人权宣言》中并没有把“残障”作为导致歧视的原因，只是在第 25 条中把“残障”作为享受社会保障待遇的理由。1966 年联合国大会通过的《公民权利和政治权利国际公约》和《经济、社会及文化权利国际公约》虽然可以适用于残障人，但是作为联合国两大核心人权公约，其内容中没有明确规定保障残障人权利的内容。

自 20 世纪 70 年代开始，联合国主要采取以下措施加强残障人权利保障：(1) 制定诸多保障残障人权利的国际文件。联合国大会于 1971 年 12 月 20 日通过《智力迟钝者权利宣言》，1975 年通过《残障人权利宣言》，残障人的人权概念在国际上开始普遍获得接受。1982 年联合国大会通过《关于残障人的世界行动纲领》，1993 年联合国大会通过《残障人机会均等标准规则》，为各国残障人权益保障提供具体的指导性文件。(2) 开展国际性的残障人运动。联合国宣布 1981 年为“国际残障人年”，主题为“全面参与和平等”；随后又宣布 1983—1992 年为“联合国残障人十年”。1992 年 10 月 12 日至 13 日，第四十七届联合国大会举行了自联合国成立以来首次关于残障人问题的特别会议。大会通过决议，将每年的 12 月 3 日定为“国际残障人日”(International Day of Persons with Disabilities)，每年的主题突出地体现联合国促进残障事业的深刻愿望。在“联合国残障人十年”结束之际，亚太地区宣布 1993—2002 年为“亚太残障人十年”，2002 年 5 月，亚太经社理事会通过了“推动在 21 世纪为亚太地区残障人创建一个包容的、无障碍的和以权利为本的社会的决议”，同时宣布将“亚太残障人十年”再延长十年，即 2003—2012 年为第二个“亚太残障人十年”。“非盟”出台了《残障人行动计划》(Plan of Action for People with Disabilities)，根据这一计划，1999—2009 年定为“非洲残障人十年”。而活动人士则希望延长活动时间，使其与《联合国千年发展目标》的时间表相匹配。② 欧盟确定 2003 年是“欧洲残障人年”，欧盟国家围绕这个主题开展了上千次活动，从 1 月的希腊大游行开始到 12 月的意大利大游行结束，每个欧盟国家都要组织一次“欧洲残障人年”游行。目的在于消除欧洲 3 700 多万残障人所面对的各种形式的障碍和偏见，提高公众对残障事业及其发展趋势的意识和理解。(3) 在联合国核心人权公约中规定保障残障人权利的具体内容。例如，1989 年通过的《儿童权利公约》第 2 条将伤残作为儿童遭受歧视的原因，第 23 条专条规

① http://www.un.org/chinese/esa/social/disabled.

② 参见 Stanley Kwenda：《不应被遗忘的非洲残疾人》，春鸭译，见 http://www.amhl.net。

定了保护残障儿童权利的内容。

针对残障人普遍遭受的严重歧视和困境，虽然联合国制定了诸多关于残障人的国际文件，但是这些文件没有法律约束力。联合国制定通过的人权公约没有特别把残障人看做一个群体提供法律保护。虽然《儿童权利公约》第 2 条和第 23 条提到残障儿童及其父母。[①] 即使如此，《儿童权利公约》并没有清楚地表明残障儿童和其他儿童一样享有同等的权利。其他人权公约完全没有具体提到残障，其中有一些只是用一些笼统的词语，比如“其他身份”，涵盖残障人和其他少数的、被边缘化的群体。从理论上说，残障人也受法律保护，但实际上却很少发生。[②] 因为残障，这个群体所饱受的虐待、歧视等不平等待遇没有得到其他人权公约的切实关注。前联合国秘书长科菲·安南先生指出：“在残障中生活的人们，往往被看作是被嘲弄的、充其量是接受居高临下的怜悯和救济的对象。在书面上他们和其他人享有同等的权利，但是在现实中，他们的机会被想当然地剥夺了。”[③]

制定一部专门的残障人权利保护公约的必要性越来越凸显。1987 年，在斯德哥尔摩召开联合国残障人十年中期审查《关于残障人的世界行动纲领》执行情况的全球专家会议。该会议建议联合国大会召开特别大会，起草一项消除残障人一切形式歧视的国际公约草案，在十年结束之前提交各国批准。随后意大利向联合国第四十二届大会递交起草的公约草案。后来，瑞典又在联合国第四十四届大会上进一步提出关于公约草案的陈述。但是，两届会议对公约的适宜性没有达成共识，许多国家和国际组织没有放弃制定公约的努力。2000 年 3 月 2 日，世界残障人非政府组织首脑会议在北京召开，呼吁制定残障人权利国际公约。2001 年 12 月 19 日，联合国大会通过 56/168 号决议，呼吁设立特设委员会考虑制定残障人权利国际公约的建议。《残障人权利公约》由“拟定保护和促进残障人权利和尊严的全面综合国际公约特设委员会”（特设委员会）起草。特设委员会于 2001 年由联合国指定，包括四十多个国家的代表和 400 多位非政府组织和残障人组织的代表。[④] 2002 年 7 月至 2006 年 9 月，特设委员会先后召开 8 次会议，完成了残障人权利公约的起草工作。2006 年 12 月 13 日，联合国大会正式通过《残障人权利公约》。2007 年 3 月 30 日，公约开放签署，当日就有 82 个国家签署公约，有 44 个国家签署了任择议定书，还有 1 个缔约国批准了公约。这是有史以来在开放签署之日获得签署数量最多的联合国公约。《残障人权利公约》是 21 世纪第一项综合性人权公约，也是首个开放供区域一体化组织签署的人权公约。它标志着人们对待残障人的态度和方法发生了“示范性转变”[⑤]。

---

① See UN General Assembly, Convention on the Rights of the Child art. 2, para. 1. 1577 U. N. T. S. 3 (Nov. 20, 1989), available at *http*: //*www. ohchr. org/en/professionalinterest/pages/crc. aspx*.

② See Michael A. Stein and Janet E. Lord, *Future Prospects for the United Nations Convention on the Rights of Persons with Disabilities*, in The UN Convention on the Rights of Persons with Disabilities: European and Scandinavian Perspectives 18 (Oddny Mjoll Arnardottir & Geerard Quinn, eds., 2009).

③ *Secretary-General Hails Adoption of Landmard Convention on the Rights of Persons with Disabilities*, December 13, 2006, *available at* http: //www. un. org/press/en/2006/sgsm10797. doc. htm.

④ See UN Enable, Ad Hoc Committee on a Comprehensive and Integral International Convention on the Protection and Promotion of the Rights and Dignity of Persons with Disabilities, *available at* http: //www. un. org/esa/socdev/enable/rights/adhoccom. htm.

⑤ http: //www. un. org/chinese/disabilities/default. asp? navid=12&pid=714.

## 二、区域性残障人立法

1999年，美洲国家组织[①]通过了《美洲国家消除对残障人各种形式歧视公约》。该公约于2001年生效，重点在于“消除政府和私人部门对残障人的歧视”，并建立“消除对残障人各种形式歧视委员会”的监督机构。

1961年，欧洲委员会制定的《欧洲社会宪章》（European Social Charter）中明确规定了保障残障人权利的内容。1986年，《欧共体残障人就业建议》出台，要求通过国家反歧视政策并积极行动以保证残障人在欧盟劳动力市场上机会平等。1999年生效的《阿姆斯特丹条约》为欧盟残障人政策的制定指出了一个新的方向。残障成为了公民权利的议题，而反歧视权利则被认为是社会权利的一个构成部分。机会平等和待遇平等，尤其是劳动力市场上的平等，成为政策制定的指导方针，并且该法第13条授权欧盟从事有关残障歧视的工作。2000年，欧盟《基本权利宪章》（Charter of Fundamental Rights）中对职业和就业方面反歧视框架的引入，是在残障人权利方面对成员国的第一次立法干预。从2004年开始，不受歧视和平等成为各界关注的重点，维护人权也开始成为各项社会政策的制定理念。现行的《欧盟2006—2015行动方案》（Council of Europe Action Plan 2006—2015）[②] 就很注重整体方案设计，致力于建立一个灵活的、适用的、能满足欧洲不同国家具体情况的综合性框架，并确定了包括人权、非歧视、机会平等、公民权利和全面参与等在内的15个主要行动领域[③]，同时强调多领域和跨领域的研究和发展及观念意识提升。

1986年，《非洲人权和权利宪章》开始生效。相较于该宪章对妇女儿童权利的规定，它对残障人权利保障的立法是存在缺陷的。《非洲人权和权利宪章》第18条第4款规定，“老年人和残障人的权利应当受到特别的保护”，而未规定各国政府应当确保对残障人“消除歧视”，或者确保“对他们的保护与国际宣言或公约的规定一致”。

1998年，《亚洲人权公约》宣布，《亚洲人权公约》第11条对“残障人士”作了专门规定：传统上，亚洲社会关心身体或精神障碍的人。然而，新的经济组织形态所带来的对经济利益的绝对追求，影响了我们的共同价值观念及社会结构，逐渐减低我们对这个群体的接纳程度。他们在教育、就业及住房方面都受到严重的歧视。由于对他们的权利的忽视，而现行法律也没有保障他们的特殊需要，引致他们未能享受应有的人权。他们的能力得不到正确的认识，没有机会得到培养，他们因而被迫接受一些低薪及缺乏晋升前景的工作。法律应保障他们有尊严地生活的权利，包括获得尊重和安全保障，以及有机会充分发展自己的潜能。

## 三、其他国家残障人立法

联合国在世界范围内的举措，推动世界各国迎来了残障人立法的黄金时期；截至20世纪

① 由美国和西班牙美洲地区的国家组成的区域性国际组织，其前身是美洲共和国国际联盟。

② See Council of Europe Action Plan to Promote the Rights and Full Participation of Persons with Disabilities in Society: Improving the Quality of Lives of Persons with Disabilities in Europe 2006 = 2015, *available at* http: //www. coe. int/t/e/social _ cohesion/soc-sp/Rec _ 2006 _ 5%20Disability%20Action%20Plan. pdf.

③ 参见谢琼：《欧盟残疾人政策分析及其对中国的借鉴》，载《残疾人研究》，2010（1）。

90年代初，就有132个国家和地区制定了有关残障人的法律。①

在20世纪六七十年代，美国国会出台了一系列关于残障人的立法，以应对风起云涌的残障人运动。其中比较著名的是《1973年康复法》（RA）、《1975年全体残障儿童教育法案》(EAHCA)②、《1968年建筑障碍法》(ARA)。《1973年康复法》禁止联邦机构、联邦机构的合同方、接受联邦资金支持的机构对残障人的歧视。1990年布什总统签署了《残障人教育法修正案》(The Education of the Handicapped Act Amendment of 1990)，即公法101～476，把《全体残障儿童教育法案》改名为《残障人教育法》(Individuals with Disabilities Education Act，I-DEA)。③《建筑障碍法》要求联邦所有的、出租的、资金支持的建筑物必须实现对残障人的无障碍。随后，美国国会又通过了一系列的法律，以消除残障人所面临的一些不平等待遇。主要包括《1986年航空器无障碍法》，以禁止航空器对残障人的歧视；《1988年公平住房法修正案》，将《公平住房法》的适用范围扩大，禁止在私人或公共不动产交易中对残障人的歧视；《1984年儿童虐待修正案》，防止在医疗过程中对残障幼儿的拒绝行为，以及1980年《机构化人员民事权利法》、1984年《老年人和残障人选举无障碍法》、1993年《全国选民登记法》、1996年《电信法》等。1990年6月颁布的《美国残障人法》(Americans with Disabilities Act，ADA)，是美国保障残障人权益各种法律的集大成者。

日本在封建社会时期就有关于盲人的特例事项规定，明治七年（1874年）对重度障碍人、因疾病无法就业者制定了“恤救规则”，明治后期以战争为目的的制定了《残废军人院法》。第二次世界大战前后，受西方福利国家的影响，日本的社会福利法制进入了飞跃性的完善和充实时期。④ 1960年颁布了《弱智者福利法》。自20世纪90年代开始，日本残障人立法进入一个高潮期，1993年颁布《残障人基本法》、1995年颁布《关于精神保健和精神障碍人福利法》、1998年《智力障碍人福利法》⑤，以及《残障人福利法》、《残障人教育法》、《残障人雇用促进法》、《残障人职业训练法》、《特殊儿童抚养补贴法》、《盲校、聋校及养护学校就学奖励法》、《战伤病者特别援助法》、《残障人福利协会法》、《身体残障人旅客运费优惠法》、《精神卫生法》等十几个具体领域的法律，形成了比较完备的法律体系。

德国在19世纪80年代首开残障人权利社会保障的先河，《劳工疾病保险法》不仅是德国最早关于残障人社会保障的法律，也是世界上第一部关于现代社会保障的法律。1953年，德国颁布《重度残障人法》，并于1974年颁布《重度残障人保障法》；1994年，德国将残障人劳动就业权作为基本权利写入宪法。2001年，德国以《社会法典》第九篇的形式颁布“残障人康复与参与法”，形成了专门性的残障人保障法律，使他们享受许多方面的福利，并由各种社会保险承担其生活照顾费用。

---

① 参见崔乃夫：《关于〈中华人民共和国残疾人保障法（草案）〉的说明》，1990年10月25日在第七届全国人民代表大会常务委员会第十六次会议上。

② 美国于1975年颁布了《所有残疾儿童教育法》(Education for All Handicapped Act of 1975)，1990年该法被重新审定为《残疾人教育法》(Individuals with Disabilities Education Act)，后经过1986年（P. L. 99-457）、1990年（P. L. 101-476）和1997年（P. L. 105-17）三次修订。2004年被重新命名为《残疾人教育促进法》(Individuals with Disabilities Education Improvement Act of 2004)。

③ 参见崔凤鸣：《〈美国残疾人教育法〉和残疾人高等教育》，载《比较教育研究》，2006（10），70～72页。

④ 参见［日］桑原洋子：《日本社会福利法制概论》，韩君玲、邹文星译，7～9页，北京，商务印书馆，2010。

⑤ 即1960年的《弱智者福利法》，1998年更名为《智力障碍者福利法》。

其他国家也先后通过了保障残障人权利的立法，如1981年《巴基斯坦残障人（就业和康复）法令》；1982年《西班牙残障人社会融合法》；1995年《英国残障歧视法》；1990年《韩国残障人就业促进和再就业法》、2007年《韩国反对歧视残障人及救济法》；1991年《菲律宾残障人大宪章》；1992年《澳大利亚残障歧视法》；1995年《印度残障人（机会均等、权利保护和全面参与）法》；1999年《瑞典禁止在就业中歧视残障人法》等。

## 四、我国残障人立法

我国残障人事业全面发展伊始，就提出坚持依法发展残障人事业。1981年，全国人大在修改《宪法》时，增加了保障残障人权利的具体内容，规定残障人有从国家和社会获得物质帮助的权利，国家和社会帮助安排残障人的劳动、生活和教育；《宪法》保障公民权利的条款都平等地适用于所有残障人，体现了国家对残障人人权和基本自由的保护。不仅如此，国家在《刑法》、《民法通则》、《刑事诉讼法》、《民事诉讼法》等六十多部法律和《道路交通安全法实施条例》、《城市居民最低生活保障条例》等行政法规中也有大量保障残障人权利的具体内容。

20世纪80年代初，全国人大、国务院法制局、民政部、中国残联启动了《残疾人保障法》的起草工作，并于1990年12月28日由第七届全国人大常委会第十七次会议审议通过。《残疾人保障法》的通过具有以下重要的意义：(1) 这是我国第一部旨在全面保障和促进残障人权利的专门法律，标志着我国残疾人事业开始走上法治化轨道。[①] (2) 这是我国通过的保护特殊群体的专门法律，对于制定保护其他弱势群体的专门法律具有借鉴意义。《未成年人保护法》(1991年)、《妇女权益保障法》(1992年)、《老年人权益保障法》(1996年) 都是在《残疾人保障法》之后制定的。

为了适应我国经济社会发展的新形势和残障人事业快速发展的需要，2008年4月24日，第十一届全国人大常委会第二次会议通过修订后的《残疾人保障法》。修订后的《残疾人保障法》共有9章68条，9章依次是总则、康复、教育、劳动就业、文化生活、社会保障、无障碍环境、法律责任、附则。修订后的《残疾人保障法》具有以下三个特点：(1) 适应了残障人事业的发展需求，比如，无障碍环境、社会保障两章基本上都是新增加的内容，也是与国家的经济社会发展水平和要求相一致的。(2) 进一步强化对残障人的权利保障，进一步扩大对残障人的特别扶助范围，明确侵害残障人权利的法律责任，对于保障残障人各项权益发挥着不可替代的作用。(3)《残疾人保障法》的修订过程正好与联合国《残障人权利公约》的制定过程契合，吸收了《残障人权利公约》的基本原则和精神，《残障人权利公约》中的许多内容如"基于残疾的歧视"等都被直接引用到《残疾人保障法》中，但是缺少了对"基于残疾的歧视"的定义。

我国政府积极加强《残疾人保障法》配套行政法规的立法工作，国务院于1994年通过了第一部保护残障人教育权利的专门行政法规——《残疾人教育条例》，共有9章52条，各章依次是总则、学前教育、义务教育、职业教育、普通高级中等以上教育及成人教育、教师、物质条件保障、奖励与处罚、附则。《残疾人教育条例》正在修订过程中，2013年2月25日，国务院公布修订草案，公开征集意见。2007年通过第一部保护残障人就业权利的专门行政法规——《残疾人就业条例》，共有6章30条，各章依次是总则、用人单位的责任、保障措施、就业服务、法

---

① 参见邓朴方：《人道主义的呼唤》，第3辑，19～20页，北京，华夏出版社，2006。

律责任和附则。2012年通过第一部关于无障碍环境建设的专门行政法规——《无障碍环境建设条例》，共有6章35条，各章依次是总则、无障碍设施建设、无障碍信息交流、无障碍社区服务、法律责任和附则。目前，国务院正在起草关于残障人康复的专门行政法规。

地方人大及其常委会积极加强《残疾人保障法》配套地方性法规的立法工作。各省、自治区、直辖市和部分较大的市人大常委会先后制定了本地《残疾人保障法》实施办法；2008年《残疾人保障法》修订后，各省、自治区、直辖市基本完成了相应地方性法规修改工作，其中13个省份以“残疾人保障条例”形式出台。《残疾人保障法》配套地方性法规的制定和修订，有利于《残疾人保障法》在各地得到更好的实施，有利于地方残疾人事业发展和残障人权利得到更有针对性的立法保障。

目前，我国已经初步形成以宪法为依据，以刑事、民事、行政等法律、法规为基础，以2008年《残疾人保障法》为核心，以《残疾人教育条例》、《残疾人就业条例》、《无障碍环境建设条例》等行政法规为支撑，以优惠和扶助残障人的地方性法规为补充，全面保障残障人权利和促进残障人事业发展的法律、法规体系。

**中国残障人法律、法规体系**

| | | |
|---|---|---|
| 第一层级 | 宪法 | |
| 第二层级 | 普通法律 | 民法通则、刑法、民事诉讼法、刑事诉讼法等 |
| | 专门法律 | 残疾人保障法、精神卫生法等 |
| 第三层级 | 普通行政法规 | 工伤保险条例、社会救助暂行办法等 |
| | 专门行政法规 | 残疾人教育条例、残疾人就业条例、无障碍环境建设条例等 |
| 第四层级 | 普通地方性法规 | 天津市基本医疗保险规定、上海市母婴保健条例等 |
| | 专门地方性法规 | 北京市实施《中华人民共和国残疾人保障法》办法、山西省残疾人保障条例、上海市精神卫生条例等 |

此外，我国港、澳、台地区，也制定了一系列保障残障人权益的专门法律，如台湾地区的“身心障碍者权益保障法”、“特殊教育法”，香港地区的《残疾歧视条例》，澳门地区的《预防残疾及使残疾人康复及融入社会之制度》等。

## 第四节 残障人立法模式的演变

残障人立法模式的演变和残障的视角或看待残障的思维模式密切相关。在这里对前面提到的历史上看待残障的视角所经历的阶段进行简要回顾，以总结残障人权利的法律保障也相应经历的不同的模式。①

第一个阶段，是残障的医学模式或缺陷补偿模式主导的阶段。综上所述，在这个阶段，人

① 国际上一般认为对待残疾人的态度经历了两种模式，相关内容参见陈新民主编：《残疾人权益保障——国际立法与实践》，1～3页。第三种模式的提出及相关理论参见王治江：《残疾人权利保障：中国和国际社会》，载《以权利为基础促进发展》，197～199页，北京，北京大学出版社，2005。Wang Zhijiang，“A Study of the Legislative Inhibition of Discrimination on the Basis of Disability”，*Confronting Discrimination and Inequality in China: Chinese and Canadian Perspectives*，The University of Ottawa Press，2009.

们普遍认为残障是一种个人缺陷，而这种“缺陷”是人类社会所不能接受的，因此，人类社会应当采取医疗治愈残障或者通过康复手段消除“缺陷”。在这种情况下，残障人被认为是一个被动的、病态的或异常的不能独立自主的群体，对待残障人的主要方法就是给予他们必要的医疗、康复和救济。依据这种模式，社会活动分为“正常人”的社会活动和残障人的社会活动，社会的物质财富和精神财富是以“正常人”为中心的社会活动创造的；残障人是“不正常人”，是社会的包袱和麻烦，只能消耗而不能创造社会物质财富和精神财富。因此，社会的教育、就业、文化、交通等领域的设施、服务都是为正常人设计的，不考虑残障人的特性和需求，残障人不能参加到这些领域当中来。在这种模式的影响下，在许多国家，相关残障人立法一直传统地把残障当做社会保障、社会福利、医疗卫生或监护立法中的一个方面处理，通常对残障人进行隔离式的安置，把他们排除在国家总体发展体系之外。这种陈旧观念并不认为残障人享有平等的合法权利和对社会发展有发言权和参与权，而倾向于将残障人当做福利、卫生和慈善的对象。① 许多国家的残障人立法就是从康复法、福利法开始的。有的国家至今依然在与残障相关的法律政策中强调福利安置，注重片面的康复。这些立法没有从根本上改变残障人的地位，残障人的价值仍然被忽视甚至否认。

第二个阶段，是残障的社会模式或障碍模式。随着社会发展与观念进步，人们对“残障”的理解发生了变化。人们认识到，“残障”不仅是个人身体上的某种限制或局限，也是社会环境导致的问题和障碍，环境因素和组织特征都会影响到残障人。② 残障人受到排斥和隔离并非是残障本身所致，而更多的是由排斥残障人的决定造成的。例如，道路和建筑物存在的障碍使残障人无法走出家门，信息沟通上的障碍使残障人无法参与社会生活和交流。如果消除这些障碍，残障人完全有可能与其他人一样创造为社会创造物质财富和精神财富。因此，创造一个无障碍的、接纳的融合社会环境成为解决与残障相关问题的焦点，而不是让残障人被动地适应充满障碍和排斥的社会。这种模式主要关注的是发现、揭示和研究物质环境和社会环境给残障人所造成的各种限制和障碍，采取相应手段和方法消除这些限制和障碍，并结合残障不同的特点和需求，以他们的发展成果为导向，促进残障人融入社会生活。在这个阶段，社会不仅接纳了残障人，而且认为残障人应该也可以成为社会物质财富和精神财富的创造者，应当不受歧视地参与社会生活，社会有责任赋予他们平等机会和条件。在这个阶段针对残障人的立法，其性质侧重于社会法范畴，有些属于民事法范畴。

还有的观点提出第三个阶段，也就是残障的权利视角，强调残障人作为社会主体当然享有与生俱来的基本人权，残障人不仅是社会各种权利的享有者，也是平等的参与者和义务贡献者，是权利主体。虽然在社会模式下也提出这些观点，但在权利的模式下的立法，更突出国家应当在立法中明确规定残障人在教育、就业、选举、交通、文化生活等方面的权利，以及这些权利被侵犯后的救济途径和措施。立法不仅不能歧视残障人，而且应当为他们的权利实现提供辅助和便利。例如，《残障人权利公约》中创造性地指出拒绝提供合理便利也是基于残障的歧视。不仅如此，残障人对与己有关的各种立法、政策制定都应当参与，不能仅仅由其他人决定，充分体现“没有我们参与就不做关于我们的决定”（Nothing about us without us）的原则。

---

① 参见陈新民主编：《残疾人权益保障——国际立法与实践》，2页，北京，华夏出版社，2003。

② See Dianna L. Stone and Adrienne Colella, “A Model of Factors Affecting the Treatment of Disabled Individuals in Organizations”, *The Academy of Management Review*, Vol. 21, No. 2 (Apr. 1996), pp. 352-401.

在这个阶段承认残障人的权利主体性，认可他们像其他社会成员一样具有法律能力。国家应当采取各种措施把残障权利保护纳入整体的人权框架下，促进残障人各种权利的实现。在这个阶段针对残障人的立法，其性质应当属于人权法或宪法范畴，侧重于对残障人平等权利的保护。当然这些立法当中并不排斥规定社会、福利、民事等方面的内容，而是以积极的视角和促进平等融合的目标规定。

伴随着人类社会针对残障的思维模式的转变[①]，即医疗模式→社会模式→权利模式，残障人在社会中的地位也经历了相应转变，即救济对象→社会主体→权利主体，残障立法相应地也经历了三种性质的转变，即福利法→社会法→人权法。残障立法虽然从性质上属于人权立法，但是其内容往往是综合性的和多元的，包括了福利立法和社会立法的相应内容，体现了对残障人的综合性、全方位保护。从这种程度而言，保障残障人权利的立法呈现以下特点：一是其性质往往属于人权立法，严格禁止残障歧视，确保对残障人的平等保护；二是其内容非常丰富，既有禁止歧视的内容，又包含大量对残障进行特殊保护和扶助的条款。

**表 1—1　　残障人立法模式演变**

| 转变 / 阶段 | 残障态度 | 残障人地位 | 立法性质 |
| --- | --- | --- | --- |
| 第一阶段 | 残障医疗模式 | 救济对象 | 福利法 |
| 第二阶段 | 残障社会模式 | 社会主体 | 社会法 |
| 第三阶段 | 残障权利模式 | 权利主体 | 人权法 |

① Wang Zhijiang, "A Study of the Legislative Inhibition of Discrimination on the Basis of Disability", *Confronting Discrimination and Inequality in China: Chinese and Canadian Perspectives*, The University of Ottawa Press, 2009.

# 第二章
# 残障人基本权利保障法

## 第一节　残障人基本权利保障的法理基础

认可残障是人类多样性的一部分，残障人与其他人应当在法律面前获得平等承认，是残障人权利保障的法理基础。残障人权利保障直接反映了法治的价值目标，宪法和各综合性法律均应反映对残障人的权利保障。与其他人一样，残障人的基本权利如政治权利、民事权利、诉讼权利等，需要在国家的根本大法和基本法律中予以明确。残障人权利保障力度和广度不仅体现了现代民主法治国家对弱势群体的关怀，更是实现法的价值和法治理想的要求。①

### 一、残障人基本权利保障反映了人权价值

人权是法的重要价值，也是法治的最终价值归依。人权，是一个社会的人，为满足其生存发展所应享有的最基本的、不可剥夺的权利，包括公民的政治、经济、社会、文化等方面的基本权利。J. 范伯格说道："我把人权一般地定义为：一切人基本上都平等拥有的根本的道德权利，它们都是无条件的，无可更改的。"简单地说，人权是一个人仅仅因为是人，就应当享有的权利。② 现代法治理论普遍认为，人权是国家的基础和来源，也是国家权力的目标，保护人权是现代国家和法律的首要任务。凡是不以人权作为法律价值目标的法律不能称之为"良好的法律"。在社会主义法治国家与和谐社会的构建过程中，人权保障即尊重人、关心人，使人成为其人。根据现代人权标准，主体的平等性和法律保护的普遍性是人权保护水平的基本指标。人权具有普遍性。残障人与其他人一样，作为人类共同体的成员，是生而平等的，应当和其他社会群体一样享有基本人权。作为处于不利地位的群体之一，残障人的权利保障成为现代社会不可推卸的责任。③"维护人的尊严"，"自己决定权"是许多国家宪法中规定的公民基本权利和自由，我国宪法中也有"国家尊重和保障人权"以及"公民的人格尊严不受侵犯"的规定。残障人作为国家的公民，他们有权享有公民权利，有权共享社会经济文化发展的成果。国家应当禁止基于残障的歧视，禁止侮辱、侵害残障人；而且，基于残障人的特殊境遇，正如罗尔斯的《正义论》中所提到的正义两大原则中重要的一项原则，不平等分配应当有利于最少受惠者或最弱势者的最大利益，因而国家和社会有义务对残障人进行倾斜性保护，至少不让残障人的权利因残障而受到减损或侵害。人权可以分为应有权利、法定权利和现实权利三种形态，实现从

---

① 参见杨思斌：《残疾人权利保障的法理分析和机制构建》，载《社会保障研究》，2007（2），175页。

② 参见白桂梅主编：《人权法学》，1页，北京，北京大学出版社，2011。

③ 参见赵树坤：《中国特定群体人权保护的理论与实践》，162页，北京，法律出版社，2012。

应有权利向法定权利及由法定权利向现实权利的转化，构成了人权演进的历史，显示了人权发展的趋势。①

## 二、残障人基本权利保障体现了平等价值

从法国革命宣告了人类的平等开始，人人有权享受法律的平等保护就成为现代文明社会的标志。人类平等是一种原则，是一种信条，一种信念，一种信仰，是公认的司法准则。人类追求平等的历程几乎没有终点：一方面是因为“不平等”难以消灭，卢梭在《论不平等》中认为，人类不平等起源于私有财产的出现，只要私有制存在，不平等就不会消灭。还因为个体的差异、制度的差异、文化的差异等原因导致“不平等”似乎成为人类的常态。另一方面，因为平等理论纷繁复杂，几乎很难在平等理论上达成共识。在平等理论方面有机会平等、结果平等、形式平等、实质平等、资源平等、经济平等、社会平等、无差别平等、按比例平等、人类基本需要平等诸多理论，不同的平等理论对平等内涵的认识差异很大。法律面前人人平等，公民的平等是公民在民法、行政法、刑法等各方面的平等。② 首先，虽然残障人属于社会弱势群体，但平等的“理念的内涵”要求所有人无论是在人身上还是在财产上均应获得平等的对待，特别是宪法、民法、行政法、刑法等基本法律应当实现对残障人权利的同等保护和对侵害残障人权利的同等维护。基本法律应当适用于每一个人，平等对待每一个公民。残障人只要具有人的特征，在法律的眼中就是平等的。其次，为了纠正由于长期存在的结构性歧视给残障人造成的不利处境，需要法律在某些领域给予残障人特殊保护，为残障人争取权利。作为社会结构中的“弱者”，如果不充分考虑社会、经济、政治背景造成的不平等，强求权利与义务在形式上的一致，这也可能违背平等的基本价值取向。对于残障人的特殊保护不仅可以减少虐待残障人现象的发生，而且能够促进残障人积极融入社会活动，后者的意义尤其重大。皮埃尔对于平等的大声疾呼反映了最热烈的平等价值：“我支持奴隶反对主人，我支持弱者反对强者，我支持穷人反对富人，我支持地球上正在受苦的一切，反对利用现有的不平等。”③

## 三、残障人基本权利保障彰显了正义价值

公平正义是法律追求的最高价值，是民主法治的精神内核，也是社会和谐的内在要求。“正义是社会制度的首要价值，正像真理是思想体系的首要价值一样。一种理论，无论它多么精致和简洁，只要它不真实，就必须加以拒绝或修正；同样，某些法律和制度，不管它们如何有效率和有条理，只要它们不正义，就必须加以改造和废除。”④ 在西方法律思想史上，亚里士多德首先提出了与社会制度相联系的正义原则，他认为，法律就是正义，正义的实质在于平等的公正。但是亚里士多德正义论的局限性也非常明显，他认为，世上有些人天赋有自由的本性，另一些人则自然地成为奴隶，对于后者，奴役既属有益，而且也是正当的。⑤ 美国法学家约翰·罗尔斯则提出了社会正义即社会基本结构正义，是用来分配公民的基本权利和义务，划

---

① 参见杨成铭主编：《人权法学》，70页，北京，中国方正出版社，2004。

② 参见［法］皮埃尔·勒鲁：《论平等》，王允道译，20页，北京，商务印书馆，1991。

③ ［法］皮埃尔·勒鲁：《论平等》，王允道译，7页，北京，商务印书馆，1991。

④ ［美］罗尔斯：《正义论》，何怀宏等译，3页，北京，中国社会科学出版社，1988。

⑤ 参见［古希腊］亚里士多德：《政治学》，吴寿彭译，卷一章二，6页，北京，商务印书馆，1981。

分由社会合作产生的利益和负担的主要制度。他的正义理论由两项基本原则构成：一是每个人对与其他人所享有的类似自由相一致的最广泛的基本自由，都应有一种平等的权利；二是社会的和经济的不平等将被安排得使人们能够合理地期待它们对每个人都有利，尤其要使它们适合于最少受惠者的最大利益，而与它们相联系的地位与职务应该向所有人开放。由第二项原则出发，罗尔斯主张对于由社会成员自然条件造成的不平等，社会应该采取补救措施。① 正如德沃金所说的，如果我有两个孩子，一个快要病死了，他的病使别人也不舒服，如果我掷一个硬币决定谁来吃仅剩的那一点药品，我就没有表现出平等的关心。这一例子表明作为一个平等的个人而受到对待的权利是基本的，而平等对待的权利则是派生的。② 在他看来，公正要保障受到平等对待的权利，而不是保障相同待遇的权利。也就是说，对社会弱势群体进行特别保护的价值取向是通过区别对待而获取正义。正义所需求的平等绝非物理量上的绝对相等。现代法律的一种重要发展趋势就是在追求平等的大前提下，对社会弱势群体进行倾斜性保护。保护弱势群体是实现法律公平正义价值的基本手段，是法治之“良法”的基本要素。一部良好的法律必须是正义的法律，正义的法律必须是关爱和保护弱者的法律，保护弱者就必须通过制度建构与完善的努力使弱者的利益得到保护或者使弱者的利益得到补偿。只有通过法律有效保护作为社会弱势群体的残障人的权利，社会正义原则才能得到维系。可以说，残障人权利能否得到保障是检验其所处的社会制度是否公正的试金石。

## 四、残障人基本权利保障蕴含了秩序价值

秩序是法的基础性价值，法的首要作用是固化一种秩序，使社会稳定、安全，使社会成员的矛盾和冲突被控制在合理的限度内。由于现行秩序在设计之初就把残障人排除在外，残障人仅靠自身的力量难以纠正秩序的不公及其不良后果。当不公平的秩序无法纠正时，残障人的权利就得不到法律保障，尤其是当残障人陷入生存危机时，社会矛盾升级，社会稳定和安全因此面临危机。残障人群体的存在和不断扩大不可避免地会导致双重痛苦：当残障人问题不突出、不普遍、不明显时，个体痛苦是主要形态；反之，社会痛苦是主要形态。个体痛苦是弱势群体，包括当事人及其家庭，因为处于弱势地位而承受的痛苦，这种痛苦包括物质上的匮乏和精神上的压力。社会痛苦是指因为弱势群体的存在给社会的经济、政治、道德伦理和秩序所带来的压力。残障人作为弱势群体中人口最多的最弱势部分，他们的生活状况不仅影响他个人和家庭，还影响整个社会。③ 残障人分散在社会的各个角落，如果不解决好他们的问题，他们的个体痛苦就会转化为社会的痛苦并且会不断放大，影响社会的安全与稳定，使得社会不得不为解决残障人问题付出沉重代价。因此，从法律上将保护残障人的权利设定为国家和社会的职责，使政府和社会承担起保障残障人基本生活和发展机会的义务，保证残障人能够实现和其他公民的法律平等，保障他们共享人类文明和社会经济发展的成果，只有这样，才能形成稳定有序、和谐相处的秩序，国家才能长治久安，法治的理想才有可能实现。

---

① 参见［美］罗尔斯：《正义论》，何怀宏等译，15页，北京，中国社会科学出版社，1988。

② 参见常立：《社会弱势群体及法律保护》，吉林大学2006年硕士学位论文。

③ 参见王思斌：《社会弱势群体生存状况的改善与社会政策的调整》，载《中国党政干部论坛》，2002（4）。

## 五、残障人基本权利保障是贯彻民主法治原则的要求

法治与民主是不可分割的。民主是法治的内容和基础，法治是民主的体现和保障。现代民主法治的出发点是个人的价值和自由，而其目的是保护包括少数人在内的所有人的公民权利。“遵循多数统治原则的同时保护少数人的权利，既合理地界定了国家权力与公民权利的关系领域，又为确认国家权力行为和公民个人权利行为的合法性提供了基础。”[①] 现代民主政治的基本法则是在实行“少数服从多数的多数人统治”的同时尊重和保护少数人权利。民主法治国家之所以强调尊重和保护少数人的权利，一个重要的原因在于防止“多数人的暴政”。多数人除了在认识真理方面有可能犯错误外，还有可能滥用权力，而权力的滥用则构成对个人尊严和自由最大的威胁，从而动摇民主法治的根基。托克维尔认为，民主的最终目的应当是保护少数和个人的权利。他敏锐地洞察到了自由与民主两种理念存在的紧张关系，强调只有少数人的权利得到很好的保护，以少数制约多数，才不至于产生绝对的权力，民主与自由才能和谐统一，多数和少数的关系才能平衡。我国残障人虽然数量庞大，但相对于健全人，在数量上依然属于“少数人”，残障人权利保障同样适用法治国家下少数人权利保护的法理。保护残障人权利有助于所有社会成员享有一切人权，确保残障人在平等的基础上获得资源，促进残障人融合为和平、民主和多元社会的基本组成部分。

# 第二节　残障人实体权利保障立法状况

虽然对残障人的具体权利保护更多地体现在特别法之中，但是基本法律中的保护也是重要内容，在整个人权框架下推动残障人权利保护的要求强化了基本法律的重要性。本章主要关注残障人保护特别法以外的我国基本法律（也称一般法）对残障人的保护。通过长期的努力，一般法中对残障人的权利保护已经较为广泛。对残障人基本权利保护的规定，分为实体权利保护和程序保护两个部分。

## 一、宪法所赋予的基本权利

宪法是国家的根本大法，是具有最高法律效力的法，是据以制定其他法律的基础。宪法规定国家的根本制度、国家生活的基本原则。因此，有的国家把宪法称为“根本法”或“基本法”。由于宪法所规定的是国家生活中最根本、最重要的原则和制度，它就成了立法机关进行日常法律活动的法律基础。因而宪法也被称为“母法”、“最高法”，普通法律则被称为“子法”。宪法具有最高法律效力。它的法律地位高于普通法，是制定普通法的依据。《宪法》第 33 条规定，“中华人民共和国公民在法律面前一律平等”，包括残障人在内的所有公民，根据法律的规定，享有同等的权利，承担同等的义务。根据《宪法》第 34 条至第 47 条的规定，残障人作为普通的公民，应享有以下基本权利：

### （一）政治权利和自由

政治权利和自由，是指宪法和法律规定公民有参加国家管理、参政议政的民主权利，以及

① 张旺：《民主政治的多数统治与少数人的权利》，载《理论学刊》，2005（1），91 页。

在政治上享有表达个人见解和意愿的自由。根据《宪法》第 34 条、第 35 规定，我国公民享有政治权利和自由，其具体内容包括选举权和被选举权、公民的言论、出版、集会、结社、游行和示威的自由等。

（二）宗教信仰自由

《宪法》第 36 条规定："中华人民共和国公民有宗教信仰自由。"宗教信仰自由的内容包括：公民信仰或不信仰宗教的自由；信仰何种宗教的自由；在同一宗教里面，信仰哪一派宗教的自由；公民何时信仰或放弃信仰或重新信仰的自由。

（三）人身自由

广义的人身自由，是指公民个人在符合国家法律要求的范围内，有一切举止行动的自由。我国宪法中规定人身自由，包括公民的人身自由不受侵犯，公民的人格尊严不受侵犯，公民的著作不受侵犯和公民的通信自由和通信秘密受法律保护四种。公民的人身自由不受侵犯（《宪法》第 37 条），即狭义的人身自由，是指公民不受非法逮捕、拘禁，不被非法限制、剥夺自由和非法搜查身体的自由权利，它是人身自由的核心部分。公民的人格尊严不受侵犯（《宪法》第 38 条），就是人人所具有的自尊心和自爱心不受伤害，个人价值不遭贬低的权利。法律禁止采用任何方法对公民进行侮辱、诽谤和诬告陷害。公民的住宅不受侵犯（《宪法》第 39 条），是指公民居住、生活及保有私人财产的场所不受非法侵入和搜查的权利。通信秘密（《宪法》第 40 条），是指公民通信的内容受国家法律保护，任何人不得非法私拆、毁坏、偷看他人的信件，否则就应承担法律责任。

（四）监督权

《宪法》第 41 条规定，公民享有批评权、建议权、申诉权、控告权、检举权和取得赔偿权。具体而言，公民对于任何国家机关和国家工作人员，有提出批评和建议的权利；对于他们的失职违法行为，有向有关机关进行申诉、控告或者检举的权利；公民因国家机关或者国家工作人员侵犯自己的合法权益而遭受损失时，有依法取得国家赔偿的权利。《宪法》规定公民享有这些权利，既是广大人民群众对国家机关工作人员的民主监督权，也是《宪法》对于公民权利的一种保护。

（五）公民的社会经济权

社会经济权利，是指公民享有的经济物质利益方面的权利，是公民从社会获得基本生活条件的权利。根据宪法规定，我国公民的社会经济权利主要包括劳动权、休息权、财产所有权、退休人员生活保障权和物质帮助权等。《宪法》第 45 条规定，中华人民共和国公民在年老、疾病或者丧失劳动能力的情况下，有从国家和社会获得物质帮助的权利。国家发展为公民享受这些权利所需要的社会保险、社会救济和医疗卫生事业。国家和社会保障残障军人的生活，抚恤烈士家属，优待军人家属。国家和社会帮助安排盲、聋、哑和其他有残障的公民的劳动、生活和教育。

（六）文化教育权

《宪法》第 46 条和第 47 条对公民的文化教育权作出了重要规定，这些权利包括受教育权，即公民接受文化、科学、品德等方面教育训练的权利，还包括公民进行科学研究、文艺创作和其他文化活动的自由。公民的文化教育权利的实现，对于提高全民族的文化科学水平，促进国家的物质文明、精神文明建设具有重要的意义。

除了上述基本权利之外，《宪法》还规定国家对一些特定关系进行特别保护。如国家保护妇女的权利和利益，婚姻、家庭、母亲和儿童受国家的保护，国家保护华侨正当的权利和利益，国家保护老年人的合法权益等，这其中也包括国家对残障人的合法权益予以特别保护的内容。

《宪法》在规定了公民基本权利的同时，为了公民权利的实现，也规定了公民的基本义务。残障人必须履行的基本义务包括，维护国家统一和各民族团结的义务，遵纪守法和尊重社会公德的义务，维护祖国的安全、荣誉和利益的义务、保卫祖国的义务，依法纳税的义务等。

尽管对残障人权利的倡导一直向前推进，宪法在残障人权利保护中的作用体现得相对薄弱，人们对宪法能够在保护残障人权利中起到的直接作用给予的关注也较少。这个问题希望能够引起法律界和学界的重视。

## 二、基本法律所赋予的实体权利

### （一）民事与行政权利

#### 1. 基本民事与行政权利

民法是市民社会的基本法律，是权利法，调整平等主体之间的人身关系和财产关系。残障人具有与普通公民同样的民事权利能力，应当平等地享有民事权利。公民的民事权利主要包括人身权利和财产权利。其中，人身权利包括：人身自由权、生命健康权、人格尊严权，人格尊严又包括肖像权、名誉权、荣誉权、姓名权和隐私权等；财产权利包括：物权、债权、继承权、知识产权等。而物权和债权是市民社会的两项基本权利，物权包括可以行使占有、使用、收益和处分权能的所有权、用益物权、担保物权，债权包括合同债权、侵权债权、不当得利债权和无因管理债权。残障人的这些基本权利应当平等地受到法律的同等保护。

行政法是指行政主体在行使行政职权和接受行政法制监督过程中与行政相对人、行政法制监督主体之间发生的各种关系，以及行政主体内部发生的各种关系的法律规范的总称。行政法主要是规范行政主体和行政权设定，规范行政权行使，规范行政权运行程序，其重心是控制和规范行政权，保护行政相对人的合法权益。

我国现行民事与行政法律在保障残障人平等的民事与行政权方面存在不足之处，主要体现在现行法律过度强调残障人的生理或者心理上的功能局限，并基于此限制残障人的基本民事与行政权利，例如，患有医学上认为不应当结婚的疾病，并且未治愈的，婚姻无效。[①] 这些限制残障人权利的行为，即使有法律的明确规定，其正当性也存在疑问。当相关立法和司法过度依赖现行医学标准时，其独立性和正当性就难免受到质疑，毕竟医学诊断与法律的精神、社会伦理之间还存在巨大的张力。从立法程序的角度看，根据《立法法》第8条、第9条的规定，对公民政治权利的剥夺、限制人身自由的强制措施和处罚，只能由全国人民代表大会及其常务委员会制定法律。对残障人基本权利的限制，必须有充分正当的理由，否则将违反不歧视原则。

#### 2. 残障人的特殊民事与行政权利

残障人的民事与行政权利的特殊保护在基本法律中主要通过两种形式作出规定：一种是指引性规定，在基本法律中不作具体规定，但通过宣示性条款确认特殊规定的效力。例如，《劳

---

① 参见《婚姻法》第10条。

动法》第14条规定："残疾人、少数民族人员、退出现役的军人的就业，法律、法规有特别规定的，从其规定。"另一种是在基本法律中明确规定残障人所享有的特别权益。后者居多，且更加明确，例如：(1) 伤残费用的优先清偿权。《企业破产法》第113条规定："破产财产在优先清偿破产费用和共益债务后，依照下列顺序清偿：(一) 破产人所欠职工的工资和医疗、伤残补助、抚恤费用，所欠的应当划入职工个人账户的基本养老保险、基本医疗保险费用，以及法律、行政法规规定应当支付给职工的补偿金；……"《保险法》第91条也有类似的规定。(2) 残障人就业权。《就业促进法》第17条规定，"国家鼓励企业增加就业岗位，扶持失业人员和残疾人就业，对下列企业、人员依法给予税收优惠：……(三) 安置残疾人员达到规定比例或者集中使用残疾人的企业；……(五) 从事个体经营的残疾人；……"《就业促进法》第29条规定，"国家保障残疾人的劳动权利。各级人民政府应当对残疾人就业统筹规划，为残疾人创造就业条件。用人单位招用人员，不得歧视残疾人。"(3) 残障人税收减免权。根据我国法律规定，残疾人所得的工资可以减免个人所得税，同时安排残障人就业的企业可以扣除残疾人工资应纳税的所得额。《个人所得税法》第5条规定，"有下列情形之一的，经批准可以减征个人所得税：一、残疾、孤老人员和烈属的所得；……"《企业所得税法》第30条规定，"企业的下列支出，可以在计算应纳税所得额时加计扣除：……(二) 安置残疾人员及国家鼓励安置的其他就业人员所支付的工资。"(4) 残障人的文化教育权。《义务教育法》第19条规定，"县级以上地方人民政府根据需要设置相应的实施特殊教育的学校(班)，对视力残疾、听力语言残疾和智力残疾的适龄儿童、少年实施义务教育。特殊教育学校(班)应当具备适应残疾儿童、少年学习、康复、生活特点的场所和设施。普通学校应当接收具有接受普通教育能力的残疾适龄儿童、少年随班就读，并为其学习、康复提供帮助。"《妇女权益保障法》第18条第3款规定："政府、社会、学校应当采取有效措施，解决适龄女性儿童少年就学存在的实际困难，并创造条件，保证贫困、残疾和流动人口中的适龄女性儿童少年完成义务教育。"(5) 残障人基本医疗保险权。《社会保险法》第25条第1款和第3款规定："国家建立和完善城镇居民基本医疗保险制度。享受最低生活保障的人、丧失劳动能力的残疾人、低收入家庭六十周岁以上的老年人和未成年人等所需个人缴费部分，由政府给予补贴。"(6) 工伤致残保险待遇权。根据《社会保险法》第38条规定，"因工伤发生的下列费用，按照国家规定从工伤保险基金中支付：(一) 治疗工伤的医疗费用和康复费用；(二) 住院伙食补助费；(三) 到统筹地区以外就医的交通食宿费；(四) 安装配置伤残辅助器具所需费用；(五) 生活不能自理的，经劳动能力鉴定委员会确认的生活护理费；(六) 一次性伤残补助金和一至四级伤残职工按月领取的伤残津贴；(七) 终止或者解除劳动合同时，应当享受的一次性医疗补助金；(八) 因工死亡的，其遗属领取的丧葬补助金、供养亲属抚恤金和因工死亡补助金；(九) 劳动能力鉴定费。"(7) 医疗抚恤权。《消防法》第50条规定："对因参加扑救火灾或者应急救援受伤、致残或者死亡的人员，按照国家有关规定给予医疗、抚恤。"

需要指出的是，由于对于残障相关问题的理解不够深入，加之残障人难以有效的参与和影响立法，我国现行的保障残障人民事与行政权利的特别规定与残障人的现实生存状况和实际需要存在明显冲突。如果在制定特别规定时不能充分认识和尊重残障人的需要，特别规定不仅不能保障残障人的权利，反而通过法律体系固化残障人"特殊"、"弱势"、"只能被特殊保护"等有悖宪法精神、不利于社会和谐发展的负面标签。

(二) 刑事法律保障

刑法是国家的基本法律之一，是规定犯罪、刑事责任与刑罚的法律。刑法的目的是惩罚犯罪，保护人民，这与人权保障机能一致。其任务是用刑罚同一切犯罪行为作斗争，以保卫国家安全，保卫人民民主专政的政权和社会主义制度，保护国有财产和劳动群众集体所有的财产，保护公民私人所有的财产，保护公民的人身权利、民主权利和其他权利，维护社会秩序、经济秩序，保障社会主义建设事业的顺利进行。根据犯罪的同类客体，可将犯罪分为危害国家安全罪，危害公共安全罪，破坏社会主义市场经济秩序罪，侵犯公民人身权利、民主权利罪，侵犯财产罪，妨害社会管理秩序罪，危害国防利益罪，贪污贿赂罪，渎职罪和军人违反职责罪。通过对于这些犯罪行为的打击，得以实现刑法的目的和任务。

1. 残障人减轻、免除刑事处罚的情形

刑法对特殊人员的刑事责任能力及又聋又哑的人或盲人犯罪的刑事责任作出了特别规定。《刑法》第 18 条规定："精神病人在不能辨认或者不能控制自己行为的时候造成危害结果，经法定程序鉴定确认的，不负刑事责任，但是应当责令他的家属或者监护人严加看管和医疗；在必要的时候，由政府强制医疗。间歇性的精神病人在精神正常的时候犯罪，应当负刑事责任。尚未完全丧失辨认或者控制自己行为能力的精神病人犯罪的，应当负刑事责任，但是可以从轻或者减轻处罚。"《刑法》第 19 条规定："又聋又哑的人或者盲人犯罪，可以从轻、减轻或者免除处罚。"

2. 对组织残障人乞讨行为的处罚

《刑法》修正案（六）第 17 条规定，"在刑法第二百六十二条后增加一条，作为第二百六十二条之一：以暴力、胁迫手段组织残疾人或者不满十四周岁的未成年人乞讨的，处三年以下有期徒刑或者拘役，并处罚金；情节严重的，处三年以上七年以下有期徒刑，并处罚金。"

3. 对虐待、遗弃残障人行为的处罚

残障人因肢体、言语、精神等各种心理和生理方面的限制，需要家庭成员的扶养和照顾。尤其是在我国社会保障基础还很薄弱，条件较为有限的情况下，家庭承担着照顾残障人生活的主要责任。为保护残障人的合法权益，对不履行法定扶养义务，虐待和遗弃残障人的行为，《残疾人保障法》、《刑法》、《治安管理处罚法》均规定了法律制裁措施。

根据《治安管理处罚法》第 42 条之规定，公然侮辱他人或者捏造事实诽谤他人的，处 5 日以下拘留或者 500 元以下罚款；情节较重的，处 5 日以上 10 日以下拘留，可以并处 500 元以下罚款。根据刑法的相关规定，以暴力或者其他方法公然侮辱残疾人，情节严重的，构成侮辱罪，处 3 年以下有期徒刑、拘役、管制或者剥夺政治权利。根据《治安管理处罚法》第 45 条之规定，虐待家庭成员，被虐待人要求处理的、遗弃没有独立生活能力的被扶养人的，处 5 日以下拘留或者警告。根据刑法的有关规定，虐待残疾人情节恶劣的，构成虐待罪。该罪一般表现为经常以打骂、冻饿、禁闭、强迫过度劳动等方法，肆意在精神上、肉体上折磨、摧残残疾人。考虑到虐待者与被虐待者之间具有亲属关系的特点，对没有引起被害人重伤、死亡的，告诉才处理。致使被害人重伤、死亡的，处 2 年以上 7 年以下有期徒刑。对没有独立生活能力的残疾人负有扶养义务而拒绝扶养、情节恶劣的，或者遗弃没有独立生活能力的残疾人的，构成遗弃罪。

## 三、残障人监护人的权利与义务规定

为了保护残障人充分行使各种法律规定的权利，保障其权益不受非法侵害，我国法律还对监护人的权利与义务作了规定。监护权是对于无民事行为能力和限制民事行为能力的未成年人和成年精神病人的合法权益实施管理和保护的法律资格。根据《民法通则》第 16 条的规定，未成年人的父母是未成年人的监护人。未成年人的父母已经死亡或者没有监护能力的，由下列人员中有监护能力的人担任监护人：祖父母、外祖父母；兄、姐；关系密切的其他亲属、朋友愿意承担监护责任，经未成年人的父、母的所在单位或者未成年人住所地的居民委员会、村民委员会同意的。对担任监护人有争议的，由未成年人的父、母的所在单位或者未成年人住所地的居民委员会、村民委员会在近亲属中指定。对指定不服提起诉讼的，由人民法院裁决。没有第 1 款、第 2 款规定的监护人的，由未成年人的父、母的所在单位或者未成年人住所地的居民委员会、村民委员会或者民政部门担任监护人。前一顺序有监护资格的人无监护能力或对监护人明显有不利的，人民法院可以根据对监护人有利的原则，从后一顺序有监护资格的人中择优确定。被监护人有识别能力的，应视情况征求被监护人的意见。对于未成年人来讲，只要其父母中有一人有监护能力，即使是残障人，也有监护权，其他人不得干涉。在未成年人的父母没有监护能力时，其他近亲属中有监护能力的人，包括残障人，也可以作监护人。认定监护人的监护能力，应根据其身体状况、经济条件及与被监护人在生活上联系状况等因素确定。

成年精神病人的监护人的范围和顺序是：配偶；父母；成年子女；其他近亲属；关系密切的其他亲属、朋友愿意承担监护责任，经精神病人的所在单位或者住所地的居民委员会、村民委员会同意的。对担任监护人有争议的处理程序与未成年人的相同。

监护人的职责包括以下四个方面：(1) 担任被监护人的法律代理人，代理被监护人进行民事活动，实施法律行为。(2) 保护被监护人的人身、财产及其合法利益。除为被监护人的利益外，不得处理被监护人的财产。(3) 承担被监护人致人损害的侵权责任。监护人尽了监护职责的，可以适当减轻他的民事责任。赔偿金从被监护人的财产中支出，不足部分由监护人作适当补偿。(4) 监护人不履行监护职责或侵害被监护人的合法权益，给被监护人造成财产损失的，负赔偿责任。法院可以根据有关人员或单位的申请撤销其监护人资格。

监护人可以将监护职责不分或全部委托给他人。因被监护人的侵权行为需要承担民事责任的，由监护人承担，但另有约定的除外；被委托人确有过错的，负连带责任。

需要注意的是，现行的监护制度与残障人的自主决策权之间存在一些内在冲突。《残障人权利公约》提出了从替代性决策向支持性决策的转变，这给传统的监护制度带来了挑战。谁有权判定残障人没有自己决定的能力，如何确保为残障人自主决策提供充分的支持，如何在残障人的自己决定权和残障人的最佳利益之间找到平衡点等问题，是残障人相关立法的新热点。

## 第三节　残障人程序权利保障立法状况

基于“法律面前人人平等”的法治原则，我国民事、行政、刑事三大诉讼法对当事人的有关规定，对残障人来说也同样适用。但为了保障残障人的特殊利益，我国法律对涉及残障人的程序还作了特殊规定，主要体现于向残障人提供法律援助和司法救助及减免残障人的法律责任两个方面。当然，这些规定也面临上一节所讨论的问题，即特殊规定是否符合“在法律面前获得平等承认”的原则，特殊规定是否赋予残障人并不应当享有的特权，是否为残障人运用法律程序提供了保障。这些问题需要注意。

## 一、民事诉讼

在民事诉讼中，涉及残障人的权利与义务规定主要是无民事行为能力人和限制民事行为能力人的认定以及由他们的法定代理人代为诉讼的规定。

(一) 关于法定代理人的规定

《民事诉讼法》第57条规定，无诉讼行为能力人由他的监护人作为法定代理人代为诉讼。法定代理人之间互相推诿代理责任的，由人民法院指定其中一人代为诉讼。

(二) 关于认定无民事行为能力或者限制民事行为能力的规定

《民事诉讼法》第187条规定，申请认定公民无民事行为能力或者限制民事行为能力，由其近亲属或者其他利害关系人向该公民住所地基层人民法院提出。申请书应当写明该公民无民事行为能力或者限制民事行为能力的事实和根据。《民事诉讼法》第188条规定，人民法院受理申请后，必要时应当对被请求认定为无民事行为能力或者限制民事行为能力的公民进行鉴定。申请人已提供鉴定结论的，应当对鉴定结论进行审查。

(三) 关于诉讼代理人的规定

《民事诉讼法》第189条规定，人民法院审理认定公民无民事行为能力或者限制民事行为能力的案件，应当由该公民的近亲属为代理人，但申请人除外。近亲属互相推诿的，由人民法院指定其中一人为代理人。该公民健康情况许可的，还应当询问本人的意见。人民法院经审理认定申请有事实根据的，判决该公民为无民事行为能力或者限制民事行为能力人；认定申请没有事实根据的，应当判决予以驳回。

(四) 关于判决撤销的规定

《民事诉讼法》第190条规定，人民法院根据被认定为无民事行为能力人、限制民事行为能力人或者他的监护人的申请，证实该公民无民事行为能力或者限制民事行为能力的原因已经消除的，应当作出新判决，撤销原判决。

## 二、行政诉讼

残障人认为行政机关的行政行为侵犯其合法权益的，可以向人民法院提起行政诉讼，例如，残障人认为行政机关没有依法发给抚恤金的。[①]《行政诉讼法》未对残障人的权利保障作出特殊规定，而民事诉讼中有特殊规定的，例如，法定代理人的确定，参照《民事诉讼法》的规定执行。

## 三、刑事诉讼

在刑事诉讼中，专门涉及残障人的主要是有关法律援助和证人等方面的规定，在2012年3月14日新修订的《刑事诉讼法》中，还增设专章规定了依法不负刑事责任的精神病人的强制医疗程序。

(一) 关于强制指定辩护的规定

《刑事诉讼法》第34条第2款规定，犯罪嫌疑人、被告人是盲、聋、哑人，或者是尚未完

① 参见《行政诉讼法》第12条第10项。

全丧失辨认或者控制自己行为能力的精神病人，没有委托辩护人的，人民法院、人民检察院和公安机关应当通知法律援助机构指派律师为其提供辩护。

（二）关于证人的规定

《刑事诉讼法》第60条第2款规定，生理上、精神上有缺陷或者年幼，不能辨别是非、不能正确表达的人，不能作证人。

（三）关于不适用简易程序的规定

《刑事诉讼法》第209条规定，被告人是盲、聋、哑人，或者是尚未完全丧失辨认或者控制自己行为能力的精神病人，不适用简易程序。

（四）依法不负刑事责任的精神病人的强制医疗程序的规定

《刑法》第18条规定，精神病人在不能辨认或者不能控制自己行为的时候造成危害结果，经法定程序鉴定确认的，不负刑事责任，但是应当责令他的家属或者监护人严加看管和医疗；在必要的时候，由政府强制医疗。为保障公众安全、维护社会和谐及有序，《刑事诉讼法》在此基础上规定，对实施暴力行为危害公共安全或者致人死亡、重伤，依法不负刑事责任，有继续危害社会可能的精神病人，实行强制就医及其相关程序。

《刑事诉讼法》第五编第四章对不负刑事责任的精神病人的强制医疗的适用对象，申请机关、决定机关、决定程序、复议程序、解除程序等作出了全面的规定。《刑事诉讼法》第284条规定，实施暴力行为，危害公共安全或者严重危害公民人身安全，经法定程序鉴定依法不负刑事责任的精神病人，有继续危害社会可能的，可以予以强制医疗。第285条规定，根据本章规定对精神病人强制医疗的，由人民法院决定。公安机关发现精神病人符合强制医疗条件的，应当写出强制医疗意见书，移送人民检察院。对于公安机关移送的或者在审查起诉过程中发现的精神病人符合强制医疗条件的，人民检察院应当向人民法院提出强制医疗的申请。人民法院在审理案件过程中发现被告人符合强制医疗条件的，可以作出强制医疗的决定。对实施暴力行为的精神病人，在人民法院决定强制医疗前，公安机关可以采取临时的保护性约束措施。第286条规定，人民法院受理强制医疗的申请后，应当组成合议庭进行审理。人民法院审理强制医疗案件，应当通知被申请人或者被告人的法定代理人到场。被申请人或者被告人没有委托诉讼代理人的，人民法院应当通知法律援助机构指派律师为其提供法律帮助。第287条规定，人民法院经审理，对于被申请人或者被告人符合强制医疗条件的，应当在1个月以内作出强制医疗的决定。被决定强制医疗的人、被害人及其法定代理人、近亲属对强制医疗决定不服的，可以向上一级人民法院申请复议。第288条规定，强制医疗机构应当定期对被强制医疗的人进行诊断评估。对于已不具有人身危险性，不需要继续强制医疗的，应当及时提出解除意见，报决定强制医疗的人民法院批准。被强制医疗的人及其近亲属有权申请解除强制医疗。第289条规定，人民检察院对强制医疗的决定和执行实行监督。

## 第四节　残障人基本权利保障立法的完善

### 一、全面贯彻残障人权利保障的平等原则

在利益和负担分配的语境中可以有两种意义上的平等对待：一种是强式意义上的平等对待，它要求每一个人都被视为“同样的人”，使每一个参与分配的人都能够在利益或负担方面

分得平等的“份额”，因此，要尽可能地避免对人群加以分类。另一种是弱式意义上的平等对待，它要求按照一定的标准对人群进行分类，被归入同一类别或范畴的人才应当得到平等的“份额”[①]。因此，弱式意义上的平等对待既意味着平等对待，也意味着差别对待——同样的情况同样对待，不同的情况不同对待。

强式平等原则主要表现为禁止歧视，强调形式平等和机会公平，它主要在消极意义上界定并尊重残障人权利。坚持强式平等原则，保障残障人平等共享社会的生活，是世界范围内残障人保障的共同纲领。联合国《残障人机会均等标准规则》规定残障人有权享有与其他公民同样的机会，平等分享因社会和经济发展而改善的生活条件。《残障人权利公约》第1条开宗明义地强调：本公约的宗旨是促进、保护和确保所有残障人充分和平等地享有一切人权和基本自由。平等原则是现代文明社会通行的法律和道德准则。“法律面前人人平等”是社会主义法制的基本原则，也是完善残障人权利保障制度的基本原则。残障人是我们社会的平等成员，在人身权利、财产权利、政治权利、婚姻家庭权利等方面与其他社会成员一样是平等的，社会不应该对残障人给予不合理的差别待遇。坚持强式平等原则，首先，要消除社会对残障人的歧视和社会排斥，消除所有现行法律制度中含有的对残障人权利实现构成限制和排斥的规定，使他们回归社会，与其他公民一样平等地享有宪法和法律规定的权利，履行法律义务。对于平等，国际常设法院反复规定，如果一种在适用上是一般性的措施而事实上是针对少数者的措施就违反了少数者的规定。[②] 其次，强式平等原则内含残障人群体内部的平等，我国现行的关于残障人社会保障的城乡差异、地域差异等也应该逐步解决。

弱式平等对待即特殊保护原则，要求政府必要时在经济、社会、文化及其他方面采取积极措施，确保残障人能够获得充分的保护与发展，加速实现社会的整体平等。由于结构性歧视和不平等的长期存在，要保障残障人的权利和利益，法律仅为他们提供与其他人同等的机会和待遇是不够的，必须给予倾斜性的保护，以克服法律形式平等的缺陷，实现法律对实质平等的价值追求。残障人通过弱式平等对待得到比强式平等对待更大的改善。倾斜性保护是保护包括残障人在内的弱势群体的基本原则，是合理的差别待遇，体现了法律的矫正正义。对残障人权利的倾斜性保护既符合罗尔斯《正义论》中对“最少受惠者”给予补偿的原理，也和现代法治注重“等者等之，不等者不等之”的发展趋势相一致。依据倾斜保护原则，国家应当在基本生活、教育、就业、康复、社会保障等领域对残障人采取一系列的特别扶助措施，以缩小残障人与其他人的差距。对残障人实行倾斜保护，即对残障人实行的特别保护，以矫正形式正义之不足，体现了更高层次的平等观和现代法律对实质正义的追求，不仅不会损害社会的公平正义，还会增强社会的公平正义。

正如皮埃尔所言，平等不只是人们眼前的事实，不只是刑法、民法面前的平等事实；平等在成为事实之前也是一种概念、一种信仰。它已经引起和取得了某些结果，它必将会取得其他结果。对于残障人的权利保护，应当在基本法律中予以体现和明确。残障人的权利保护不仅是专门法律的任务，更是基本法律的应有之责。把对残障人的权利保护作为基本法律的有机组成部分，有利于全社会关注残障人，接纳残障人，支持残障人为普通、平等的社会成员。在形成

① ［美］罗尔斯：《正义论》，何怀宏等译，120页，北京，中国社会科学出版社，1988。

② 参见南京大学法学院《人权法学》教材编写组：《人权法学》，316页，北京，科学出版社，2005。

残障人应获得法律特别保护的共识的同时，给予他们平等的尊重。

## 二、健全残障人权利保障的基本法律规范

1. 基本法律立法时应当特别关注残障人的法律保障

在立法精神方面，残障人的保护在基本法中应当被视为不可分割的一部分。在制定或修改相关法律、法规时，应当统筹考虑残障人问题，完善相关规定。在制定或修订民事诉讼法、刑事诉讼法及劳动、教育、社会保障等方面的法律、法规时，特别是在制定与残障人权利保护密切相关的法律、法规时，应当考虑到残障人的特殊情况，充分体现平等原则和不歧视原则，根据社会的发展及时完善和残障人有关的规定。例如，修改劳动法中不受歧视的种类，建议将《劳动法》第 12 条修改为：劳动者就业，不因民族、种族、性别、宗教信仰、地域、残疾原因而受歧视。基本法律还应及时地关注残障人权利发展的需要，甚至为残障人权利的保障预留一定的空间。如修订刑法时，可以考虑扩大残障人刑事责任减免的主体范围。基本法律之间的规定应当体系化或一体化，确保各种法律规定中用词的规范一致。基本法律还要关注国际残障人权保护的发展，不仅应当关注残障人的生存权，还应当关注他们的发展权。①

2. 基本法律应注重与专门的残障人保护法律的协调

当任何基本法律中的一般规定形成对残障人权利保护的不利因素时，都应当及时地予以修正或预留由特别法律予以特别保护的空间。例如，民事法律明确经营者虽有平等交易义务，其不得仅以相对人是残障人为由拒绝对之提供商品或服务，或者给予歧视性待遇；在人格权制度方面，应当强调对残障人人格平等的保护，维护残障人人格尊严、反对歧视；完善特殊侵权形态，如残障人因侵权行为致残或死亡的，不得以其欠缺劳动能力为由免除或者减轻残障赔偿金、死亡赔偿金及其他物质或精神损害赔偿，从而避免司法实践中基于残障赔偿金、死亡赔偿金性质上为预期收入损失的认识，而拒绝对欠缺劳动能力的残障人予以此类赔偿；完善监护人制度，尤其是监护人监督制度和明确监护人的权限；确定残障人在农村土地承包和宅基地分配时的优先权，强调在城市居民拆迁和农村土地征收安置中，对残障人给予便利生活的优惠照顾。② 如果有些制度不便于在基本法律制度中进行规定时，在立法技术上，可以考虑关于残障人的保护由专门的《残疾人保障法》另行规定，并在基本法律制度中明确除外规定。同时，任何专门的残障人权利保护规定都不应当低于基本法律的保护程度。对于基本法律保护制度中可操作性不强的制度，专门的残障人保护法律、法规应当及时规定可操作的规定或细则。

## 三、完善残障人权利实现的救济制度

实现残障人权利需要法律救济措施予以保障。在一些国家，残障人权利受侵犯时可以通过一系列的途径包括法律、国家人权机构、国家残障人事务协调委员会，以及非政府组织等寻求救济，甚至还可以求助于国际法获得救济。有权利就应当有救济。残障人的任何法定权利在受到侵害时，都应当有畅通的法定救济渠道。从法定权利的救济而言，完善残障人权利实现的救济制度应该包括以下三个方面：

---

① 参见张震、黄汀洲：《社会管理创新视角下弱势群体的权益保障》，载《中国人权评论》第 2 辑，99 页。

② 参见王利明、马玉娥、安守廉主编：《残疾人法律保障机制研究》，58～60 页，北京，华夏出版社，2008。

第一，宪法救济制度。宪法救济制度既可以由违宪审查机关通过对规范性文件的审查，从制度层面消除对残障人群体的歧视，也可以由司法机关通过对宪法基本权利的适用维护残障人的具体权利。目前，我国应该借鉴西方发达国家宪法诉讼的经验，赋予宪法基本权利直接的司法适用效力。当残障人的宪法性权利如平等权、受教育权等在实践中受到侵害时，能够获得具有最高法律效力的法律——《宪法》的救济。①

第二，行政救济制度。行政救济是行为人通过行政途径实现自身权利救济的制度。残障人的行政救济制度除了适用普通的行政复议、行政申诉等制度外，还应包括因残障人特有的权利如无障碍环境权、康复权等无法实现而请求有关机关予以处理的制度。

第三，司法救济制度。完善的、相对独立的司法系统对残障人权利保障具有决定性的意义。当前，残障人的权利司法救济情况仍然不够理想。为保障我国残障人能够平等地获得司法保护，我们需要进一步完善有利于残障人诉讼权利实现的专门诉讼制度，简化诉讼程序，降低诉讼成本，以使残障人能够利用国家的司法资源维护自身的合法权益。

司法程序还应当为残障人提供合理便利。根据联合国《残障人权利公约》第 2 条的规定，“合理便利是指根据具体需要，在不造成过度或不当负担的情况下，进行必要和适当的修改和调整，以确保残疾人在与其他人平等的基础上享有和行使一切人权和基本自由。”《残障人权利公约》同时还规定，拒绝为残障人提供合理便利构成基于残障的歧视。因此，各司法部门应当为残障人个人根据其实际需要诉讼提供便利，以使每个人都能充分使用我国的司法程序，并获得公正的司法保护。例如，法院对于残障人诉讼案件给予时间救济，早审、早结、早执行，并实行先执行后收费，主动告知诉讼能力受限制的残障人申请调取证据的权利，帮助联系司法援助部门，调查取证等；检察机关对侵害残障人权利的犯罪行为，依法立案、侦查、起诉、抗诉；需要完善残障人法律援助和司法救助制度，建立符合残障人特点的便利、快捷、高效的法律援助和司法救济制度；针对城乡残障人权利保障差距大的特点，更加注重农村残障人的保护。需要建立公益诉讼制度，赋予残疾人联合会等社会组织代表残障人提起诉讼的资格以维护他们的合法权利。认真落实司法无障碍理念，无论是对于保障残疾人的合法权益，还是对于贯彻“司法为民”的宗旨都具有十分重要的意义。②

---

① 参见赵树坤：《中国特定群体人权保护的理论与实践》，183 页，北京，法律出版社，2012。

② 参见王治江：《司法无障碍理念的提出与适用》，载《法律适用》，2013（3），119 页。

# 第三章 残障人康复法

## 第一节 残障人康复法基本理论

### 一、基本概念

#### (一) 康复的法律概念

根据世界卫生组织的技术报告和各国残障预防的实践经验，世界卫生组织提出了残障的三级预防框架：一级预防主要是预防致残性疾病和伤害的发生；二级预防主要是预防伤病后的功能局限发生；三级预防是在功能局限发生后预防残障的发生。① 而康复则从二级预防阶段就需介入，此时的康复称作早期康复治疗，意在防止伤病后障碍状况的发生。在三级预防阶段中，康复是作为重头戏介入。在三级预防中，患者需通过康复功能训练、使用辅助功能器具、心理康复、支持性医疗护理、必要的矫正手术等措施防止出现的残障状态。联合国《关于残障人的世界行动纲领》中将康复定义为："有既定目标并且时间有限的一段过程，这一过程旨在使有局限的人在心智上、身体上、参与社会生活的功能上都能达到最佳状态，这样就为其生活的改善提供了自身的条件。康复包括为补偿某一丧失或削弱的功能所采取的各种措施（例如采用辅助器械），也包括有助于使他们适应或重新适应社会生活的措施。"② 联合国《残障人机会均等标准规则》将康复定义为："指达到下述目标的一个过程，它旨在残障人达到和保持生理、感官、智力、精神和社交功能上的最佳水平，从而使他们借助于某种手段，改变其生活，增强自立能力。康复可包括提供和恢复功能、补偿功能缺失或补偿功能限制的各种措施。康复过程不包括初始的治疗。它包括范围广泛的措施和活动，从较为基本的和一般性的康复，到针对具体目标的活动，例如职业方面的恢复。"③

1. 生理性康复

生理通常是指生物机体的生命活动和各个器官的机能，包括个体、器官、细胞和分子层次的生理活动。生理性康复是多以医疗、药物、手术、辅助器具为主要手段的康复手段，包括视力障碍、听力障碍、语言障碍、肢体障碍、智力障碍等残障的康复。不同类型的残障所需要的

---

① See World Health Organization, *Disability Prevention and Rehabilitation*: *Report of the WHO Expert Committee on Disability Prevention and Rehabilitation*, World Health Organization Technical Report Series 668 [R]. Geneva: World Health Organization, 1981.

② United Nations, *World Programme of Action Concerning Persons with Disabilities*, December 3, 1982.

③ United Nations, *Standard Rules on the Equalization of Opportunities for Persons with Disabilities*, March 4, 1994.

生理性康复的手段不同，大多数属于临床治疗手段。生理性康复是残障人康复的基础手段，正确的生理性康复手段可以有效地抑制残障的恶化，改善机体的状态。

2. 心理性康复

由于文化和制度中长期存在结构性歧视，相当数量的残障人被剥夺了接受良好教育的机会，长期被排斥在社会生活之外，很难获得他人的尊重，导致残障人面临一些心理问题的挑战，这对他们融入社会、独立自主都带来较大的负面影响。医学上将这种状况称为“心理社会因素”致残。心理社会因素包括环境社会、文化因素、重大生活事件、家族环境因素、人格特点。由于心理社会因素导致情绪和行为的失控、适应机制失效，从而有了不同程度的心理、行为和躯体障碍，并严重地影响对社会生活的参与，这种状态被称作心理或精神致残。要使残障人真正成为平等的社会一员，没有干扰的参加社会生活，临床康复是基础条件，社会支持是外部条件，心理康复是内部条件之一。在制定康复法时，应注重强调心理康复的重要性。

3. 社会综合康复

在全球范围内，残障是主要的社会公众健康和社会发展议题。根据世界卫生组织和联合国的预估，在发展中国家，残障比率至少在10%，其中有80%的人是在发展中国家的偏远地区。在残障的医疗模式下，残障问题需在临床上由专业医师采取措施对个体进行医药治疗。但在残障的社会模式下，这种做法并不被认可。根据残障的社会模式，残障是由社会环境存在的各种障碍所导致或加重的，因此，需要我们采取行动完善社会环境。想在病人的疗法上达到综合全面，其理想的康复方式就至少需要综合医疗和社会这两方面的措施，我们姑且称这种康复方式为社会综合康复。

“康复”的法律概念在不同国家有所不同。在德国法中，康复是指残障人或者受到残障威胁的人参与社会，尤其是工作或职业中的一种待遇或措施。德国《社会法典》第一篇第10条最早把康复作为社会法上的概念确定下来，在社会法意义上使残障人参与的措施即是康复措施[①]，它们是社会法所提供待遇的核心。康复的目的是：(1) 防止、消除、改善残障，防止残障恶化，减轻残障后果；(2) 为残障人在社会中，尤其是在劳动生活中有一个与他的爱好和能力相适应的机会提供保障。[②] 这表明了康复需要和残障人的生涯发展和参与的能力发展等结合起来，康复的目标制定应当符合残障人不同阶段的发展目标，而不是仅仅为了矫正残障人的功能局限，置其发展于不顾。

“康复”的法律概念，即从法律上对康复进行定性。笔者认为，1981年世界卫生组织对康复的定义最为全面：综合利用各种有效的科学理论、方法和技术手段，促使身心障碍人最大限度地恢复或重建其活动能力、生活自理能力及职业劳动等社会参与能力；社会要为他们创造康复的环境条件，满足他们物质上和精神上的特殊需求，以利于他们更好地融入不断发展变化的人类社会。[③] 从这一定义出发，现代康复的法律概念首先代表康复是一种权利，社会应当保障这种权利的实现，其次康复的内容应当包括医疗康复、教育康复、职业康复、劳动康复及社会康复。

---

① See Peter Mrozynski，Rehabilitationsrecht. C. H. Beck Verlag 1992，S. 1.

② 参见德国《社会法典》总则（第一篇）第10条。

③ 参见王钰、邱卓英等：《残疾人口与发展研究丛书——中国残疾人康复需求分析与发展研究》，13页，北京，华夏出版社，2008。

### （二）康复法的概念

康复是以促进残障人平等参与社会并融入社会为目标，赋予其合法获得各种康复服务的权利，确保残障人实质上拥有平等权。“立法应当遵守以残疾人的权利作为一项普遍的公民权利给予支持”为前提，以实现残障人的目标为先决条件，“让残障人过自主的生活”①。《中国残疾人事业“十一五”发展纲要（2006年—2010年）》中将康复的标准定义为帮助残障人恢复和补偿功能，增强生活自理和社会适应能力，平等参与社会生活的基础。② 该《纲要》将“人人享有康复服务”定为我国残障人康复制度实施的总目标。从我国现阶段情况看，康复政策措施主要包括：以专业康复机构为骨干、社区为基础、家庭为依托，发挥各级医疗机构、特教学校、残障人集中就业单位、残障人福利机构等的作用，建立、健全社会化的残障人康复服务网络，全面开展医疗康复、教育康复、职业康复、社会康复，提供功能技能训练、辅助器具适配、心理辅导、康复转介、残障预防、知识普及和咨询等康复服务；加强省、市、县三级专业康复机构的规范化建设；实施0～6岁残障儿童免费抢救性康复项目，建立残障儿童抢救性康复救助制度，有条件的地区逐步扩大康复救助范围；制定国家扶持辅助器具产业发展政策，研究完善辅助器具等残障人专用品进口税收优惠政策；制定康复医学发展规划，加强康复医学学科建设，提高康复医学发展水平，不断提高康复服务质量等。③

康复法的受益主体范围是残障人，即康复法是为维护残障人的康复权利而立。联合国《残障人机会均等标准规则》规定：“各国应为所有类别的残障人制定国家康复方案。这些方案应考虑到残障人实际需要并符合充分参与及平等原则。”世界卫生组织制定的《2006至2011年度残障与康复行动计划》要求国家应当承担的任务有④：促进有关政策的制定、实施、评估和监测，以保障残障人享有平等的权利和机会……残障人的康复权不但具有医学性，还具有社会性。为保障残障人的康复权，残障人康复法至少包括以下内容：

（1）总则。一般来说，总则都是一部法律中开宗明义、统领全篇的部分，凡是结构比较复杂，设有“章”的法律一般都有总则。总则的内容体现一部法律的立法精神，起到“纲”的作用。所以，在总则中应当明确康复的定义、康复权的归属、立法目的、康复法的原则、康复的工作机制等理论。

（2）康复服务。康复服务是指康复的具体内容。从康复的针对病症看，包括心理康复和生理康复。从康复的性质区分，包括医药康复模式和社会康复模式。从康复的内容区分，包括医疗康复、教育康复、劳动康复、职业康复、社会康复。

（3）康复机构。残障人的康复是国家的责任，也是全社会的责任，应当由政府主导，全社会予以支持。康复服务的种类不同，意味着担负这项康复服务责任的国家机关不同。康复机构

---

① Report drawn up by the Committee on the Rehabilitation and Integration of People with disabilities, *Rehabilitation and integration of people with disabilities: policy and legislation*, 7th edition, Publishing by Council of Europe, April 2003, p. 142.

② 参见《中国残疾人事业“十一五”发展纲要（2006年—2010年）》第3条第1款，见 http://www.gov.cn/jrzg/2006-06/08/content_304096.htm。

③ 参见《中国残疾人事业“十二五”发展纲要（2011年—2015年）》第3条第2款，见 http://www.cdpf.org.cn/ghjh/syfzgh/sew/201106/t20110609_77997_2.shtml。

④ 参见《世界卫生组织残疾与康复行动计划（2006年—2011年）》，邱卓英、苟芳、张爱民译，载《中国康复理论与实践》，2007年第13卷第2期，109～110页。

是指具体康复服务的责任分工。一部具有执行力的法律应当权责分明，每个责任人应当承担的康复服务内容，应当如何落实法定，应当给予哪些支持，都应在法律中作出明确规定。另外，康复也是一种综合性的社会保障服务，一项康复项目的实施往往需要涉及若干个国家机关。那么协调机制是如何设立的，如果运作，也应在法律中有所明确。

(4) 康复人员。康复人员是康复服务的支柱，法律应当明确规定康复人员的培养、资助、分配、资格认证等内容，康复人员的工作机制也应在法律中明确。

(5) 辅助技术。现代康复少不了辅助器具的支持。随着科技的发展、康复技术的进步也带动着辅助器具技术的发展。但毕竟残障人康复的辅助技术的开发不是以纯营利为目的的，这也是社会责任的一部分。所以，辅助技术开发、生产、销售上也需要政策的扶持。

(6) 资金保障。一项社会保障制度的实施离不开资金的保障。既然残障人康复权的保障是全社会的责任，而且大多数残障人为了得到重新参与社会的机会，其自身的花费也是巨大的。这就需要国家对康复给予一定的财政补贴，为残障人创造更好的康复条件，不能仅仅因资金问题影响残障人康复权利的实现。对于资金保障的制度设置包括：资金的划拨、用途、监管等。

(7) 法律责任。法律责任是一部法律必不可少的部分，这部分包括了对违法行为的处罚。法律责任是指因违反了法定义务或契约义务，不当行使法律权利、权力或其他所产生的，并需由行为人承担的法律明文规定的后果。就其性质而言，法律关系可以分为法律上的权利关系和法律上的义务关系，与此相适应，法律责任方式也可以分为补偿性方式和制裁性方式。残障人康复法属于社会法范畴，其法律责任主要是针对实施康复制度的国家机关，故其法律责任采取的应是制裁性方式，即违反了其法律义务时应受到的处罚。

## 二、残障人康复法的原则

残障人康复法的基本原则，是指反映残障人康复制度的本质，贯穿残障人康复法律制度始终并对整个残障人康复制度体系起主导作用的根本准则。残障人康复法的原则应该是残障人康复法律制度基本精神的体现，是社会对残障人康复问题认识的价值主线和灵魂所在。残障人康复法律制度的基本原则在整个残障人康复制度体系中具有一种根本准则的地位和属性，可以从其中反映全社会在残障人康复领域所奉行的信念。

### （一）普遍性原则

普遍性原则是绝大多数法律的基础原则，这是因为这一原则的具体制度基础在于理想法治，而这种理想法治的思想又产生于人们对“国家”所抱有的理想化的愿望：人们认为国家是一个平等的实体，它应仁慈地对待所有公民，并为他们提供全面自我实现的机会。[①] 法律中普遍性原则源于：一是参与式的民主平等；二是体现社会成员之间财产分配的自愿关系。而社会保障法律中的普遍性原则一般是指在社会保障实施范围内应包括所有社会成员，并强调一切社会成员享有社会保障的所有权利。残障人康复之所以具有普遍性，是因为康复的内容是对残障人的人权和参与社会的需求的规定。

普遍性原则植根于残障人康复权平等的基础上，既是公平、正义和共享价值理念的具体体

---

① 参见张定淮、黄国平：《普遍性原则：宪政民主的理想目标——评〈原则政治，而非利益政治——通向非歧视性民主〉》，载《武汉大学学报（哲学社会科学版）》，2007（5），400～406页。

现，也是人人都应当平等地享有康复权和政府向所有残障人提供基本社会保障义务的具体体现。对于残障人康复法来说，其普遍性涉及该法的主体和客体两方：

1. 所有的残障人都可享有康复

在残障人康复方面，显而易见，即每个公民必须从客观的意义上获得与其他公民基本一样的服务质量与种类。但残障人康复法中的普遍性原则并不意味着在康复服务上政府对所有公民的康复权实现负有完全一致的责任。因为残障人康复法对其法律主体具有一定的限制，即这项法律制度中所受益的是符合条件的“残障人”。所以，这里的普遍性原则的应用必须符合一定的前提条件。残障人康复权的普遍性原则要求不能由于地域差异、城乡差异以及财力差异而在基本康复服务方面存在歧视和不公平，应当让残障人从这一制度中普遍受惠。也就是说，每一个残障人在需要进行康复时，都平等地享有这一项权利；在符合康复前提条件的残障人中，不应将康复权只给予一部分人，而将另一部分人排除在外。残障人康复普遍性原则的实现也需要符合一国国情。发达国家经济发展水平较高、对残障人标准的界定会较为宽泛，残障人康复制度也比较完善，因此，发达国家残障人康复法律制度的普遍性原则适用得更为彻底。而发展中国家的经济发展水平不平衡，残障人标准的界定往往较为严格，残障人康复工作起步较晚，那么我国残障人康复制度的普遍性原则的适用相对来说会有所限制。从我国的实际出发，由于差距的客观存在和发展失衡的格局非短期内能够改变，普遍性原则的实现只能分阶段推进。[①] 但无论如何，人人享有康复服务的总体趋势是不变的，残障人康复的普遍性原则的适用也会越来越彻底。

2. 残障人可享有所需的全部康复服务

如前所述，残障是一个复杂的问题，它具有社会性，也需要医疗手段的介入和支持。残障获得好转并不是某一项康复服务就可以完成的。每一个残障人的康复计划都是独一无二的，都是若干康复服务的融合。在康复法律制度实施的过程中，应时刻考虑残障人康复的需要，尊重残障人的要求，尊重其选择。各项康复方案应允许残障人可以亲自参加设计、讨论，选择他们本人和家庭认为必要的各种服务。残障人康复的平等性原则要求每个人的康复需求都同等重要，残障人康复规划必须以这些需求为基础，所有资源必须以确保每个人有平等获得的方式加以使用。[②] 不得因价格、质量、级别等原因阻止残障人对康复服务选择的合理需求。所有的康复服务都应当是为有需求的残障人平等开发的，要特别注重社区康复服务的开发和利用。有权获得康复的残障人的“合理要求”是指有利于恢复残障人参与社会生活的功能的、任何有关选择康复服务的决定。同时，有权获得康复的残障人的个人生活状况、年龄、性别、家庭、宗教信仰和世界观的要求都属于合理要求的合理影响因素。

### （二）平等性原则

什么是“平等”?《辞海》中的解释是“指人与人之间在政治上经济上处于同等的社会地位，享有相同的权利”。具体说来可包含以下两方面的含义：一是表示在程度、价值、质量、性质、能力或状况上与他人或他物相同的或相等的；二是指在享受待遇或特权方面与他人等同。平等在法律上表现为分配正义，法律的目的在于通过法律对权力的界定实现并分配正义，

---

① 参见郑功成主笔：《中国社会保障改革与发展战略——理念、目标与行动方案》，21 页，北京，人民出版社，2008。

② 参见《联合国残疾人机会均等标准规则》，见 http：//www. un. org/chinese/disabilities/default. asp? id=699。

而平等是分配正义的主导思想。[①] 近现代私法中强调主体在法律地位上的平等性，这一理念关注的对象是对抽象法律人格权利的保护，学说上一般称为形式上的平等和正义。[②]

我国宪法明确规定我国公民在法律面前一律平等，作为与其他公民享有平等权利的残障公民，同样受到法律的保护。对于处于弱势地位的残障人来说，由于肢体或精神、智力上的残障，即便享有了平等的法律地位，但实质上其能力仍然受到了一定的限制，使其无法与他人公平竞争，从而无法实现实质上的平等及正义。[③] 平等权是最基本的人权，作为“世界人权宪章”的三个组成部分的《世界人权宣言》、《经济、社会及文化权利国际公约》和《公民权利和政治权利国际公约》，都对平等权作了明确规定。

联合国《残障人权利宣言》宣布残障人享有同其他人一样的公民权利和政治权利的同时，规定残障人有权接受公平待遇和服务，以充分发展他们的能力和技能，并加快他们参与社会生活或重新参与社会生活的进程。1976 年，联合国大会宣布 1981 年为残障人年，其主题是“充分参与和平等”，意在宣传残障人有权充分参与社会生活并发展他们的个人能力；与其他人一样享受平等的生活条件，分享社会发展成果。联合国的“国际残障人十年”鼓励各成员国实现残障人充分参加社会生活以及平等拥有相同生活条件的权利。《关于残障人的世界行动纲领》强调残障人有权享有与其他公民同样的机会，并且平等分享因社会和经济发展而改善了的生活条件。以上这些文件和事件说明残障人理所当然地与其他人一样享有平等权，此平等权不仅意味着平等地享有法律所赋予的权利和自由，平等地履行法律所规定的义务，对于残障人来说更重要的一层意义是参与社会生活上的平等。

在一个一切以非残障人为基准的社会环境中，那些在身心功能上有局限或损伤者就被评价为工作能力不足，这是不公平的，是不平等、受歧视的一种体现。这种不平等将会导致他们的生活水平不能完全通过自己的努力实现。这样他们的社会地位便越发陷入底层。为了改善这种状况，欧洲国家用以实施的社会手段可分为两种：以恢复为目的的资助和康复服务。

1. *以恢复为目的的资助*

外部福利资助可用外部帮助弥补不足，以便满足残障人即使通过自助也不能满足的需要。这种措施主要在社会财产分配中实现，用于满足残障人的这些特殊需要。这是一种消极的福利救济理念。这种理念首先从基本认识上对残障人下了一个“不平等的”定义——残障人属于社会成员中的“弱者”，他们是一类特殊的人群，需要国家进行特别资助。这样一个定义无形中把残障人特殊化、边缘化，把他们从社会成员中区分出去。在欧洲国家残障人立法的初始阶段，在对待残障人的观念上大多以这种怜悯姿态为主。这种传统的解决残障人问题的方式是以高福利、多资助为主要措施。但这种状况对所受帮助的人不能带来可持续的效果，也没能给这些残障人以个体和群体的身份挑战他们受到的来自不同领域的不平等对待[④]，这样的做法同时给社会带来了较大经济负担。德国残障人立法接受了平等权理念的转变，从以脱贫为目标到以

---

① 参见［英］戴维·米勒：《社会正义原则》，应奇译，368 页，南京，江苏人民出版社，2001。

② 参见周培：《从〈德国残疾人康复与参与法〉看残疾人平等权的实现》，载《湖北社会科学》，2011（4），167～169 页。

③ 参见王利明、尹飞：《残疾人民事权利保障立法之研究》，载王利明、马玉娥、安守廉主编：《残疾人法律保障机制研究》，49 页，北京，华夏出版社，2008。

④ 参见［爱尔兰］杰拉德·奎林：《欧洲残疾人法》，载王利明、马玉娥、安守廉主编：《残疾人法律保障机制研究》，8 页，北京，华夏出版社，2008。

恢复独立自主为目标，不仅减轻了社会负担，还促进了社会进步。这种转变还不断地带动整个社会对待残障人态度的变化，从怜悯之情到正确的支持，从而真正地维护了残障人地自尊，鼓励残障人参与社会，消除自卑感。观念的转变为残障人平等权的实现提供了思想保障。[①]

2. 康复服务

康复服务是用以消除不平等的根源，即在康复手段的支持下，残障人可以积极地战胜残障带来的限制。这种理念是现代社会对待残障人态度的一种趋势，即从单一的外部资金救济的模式向协助支持残障人参与社会活动为核心，以福利援助为辅的二元化模式转变。这一理念以促进残障人融入社会为目标，从赋予其平等权和反歧视角度出发，实质上消除置残障人于弱势地位的环境因素。在帮助残障人充分参与社会理念支持下的康复制度主要包括三种方式：医疗康复、职业康复和社会康复。医疗康复之目的为从根源上治愈和改善残障状态；职业康复之目的是鼓励并促使残障人融入职业生涯发展，并能保障其职位；社会康复之目的是促进残障人在社会生活中的参与和分享。2000 年以来欧共体颁布的几部关于残障人反歧视、平等权的指令，对各成员国的残障人立法改革产生了极大的影响，并作为基本准则纳入欧盟各成员国的国内法中，例如，2000 年 11 月 27 日的《欧盟理事会第 2000/78/EC 号指令》是关于建立雇佣和职业平等权的基本框架，2004 年 12 月 13 日的《欧盟理事会第 2004/113/EC 号指令》是关于履行男女员工获得平等商品和服务给付原则的等。《德国残障人康复与参与法》中有很多原则及具体内容直接来自于欧盟指令。每个社会成员有权获得一切对人类福利有益的好处和机会，这应当是社会给予其成员的一种无差别的对待，是一种客观应有的良性状态。[②] 残障人康复平等性原则的内涵即确认每个人的康复需求同等重要，残障人康复规划必须以这些需求为基础，所有资源必须以确保每个人以平等获得的方式加以使用。从这种意义上讲，残障人康复权的平等性应包含两层含义：一是平等对待的权利，即某些康复机会或康复资源的平等分配权利；二是康复权是作为一个平等的个人而受到平等对待的权利，即残障人与其他人受到同样的尊重和关心的权利。

（三）保障性原则

康复权是残障人的基本权利之一。目前各国为残障人设立的康复制度并不能完全满足残障人的康复需求，致使残障人在参与社会生活中遭遇各种外界干扰，他们的权利实现和个人能力发挥由此受到了很大限制。据资料显示，在“‘十一五’期间，残障人社会保障状况持续改善，社会救助水平进一步提高，以基本养老、基本医疗为主要内容的社会保险覆盖面逐步扩大，特别扶助和专项补贴等福利制度得到有益探索和实践。由于残障人社会保障制度建设刚刚起步，残障人普遍生活困难、社会救助水平低、覆盖面窄，特殊需求难以有效保障的状况还没有根本改变，残障人参保率低、参保续保困难的问题依然突出，针对残障人特殊困难和需求的社会福利制度亟待建立完善，残障人社会保障工作依然面临着巨大的挑战”[③]。这样的现状使残障人合法的康复权得不到保障。全面贯彻落实社会保险、社会福利、社会救济、社会扶助、社会服

---

① 参见周培：《从〈德国残疾人康复与参与法〉看残疾人平等权的实现》，载《湖北社会科学》，2011（4），167～169 页。

② 参见曾坚、尹力、陈芳等：《权利体系中的社会保障制度研究》，33 页，北京，中国民主法制出版社，2007。

③ 《残疾人社会保障工作“十二五”配套实施方案一》，第一章：背景，见 http：//www.cdpf.org.cn/ghjh/syfzgh/sew/201203/t20120306_77998.shtml。

务等社会保障政策、法规、措施，制定针对残障人的优惠政策、扶助规定并落到实处，是残障人依法享受各项康复服务的保障。主要包括：

1. 财政保障

一个健康、稳定的资金投入模式应当以地方财政预算为主要来源，以慈善捐款、重点项目等为辅助来源，这是保障残障人康复权实现和康复事业稳定发展的前提。财政投入的目的在于提升残障人或受残障威胁的人群的自决能力和社会生活的平等参与能力。这个目标能够快速、有效使经济产生长远的社会利益，这部分利益可称为残障人参与社会后得到的利益。

2. 法律保障

联合国《残障人权利公约》第 12 条要求残障人在法律面前获得平等承认，缔约国应当采取适当措施，方便残障人获得他们在行使其法律权利能力时可能需要的协助。[①] 法律赋予残障人平等获得康复的权利，而很多外界的障碍阻碍了他们获得康复的权利。因此，面对残障人的康复需求，国家需要针对各类残障人的不同特点和发展需求，设计和实施符合他们需要的康复项目，为他们发展个人潜力、发挥价值作用创造社会条件。特别是要以法律的形式将康复制度确定下来，赋予其法律效力，并以法律的手段保障残障人的康复权不受违法行为的侵犯。

（四）效率性原则

在社会保障中单纯的公平是不现实的，因为社会保障的目的是以效率和发展所带来的物质基础为依据的。[②]“效率”一词常常出现在与“效益”、“利益”相关联的经济学场合，从这个角度看，效率是指以促进个人财富与社会财富的积累和社会资源的合理配置为目的，以最小投入获得最大产出的状态。美国经济学家阿瑟·奥肯对效率下定义为：“所谓效率，即多多益善。”[③] 应该说，实现效率的最大化不仅是经济学追求的目标，也是全社会进步的需要。从法律领域对效率的需要看，效率最大化意味着以最少的社会资源最大限度的达到了法律所期望制约的效果。提升效率的关键在于作出一项合理的、有实施性的制度设计，为效率的提高排除障碍，以保证效率不受外在因素的干扰。故笔者认为，残障人康复法效率性原则主要体现在以下两个方面：

1. 康复效果显著

效率的实现在残障人康复制度上的最大体现就是康复效果显著，残障人的自身状况能够得到实质性的改善，并因此能最大限度地参与社会生活。对于一个法治国家而言，法律在社会各个层面都发挥着不可替代的作用，如果没有一套科学、健全的法律制度作支持的话，任何制度在实现的过程中都有可能陷入混乱和无序，致使预期的效果不能出现。没有一套科学、健全的康复法律制度予以支持，残障人获得康复的效果也极有可能不尽如人意；或是当康复效果将要到来时，由于其运用或者管理缺乏制度的认可或维护，可能会使得效果减半，康复权被剥夺，

---

① 联合国《残障人权利公约》第 12 条规定：“残疾人在法律面前获得平等承认。为此缔约国必须重申残疾人享有在法律面前的人格在任何地方均获得承认的权利；应当确认残疾人在生活的各方面在与其他人平等的基础上享有法律权利能力；缔约国应当采取适当措施，方便残疾人获得他们在行使其法律权利能力时可能需要的协助；应当确保与行使法律权利能力有关的一切措施，均依照国际人权法适当且有效地防止滥用保障。这些保障应当确保与行使法律权利能力有关的措施尊重本人的权利、意愿和选择，无利益冲突和不当影响，适应本人情况，适用时间尽可能短，并定期由一个有资格、独立、公正的当局或司法机构复核。提供的保障应当与这些措施影响个人权益的程度相称。”

② 参见林嘉：《社会保障法的理念、实践与创新》，45 页，北京，中国人民大学出版社，2002。

③ 转引自曾坚、尹力、陈芳等：《权利体系中的社会保障制度研究》，45 页，北京，中国民主法制出版社，2007。

或运用不当而使康复的目的落空，这实属资源的浪费。只有当法律制度承认并保障残障人作为康复主体的主体权利，使之追求自身健康权的行为合法化，才能进一步谈到康复的效果如何。也就是说，康复权的合法化是效率性原则实现的前提之一。

2. 有效利用社会资源

实现效率的直接表现是物质利益的最大化，因为无论社会形态怎样改变，最终离不开物质的保证。在一般情况下，一个发展状况较好的国家更有条件为残障人康复提供充裕的物质保障，为残障人创造更多的发展机会和发展空间；反过来，残障人作为社会一员，当得到了有效康复后，便有更多的机会自食其力，参与到社会发展中，这是一种良性的互动和发展模式。然而，任何国家无论其经济发展的好与坏，它的发展资源都是有限的。但实施残障人康复，不仅需要有一套科学的制度保障和健全的法律制度，还必须有先进理念引导下的合理资源分配和物质基础作为保证。在资源有限的前提下，物质基础的成立条件恰恰就在于效率的实现，所以，残障人康复的物质基础需要有效地利用有限的社会资源，例如，社区、家庭、社会福利事业都是可以利用的社会资源。提高社会资源利用的效率为物质的供给提供了帮助，为残障人康复制度的顺利实施提供了可能。以效率性为原则，用法律的手段规范市场规则，保障市场秩序，使经济运行机制能排除偶尔性、人为性的消极干扰而良性运行。创造、确认和保护最有效的制度运行模式时，社会资源的利用才有可能达到效率最大化。平等和效率往往被认为是一对可以共生却难以共荣的矛盾体。在社会转型的过程中，平等和效率的共存和冲突总是显而易见的。在康复法律制度中平等性原则和效率性原则是共同的、缺一不可的。但由于残障人的生存状况与其在市场中的收入又有极大的关系，而市场收入在客观上又体现效率的实现。换句话说，效率会带来社会成员间的生活水平及生活质量上的悬殊，而基于这种悬殊产生的心理状态就是不平等的萌芽。公民在宪法上处于平等的地位，但这种平等却由于效率引起的收入和机会的不平等而无法实现。如何处理平等性原则和效率性原则的位阶，这也是残障人康复立法时需要注意的问题。在处理平等性原则和效率性原则时，应当承认平等和效率之间的冲突并非是一对不能共生的淘汰关系，只要有冲突的存在，任何社会都很难做到二者齐头并进的同步发展。但毫无疑问的是，社会要全面实现其成员的康复平等权一定需要很大的投入，因为要使处于不利地位的残障人获得与其他社会成员的平均生活水平相当的生存条件必须依赖由效率创造的巨额社会财富的支撑。所以，要在平等中注入一些合理性，在效率中注入一些人道。[①] 我国也应当更新"效率优先，兼顾公平"的市场方针，从而向人道主义的市场机制倾斜，在实施残障人康复制度时，在效率原则中注入平等原则。

## 第二节　国际残障人康复立法状况

国际残障人康复事业的形成期是1910—1945年。这期间经历了第一次世界大战和第二次世界大战，大量的伤兵及各国的人权运动导致了康复事业的形成。1946—1990年属于残障人康复事业的确定期，各种有关残障人及残障人康复的重要国际会议在这期间举行，几份重要的国际残障人事业发展的文件于这期间发布，残障人康复制度的体系逐渐确立。迄今为止，在经

① 参见［美］奥肯：《平等与效率》，王奔洲译，105页，北京，华夏出版社，2010。

历了“国际残障人年”（1981年）、“联合国残障人十年”（1983—1992年）、“亚太地区残障人十年”（1993—2002年）等过程后，各国的残障人事业都有了不同程度的发展。残障人的合法权益得到了普遍的尊重和承认，其参与社会和获得康复的需求得到了重视，各项相关康复条款日臻完善并不断细化。但世界各国经济发展仍不平衡，许多发展中国家的残障人康复制度仍有待提高。有鉴于此，可在充分考虑国情之下，各国接受国际组织有关残障人康复工作的指导，学习、借鉴其他国家好的残障人康复制度。

## 一、联合国有关残障人康复的公约与文件

### （一）联合国《残障人权利公约》

2006年12月13日，第六十一届联合国大会以协商一致的方式通过了具有里程碑意义的《残障人权利公约》。对于康复问题，《残障人权利公约》指出①：

首先，缔约国应当采取有效和适当的措施，包括通过残障人相互支持，使残障人能够实现和保持最大程度的自立，充分发挥和维持体能、智能、社会和职业能力，充分融入和参与生活的各个方面。为此目的，缔约国应当组织、加强和推广综合性适应训练和康复服务和方案，尤其是在医疗卫生、就业、教育和社会服务方面，这些服务和方案应当：根据对个人需要和体能的综合评估尽早开始；有助于残障人参与和融入社区和社会的各个方面，属自愿性质，并尽量在残障人所在社区，包括农村地区就近安排。

其次，缔约国应当促进为从事适应训练和康复服务的专业人员和工作人员制订基础培训和进修培训计划。

最后，在适应训练和康复方面，缔约国应当促进提供为残障人设计的辅助用具和技术以及对这些用具和技术的了解和使用。

《残障人权利公约》的通过反映了国际社会对残障人问题的普遍重视。他们不再是被边缘化的群体，他们的权利也终于得到承认与正视。他们成为权利主体和法律主体，而不是接受施舍的客体，而康复就是实现这一目的的重要手段。从《残障人权利公约》的以上规定可以看出，《残障人权利公约》要求重视融合性的康复以及把康复和其他生活的重大方面结合起来的必要性。脱离了残障人的不同时期发展特点和生涯发展的康复对残障人是有害的。

### （二）联合国《关于残障人的世界行动纲领》

《关于残障人的世界行动纲领》是残障人运动史上联合国所通过的第一份重要文件，它不但进一步丰富了残障人及其事业的思想和理论，而且为残障人事业各个领域的工作提供了正确的指导。《关于残障人的世界行动纲领》使长期战略政策融入各个国家的社会经济发展政策中，包括预防残障的技术发展与使用，明确提出促进残障人实现“充分参与和平等”的目标，同时对当时世界残障人状况做了中肯的评价和分析，并对《关于残障人的世界行动纲领》的执行方法提出了意见。

从《关于残障人的世界行动纲领》把残障人政策重新规定为三个明确的范围：残障预防、康复和机会平等。由此可以预见，这三个范围也成为当今国际社会残障人工作的重点所在。这

---

① 参见《残障人权利公约》，见联合国官网，http：//www.un.org/chinese/disabilities/convention/convention.htm。

项纲领规范了三个概念的范围；指出预防和康复与个人的特殊状况相关，并意味着某些特殊的需求，而平等性与建立一个适宜的环境合理地满足这种康复需求的过程相关；明确了国家行动和国际行动以保障残障人权利的保护措施。“国家行动”部分细化了国家的义务与责任，针对“残障预防”、“康复”和“机会平等”三个概念范围作出了具体的规定。该纲领的通过标志着康复制度在残障人权利保障中具有举足轻重的地位。

《关于残障人的世界行动纲领》列出了康复的一般服务应当包含：及早发现、诊断与处理，医疗护理，社会、心理和其他方面的咨询和协助；进行自理训练，包括行动、交往及日常生活技能，并为听觉、视觉和智力障碍人提供所需的特殊器材；提供辅助器械、行动工具及其他设备；专门教育服务；职业技能训练（包括职业指导）、职业培训，公开招聘的和保护性的就业安置。对于康复工作，要强调残障人所具备能力的一面，要尊重他们的人格和尊严；鉴于重视残障人的家庭和社区康复工作的重要性，应该对为实现这一目标而工作的家庭和社区组织给予协助。康复的各项服务应当出现在现有的社会、卫生、教育和劳动体制范围内，包括各级医疗保健，小学、中学和高等教育，职业培训和就业安置综合方案，以及各项社会保障和社会服务措施。康复工作应尽可能在自然的环境中进行，辅之以社区康复服务和专门的康复机构。康复方案的设计应有残障人参加，应组织他们本人和家庭认为必要的各种服务，并非把各种服务完全归并到一般公共设施中去。在康复辅助技术上，应保证使残障人能得到适合当地情况的器械和设备，还要保证后续维修和过时器械的更换，并保证需要利用此类设备的残障人有购买和学习使用这些设备的经济来源和实际机会，并支持在当地生产适合该地技术、社会和经济情况的辅助器械。要有合格的专业人员为残障人提供咨询和处理残障人遇到的问题。在现有资源范围内，应采取必要的措施以确保生活在农村、城市贫民区的残障人都能得到必要的服务，并能充分利用这些服务。

### （三）联合国《残障人机会均等标准规则》

联合国大会第四十八届会议于 1993 年 12 月 20 日第 48/96 号决议通过了《残障人机会均等标准规则》。《残障人机会均等标准规则》的导言第 17 条规定：“残障”一词概括地泛指世界各国任何人口出现的许许多多的各种功能上的限制。残障既可以是生理、智力或感官上的局限，也可以是医学上的状况或精神疾病。这些局限、状况或障碍有可能是长期的，也可能是过渡性质的。[①] 对于“残障”概念的不断认识，表明国际社会对残障人的态度逐步从排斥、怜悯、歧视向接纳、理解、尊重转变。该导言部分还介绍了背景、宗旨和内容，解释了“残障与限制”、“预防”、“康复”、“机会均等”概念。

《残障人机会均等标准规则》是《关于残障人的世界行动纲领》的升华与发展，为促进残障人事业发展的具体行提供了行为标准。各国应确保向残障人提供康复服务，以使他们达到最佳的独立和功能水平。相比《关于残障人的世界行动纲领》，《残障人机会均等标准规则》中对康复工作有了进一步的要求：(1) 将康复方案的原则定位在充分参与及平等上，这些方案应包括广泛范围的活动，诸如为改进或弥补某项受损害的功能而提供的基本技能培训，需要康复的所有残障人，包括重度和（或）多重残障人应有机会获得康复治疗。(2) 对残障人及其家属提供指导，培养自立能力以及不定期的服务，例如，评估和指导；残障人及其家属应有参与设计

---

① 参见联合国《残障人机会均等标准规则》导言第 17 条。

和安排与他们自己有关的康复服务，鼓励残障人及其家属参与康复工作，例如，作为受过培训的教师、辅导员或咨询人员。(3) 凡有残障人居住的社区，均应得到各种康复服务，但是，在某些情况下，为了达到某种特定训练目的，也可以举办短期的特别康复训练班，在适当时，可采取住宿形式。(4) 各国在拟订或评价康复工作时，应吸取残障人组织的专门知识。

## 二、世界卫生组织有关残障人康复的报告性文件

### (一) 世界卫生组织残障预防康复专家委员会报告

世界卫生组织残障预防康复专家委员会报告[①]是世界卫生组织于 1981 年 2 月 17 日至 23 日在日内瓦召开的有关残障预防康复的会议上提出的。这次会议的举行可以看做是世界卫生组织在该年度特别为改善残障人状况所作出的重要贡献。这份报告介绍了世界卫生组织有关残障问题的策略和方针，对残障预防和康复工作区分了发达国家和发展中国家两个不同的地区，分别进行了回顾和建议。

1. 对发达国家康复制度的指导

在 1950—1970 年这一经济快速增长时期，发达国家的残障人康复服务得到了发展，在各发达国家中都已建立并配备了工作人员。但由于专业人员费用和物价不断上涨，导致无法达到人人享有康复的目标。专家委员会建议发达国家注意调节近年来的经济波动给康复服务带来的影响，加强对残障人家庭其他成员的康复技术培训，精简康复服务管理机构，提高工作效率。设立部门间的协调机构和专业评估机构。

许多发达国家曾经倾向于把康复领域的科学资源集中在高、精、尖和昂贵的治疗技术的发展上。专家委员会建议应该重新审定此类政策，把科学资源引导到更多地开发物美价廉的有效技术，以帮助残障人恢复其社会功能。例如，在美国，早期康复项目主要以医疗为主，并研究病人的判断能力、活动能力以及认知能力。这些中心研究主要集中在康复技术上，包括康复工程等。后来新的研究则致力于全方位的设计，尤其是信息技术的应用。1978 年，国会通过建立伤残人士康复研究院（National Institute on Disability and Rehabilitation Research，简称 NIDRR)，其研究范围覆盖康复医疗、康复工程和社会科学。伤残人士康复研究院负责指导伤残康复中心、委员会和机构，其中包括国家卫生局、老兵事务部和国家科学基金会。伤残人士康复研究院在大约 50 家康复研究和医疗机构及 15 家康复中心应用了先进的理念。此研究院也通过电子网络系统做研究宣传，宣传对象包括研究者、服务提供者以及消费者。如今，中心的业务范围更加广泛，包括轮椅和助听器等个人辅助器具，还研发了相关的公共设施产品，如建筑通信设备等残障康复产品。

2. 对发展中国家康复制度的指导

发展中国家目前存在的问题首先在于公众对残障以及残障人的认识上。负面的观念和态度影响了宣传、教育的方向和方式，以致发展中国家对残障的性质、范围和影响的认识有很大缺失和偏差。这在相当的程度上限制了政策的制定。而且发展中国家制定的康复政策往往不能在全国范围内全面实施，以致康复的覆盖面远远没有达到“人人享有康复”的目的和原则。另

---

① World Health Organization，“Disability Prevention and Rehabilitation：Report of the WHO Expert Committee on Disability Prevention and Rehabilitation”，*World Health Organization Technical Report Series* 668. Geneva ：World Health Organization，1981.

外，缺少训练有素的专业人员也是发展中国家面临的一大问题，导致这个问题的原因有三个：一是从事该职业的人员得不到合理的岗位津贴和行业重视；二是高质量的、系统的专业培训严重缺乏；三是康复条件有限。

针对上述原因，专家委员会建议发展中国家首先为残障预防和康复作出推动性的努力，改变整个社会对残障的认识。在启动任何一项康复制度之前，政府及相关部门必须有明确而详细的政策规定出台，其中要有行动的计划日程和自己调拨的运行机制。任何有关残障人康复的政策和规划不应由政府各部的决策者决定，也不应以政府意见为主导，而是应有残障人群众代表、残障人组织的代表以及为残障人服务机构的相关专业人员等参加，并以他们的意见为主导。政府在中间承担引导、推动及推广的职责。针对专业人员数量不够的问题，专家委员会建议大力推广社区康复，让本居住社区的成员、残障人本人、家属或从事社区服务的成员都接受相关培训，承担有关支持残障人康复的日常任务。

#### （二）世界卫生组织残障与康复行动计划（2006—2011年）

世界卫生组织制定的2006—2011年度残障与康复行动计划由世界卫生组织非传染性疾病与精神卫生署损伤与暴力预防部残障与康复小组起草。该计划的目标是“让所有的残障人都能有尊严的生活，具有平等的权利和均等的机会”。

为了实现这一目的，世界卫生组织计划了一系列的康复任务，以支持提高残障人的生活质量。世界卫生组织要求国家应当承担的任务有[①]：提高全国民众对残障以及残障带来的结果的认识；支持有关残障的数据和信息的收集、分析和发布；支持、促进和加强为残障人及其家属所提供的卫生和康复服务；大力推动社区康复的建设；支持辅助技术的开发、生产、销售和服务；促进有关政策的制定、实施、评估和监测，以保障残障人享有平等的权利和机会；加强对卫生和康复服务政策制定者和服务提供者的康复知识训练；鼓励不同行业之间的协作，并充分利用网络传达信息。[②]

## 第三节　我国残障人康复立法状况

### 一、我国残障人康复法律制度的发展

#### （一）残障人康复法的渊源

我国目前没有专门的残障人康复法，但康复在相关法律中占有重要的地位。据不完全统计，我国涉及残障人权利的法律、法规大约90部，许多法律、法规中有涉及残障人康复的内容。从法律渊源看，主要包括：（1）《残疾人保障法》。我国于1990年制定了关于残障人保障的综合性法律——《残疾人保障法》。该法对发展残障康复、教育、就业、文化事业，为残障人提供社会福利及为残障人平等参与、融入社会创造良好的社会环境等作出了规定。[③] 其中第二章是对残障人康复的专门规定，体现了康复在法律中的重要地位。（2）行政法规中有关残障

---

① 参见《世界卫生组织残疾与康复行动计划（2006—2011年）》，邱卓英、荀芳、张爱民译，载《中国康复理论与实践》，2007年第13卷第2期，109～110页。

② See World Health Organization，*Disability and Rehabilitation*：*WHO Action Plan*（2006—2011），available at http：//www. who. int/disabilities/publications/action _ plan/en/.

③ 参见马玉娥：《中国残疾人法律制度概况》，见 http：//temp. cdpj. cn/bzfxg/2008-01/28/content _ 10003. htm。

人康复的规定。国务院虽然出台了《残疾人教育条例》、《残疾人就业条例》、《无障碍环境建设条例》三部针对残障人的专门行政法规，其中有与残障人康复联系密切的条款。目前尚未出台关于残障人康复的专门行政法规。其他行政法规如《城市居民最低生活保障条例》、《农村五保供养工作条例》、《工伤保险条例》、《医疗保险条例》等，都与残障人的康复息息相关。（3）国务院各部门制定了大量涉及残障人康复的规章和规范性文件，虽然这些不属于明确的法律、法规范畴，但是对于残障人康复工作发展至关重要。另外，从“八五”计划开始，国务院每五年制定一份关于残障人事业发展的五年规划纲要，其中有关于残障人康复的具体实施方案。（4）地方性法规、规章和规范性文件中有关残障人康复的规定。特别是各省、自治区、直辖市均制定了残疾人保障法的地方实施办法，其中均有关于康复的专章规定。一些省、自治区、直辖市人民政府就残障人康复工作和服务制定了具体标准和制度。

### （二）残障人康复制度的发展与变化

我国有计划、有组织、大规模的残障人康复工作起步于上世纪80年代。最初的康复项目只有三项，即聋儿康复、白内障复明及小儿麻痹症后遗症矫正手术。从1990年开始，残障人事业发展首次被纳入国家发展规划当中。

依据《国民经济和社会发展十年规划和第八个五年计划纲要》，国家计委等16个部门制定了《中国残疾人事业“八五”计划纲要（1991年—1995年）》，并被国务院批转。该计划中制定的残障人康复措施主要有①：（1）逐步在全国1/4的三级综合医院设立康复科（室）；有计划地在省及大中城市残疾人联合会建立和改造后期康复训练机构（场所）；每个县（区）至少建立一个社区康复站；编写残疾人康复丛书，指导残疾人广泛开展家庭训练。（2）加强聋儿听力语言训练基础建设，形成与家庭训练有机结合的听力语言训练体系；组织开发、生产和供应测听、助听、语训设备；培养专业队伍。（3）选择30个市、30个县进行精神残疾综合防治康复试点，目标在于使精神障碍人安定情绪、缓解症状、解除关锁、参加劳动、改善生活。取得经验后，在全国逐步推广。（4）在智力障碍高发地区，制定地方性法规，控制遗传因素导致的智力障碍；选择若干典型地区，进行病因调查分析，采取措施防治，总结经验予以推广；对智力障碍儿童进行生活自理能力训练和智力开发；举办城镇工疗站、农村生产福利院以及其他福利性生产安置单位，组织成年智力障碍人参加适当劳动和能力训练。（5）地方各级政府增加康复经费投入，国务院有关部门和社会团体继续下达专项补助经费。

为使我国残障人事业的发展与社会主义现代化建设第二步战略目标相适应，国务院残疾人工作协调委员会组织有关部门制定了《中国残疾人事业“九五”计划纲要（1996年—2000年）》，并被国务院批转。在“九五”计划中，残障人康复工作的变化主要有②：（1）康复模式从专业的康复机构向以残障人家庭为基础、社区康复站为骨干、康复综合服务机构为指导的基层康复模式转移；在康复项目的实施上开始注重社区成员的参与及各种康复细节计划的制订。（2）添加了白内障康复项目，将低视力儿童少年的视力恢复列入康复制度中。（3）进一步充实、完善聋儿听力语言康复训练体系；提出在城市普遍进行新生儿听力检测，逐步推广早期干预。（4）添加了肢体障碍康复工作的内容，并对辅助性器具的生产和服务提出了具体要求。（5）在智力障碍方面突出了智力儿童的康复，将教育康复列入规划中。（6）提出了具体的精神病患者的康复制度，将精神病患者的康复目标

---

①② 参见中国残疾人联合会：《残疾人事业发展规划》，见 http：//www.cdpf.org.cn/ghjh/。

定位为：使精神病患者安定情绪、缓解症状、解除关锁、参加劳动、正常生活，达到显好率60%以上、肇事率0.5%以下、社会参与率50%以上。(7) 提出完善残障人用品用具供应服务网络，要求以“急需先行、经济实用、水平适宜、受益面广”为开发生产的原则。

按照《国民经济和社会发展第十个五年计划纲要》关于“加强残疾人事业，帮助残疾人康复、就学和就业，创造残疾人平等参与社会生活的条件”的精神，国务院残疾人工作协调委员会制定了《中国残疾人事业“十五”计划纲要（2001年—2005年)》，并被国务院批转。在“十五”计划中，残障人康复工作的变化主要有①：(1) 扩大白内障复明的手术量，达到40万例以上；组医疗队为边远农村、少数民族地区白内障患者实施复明手术。(2) 将低视力康复工作的范围扩大至所有视力障碍患者，并细化了视力康复的措施。(3) 巩固、完善聋儿康复网络，提出使25 %的受训聋儿进入普通幼儿园和普通小学；推广使用质优价廉的助听器，免费或优惠向接受语训的贫困聋儿提供的目标。(4) 大力推广“社会化、综合性、开放式”精神病防治康复工作模式，提高了精神病患者康复的覆盖率及康复。(5) 增加了麻风畸残者实施矫治手术或配备辅助用具的康复项目。(6) 加强残障人用品用具供应、服务以及需求调查工作。(7) 正式提出社区康复工作的康复制度，并将社区康复的性质定义为以社区为基础、以家庭为依托，充分发挥社区内现有机构、设施、人员的作用，资源共享，形成康复训练服务网络的康复模式。并将各类残障人士的康复服务都纳入社区康复体系。(8) 首次提出了残障预防的重要性。

依据《国民经济和社会发展第十一个五年规划纲要》，国务院残疾人工作委员会制定了《中国残疾人事业“十一五”发展纲要（2006年—2010年)》，并被国务院批转。这次国民经济和社会发展纲要在提法中去掉了“计划”二字，用“规划”取而代之，相应残障人事业五年发展纲要也去掉了“计划”二字。与以往相比，残障人康复工作的主要变化有②：(1) 将“人人享有康复服务”定位为残障人康复的总目标。将康复定义为帮助残障人恢复和补偿功能，增强生活自理和社会适应能力，平等参与社会生活的基础。(2) 提出建立和完善社会化的康复服务体系，并将社会化的康复服务体系定义为以专业康复机构为骨干、社区为基础、家庭为依托的体系。要求大力开展社区康复服务。(3) 继续发展实施白内障复明手术。采取设立定点医疗机构与组派医疗队相结合的方式，并推动“白内障无障碍区”建设；继续完善低视力康复服务网络，要求对贫困低视力患者实施救治；增加了盲人定向行走和生活技能训练服务。(4) 继续加强聋儿康复网络的建设。提出加强中国聋儿康复研究中心和省级聋儿康复中心建设。(5) 继续完善精神病防治工作机制。继续提高精神病患者的康复覆盖率。(6) 提出加强二级以上综合医院康复医学科室建设的新要求。提出完善各级康复机构的建设，提高康复服务的质量。(7) 增加了肢体障碍类群体的康复训练、矫正手术及辅具适配之间有机衔接的新要求。提出帮助贫困肢体障碍儿童接受手术矫治与康复训练。(8) 强调在开展智力障碍康复综合服务时要发挥整个社区和家庭的作用，对不同年龄段的智力障碍患者的康复训练层次提出了不同的要求。(9) 首次提出对辅助器具开发、生产、供应的要求，并提出加强残障人辅助器具质量监督和管理。(10) 首次将残障人康复工作公益宣传服务列入规划。要求普及康复知识，提高残障人的自我康复意识；倡导早期干预和早期康复训练，有效减轻和控制残障程度。

依据《国民经济和社会发展第十二个五年规划纲要》，国务院残疾人工作委员会制定了《中

①② 参见中国残疾人联合会：《残疾人事业发展规划》，见 http：//www.cdpf.org.cn/ghjh/。

国残疾人事业“十二五”发展纲要（2011年—2015年）》，并被国务院批转。与以往相比，残障人康复工作的主要变化有：（1）初步实现残障人“人人享有康复服务”目标。（2）以专业康复机构为骨干、社区为基础、家庭为依托，发挥医疗机构、城市社区卫生服务中心、村卫生室、特教学校、残障人集中就业单位、残障人福利机构等的作用，建立、健全社会化的残障人康复服务网络，全面开展医疗康复、教育康复、职业康复、社会康复，提供功能技能训练、辅助器具适配、心理辅导、康复转介、残障预防、知识普及和咨询等康复服务。重点解决中西部地区、农牧区和贫困残障人康复服务的可及性问题。（3）加强省、市、县三级专业康复机构的规范化建设。（4）城市社区卫生服务中心、乡镇卫生院要根据康复服务需求设立康复室，配备适宜的康复设备和人员。建立示范性社区康复站。（5）实施0～6岁残障儿童免费抢救性康复项目，建立残障儿童抢救性康复救助制度，有条件的地区逐步扩大康复救助范围。（6）制定国家扶持辅助器具产业发展政策，研究完善辅助器具等残障人专用品进口税收优惠政策。构建辅助器具适配体系，完善辅助器具标准，组织供应500万件辅助器具，提高适用性和使用率。（7）制定康复医学发展规划，加强康复医学学科建设，建立国家康复人才教育基地，实施康复人才培养“百千万”工程，逐步建立完善康复专业技术人员和技能人员职业资格评价体系和晋升体系。

### （三）残障人康复专门立法的体系与定位

我国的残障人事业发展至今，对于残障人康复专门立法的需求已经很明显并迫切，而且立法条件已经成熟。

早在2002年，国务院批转了《关于进一步加强残疾人康复工作的意见》，已经提出到2015年实现残障人“人人享有康复”的目标。自2009年起，实施的“康复人才培养百千万工程”，重点抓紧高端人才的培养和基层30万名康复协调员的培养，有望尽快实现残障人康复人才的质和量的同步提升，这为康复制度的立法提供了人力资源。2010年，中国残联与卫生部、人力资源和社会保障部、民政部、财政部共同下发了《关于将部分医疗康复项目纳入基本医疗保障范围的通知》，将以治疗性康复为目的的运动疗法等9项医疗康复项目纳入了基本医疗保障范围，形成了残障人康复保障政策的基础。中国残联高度重视康复机构的规范化、标准化建设，会同有关政府部门研究制定了各级各类康复机构的建设指标、技术标准，以可量化、可评估的尺度和标准促进康复机构的发展，提高康复服务的质量和效率。这为康复制度立法提供了技术标准。目前，我国的康复制度体系已经初步成型。2010年，国务院办公厅转发中残联等部门《关于加快推进残疾人社会保障体系和服务体系建设的指导意见》（国办19号）明确提出残障人事业的基本框架是以保障和服务两条支线展开的，这为残障人康复专门立法提供了事业框架体系内的定位，即残障人康复专门立法是为我国残障人康复事业健康可持续发展提供法律保障。

残障人康复专门立法旨在保障全体社会成员受到伤残伤害时能够充分恢复其身体机能及参与社会生活的能力。对待残障人的态度，是社会文明进步的标志，国家、政府乃至全社会都应当为残障人的康复承担责任、履行义务，从这个角度来说，国家需要采取强制性手段以保障残障人康复权利的获得。另外，残障人康复所涉及的是社会问题，这种社会问题自工业社会以来就带有普遍性、危险性和严重性，并非个人力量所能解决，必须借助国家力量制定社会政策，以确保残障人的社会生活权。[①] 残障人康复的运作也是社会化的，通过建立专门的康复管理机

---

① 参见林嘉：《社会保障法的理念、实践与创新》，13页，北京，中国人民大学出版社，2002。

构，对所有需要康复的残障人提供相关服务，并对康复制度相关事务进行管理。因此，在当前我国的法律体系下，残障人康复法律被定位为具有行政法和社会法双重性的行政法规，既具有行政法规的强制性——主要由国家通过公权力干预，也有社会法的社会性——以保障作为社会成员的残障人生活权的需要为目的、由全社会成员共同享有，同时以多渠道的资金来源保证残障人康复制度的正常运转。残障人康复专门立法是以《残疾人保障法》为上位法，与《残疾人教育条例》、《残疾人就业条例》、《无障碍环境建设条例》同一级别，并倾向于将残障预防和残障人康复作为密不可分的整体立法。

## 二、我国残障人康复法律制度存在的问题

### （一）脱离发展的视角谈康复

如前文所述，康复是一项多维度的系统工程，不仅涉及个人生理功能的恢复和重建，更与提升残障人的社会参与和共享社会发展成果密切相关。要实现这一目标，就必须从发展的维度设计康复项目。所谓发展的维度，至少包括两个方面的内容：一是个人的发展；二是社会的发展。从康复的角度促进个人发展，要求康复项目应当包括医疗康复、教育培训，以及生涯发展规划。从康复的角度推动社会发展，要求政府和社会不仅为残障人提供福利，同样重要的是制度和文化的变革，即建立包容和多元化的制度和文化，从根本上消除对于“差异”的排斥和恐惧。然而，在我国目前的康复法律和政策中，依然以医疗康复措施为主导，康复中的发展维度尚未得到充分体现。在现行法律中，康复与教育、就业仍然是相互独立的政策领域。虽然部分与康复有关的政策提出了尊重残障人的口号，但并未明确阐释如何建立包容、多元的制度和文化。

### （二）现有康复制度难以满足残障人需求

西安交通大学康复科学与技术研究中心曾对残障人康复需求与发展问题进行了立项研究，该项目组通过对不同年龄层的六类残障人（视力障碍人、听力障碍人、言语障碍人、肢体障碍人、智力障碍人、精神障碍人）进行调研发现，我国残障人的康复需求主要集中在生活自理、教育、就业培训、娱乐、参与生活五大方面。① 若要满足残障人这五大方面的康复需要，则需要以下几个方面的立法或政策支持：医疗康复，社区康复，康复咨询（包括技术咨询、心理咨询、就业咨询、法律咨询等），教育康复，辅助技术，社会保障等。

2009 年，我国为残障人提供辅助器具 112.2 万件，其中为贫困残障人免费发放 59.8 万件。但辅助技术的开发、生产、销售和服务上依然需求巨大，尤其是有移动或听力困难、视力低下的人的需要生理性康复的人群。《残疾人保障法》第 20 条虽然明确规定，政府有关部门应当组织和扶持残疾人康复器械、辅助器具的研制、生产、供应、维修服务，但是没有具体标准和实施方案，导致各地方在具体实施工作方面没有统一标准，残疾人的辅助器具需求难以得到有效满足。

由此可见，目前我国残障人康复需求模式已由原来的康复医疗、配备简单的辅助用品、单纯的社会救助，转变为对参与社会所需要的条件、机会的了解和满足。通过项目，使残障人能

---

① 参见王钰、邱卓英等：《残疾人口与发展研究丛书——中国残疾人康复需求分析与发展研究》，15 页，北京，华夏出版社，2008。

够在与其他人平等的基础上工作、学习、生活、回归主流社会。随着社会公众权利意识的提高，社会对康复的认识也就越来越深入，残障人对康复的要求也越来越高。然而医疗康复与其他康复脱节的问题依然存在。残障人康复制度不健全，康复设施不完备，康复专业人员不足，康复保障制度缺乏。大部分康复项目未列入医保、救助范围；价格便宜的康复器材、辅助器具质量效果不佳，效果明显、功能齐全的康复器材、辅助器具价格昂贵等，都是导致现有康复服务难以满足残障人需求的原因，而这些情况在基层和农村更为突出。

现有的康复制度在一定程度上片面强调医疗康复权的实现，而忽视了其他康复项目的发展。残障人康复服务是一个涉及多方责任部门的综合性服务体系。由于相关基本制度没有定型，各种层次的康复制度直接受到了影响。如今涉及康复领域的各部门之间的协同工作体系也尚未形成，各部门之间也没有建立专门的协调制度解决残障人康复中的需要。教育、劳动、卫生、科技等部门之间缺乏对残障人康复事业发展的有效协调机制，也缺乏对残障人康复事业发展的共同认知，使残障人康复事业的发展难以形成全面发展的格局，导致众多残障人的基本生活、医疗、康复、教育、就业等方面得不到稳定的衔接和过渡，参与社会的愿望难以实现。

（三）现有残障人康复制度实施与发展不平衡

残障人康复制度的实施与发展不平衡，城乡之间、地区之间都存在明显差异。农村、西部地区、贫困山区等地方的康复工作明显滞后，难以有效满足当地残障人康复的需要。况且，人均生活水平的差异直接导致不同地区、城乡之间残障人的康复需求差异显著。城镇残障人多以提高生活质量、回归社会为主要康复目标，而农村残障人则更多的还停留在康复的资助需求上。

农村残障人康复一直是康复事业发展的重点和难点。全国 75.04%的残障人生活在农村，其中，接受康复服务的比例远远低于城镇残障人。同时农村公共服务机构覆盖面不足，距离卫生所 1 千米以上的残障人约有 37.3%，严重地限制了农村残障人接受康复服务的可能。① 另外，特殊教育学校的建设和残障学生随班就读的比例是反映教育康复的重要指针。近年来，特殊教育机构的数量虽然有所提高，但提高缓慢，地域分布不均，这一状况在西部地区尤为明显。西藏自治区的第一所以盲、聋、哑、智障学生为招收对象的特殊教育学校于 1999 年才在拉萨成立，而西藏地区 77.7%的残障人都生活在农牧地区。② 西藏地区的第二所特殊教育学校于 2010 年才建成。我国目前没有建立特教学校的县、市还大量存在。在已建立的特教学校中，很多学校条件较差，辅助残障学生接受教育的器材缺乏，学生平均公用经费标准不高，不能满足特教学校运转的需要。许多特教教师的专业教育水平有待提高。

我国社会转型期的现实困难对残障人康复保障制度的建设形成制约。一方面，因为城乡长期分割的二元经济社会结构无法在短期内得到改善；另一方面，转型期间所产生的社会问题不能通过正常的制度安排加以解决，导致康复工作主责部门制定的规划往往只能涉及部门所在地或及近郊，规划政策的内容无法适用于管辖内其他地区，这些都造成了残障人康复制度实操性很差。

---

① 参见王钰、邱卓英等：《残疾人口与发展研究丛书——中国残疾人康复需求分析与发展研究》，109 页，北京，华夏出版社，2008。

② 参见全国人大内务司法委员会赴西藏调研组：《残疾人保障法执法调研报告》，载《全国人大内务司法委员会调查研究》，第 36 期，2009－07－29。

**（四）残障人康复经费投入不足，分配的科学性和合理性有待提高**

虽然政府和社会对残障人康复制度建设的资金投入比例逐年提高，但由于基数过低，所以，目前的资金投入仍不能满足现有残障人的康复需求。

据统计，随着我国贫困人口的逐年下降，残障人的贫困比例却在大幅度上升，根据第二次残疾人口抽样调查之前的统计，在全国尚未脱贫的3 000万贫困人口中，残障人约占了其中的80%。第二次全国残疾人抽样调查数据显示，2006年，全国人均收入水平城镇为11 321元，农村为4 631元，残障人家庭人均收入不足全国人均水平的一半。2.95%的农村残障人家庭户年人均全部收入低于683元，7.96%的农村残障人家庭户年人均全部收入在684元至944元之间。[①] 可见，提高残障人尤其是特困残障人的生活水平仍面临许多难题，残障人在劳动就业、职业培训、教育、医疗康复问题上依然缺乏强有力的措施予以解决。调研发现，虽然近年来政府对残障人康复的经费投入有所提高，但远远无法达到使每个残障人都实现康复权，并最大程度地达到康复目标。目前我国少数经济发达地区明确将当地年财政收入的1%用于残障人康复事业，多数地区康复经费没有固定的来源，主要来自于如康复工程、福利彩票等项目投入。西部、贫困地区多数城市社区，由于经费不足，残障人康复缺场所、缺器材、缺专业技术人员指导。据调查，在青海省，许多人口在10万人以上的县（区）尚没有一所康复机构，有的州（县）70%以上的残障人没有接受过康复治疗。[②]

国家财政投入的不足且社会资源调动不够，是影响“人人享有康复”制度建设的重要原因。一方面，财政用于残障人康复的专项支出严重偏低；另一方面，社会资源虽然日益丰厚，但用于残障人康复的慈善公益事业的推广与到位都十分滞后，企业缺乏承担社会责任的动力，残障人康复需求的解决可谓“路漫漫其修远兮”。

## 第四节　我国残障人康复立法的完善

根据第二次全国残疾人抽样调查的初步推算数据，截至2006年，我国各类残障人的总数为8 296万余人，占全国总人口比例的6.34%，即每16个人中就有一名残障人。由于人口老龄化速度加快、环境影响、慢性病概率增加等因素，我国残障人口规模趋于增加。数据表明，我国每年增加残障人约100万人，每天增加超过2 000人。[③] 当前我国残障人事业基础依然比较薄弱，残障人社会保障和服务政策措施还不够完善，残障人总体生活状况与社会平均水平仍存在较大差距。《中国残疾人事业“十二五”发展纲要》中指出：力争到2015年，使我国残障人生活总体达到小康，参与社会和发展状况显著改善。在社会保障资金方面，要将符合条件的残障人全部纳入城乡最低生活保障范围，提高低收入残障人生活救助水平，帮助城乡残障人按规定参加基本养老保险和基本医疗保险，建立贫困残障人生活补助和重度残障人护理补贴制度。扩

① 参见《第二次全国残疾人抽样调查主要数据公告》，见 http：//www.stats.gov.cn/tjsj/ndsj/shehui/2006/html/fu3.htm。

② 参见全国人大内务司法委员会赴青海、宁夏调研组：《残疾人保障法执法调研报告》，载《全国人大内务司法委员会调查研究》，第37期，2009-08-07。

③ 参见第二次全国残疾人抽样调查办公室：《第二次全国残疾人抽样调查主要数据公报（第一号）》，2006-12-01。

大残障人社会福利范围、提高福利水平。在对特殊残障人的重点保障方面，要逐步建立托养服务体系，为智力、精神和重度残障人托养服务提供200万人次补助。要加强残障人康复和残障预防工作，有效控制残障的发生和发展，完善康复网络，初步实现残障人“人人享有康复服务”目标。

## 一、残障人康复法律制度中的标准完善

在法理学中一般把法律解释为由立法机关制定，国家政权保证执行的行为准则。美国著名法理学家罗纳德·德沃金认为，社会的法就是一系列的特殊规则，它们被社会以直接或间接的方式应用于决定哪些行为通过公共权力将受到惩罚或强制。这些特殊的规则可以依据特定的标准加以确定或得到鉴别。[①] 同时，罗纳德·德沃金的实证主义理论也认为若某一主体有一项“法律义务”，也就是说，这个主体受到某一有效法律规则的约束，这一规则要求他做或者不得做某些事，事情必须做到某种程度才可以。[②] 而技术意义上的标准是指一种以文件形式发布的统一协定，其中包含可以用来为某一范围内的行为及其结果制定规则或特性定义的技术规范或者其他具体准则，其目的是确保材料、产品、过程和服务能够符合需要。法律中的标准即由法律规则中具体规定人们应如何行为的判断依据。

本书所述的残障人康复法中的标准类似于技术法规中的“强制性标准”。“强制性标准”是由标准化部门、卫生部门、农业部门、环境保护部门、工程建设等部门制订的，用来确定产品、服务符合是否需要的界限。而且这一标准具有强制性，也就是说，产品、服务必须达到这一标准才能投入市场。例如，《食品安全法》中制订了与食品有关的企业规范、产品标准、方法标准等，目的是确保食品食用卫生、安全，从而保护人们的身体健康。残障人的康复涉及医疗、劳动、教育等方方面面，虽然不是技术法规，但其中也有涉及人身权、健康权的具体产品、服务的内容，如医疗标准、医疗项目、劳动标准、基础康复项目等，这些都需要有“强制性标准”检验才能确保残障人享有康复、以达到最大可能参与社会的目标。在我国现有的康复制度下，有些关于康复的标准已确立，但仍然需要通过立法加以完善，具体来说，包括以下三点：

### （一）康复服务机构建设标准

近年来，虽然我国得到不同程度康复的残障人数量成倍增长，从“八五”期间的208万余人上升到“十一五”期间的1 000万余人，但离全国8 296万残障人“人人享有康复”的目标还很远。我国在《残疾人保障法》和《中国残疾人事业“十二五”发展纲要》中都提出要以专业康复机构为骨干、社区康复为基础、家庭为依托的原则建设残障人康复服务网络，但是专业康复机构、社会康复、家庭康复都必须制订相应的标准。

2013年10月15日，住房和城乡建设部、国家发展改革委批准发布中国残疾人联合会制订的《残疾人康复机构建设标准（建标165-2013）》，其内容包括总则、建设级别与项目构成、选址与规划布局、建设规模与建筑面积指标、各项设施房屋构成、建筑标准、建筑设别等内容，为各级残障人康复机构建设确立了相应的标准。然而，残障人康复机构的标准除了建设标准以

---

①② See Ronald Dworkin, "*Models of Rules I*", in his Taking Rights Seriously, Cambridge: Harvard University Press, 1978, p. 17.

外，还应该包括康复服务标准、机构管理标准等。另外社区康复、家庭康复等基本上还没有相应标准，这些因素不利于残障人康复事业的发展，对保障残障人康复权利更为不利。

任何康复都离不开专业康复人才的配备。扩大康复覆盖面必须要有专业人才的支撑。截至2009年，我国实施的“康复人才培养百千万工程”，培训康复管理和技术人员2 200多人、社区康复协调员近13万名。[①] 但这些专业人才的数量和专业水平仍然需要不断提高，特别是要进一步明确康复人才培养的基本标准和资格认证，以满足残障人获得高质量康复的需求。同时，还要注意克服残障人康复事业发展中的盲目性，首先要考虑到残障人群体的康复覆盖进度、时间等问题以及不同类型残障人的需求度；其次要考虑到经济发展水平的约束，即建立覆盖城乡的康复体系要适应不同地域的经济发展水平；最后要考虑到康复法律制度的包容性。我国流动迁移人口众多，这对康复资源的持续性覆盖构成了巨大挑战，这就要求在制度设置时考虑到其包容性，既要考虑到不同制度之间的衔接问题，又要考虑同一制度的统一性，防止康复法律制度的碎片化。

另外，在教育康复的覆盖面上，无论是特殊教育学校、职业教育机构还是普通学校的随班就读，都需要进一步为残障学生敞开大门。残障人的受教育权是不可侵犯的基本权利之一。只有保障了残障人获得平等受教育的机会，才能确保残障人在受教育的过程中得到康复的权利。为进一步提高教育康复的覆盖面，首先就要为康复教育的实施提供基础保障，故我们在建立教育康复制度的时候，同时也要明确残障人教育的标准，例如，尽快在所有师范院校设置特殊教育专业，培养、培训特殊教育师资；同时要在全国师范院校范围内向全体学生开设特殊教育课，使普通教育的教师也能掌握必要的特教知识，以便帮助随班就读的残障学生的学习。

### （二）提高康复的各方面目标定位

《残障人权利公约》第25条规定，残障人有权享有可达到的最高健康标准，不受基于残障的歧视。缔约国应当采取一切适当措施，确保残障人获得考虑到性别因素的医疗卫生服务，包括与健康有关的康复服务。国务院在每个残障人事业五年规划中都会制定一个未来五年内残障人事业发展的目标，这个目标包括得到康复的残障人数量、重要康复项目的受益人数量、辅助器具的配置数量、教育康复普及率等。建议在残障人康复法律制度中进一步明确以下标准：

#### 1. 医疗康复标准

现有政策支持的康复服务与残障人的康复需求、医生的康复建议之间的差距应当逐步缩小。康复治疗不是一般的疾病治疗，它需要一个长期的过程，也需要各种药物、器具的辅助，因此，需要通过立法将各项康复服务融入医疗保险、工伤保险的可保标准中。残障人的医疗保险费率标准也应有所提高。康复辅助器具、康复训练等项目有待纳入医疗、社会保险的覆盖范围。至少要向残障人提供其他人享有的，在范围、质量和标准方面相同的免费或费用低廉的医疗保健服务和方案。

强调对残障人的特殊保护，要向他们提供残障特需的医疗卫生服务，包括酌情提供早期诊断和干预，并提供旨在尽量减轻残障和预防残障恶化的服务，同时，包括向儿童和老年人提供这些服务。

---

① 见 http：//www.gov.cn/jrzg/2009-10/05/content _ 1432785.htm。

医护人员的业务水平标准也需要提高。应当在相关法律中要求医护人员，包括在征得残障人自由表示的知情同意基础上，向残障人提供在质量上与其他人所得相同的护理，特别是通过提供培训和颁布公共和私营医疗保健服务职业道德标准，提高对残障人人权、尊严、自主和需要的认识。

2. 教育康复标准

教育康复上不同类型的教育模式的康复目标定位不一样，例如，在培智教育中的心智康复目标，在随班就读义务教育阶段中的社会能力的学习目标，以及在职业教育中的职业技能恢复目标。

3. 康复辅助技术标准

将康复技术的发展、辅助器具的开发纳入社会发展、科技进步的标准中，是当今发达国家和发展中国家普遍采用的方法。在康复辅助技术的促进上，应有相对具体的标准及定位。在国家制定有关辅助技术的具体政策的支持下，从三个方面对辅助技术提出要求：一是不同类型的辅助技术领域的人才培养；二是促进辅助技术研究及技术优化；三是逐步加大辅助技术的财政投入和费用减免。

4. 康复评估标准

为确保康复目标的达成，可设立对康复服务的规划、协调和评价具有权威性的专门评估机构，并可按照康复模式分为教育、医疗、劳动和职业能力、社区康复等评估小组，提高对康复目标实现的可评价性。

(三) 提高资金投入标准

我国现阶段对康复工作的资金投入远远达不到残障人康复的需求，不断提高资金投入是发展残障人康复事业的必然要求。由于我国地区的经济发展不平衡，故在资金投入标准的设置上，应建立与当地经济发展水平相适应的财政投入比例和稳定的经费增长机制。

康复政策的制定应尊重每个人的具体需要并确保人人平等，应当避免为了残障人恢复生产力而导致的对某几种康复项目投入的片面追求。这样的做法不但达不到创造社会价值的目的，可能会导致没有把有限的资源予以合理利用，反而造成浪费；应当从适应残障人本身的特点和满足他们不同发展需求为原则衡量康复的社会效益。美国在残障康复方面的花费相当巨大，1994 年直接用于康复的医疗费用就高达1 600亿美元，间接费用（如生产消耗）高达1 550亿美元，每年共计消耗超过3 000亿美元，约占美国 GDP 的 4%。[①] 笔者通过调查研究认为，立法应当明确资金投入标准，设立新型的资金投入方式并有稳定的增长机制。

1. 残障人康复资金投入的损害平衡新理念

在传统观念中，残障人由于其工作能力的“缺陷”而处于贫困生活中，好像这是他们个人的悲剧；社会对于残障人的关爱无形中充满了怜悯。在这种观念制约下，对残障人的救助主要来自贫困救济金或低保。事实上，残障人若能得到及时的、必要的支持，残障对他们的损害可以在很大程度上降低。通过康复和社会支持，相当一部分残障人有可能恢复生活工作能力，通过自身努力为社会创造价值。

---

① Keith B. Wilson, *Vocational rehabilitation acceptance in the USA: Controlling for Education, Type of Major Disability, Severity of Disability and Socioeconomic Status*, Taylor & Francis Healthsciences, UK: Disability and Rehabilitation, 2004; Vol. 26, No. 3, pp. 145-156.

所谓损害平衡，是指残障人在社会生活和职业生涯中必然承受各种损伤，因此，可以在一定的条件下将特殊的资助或支持纳入残障人整个康复体系的考虑范围，以使这些损害达到最小的理念。[①] 例如，《德国残障人康复与参与法》第126条对损害平衡作出了补充规定："制定关于援助残障人士的条款以平衡由伤残带来的损害或多项支出时无须与致残原因或残障程度相联系。有关损害平衡的规定按照已生效的法律法规实施。"

损害平衡理念可渗透到残障人生活领域的方方面面，并成为促进残障人参与社会生活的援助方法。例如，许多有残障人的家庭比起其他家庭来说，经济压力要大得多。有些残障人的生活空间需要特殊的设计，在工作上有些残障人也有特殊的要求以保证其安全。这些都给家庭、单位造成了一定的经济负担。享受损害平衡待遇必须满足一定的前提。损害平衡措施绝大部分是针对重度残障人的，并根据不同残障人的不同需要提供特殊的援助。这些措施很具体，涉及残障人生活的方方面面，例如，重度残障人的职业生涯、纳税减免、交通出行等。在德国，随着其社会法典第九篇《残障人康复与参与法》的颁布而引起了政策转变，损害平衡理念在残障人整体援助措施上起到了积极的作用，并强化了残障人医疗康复中的"门诊优先于住院"[②] 原则。这一理念在很多援助措施中被吸纳，例如，在整体援助措施的资助类别中为帮助残障人独立生活的"经济适用房"，即专门针对重度残障人生活不便而建设的住房。总而言之，损害平衡最主要的目的就是从各个方面及时补偿残障人康复过程中遭受的损害，避免他们因自身局限愈加严重而越来越无法同其他人一样享受社会生活，尽量减少他们融入社会生活的困难，为他们创造便利。

以损害平衡理念代替贫困救济金，为残障人平等权的实现提供了经济保障。无论如何，这都是很有价值的新理念，也是与国际化接轨的表现。以发展更加灵活的损害平衡制度代替传统的单一的贫困救济金，是现代残障人法制的发展趋势。这一制度的资金可来源于基本工资税收，同时根据残障人相应的需求并考虑其自主选择权，通过个人适当的经济补助或物质补助加以补充。坚持将损害赔偿与收入、财产划分开来也是不可缺少的，这意味着合法的损害平衡措施不是基于贫困而产生，而是根据一个人的残障状况产生的。这不是对残障人的救援而是他们应该享有的权利。损害平衡理念对残障人康复与援助的资金制度改革有非常重要的影响，灵活的损害平衡制度不但为残障人享用社会资源和参与社会生活提供了便利，也减轻了社会负担。

2. 残障人康复资金投入需要一项稳定增长机制

各级政府应当将残障人康复纳入本地基本医疗卫生制度和基层医疗卫生服务体系，并逐步扩大基本医疗卫生制度中可报销的康复服务项目，加大财政投入，将一些理疗项目、运动训练项目等康复项目逐步列入职工医疗保险、城镇居民医疗保险和"新农合"。为鼓励残障人参加医疗保险，经济条件较好的地区可对残障人的个人缴费部分给予一定优惠，由财政给予一定补助。另外在提供医疗保险、工伤保险以及"新农合"方面禁止歧视残障人，这些保险应当以公平、合理的方式提供。

在教育康复的资金投入上，也需要提高残障学生平均公用经费标准，以维持招收残障学生

---

① 参见德国联邦政府残疾人事务委员会官网关于"平等对待"的解释，见 http：//www.behindertenbeauftragter.de/cln_115/nn_1039258/DE/Gleichstellung/Nachteilsausgleiche/Nachteilsausgleiche__node.html?__nnn=true。

② 这一原则是德国护理保险法中对残障人医疗护理救助措施原则，该原则强调在对残障人进行救助时，门诊的作用要大过于住院治疗的作用，早期的诊疗有助于残障人更好地康复，德语原文称为"ambulant vor stationär"。

的学校正常运转。在职业康复上，财政应向有残障员工的单位提供补贴，主要用于社会保险的缴纳和岗位津贴的补贴。

残障人康复的辅助器具研发也需要有资金的投入。例如，为残障人康复设备、辅助器具生产企业制定必要的优惠政策，加强市场监管，防止不法生产经营者肆意抬高价格。明确规定有康复需求的残障人可以免费获得的辅助器具名单，并不断提高辅助器具的标准，不断加大辅助技术的研发费用。

一种健康、稳定的资金投入模式应当以地方财政预算为主要来源，以慈善捐款、重点项目等为辅助来源。这种资金调拨方式是保障残障人康复权实现和康复事业稳定发展的前提。同时要不断发展更加灵活、有效的资金投入模式。财政投入的目的在于提升残障人或受残障威胁的人群的自决能力和社会生活的平等参与能力。这个目标能够快速、有效使经济产生长远的社会利益，这部分利益可称为残障人参与社会后得到的利益。在我国城乡差距较大的现实情况下，要对城乡各类残障人的康复保障作出不同的资金投入安排。在缩小社会成员发展结果的不公平的基础上，残障人康复的资金保障应该考虑到不同性别、不同民族、不同职业的各类残障人不同的康复需要。各项康复制度的资金保障在实施机构、内容、标准上应做到统一性和灵活性相结合，用以保证康复制度平等性的实现。

综上所述，康复资金投入的稳定增长必须与我国的经济发展水平相适应。资金的投入以保障多层次的康复制度为目标，重点扶持落后地区的康复制度建设和发展，既要发展基本康复制度，也要发展各种不同类型的辅助康复制度，满足各种类型残障人的不同康复需求。

## 二、重新定位残障人康复法的法律价值

“价值”体现了主、客体之间的一种利益关系，这种利益是作为价值主体的人的主观意识，这种关系代表了价值主体与客体之间契约的利益程度。“法的价值”，是指法这种规范体系（客体）有哪些方面为人（主体）所重视，并最能表现人（主体）的主观意愿。具体而言，法的价值包含了以下三层意义：(1) 法的价值表明的是人作为法律主体的需要。也就是说，法律无论其内容或者目的都是以人作为本体而得以存在。(2) 法的价值体现的是其属性中被人们所重视的部分，这一部分必须能够满足人们的利益需要，表达的是人们为了社会生活所制定的一种理想蓝图。(3) 法的价值不仅包括对实然法的认知，还包括对应然法的追求。法的价值追求可通过价值分析、价值判断等方法不断更新，以达到最适合当前社会需要的状态。

学界通俗认为，法的价值可分为三类，即自由、正义、秩序。其中自由是指没有任何外在强制力的干涉，能够按照自己的意志和目的安排自己的活动。马克思说过，“法典是人民自由的圣经”，从法律层面来讲，自由是指法通过制度的保障，使主体的行为任意化。同时，自由也是评价法律进步的标准，因为它体现了人性最深刻的向往。没有自由，法律就只是限制人们行为的规范，无法体现它在提升人的价值、维护尊严上的巨大意义。秩序，主要是指社会秩序，它是通过法律的规范性及权威性所形成的一种和谐的社会状态，社会生活的基础和前提。古希腊哲学家亚里士多德曾经说“法律就是秩序，有好的法律才有好的秩序”，可见秩序在法的价值中的重要性。秩序是法的基本价值，法律的首要目的是要确保统治阶级建立的社会规则

的稳定，同时，人们在社会生活中期望着安全与平衡，所以，秩序是法的基本价值。失去了秩序的保障，其他所有的价值都会因为缺乏保障而受到各方面的威胁从而走向灭失。但是，秩序一定要符合公序良俗，所以，它要受到自由和正义的限制。正义强调的是社会生活中主体的平等和公正，是法的基本准则。正义存在于人与人的相互交往中，要求相互之间平等地对待他人。从实质内容上而言，正义体现在平等、公正、民主等诸多价值形态中，也是实现这些价值形态的前提。正义是法的评价标准，同时也是促进法律进化的动力。

残障人康复法的法律价值体现在以下方面：

1. 以残障人康复具体需求为自由的基础

我国于2008年修订后的《残疾人保障法》中“康复”一章的6个条文中，没有一条提到残障人的具体需求。在完善康复法律制度过程中，应当时刻考虑残障人的康复需要，尊重残障人的要求，尊重其选择。各项康复方案应允许残障人亲自参加设计、讨论，选择他们本人和家庭认为必要的各种服务。残障人康复的平等性原则要求每个人的康复需求同等重要，残障人康复立法须将这些需求以法律的形式确定下来，所有资源必须确保每个人平等地获得并加以使用。如前所述，人均生活水平的差异直接导致不同地区、城乡之间残障人的康复需求差异显著。而且，不同类型、不同年龄层、不同发展状况、不同地区的残障人的康复要求都有所不同，这种需求的差异应当在完善残障人康复法律制度时给予尊重。

残障人及其代表机构和相关服务机构专业人员应当被纳入相关法律、政策和规划的制定过程中，充分听取和采纳他们的建议和意见。德国在残障人政策法律的制定上，让残障人自己做决定并参与其中是一项指导原则。令人高兴的是，这些政策的发展趋势和结果得到了联邦议会和联邦委员会以及社会的广泛支持。在立法的过程中利用残障人自己的技能是成功的关键。残障人自己最清楚什么是符合他们需要的，什么对他们是最重要的。与残障相关的事物，他们有经验也有专业知识，并能为规则和措施的制定提供重要的信息和方案。同时，给他们提供机会参与，也有利于提升他们掌管自己生活和发展的能力。

在康复法律制度的理论构建中包含受用者视角的重要性，强调了职业康复人员如何与残障人并肩合作。同时，在康复法律制度的理论构建中包括残障人的声音，是对康复中的残障人理解的表现。[①] 为残障人建立无差别、无歧视、无等级的和谐社会，还需要从医疗、科研、环境、教育、社会保险等各方面进行改善，共同发展。这都是残障人康复的必要需求，在康复理论构建过程中残障人的参与是必不可少的。完善残障人康复法律制度应立足于残障人对康复的具体需求上，这不但是残障人的自由，也是全社会的责任和义务。

2. 以残障人“自主、自立、自强”为正义的基础

残障人康复不仅仅需要生理上的康复，心理上的康复也是必不可少的。完善残障人康复法律制度在对生理性的康复权进行保护的同时，要注重对残障人“自主、自立、自强”的心理康复的促进和保护。目前，社会各界对残障人康复事业的认识尚停留在慈善、福利、施舍的观念上。对于残障人康复法律制度的法律价值的融入不但要改变残障人对自己的消极观念，更需要

---

① Richard J. Siegert, Kathryn M. Mcpherson, Sarah G. Dean, “*Theory Development and a Science of Rehabilitation: Authors' Response to Commentaries*”, UK: *Disability and Rehabilitation*, December 2005; 27 (24): pp. 1517-1519.

改变全社会对待残障人康复的认识。也就是说，“自主、自立、自强”的正义观不但是残障人所需要的，也是应当被全社会所认识到的。

在《残疾人保障法》的“康复”一章的6个条文中，除了第15条第1款是以残障人为权利主体设置条文的，剩下条文均以政府、组织或其他社会团体作为主体。可见，其表达的法律价值，似乎是以政府机关或社会团体为立法中心，过多地强调了政府机关或社会团体的责任和义务，而忽略了真正的权利主体——残障人的利益。法律不仅是规范人们行为的工具，也是传达社会价值的工具。法律中所倡导的规则、价值往往会成为人们潜意识中判断对错的价值观。正义是法律需要传达的价值之一。残障人康复法律应向人们传达一种“自主、自立、自强”的正义观，告诉全社会应当以何种态度看待残障人工作、如何才是尊重残障人、如何做才是支持残障人事业。在我国完善残障人康复法律制度过程中，应转变法律价值，从以政府组织“给予、安排、强制”为主的观念转变成以残障人“自主、自立、自强”为主的基调。

3. 以残障人最大限度参与社会为秩序的基础

法律秩序是指通过法律规范对社会关系的规范性调整，同时实现社会关系的有序化以及社会主体行为的规范化，这是权利人在法律制度中已设定的社会主体的权利与义务关系在现实生活中的体现。一部法律中所体现的法律秩序，正是该法希望社会主体在社会生活中的行为状态。法律制度是可以构建的，而法律所预期的秩序的真正建立，需要经过漫长的时间。法律秩序是一种良性秩序，区别于强制秩序或表面化的秩序的形成，良性法律秩序的形成涉及千万个社会成员的观念形成，这种观念需要法律运作所产生的实际效果，并通过法律实效转化为公民对法律的内心确认。故法律秩序的形成是一个外在的无形萌发的社会心理的过程，最终将通过法律制度转化为社会成员所愿意遵循的行为习惯。① 残障人法律制度中的法律秩序同样反映了社会公众对待残障人问题所遵循的行为习惯。

虽然当前我国《残疾人保障法》中所倡导的法律秩序是：“保障残疾人平等地充分参与社会生活，共享社会物质文化成果”②，但从法条的具体内容看依然充满了传统的以“救助模式”为主的残障人保障理念。人们提到残障人，总是伴随着“怜悯、施舍、救助”之类的态度，除此之外并没有做到真正的平等、尊重。如今随着“平等权”观念逐渐被重视，对待残障人的理念也相应发生变化。如前文所述，残障人立法目的应以鼓励、支持残障人最大限度地参与社会为基本方向。康复是促进残障人恢复社会能力的重要手段之一，康复目标不仅在于训练残障人适应自己的环境，而且为了促进他们与社会融合，还要对他们所在的社会和环境作为一个整体进行干预，这种干预都需要通过立法完成。

## 三、尽快完成残障人康复行政法规制定工作

自2008年开始，相关部门启动残障人康复条例起草工作，目前初步形成了《残疾预防和残疾人康复条例（征求意见稿）》，包括总则、残疾预防、康复服务、机构、人员、辅助技术、

---

① 参见蒋立山：《为什么有法律却没有秩序——中国转型时期的社会秩序分析》，载《法学杂志》，2005（4），10～12页。

② 《残疾人保障法》第1条规定：“为了维护残疾人的合法权益，发展残疾人事业，保障残疾人平等地充分参与社会生活，共享社会物质文化成果，根据宪法，制定本法。”

保障措施、法律责任、附则九章。[①] 制定这部康复条例，是为我国残障人康复事业健康、持续发展提供制度支撑和法律保障，是残障人康复事业发展到现阶段的必然要求，也是贯彻实施《残疾人保障法》的重要举措。建议进一步加快残障人康复条例的制定进程，但是否应当将残障预防纳入其中，建议进行慎重研究。

① 参见《关于征求〈残疾预防和残疾人康复条例（征求意见稿）〉意见的通知》（全康办〔2009〕32号），见中国残疾人联合会网站，http：//www.cdpf.org.cn/2008old/wxzx/content/2009-11/26/content_30262453.htm。

第四章

# 残障人教育法

## 第一节　我国残障人教育的历史沿革

### 一、奴隶社会的残障人教育

在古代欧洲，由于社会经验不足和科学文化落后，人们把残障人看成是“魔鬼缠身”、“上天的惩罚”，被任意伤害，处于悲惨境地。古罗马统治者将低能、畸形的残障人集中起来，当做箭靶练习射箭。斯巴达人只抚养那些身体健康的婴儿，对于身体有残障的则选择抛弃或者杀害。这种现象一直持续到欧洲的奴隶社会末期。

相比而言，尽管古代中国同样存在歧视和残害残障人的现象，但由于受到主流文化价值观念的影响，对待残障人的态度还是比较文明的。《周易》有言，“积善之家，必有余庆；积不善之家，必有余殃”，这使得“同情心”和“慈悲心”在中国人的传统文化中占有非常重要的地位。体现在对待残障人的态度上，就是人们对残障人更多地抱有一种道义上的关怀。《周礼·地官·大司徒》记载，周朝时有“保息六政”，其中之一便是“宽疾”。孔孟的“性善论”、“道义论”等儒家思想在与佛教的平等、向善和助弱思想合流后，更是直接影响到了封建统治者的施政举措。在《礼记·礼运》中所描绘的“大同社会”就包括“鳏寡孤独废疾者皆有所养”。《汉书》、《明史》等书籍中也有政府扶助残障人的记载。在这些思想的影响下，古代中国的残障人有时候也能接受一定的教育。《荀子·王制》中记载“古者以废弃之人，主卜巫祝之事”。巫能在神与人之间交流信息，调动鬼神之力为人消灾致福；祝掌管宗教祭祀的具体仪规，起司仪的作用。这说明巫祝实际上是古代社会受过专门教育的专业人士。随着社会的进步和生产力的发展，人们更是意识到“生而学，非学不入”，即人生下来就要学习，不学习就不能进入正道。由此可见，在古代中国，残障人教育并非一种完全盲目的实践，也并非仅仅出于行善和道义；事实上，人们已经认识到残障人教育的重要性，并且已经积累了一定的理论基础。

### 二、封建社会的残障人教育

从公元前 221 年到 1911 年清朝灭亡，我国经历了两千多年的封建社会。受儒家思想的影响，特别是汉武帝“罢黜百家，独尊儒术”之后，一些帝王为了得到民心、巩固统治，主张实施仁政，给予弱势群体必要的抚恤和救助。体现在残障人方面，就是给予其一定的教育以便增强谋生能力。当然，封建社会的残障人教育有其历史局限性，官府之所以为残障人提供一定的教育，并非出于尊重和保障其人权的目的，而是维护封建统治秩序、标榜“仁政”笼络人心的需要。20 世纪初，中国人开始举办自己的残障人教育，从而逐步改变了教会长期主导中国残障人教育的局面。① 而学部也将“盲哑学堂”作为普通司的监管对象，这标志着残障人教育从清末起已纳入国家教育体系。②

然而，在封建社会，有条件接受系统教育的往往是官宦富豪人家子弟，一般平民百姓是望尘莫及的，遑论残障人了。清政府颁布的《钦定小学章程》、《奏定初等小学章程》就将“资质太低”、“困于疾病”、“有疯癫痼疾”、“五官不全”者排除在外。同时，清朝还实行过“不考文字、专取状貌”的“以貌授官”制度。伟丈夫列一等，授知县；小丈夫列二等，授教职；再次则无授矣。这对残障人来说，没有公平可言。

封建社会是一个充满剥削与压迫的社会，而不是以人为本，尊重人权的社会。在封建社会，就连普通百姓的教育权都得不到保障，残障人的状况就更加悲惨了。中国的封建社会持续了漫长的两千多年，残障人教育虽然起源很早，但在封建社会却没有得到相应的发展。与此同时，在欧洲，14 世纪中叶开始的文艺复兴运动促成了人文主义和人道主义思想的产生，个人的尊严、价值和权利得到前所未有的尊重。16 世纪中期，不少学者开始从医学、哲学、心理学和教育学的角度研究残障人教育问题，并取得了丰硕的理论成果和实践经验。特别是近代工业革命极大地提高了人类社会的生产力，促进了经济社会的发展，逐步改变了对能力的认识，为残障人教育提供了有力的经济基础和物质保障。

## 三、民国时期的残障人教育

民国时期，西学东渐蔚然成风。艾思奇就曾指出：“在清政府崩溃以前，即有种种的自由思想之输入，严复的翻译，《新民丛报》等类出版物之介绍，虽然说不上哲学，至少可以作为资本主义新思想之最初的具体表现……但资本主义思想之突飞猛进的成长及新哲学思潮的正式成立，是在民国三年以后五四运动中的事。”③ 这一时期，随着一批接受现代民主观念的政治家进入政府高层，民国政府对自己在包括残障人在内的弱势群体救助中的地位与作用的认识也发生着重大转变，即由过去视为对他们的恩惠转变为是政府应尽的责任。④ 1915 年 7 月，民国政府的《国民学校令》就提出了残障儿童的义务教育问题，1931 年，国民政府教育部要求肢体障碍儿童“在近地未有相当之特殊学校以前，应准依照程度入一般学校肄业”，1933 年再次要求对就读高中阶段的肢体障碍学生的军训术科及体育运动课程视情况予以减免。⑤ 民国政府在推动残障人事业的同时，也主动或被动地与国际社会进行着日益密切的交流与合作。⑥ 中外交流一方面有助于国际社会对我国残障人教育事业有一个比较客观、正确的了解，也有利于推动我国残障人教育事业的发展。到 1945 年，我国已有残障人学校 42 所，在校学生 2 380 人。⑦ 民国时期，由于一系列有助于残障人教育事业发展的政策与措施的制定和推行，初步形成了以

---

① 参见陈建华：《论民国时期残疾人事业的现代转型》，载《求索》，2011（10）。

② 参见《学部官制草案》，载《东方杂志》1906 年增刊，官制草案第 32 页。

③ 转引自郑大华：《论民国时期西学东渐的特点》，载《中州学刊》，2002（5）。

④ 参见董根明：《从“重养轻教”到“救人救彻”——清末民国时期社会福利观念的演化》，载《中国社会科学院研究生院学报》，2005（5）。

⑤ 参见教育部：《教育法令汇编》第 1 辑，1936 年，102～103 页。

⑥ 参见陈建华：《论民国时期残疾人事业的现代转型》，载《求索》，2011（10）。

⑦ 参见《民国三十七年中华年鉴》下册，1698 页，北京，中华年鉴社，1949。

盲聋哑学校为主体，救济院附设盲聋哑学校和普通中小学随班就读为补充的残障人教育体系。[①] 在这样的社会环境下，残障人教育被认为是在一定程度上弥补了他们身体和心理上的局限，使其凭借所学的知识和技能而自强自立，使他们因此由纯粹的财富消耗者变成财富创造者，有效减轻了家庭、社会和国家的负担。

这一时期，残障人教育的一个显著特点就是，随着社会的进步，民主意识的觉醒，残障人要求接受教育的愿望日益强烈，越来越多无法接受教育的残障人发出了“我们要受教育”的强烈呼吁。他们不仅要求政府及社会为个人受教育提供适当条件，而且要求为整个残障人群体提供平等的教育权及社会地位。然而，民国时期，局势动荡、民生凋敝，政府对残障人教育事业的支持力度有限，而且不稳定，许多学校相继停办或艰难度日，尤其是抗战对残障人教育的影响更是明显，据统计，1944 年，全国仅有残障人学校 5 所，在校学生 304 人，政府颁布的一些关于残障人事业的法律、法规得不到执行，最终沦为一纸空文。

## 四、新中国的残障人教育

新中国成立以后，政府接管了旧有的残障人教育学校，收回了残障人教育主权。残障人教育的属性在新的社会阶段有了新的定位，我国的残障人教育史翻开了崭新的一页。[②] 1951 年，周恩来总理签署《政务院关于改革学制的决定》，明确规定“各级人民政府并应设立聋哑、瞽目等特种学校，对生理上有缺陷的儿童、青年和成人，施以教育”，残障人教育被正式纳入新中国的国家教育体系。1953 年，教育部设立了盲哑教育处，残障人教育开始有了专门的职能部门进行管理。1955—1957 年，教育部连续发出《1955 年小学教育计划在盲童学校中如何变通执行的通知》、《关于聋哑学校使用手势教学的班级的学制和教育计划问题的指示》和《关于聋哑学校口语教学班级教学计划（草案）的通知》等文件，对残障人教育进行规划，使之走向科学化、规范化和法制化。

1966 年“文化大革命”爆发后，国家的教育事业受到严重挫折甚至出现停滞，残障人教育也未能幸免，不少残障人学校被解散，教师转行，残障人教育立法完全停顿。改革开放以来，残障人教育立法再次被提上议事日程。1980 年，原国家教委重新设立特殊教育处，隶属初教司（现在隶属于基础教育一司）。1985 年，教育部等有关部委发出通知，严禁高校仅因考生残障而不予录取。[③] 1986 年的《义务教育法》第 9 条第 2 款规定：“地方各级人民政府为盲、聋哑和弱智的儿童、少年举办特殊教育学校（班）”。1988 年，在中国残联成立之初，就把残障人教育和康复工作密切结合起来，放在同等位置上。1989 年，国家将残障儿童教育“纳入普及义务教育的工作轨道，并要求教育部门做到两者统一规划、统一领导、统一部署、统一检查”[④]。1990 年颁布的《残疾人保障法》第 18 条明确规定：“国家保障残疾人受教育的权利。”1994 年，国务院颁布了《残疾人教育条例》，这是国务院根据《残疾人保障法》制定的第一部有关残障人教育的专项行政法规。同年，为加强残障人教育工作的组织领导，成立了非常设机

---

① 参见陈建华：《论民国时期残疾人事业的现代转型》，载《求索》，2011（10）。

② 参见秦枫：《建国以来我国残疾人教育保障研究——以改革开放后为重点》，安徽师范大学 2010 年硕士学位论文。

③ 参见教育部等《关于做好高等学校招收残疾青年和毕业分配工作的通知》，1985。

④ 国务院转发原国家教委等部门《关于发展特殊教育的若干意见》，1989。

构“国家教育委员会特殊教育办公室”，成员单位包括：教育部、卫生部、民政部、中国残联等单位。2006年新修订的《义务教育法》，重申残障儿童“接受九年义务教育”的权利。2007年，党的“十七大”报告中直接提到“关心特殊教育”的问题，这在全国历次党代会报告中是前所未有的。2008年，党中央、国务院发布了《关于促进残疾人事业发展的意见》，其中专门提出“发展残疾人教育”，并用较多的文字就如何发展残障人教育作出了详细规定。截至2013年，全国共有特殊教育学校1 933所，专任教师4.57万人，在校生36.81万人。[①]

在大力发展残障人教育事业的同时，国家还高度重视特殊教育的科学研究与国际交流合作。1988年，国家教委在北京师范大学建立了特殊教育研究中心。各地也积极响应中央号召，成立了群众性的特殊教育科研机构。在这一时期，我国出版了大量的特殊教育文集、专著、译著等，并积极参加、举办国际性的学术研究会议，派遣留学生和专家授课，与世界各国交流、研讨发展特殊教育的成功经验和做法。

从新中国成立以来，特别是改革开放之后残障人教育事业取得的巨大成就可以看出，残障人教育事业的蓬勃发展离不开以下条件：一是政府重视，即党和政府要切实尊重和保障残障人的人权，对残障人教育事业要有正确的认识。二是立法先行。只有有关残障人教育方面的法律法规、政策措施健全并完善了，才能推动残障人教育事业持续、健康发展。三是社会参与。残障人教育事业任重而道远，光靠政府的力量显然不行，需要全社会共同参与、群策群力，尤其需要重视和支持残障人和他们的家长及其代表机构的全面参与、贡献和监督。

## 第二节　我国现行残障人教育制度存在的问题

### 一、我国的双轨制教育体系

#### （一）双轨制的形成

自20世纪80年代中后期，很多地区为节约经费，提高残障儿童入学率，采取了在普通学校中设置特殊教育班的形式；北京、上海等地基于发达国家回归主流的教育理念，开始实验普通班级吸纳残障儿童学习的形式，后来发展成为“随班就读”。由于《义务教育法》的颁布及《残疾人保障法》和《残疾人教育条例》的实施，我国逐渐形成以大量的特教班和“随班就读”为主体，以一定数量的特殊教育学校为骨干的双轨制办学形式。

在现实中，双轨制教育体系有广义和狭义之分。狭义的双轨制教育体系是指公立教育为残障学生提供的两种教育形式，也称“双流向教育”，他们或者就读于特殊教育学校，或者进入主流学校。广义而言，我国与特殊教育相关的政策与法律中普遍存在“特殊”与“普通”、“残疾”与“健全”的对立。这种存在于理念中的二元对立使得主流学校与特殊教育学校相互独立、互不兼容，进而导致双轨制被政策制定者和公众普遍接受。

#### （二）特殊教育学校在双轨制体系中的主导地位

从官方的统计看，以2011年残障学生的入学状况为例，当年全国共有特殊教育学校1 767所，比上年增加61所；特殊教育学校共有专任教师4.13万人。全国共招收特殊教育学生6.41万人；在校生39.87万人。其中，在盲人学校就读的学生5.23万人，在聋人学校就读的学生

① 参见《2013年全国教育事业统计发展公报》。

10.77万人，在弱智学校及辅读班就读的学生23.88万人。普通小学、初中“随班就读”和附设特教班招收的学生3.64万人，在校生22.52万人，分别占特殊教育招生总数和在校生总数的56.76%和56.49%。单从数据看，在普通学校学习的残障学生数量（22.52万人，56.49%）相对于在特殊教育学校就读的残障学生数量（17.35万人，43.51%）占有更大的比重。然而所谓“在普通学校就读”并不意味着残障学生进入了融合教育的环境。在普通学校就读的残障学生包括两部分：一部分是“随班就读”的学生，另一部分是在普通学校附设的特殊教育班级就读的学生。普通学校附设特殊教育班级仍然是一种有争议的教育模式。虽然其教学场所设置在普通学校，但其教育形式依然是特殊教育方式。如果把在附设特殊教育班中就读的学生数目从笼统的“在普通学校就读”的学生数中分离出来，接受特殊教育和融合教育的学生比例还会发生比较大的变化。

在政策方面，特殊教育学校占有大量的资源投入，教育政策的重心依然在于新建和改建更多的特殊教育学校。2008年，中国启动“中西部地区特殊教育学校建设工程”（“十一五”中西部地区特殊教育学校建设规划），旨在建设1 160所特殊教育学校；到2020年，基本实现市（地）和30万人口以上、残障儿童少年较多的县（市）都有一所特殊教育学校。在《国家中长期教育改革和发展纲要》中，新建和改建特殊教育学校被视为完善残障人教育体系的重要步骤。此外，《国家中长期教育改革和发展纲要（2010—2020）》用一个单独章节对特殊教育的重要地位和作用作出规定，但其中关于普通学校的角色只用了两句话一笔带过，而且忽略特殊教育作为一种专业支持在普通学校融合教育的作用。

### （三）双轨制带来的冲突

#### 1. 融合教育发展严重滞后

在过去的一个多世纪当中，特殊教育学校一直是我国残障人教育的主要形式。即使在20世纪80年代“随班就读”出现之后，特殊教育的存在和发展依然得到了法律、政策和经费的大力支持，依然是残障人教育体系中事实上的主导者。与之相对，普通学校并不愿意招收残障学生，其原因既包括客观上无法得到经费保障，也包括主观上认为残障学生将成为教学中的负担。此消彼长之下，特殊教育学校占有的生源比例不会降低，融合教育的发展因此难以推进。

在2008年批准联合国《残障人权利公约》之后，我国政府开始意识到特殊教育学校的发展与推进融合教育之间的冲突。在提交联合国残障权利委员会的相关文件[①]中指出，中国特殊教育学校是地方政府实施残障儿童少年教育的资源中心。除了教育在校园内的残障儿童少年，其中一些学校还承担指导、评估残障学生“随班就读”状况、教师培训、到普通学校巡回指导“随班就读”、为重度残障学生提供送教上门、提供残障儿童少年的学前教育、普通高中教育或职业教育等职责。

然而，无论是学术界的共识还是实践中的经验，上述对于特殊教育学校职能的定位并不容易实现。虽然在少数地区一些特殊教育学校具备了上述职能，但从全国普遍情况看，特殊教育学校的资源中心职能还面临许多障碍。首先，特殊教育学校中的教师转变为巡回教师，新的角色对于能力的要求不同，需要有相关的培训作为支持。其次，如果特殊教育学校成功转变为本

---

① 参见《联合国残障人权利委员会第八届会议（2012年9月17日至28日）就中国初次报告通过的结论性意见》，2012-10-15，见http：//www.refworld.org/docid/539032794.html。访问时期：2016-04-26。

地区实施融合教育的资源中心，更多的残障学生将能够在普通学校中就读，特殊教育学校的生源会进一步萎缩。再次，普通学校中有关残障学生的教育经费有限，普通学校很难利用现有经费向资源中心申请支持和服务。最后，立法支持力度不足。无论是1998年出台的《特殊教育学校暂行规程》还是正在修订的《残疾人教育条例》，都没有硬性规定特殊教育学校必须转变为实施融合教育的资源中心，只是提到“政府可以委托特殊教育学校”承担一些类资源中心的职能。

残障人教育的困境也强化着全社会关于残障人需要特殊教育的刻板印象。从1988年原教育部部长何东昌在全国特殊教育会议上的讲话①，到2013年的《残疾人教育条例送审稿说明》，都指出很多人只知特殊教育不知融合教育的现状。融合教育虽然正在受到更多的重视，但其对于社会观念的影响力无法与特殊教育相提并论。

2. 残障学生往往缺少明确的教育目标

从教育行政部门到普通学校，对于非残障学生的学业目标和教育目标具有明确的规定。尤其是对于学业目标的量化要求，已经形成了完备的体系。然而，普通学校对于如何为残障学生制定教学目标还面临许多困惑，这和普通学校特殊教育专业支持的缺失有直接的关系。1994年出台的《残疾人教育条例》第21条规定：“随班就读残疾学生的义务教育，可以适用普通义务教育的课程计划、教学大纲和教材，但是对其学习要求可以有适度弹性。”现实中，我国大部分普通学校采用的都是“一刀切”的学业标准，学校很难为残障学生制定出具有适当弹性的、符合其个性化需求的学业目标。同时，学生的学业表现通常与教师的绩效相互绑定，教师们通常会选择能够在考试中获得高分数的学生作为重点照顾对象，以帮助自己提高工作绩效。对于那些学习中需要教师额外付出的学生，在没有制度方面调整的情况下，教师们常常选择拒绝接收，即使被迫接收也可能选择不给予太多时间和精力上的付出，仅仅要求其达到最低的学业目标。除非一个残障学生能够通过考试证明自己的“价值”，教师才有可能用适用于非残障学生的学业目标给予相应的要求。由于普通学校缺乏个别化教育支持、合理便利和无障碍环境、设施，残障学生想要取得考试中的高分面临很多障碍。此外，现实中一些普通学校中残障学生的学业成绩不计入教师的绩效考核范围，直接导致残障学生的培养完全被教师忽视。

特殊教育学校与普通学校相互隔离，其教育教学目标因此自成体系。“成功的职业教育”往往是特殊教育学校教学工作追求的方向，特殊教育学校的教学目标往往呈现轻系统文化教育、重职业教育的特点。形成职业教育导向的原因颇为复杂，与整个社会的发展观、残障观、特殊教育学校的发展历程、特殊教育学校的考核机制、特殊教育学校的封闭环境等因素都密切相关。

普通学校把残障人隔离在主流的教育教学目标体系之外，而特殊教育学校因为隔离发展出针对残障学生片面的教育教学目标，使得残障学生在两种教育形式下都难以获得优质教育。在教育教学目标之外，给残障学生带来更大障碍的是两种体系的对立和互相隔离。

3. 残障学生难以获得层次完整的教育

双轨制教育体系存在的各种冲突还给残障人接受教育带来了诸多障碍，最大的障碍之一就是教育层次的不完整。

---

① See http://www.tjmx.net/Official/news/2009/news-tjmx-tg09529H4K012D50EJDEDAE5H37.html.

特殊教育学校提供的教育多包含义务教育和职业教育两个部分。虽然职业教育部分多称为职业高中（或者职业中专），但其中绝大多数学校的职业教育以职业训练为主，文化教育仅占很小的比重。那些想要获得正规高中教育的残障学生难以在特殊教育学校中实现这一目标。在特殊教育学校中完成职业教育的学生，因为特殊教育学校文化教育质量难以保证，也无法在普通高考中与其他人竞争。在普通学校读书的残障学生，想要进入高中阶段学习就必须通过中考。由于教师不重视，残障学生的学习成绩相对于其他学生难以保证，在中考中竞争力有限。即使残障学生能够取得较好的成绩，他们也常常因为考试缺乏合理便利难以参加考试。

自 20 世纪 80 年代中期，政府开始为残障人单独设置高等教育，鼓励残障人进入普通高校学习的相关政策和法律发展缓慢，于是在高等教育领域也逐渐形成了双轨制的体系。这样的制度安排限制了残障人平等进入普通高等教育院校学习，导致能够接受高等教育的残障人只是凤毛麟角，残障学生的高等教育入学率与其他学生相比有巨大差异。截至 2011 年年底，中国高等教育在校人数为3 167万人，高等教育毛入学率达 26.9%。上述数据表明中国已进入高等教育大众化阶段。同时，政府计划使中国的高等教育入学率在《国家中长期教育改革和发展规划纲要（2010—2020)》完成时，即 2020 年，达到 40%。预计届时在校人数将超过4 500万人。然而，残障人的高等教育入学人数和入学率在高等教育已经进入大众化的今天依然很低。根据官方数据[①]，高校累计录取残障考生31 780人。这一数据虽然不够精确，但可以大致反映只有极少数残障人能够接受高等教育这一事实。

## 二、发展过程中产生的错误观念

人们往往混淆“一体化”（integration）和“融合”（inclusion)。其实它们有很多区别。2008 年，在日内瓦举行的联合国教科文组织 IBE 融合教育大会上，与会者一致认为，虽然残障学生在主流课堂上出现可被视作实施融合教育的先决条件，但这只是学校消除障碍、残障学生获得便利、全面落实融合教育的第一步。如果只是停留在此阶段，这样的教育安置形式只能算作教育的一体化，残障学生需要适应一套课程以及课程背后的标准，而课程和标准则不会因学生的不同需求而调整。

在我国，融合与一体化的混淆同样存在。许多人主张“随班就读”是我国本土化的融合教育，然而认真分析可以发现“随班就读”实际上更接近于一体化教育。“随班就读”只是为残障学生提供了与非残障学生坐在同一个教室里的机会，但多数残障学生并无法获得他们所需的支持和调整。在许多地区，“随班就读”变成了“随班就混”。“随班就读”给许多残障学生、一线教师和学生家长带来了不良后果。与“随班就读”不同，融合教育注重个别化教育需要，强调整个教育系统的包容性，旨在让包括残障和非残障学生在内的所有人共同受益。错误的将融合教育等同于“随班就读”给融合教育在国内的发展带来了许多障碍，尤其是态度和认识方面的错误，例如，一些政策制定者、家长、教师、专家和残障学生都因为不理解融合教育的实质，拿“随班就读”的问题为理由抵触融合教育的实施。

关于融合教育的另一种常见误解认为，与特殊教育相比，融合教育要求为残障人提供更多、更复杂的支持，因此更加耗费资源。在我国，持有此类观点的人不在少数，他们认为融合

---

① 参见《经社文权利公约第二次履约报告》，2010。

教育是富有的发达国家才应该做的事情，不适合我国国情。然而，持这种观点的人往往忽略了几个明显的事实。首先，维持一套独立的特殊教育体系成本巨大。很多实证研究表明，维持一套独立的特殊教育系统比实施融合教育昂贵得多。其次，专业的特殊教育服务旨在关注个性化的学习需求和特点，能够让所有学生受益。如果设置并维持一套独立的特殊教育体系，不仅残障学生全面的学习需求和特点被忽视，非残障学生也被剥夺了使用具有个性化教育特点的特殊教育服务的机会，即使他们在某些方面有不同程度的特殊教育需要。再次，特殊教育学校不利于残障学生将来在社会中的融合，会造成残障人士的才能无法充分施展，进而给人类社会造成巨大的人力和才能的损失。最后，如果把残障和非残障学生相互隔离，所有学生都没有机会了解到人类的多样性，这对于全人类的发展都是有害无利的。

## 第三节　其他国家和地区残障人教育立法状况

### 一、美国残障人教育立法

美国残障人教育事业的一个突出特点就是“立法先行”。1975 年，时任美国总统福特签署了《所有残障儿童教育法》，要求国家确保所有残障学生能够接受免费和适当的教育，保护残障学生和家长的权利，协助州和地方教育部门为学生提供教育，以及评估和确保州及地方教育部门相关工作的有效性。[①] 该法提出的四个主要目的是：（1）确保所有残障儿童都能接受免费适当的公立教育，强调特殊教育和相关服务及设施要满足他们的特殊需要，培养他们的就业技能和独立生活能力；（2）确保残障和有特殊需要学生和他们家长的权利受到保护；（3）帮助州和地方教育部门和机构为所有有特殊教育需求的儿童的教育提供经费保障；（4）评估和确保特殊教育的有效性。该法案自 1975 年颁布起，包含 B 部分，保护 3～21 岁的有特殊需要的儿童和青少年的受教育权利，保障他们接受特殊教育和相关服务，包括 3～5 岁学前教育阶段。1986 年，美国国会对《所有残障儿童教育法》进行了修订，增加了 C 部分的内容。C 部分在这部法律中题为“残障婴幼儿”，把 1975 年法案的 B 部分对残障儿童的教育保护扩展到婴幼儿，保障给残障婴幼儿的早期干预服务，强化了各州提供服务的责任。这种受教育权利向0～2 岁婴幼儿的扩展实现了两个重大突破：第一，婴幼儿的受教育权利的保障责任从家庭转到政府，成为政府支持下家庭的权利和义务；第二，由以前婴幼儿所接受的单纯、片面的康复向发展的概念拓展，成为发展中的康复。C 部分有以下五大目的和意义：（1）在早期大脑发育最快的时期，促进婴幼儿的发展，减少发展性障碍的可能性和程度；（2）通过早期干预，以期在婴幼儿到达学龄后，通过最大程度减少他们对特殊教育及相关服务的需求，减轻社会包括全国学校的教育花费；（3）最大程度地增强婴幼儿未来的独立能力；（4）帮助家庭提高他们满足孩子需求的能力；（5）提高州及地方识别、评估和满足所有儿童的能力，尤其是处于边缘化的人群和高危儿童。[②]

---

① See Rutherford H. Turnbull: *Free Appropriate Public Education: The Law and Children with Disabilities*, Love Publishing Company, 2007.

② 参见美国教育部：35 *Years of Progress in Educating Children with Disabilities Through IDEA*, available at https: //www2. ed. gov/about/offices/list/osers/idea35/history/idea-35-history. pdf。

1990 年，美国国会又对《所有残障儿童教育法》进行了修订，并将其更名为《残障人教育法》(Individuals with Disabilities Education Act，IDEA)。此次修订最引人注目之处就在于用“Individuals with Disabilites”取代了“Handicapped Children”，充分体现法律尊重残障人作为平等权利主体的意愿。美国政府于 1997 年和 2004 年对 IDEA 进行过两次修改，尤其是 2001 年的美国普通教育法针对融合教育的保障，提出对特殊教育的同等原则，强调融合教育向结果负责，以成果为导向。2004 年的修订是基于一些发人深省的调查结果，包括为残障学生提供的教育忽略学生的学习成效和结果，过于重过程和行政事务；忽略早期支持和干预，反而坐等学生的失败，再疲于纠错；没有尽早地实现特殊教育和普通教育系统共同、全面承担教育融合教育的责任，把残障学生当做“另类”对待；缺乏高质量的专业教育队伍；墨守成规教条和受利益驱使给残障孩子的教育、未来造成的损失和对社会总体带来的难以想象的负面影响。[①] 2004 年修订的 IDEA 保证残障学生在学习、成长，以问责求实、灵活、因地制宜、基于科学的服务项目和教学以及给家长的支持改善教育。在有关提高特殊教育学校教师的素质方面，该法规定，要成为“高素质”特殊教育教师必须具备以下条件[②]：(1) 持有特殊教育教师全国认证书(包括通过替代性途径获得的认证书)；(2) 通过美国国家特殊教育教师执照考试，并持执照在美国国内任职特殊教育教师。要成为“高素质”的教师还需要具备额外的执照。那些教授两门或两门以上核心课程的特殊教育教师和需要达到“替代性成就标准”的学生的特殊教育教师，还必须具备额外的要求。修订的 IDEA 还增加强制性资金补助。针对残障人教育经费不足的问题，国会参、众两院支持一项期限为 6 年、金额高达 150 亿美元的强制计划，用于解决各州在执行法律时经费不足的困境。该修订案也为受到惩戒的残障学生提供程序性保护，即在惩罚残障学生时，首先要判定其不当行为是否与残障有关，并应当遵守有关正当程序。

2011 年 9 月 6 日，美国教育部公布了 C 部分的最后法规，并于同年 10 月 28 日开始生效[③]，拨款 4.36 亿美元责成各州实施早期干预的项目，保证 0～2 岁有发展性障碍的婴幼儿能够享受高质量的早期干预服务，尽可能减少发展迟缓，以便他们能够成功地转换到学前和幼儿园教育。法规的目的在于保证教育部致力于通过减少残障婴幼儿达到学龄时对特殊教育服务的需求，减少国家教育花费，为更多发展迟缓或有发展迟缓可能性的孩子减少学习、行为和健康方面的问题打下坚实的基础。C 部分并非一个孤立的项目，而是在州内各机构和健康、教育、服务型机构之间建立合作伙伴关系。C 部分和 B 部分提供的所有保护都按照 IDEA 的六项基本原则：零拒绝、非歧视性的评估、个别化的适当教育、最少受限制环境、正当法律程序和家长参与。例如，家长或监护人就其子女教育分类和安置方面的情况，有权得到书面通知；在子女教育问题上发生争议时，有权要求听证等；IEP 团队由普通和特殊教育教师、家长（或监护人)、诠释评估结果的专家、相关经费主管人员以及学生本人（在适当的时候）组成，内容包括残障学生在校学习情况、短期和长期的目标、提供的特殊教育支持和相关服务、和普通学生

① 参见美国教育部：*A New Era: Revitalizing Special Education for Children and their Families*，2002，available at http://eric.ed.gov/?id=EJ659306。

② 参见［美］William L. Heward：《特殊需要儿童教育导论》，肖非等译，24 页，北京，中国轻工业出版社，2004。

③ 参见美国教育部：*The Individuals with Disabilities Education Act (IDEA) Final Regulations*，available at http://www2.ed.gov/policy/speced/reg/idea/part-c/index.html。

分开接受教育和参加活动的详细情况和原因、相关测量方法和情况等重要内容。同时，1990年，该法对个别化教育计划（IEP）的内容进行了扩充，要求学校及其教师在残障学生的个别化教育计划中增加一项有关转换服务的内容。转换服务旨在培养残障学生继续中学后教育及就业、独立生活的能力，以使他们在中学后的生活中具有最大的独立性和创造性。①

## 二、澳大利亚残障人教育立法

1992年，澳大利亚出台了《残障人歧视法》（The Disability Discrimination Act 1992），旨在全方位消除对残障人的歧视。该法第22条第1项规定，教育主管部门如果因某人的残障或某人的关联人士的残障而在以下方面或藉以下做法歧视该人，即属违法：（1）拒绝或未能接受该人的入学申请；或（2）在拟接纳该人为学生而提出的条款或条件上。第2项规定，教育主管部门如果因某学生的残障或某学生的关联人士的残障而在以下方面或藉以下做法歧视该学生，即属违法：（1）拒绝或限制该学生获得由教育主管部门提供的任何利益；或（2）开除该学生；或（3）使该学生遭受任何其他不利。但是，该法同时指出以下两种情形不属于本法规定的违法：（1）完全或者主要为某类残障学生设立的教育机构，如果残障人不具有该类残障而遭受歧视，不属于本法规定的违法行为；（2）尽管教育主管部门有义务为残障学生提供特殊的服务或设施，但是如果提供这些服务或设施将给教育主管部门增加不合情理的困难时，即使教育主管部门拒绝或未接受残障人的入学申请，也不属于本法规定的违法。

2005年，澳大利亚司法部制定了《残障人歧视法》的附属法规——《2005年残障人教育标准》（The Disability Standards for Education 2005，以下简称《标准》）。《标准》详细地规定了教育主管部门及教育机构在残障人教育方面的法律责任、义务，并为受害者提供了投诉及维权渠道。《标准》的主要内容包括：（1）教育机构不得歧视残障学生，他们和普通学生享有同等的入学权利；必要时，教育机构还要进行合理调整以便残障学生和普通学生一样平等入学。（2）残障学生应和普通学生一样无歧视地参与课程、项目，享受设备和服务。（3）教育机构应当考虑残障学生的特殊需求，在咨询学生或者家长、监护人的基础上，根据其特殊需要增补一些课程。（4）教育机构应当根据残障学生的实际需求，提供必要的特殊服务，如提供录音笔、翻译人员等。（5）教育机构应有健全、完善的规章制度，保证残障学生及其相关人员不受骚扰和侵害，如果受到骚扰和侵害时，教育机构必须及时补救并提供相应的救济措施。②

值得一提的是，为了保证残障学生和普通学生一样平等接受教育，同时又不至于给教育机构增加过重负担，《标准》确立了教育机构的合理调整义务。合理调整义务包括三个层面的内容：（1）合理调整义务主要集中在课程项目、教学设施、教学方式等方面，原则上不得超出此范围；（2）合理调整应当考虑残障学生面临的障碍、需要，学生及其家长或监护人的意见，教学的实际要求，给他人带来的利弊以及调整的成本和费用；（3）对于残障学生及其家长或监护人提出的不合理调整，教育机构有权不予执行。

最后，《标准》还为残障学生及其家长或监护人提供了畅通的维权渠道：如果残障学生及其家长或监护人受到歧视，有权向澳大利亚人权和平等机会委员会（后更名为"澳大利亚人权

① 参见崔凤鸣：《美国〈残疾人教育法〉与残疾人高等教育》，载《比较教育研究》，2006（10）。

② See Disability Standards for Education 2005 plus Guidance Notes, available at http: //docs. education. gov. au/system/files/doc/other/disability _ standards _ for _ education _ 2005 _ plus _ guidance _ notes. pdf.

委员会”）投诉。委员会实行免费服务。当事人可以按照以下程序操作：寻求信息和帮助、提出书面投诉、投诉评估、投诉处理等。澳大利亚人权委员会（HREOC）通常会组织双方当事人进行调解，如果调解不成，当事人可以向澳大利亚联邦法院或地方法院提起诉讼。按照规定，此《标准》必须每五年审议一次。2015 年的审议正在进行中，将在 2010 年审议的基础上，检查过去的五年中在早期教育、学龄教育、职业教育及培训和高等教育中的学习需求和困难以及融合等方面所取得的进展，审核《标准》在支持残障学生在与其他学生平等的基础上接受教育及消除歧视方面的有效性。①

## 三、加拿大残障人教育立法

加拿大是一个年轻的国家，建国时间不到 150 年。但是，其残障人教育的历史却比较久远。在其《1982 年宪法》颁布之前，各省就开始陆续进行有关残障人教育方面的立法。与许多国家和地区不同的是，根据《1982 年宪法》的规定，加拿大的教育立法权属于各省省政府，10 个省的教育部长所组成的加拿大教育理事会负责促进各省之间的教育交流与合作，各省的教育部门负责本省的高等教育、中等教育、初等教育和残障人教育。在这样的体制之下，一方面，各省残障人教育立法开展情况存在一定差异；另一方面，各省又都有一个相同的基本原则——确保每个残障学生都有受教育的权利，教育机构有责任根据每个残障学生的特点为其提供教育和相关服务。加拿大的残障人教育立法主要有以下三个特点：

第一，非常重视残障人教育经费保障。以不列颠哥伦比亚省为例，该省 1890 年就开始为聋哑教育提供财政支持，1955 年还为障碍儿童设立了专门的教育计划资金，将其作为学区基本资金的一部分，称为“特批资金”。1979 年，该省的学校法（School Act）要求每个学区必须“为达到入学年龄的所有儿童提供适合的学校教育环境，并且学费全免”（第 155 条第 1 款）。在加拿大，残障学生接受教育所需经费的大部分一般都由政府财政支出，有的省大约 65% 的经费由省政府支付，剩下 35%来自地方税收，有的省如 New Brunswick 全部特殊教育经费都由政府负担，支出的特殊教育经费一般占全部教育经费的 10%～15% ，目前该比例还在不断上升。②

第二，有多层次的残障人教育法律体系。如前所述，加拿大教育立法权属于各省省政府。因此，形成了一个多层次的残障人教育法律体系。以安大略省为例，除了 1990 年的教育法案之外，该省还制定了有关学校管理、特殊学生鉴别和安置、特殊教育计划和服务、特殊教育咨询委员会等方面的法规。此外，加拿大的残障人教育立法体系还包括相关政策和计划备忘录，例如，《儿童学习需要的早期鉴别》（1982 年修订），《供聋、盲和盲聋特殊学生选择的教育计划》（1991 年 10 月），《学生心理学测试和评估》（1982 年 10 月）等。

第三，残障人教育法律、法规对各方权利、义务和责任的规定清晰并详尽。以安大略省为例，该省的法律、法规对教育部、教育机构、教师、家长在残障人教育方面的权利和义务作出了非常详细的规定。教育部主要负责残障人教育立法保障、建立经费保障系统、制定教育课程标准、对教育机构进行监管、设立特殊教育法庭和特殊教育咨询顾问。学区委员会主要负责监

---

① See Australia Department of Education and Training：2015 Review of the Disability Standards for Education 2005，available at https：//education. gov. au/disability-standards-education.

② 参见苏雪云：《加拿大特殊教育立法与实践》，载《中国特殊教育》，2004（12）。

督各类教育机构执行特殊教育法律法规情况、加强师资队伍建设、为残障学生准备个别化教育计划。特殊教育咨询委员会主要负责提供残障人教育的意见建议、会同教育机构审核残障人教育年度计划、为残障学生及其监护人提供咨询服务。学校校长主要负责贯彻落实有关残障人教育的各项法律和法规以及教育部的意见要求、确保残障学生评估鉴别和安置工作程序合法并合规和残障学生及其监护人的参与权。教师应当具备法律规定的任职资格，根据残障学生实际情况制定并及时调整教学计划。监护人除了为残障学生接受教育提供家庭支持之外，还要积极参与个别化教育计划的制订，并对学校的教育享有知情权、监督权。

## 四、丹麦残障人教育立法

丹麦的特殊教育法规体系主要由《国民教育法》及其补充文件、《学校管理条例》、有关特殊教育的文件、成人的特殊教育条例等组成。①

融合教育体系是丹麦残障人教育的重要特色。这体现在：在国民教育小学阶段，根据残障儿童的实际需要灵活安排：对于轻度残障的儿童实行完全融合的教育方式，地方普通学校有义务为他们提供必要的特殊服务，例如，由有资格的教师为他们提供特殊教育，提供教学过程中所需要的特殊教具等；对于重度残障儿童，由于他们特殊教育和特殊服务要求较高，普通学校通常很难满足，因此，在教育管理方面，由郡和地方政府共同负责。其中，地方政府负责对残障儿童进行诊断并决定其是否接受隔离程度较重的特殊教育，郡负责决定给予残障儿童何种类型的特殊教育和特殊服务。在初中、高中以及大学阶段，为保证残障学生与普通学生站在同一起跑线上，公平地参与学习和竞争，教育机构有义务为其提供必要的特殊服务和特殊措施。例如，申请免除某些科目的考试、变更考试形式、延长考试准备时间，改善学校环境，提供现代翻译设备、录音教材等。与世界其他国家相比，丹麦的学龄儿童中只有极少（约1%）的残障儿童在普通学校以外接受残障人教育，这意味着丹麦的融合教育程度已经达到了一个较高的水平。

此外，丹麦在残障人教育立法方面与其他国家亦有很多相同之处：一是经费投入充足。丹麦历来具有尊师重教的传统，政府充分认识到，只有使残障人接受更好的教育，才能有助于他们融入社会，有效地减少他们在工作和生活中受到歧视和排斥的可能。为此，丹麦对教育事业的投入很大，约占国民生产总值的10%左右，对残障人教育的经费投入也很充足，保证了残障人教育事业的良好发展。二是尊重残障儿童家长或监护人的参与权和决定权。在丹麦，父母不仅可以参与子女个别化教育计划的制订和实施过程中，还享有对子女学校教育方面的评价权利，这种评价权利每年至少一次，必要时可以重新选择学校。三是重视对残障人教育师资的培训。一方面，为普通学校教师开设特殊教育课程，使普通学校的教师掌握必要的特殊教育技能；另一方面，为普通学校教师和特殊学校教师提供一起接受在职培训的机会，方便他们随时进行研讨和交流，分享彼此的知识、经验和心得体会。

## 五、英国残障人教育立法

为促进残障人教育事业发展，英国政府制定了一系列的法律和政策，对残障人教育事业进

① 参见牟玉杰：《丹麦特殊教育研究》，辽宁师范大学2004年硕士学位论文。

行指导和规范，予以法律和制度上的保障。主要有：

1.《教育法》。英国颁布过多部教育法。1976年的《教育法》是在1969年的教育议案的基础上，增加了6项新的条款，其中一条规定“把障碍儿童放在普通学校接受教育”，这在英国教育立法史上具有里程碑意义，第一次对残障儿童进入普通学校学习的权利予以立法保障。1981年的《教育法》在从隔离式教育到一体化教育再到融合教育方面迈出了实质性的一步。该法颁布之后，残障儿童、学习困难儿童以及普通儿童之间的严格界限开始变得模糊。该法还详细地提出了家长参与残障儿童教育的具体权利和程序，赋予家长可以就他们的孩子享受特殊教育服务进行咨询的权利、对地方教育当局对孩子的安置决定不服提出上诉的权利，并规定在不影响其他儿童的教育以及能有效利用资源的情况下，有特殊教育需要的儿童应尽可能地在普通学校接受教育，从而在法律上促进一体化教育的推行。①

2.《特殊教育需要鉴定与评估实施章程》。根据1993年的《教育法》，英国教育与技术部在1994年制定并颁布了《特殊教育需要鉴定与评估实施章程》(SEN code of practice)，并于2001年进行了修订。文件阐明了在评定和满足残障人教育需要过程中，学校和地方教育部门应当遵循的程序和准则，并提供了详细的教育服务模式以促进残障人教育实践的发展，这种模式有助于为每一个残障人提供最好的特殊教育服务。② 据统计，在2005—2006年度，共有27.8万学生得到SEN code of practice的帮助，占学生总数的2.81%；享受公费资助的各类特殊学校的SEN覆盖比例也达到95.72%，非公费资助的特殊学校则为84.82%。

3.《残障人歧视法》。1995年，英国议会通过了《残障人歧视法》(The Disability Discrimination Act 1995)，法案旨在保障残障人在就业、接受物质或服务、教育、公共交通等方面不受歧视，并对残障的定义、国家残障委员会和国务大臣的职责等作出了明确规定。该法规定，在每郡的年度报告中应当包括非官方学校或财政拨款学校的一份报告，其中应记载以下信息：对残障学生的入学安排；为防止残障学生受到差于其他学生的待遇而采取的措施；为帮助残障学生进出学校所提供的便利条件。③ 高等教育投资委员会依据该法向继续教育部门内的学校管理机构提供财政支持，可以强加如下条件：要求该管理机构在规定期间公布残障报告书，它记载了该机构为残障人提供的教育设施进行描述的信息。

4.《平等法》。2006年英国出台了《平等法》，并于2010年修订了此法。法案旨在为促进不同类型人群的公平，包括妇女、少数民族、残障人、有不同宗教或信仰的人群、老年人、女同性恋、男同性恋、双性恋、变性人等。法案对公共部门与私有部门的角色和职责作出了更加明确的界定，并提出了更加严格的要求，其中明确规定要加强对残障人的保护，使其免受歧视。

5.《特殊教育需求与残障人法》。2001年5月，英国议会通过了《特殊教育需求与残障人法》(Special Education Needs and Disability Act 2001, SENDA)，这项法案实际上是对1995年《残障人歧视法》(The Disability Discrimination Act 1995) 的补充。该法明确规定所有教育机

---

① 参见赖德胜、赵筱媛等：《中国残疾人就业与教育现状及发展研究》，113页，北京，华夏出版社，2008。

② The Sen Code of Practice [EB/OL], http://www.dfes.gov.uk/publications/guaidanceonthelaw/dfeepub/ju100/020700/ practice/page1.htm, 2007-04-30.

③ 参见1995年《英国残疾歧视法》，见中国残疾人联合会网站，http://www.cdpf.org.cn/zcwj1/gjwx/200711/t20071112_25334.shtml。

构及其相关机构有义务对残障人接受教育过程中的特殊需要进行估计，即使某些教育机构暂时没有相关服务，一旦有残障学生需要，则应做到立刻提供该项服务。

英国的残障人教育立法主要有以下特色：

第一，残障人教育主要分为五个阶段，每个阶段都有具体的负责机构。第一阶段（由学校负责）：教师或者教辅人员确定儿童的特殊教育需要，收集信息，与特殊教育需要协调人协商，采取早期行动；第二阶段（由学校负责）：特殊教育需要协调人协调特殊教育需要，与教师一起拟定个人教育计划；第三阶段（由学校负责）：特殊教育需要协调人向特殊教育专家征询意见与建议；第四阶段（学校和地方教育部门负责）：地方教育部门考虑当前评估的需求，如果合适，制定一项多学科评估制度；第五阶段（学校和地方教育部门负责）：地方教育当局考虑"诊断报告"的需要，如果合适，作出安排，调控并监督特殊教育服务。①

第二，经费投入充足。政府为残障人教育设立了各种专门基金，主要有：(1) 标准基金(Standard fund)，英国残障人教育资金大部分来源于该基金，它涵盖了英国残障人教育项目50%的费用；(2) 学校启动基金（School Access Initiative)，该基金主要是帮助地方教育部门提高接受残障学生的能力；(3) 校外活动基金（Out of school hour activities)，该基金主要用于援助那些自强不息的儿童和年轻人。地方教育部门有权决定资金的分配，学校也可以直接向各种基金会提出申请。此外，对每一种基金的用途、使用对象、申请程序、申请时限和可申请到的数额都作出了明确规定。②

第三，家长或监护人积极配合残障人教育。在英国，家长或监护人广泛参与残障人教育，地方教育部门应当告知家长或监护人享有的法定权利及相关法律条文。家长或监护人有权知道教育机构对子女采取的教育措施，有权查阅子女的教育记录；可以向相关机构提出对子女特殊教育需求的评估与申请，如果对评估结果不满意的，还可以请第三方专业评估人员进行重新评估；有权参加个别化教育计划的制订、实施和检查，与专业人士和教师一起讨论子女的教育目标以及为达到这些目标需要采取的措施等。值得一提的是，为保障家长对其子女教育情况反对或上诉的权利，英国还专门成立了特殊教育需要法庭（SNE Tribunal)，倾听家长对子女特殊教育需要方面的意见、建议、要求，由于该法庭独立于中央和地方政府运行，对地方教育部门行使权力具有较强的约束力，因而受到家长们的普遍欢迎。

## 六、韩国残障人教育立法

1977 年 12 月 31 日，韩国颁布了《特殊教育振兴法》(SEPL)，1994 年进行了全面修订。2004 年，又在对该法进行批判分析的基础上开始制定新的法律，并于 2007 年通过了新的特殊教育法。新的特殊教育法从 2008 年开始实施，是韩国残障人教育的主要法律保障。主要内容包括以下四个方面：

1. 教育支援对象扩大。该法第三章第 15 条第 1 款将特殊教育对象分为十类，分别为：视觉障碍、听觉障碍、智力障碍、肢体障碍、情绪与行为障碍、自闭性障碍、交流障碍、学习障碍、健康残障、发育迟缓。相比之前的《特殊教育振兴法》(SEPL) 增加了发育迟缓和自闭性

---

①② 参见王俊：《英国全纳教育研究——对我国随班就读教改试验的启示》，华东师范大学 2002 年硕士学位论文。

障碍两种类型。同时，该法第 14 条第 3 款还规定："监护人或各级学校的校长若发现有第十五条第一款规定的残障或怀疑婴幼儿及学生有残障时，应向教育厅长或教育部长委托诊断评价。"①

2. 无偿、义务教育年限延长。该法将无偿、义务教育的年限从上下两个维度进行了延长，由之前的 3～17 岁延长为 0～18 岁。即婴儿期由之前的无规定变为无偿教育，幼儿期由之前的无偿教育变为义务教育，高中阶段由之前的无偿教育变为义务教育。需要说明的是，无偿教育和义务教育是两个有关联但不同的概念：无偿教育是从免费的角度来说的，而义务教育在韩国不仅是国家的义务，更是国民的义务，也就是说，接受教育是国民应尽的义务。

3. 设置残障人终身教育设施。终身教育设施主要是为那些已过学龄期的残障人接受教育所用。该法第 34 条规定：国家及地方自治团体为那些未接受基础教育，但已过学龄期的残障人设置终身教育设施；国家及地方自治团体之外者要设置第 1 款规定的残障人终身教育设施，应具备由总统令规定的设施和设备并有教育部长记录。此外，韩国还对残障人教育设施的标准进行了规范，主要包括：教室每间实均基准面积 49.5 平方米以上，并配备必要的学习设施、设备；提出设置和运营残障人终身教育设施所需的指导标准；参照《终身教育法》第 20 条规定的设置学校形态的终身教育设施的条件及《终身教育实行规则》第 2 项规定的设置、运营学校形态的终身教育设施标准。②

4. 注意保护残障学生及其家长或监护人的权利。在保护残障学生不受歧视方面，该法第 4 条明确规定：以残障为由，拒绝招收入学条件合格者；在提供第 28 条规定的特殊教育相关服务时区别对待；参与授课及校内外活动时有排斥现象；保护人在参与各项活动时区别对待；在入学考核中的区别对待，如以残障为由要求个别面试或体检等。有上述情况的，残障学生及其家长或监护人可以向特殊教育运营委员会提出审议请求，可给予 300 万韩元以下罚款。③ 在保障家长及监护人权利方面，该法第 16 条第 4 款规定：在第 1 款规定的诊断、评价过程中必须保障父母等保护人陈述意见的机会；第 17 条第 2 款规定：教育厅长或教育部长根据第一项规定安置特殊教育对象时，应综合考虑特殊教育对象的残障程度、类型、监护人的意见等因素，将特殊教育对象安置在离居住地区最近处。④

## 七、台湾地区残障人教育立法

1984 年，我国台湾地区制定了第一部"特殊教育法"，总共有 25 条，主要规定了特殊教育对象、教育年限、教育规模、教学原则、教学质量以及相关服务⑤，残障人教育是该法的主要内容。为包括残障人教育在内的特殊教育进行专门立法，充分体现了台湾地区对残障人教育事业的高度重视。然而，尽管该法内容比较全面，但是具体条文规定比较笼统，对很多制度的规定都不够详尽，操作性不强。为此，1987 年，台湾地区教育行政部门制定了"特殊教育法实施细则"，对"特殊教育法"进行了细化，旨在增强法律的可操作性。据有关部门统计，"特殊教育法"及"特殊教育法实施细则"出台后，一方面，特殊儿童的入学率有了大幅度的提高；另一方面，学校提供的特殊服务与特殊儿童的实际需要存在较大差距。1997 年，台湾地区对

---

① 黄霞：《韩国新特殊教育法述评》，载《现代特殊教育》，2008 (12)。

②③④ 参见黄霞：《韩国新特殊教育法述评》，载《现代特殊教育》，2008 (12)。

⑤ 参见张继发、李贤智：《台湾"特殊教育法"立法及其启示》，载《华中师范大学学报》，2006 (2)。

“特殊教育法”进行了修订，条文从25条增加到33条。主要变动有：（1）把身心障碍的定义作了更明确的规定，将原来的性格异常和行为异常合并为严重情绪障碍，增加了自闭症和发展迟缓两类；（2）加强了学前特殊教育，对身心障碍的幼儿教育应向下延伸至3岁；（3）对身心障碍学生“随班就读”工作作了更细的规定，以满足学生学习需要为前提，最少受限制的环境为原则，提供个别化教学和无障碍学习环境及相关服务；（4）明确规定“各级主管教育行政机关应设专责单位”，改变以往没有专门的主管特殊教育的机构，对特殊教育经费有了偏宽编制和确定比例的条文，确保特殊教育经费的投入。另外，在家长参与、社会支援等方面作了一些改变和突出。① 此后，在2001年和2004年，台湾地区对“特殊教育法”又进行了两次修订，但是法律条文没有增减，内容也没有太大变化，主要是对相关部门的权利与义务作出了更加细化的规定，旨在进一步增强法律的可操作性。

直到2009年，台湾地区对“特殊教育法”再次进行了修订，这次修订有三个特色之处（如下表所示）②：

| 特色 | | 内容 |
|---|---|---|
| 尊重专业与专业团队 | 各项委员会重视教师组织代表的参与 | 将教师组织代表引入特殊教育咨询会和学生鉴定与就业辅导委员会（第5、6、49条） |
| | 尊重特殊教育专业 | 在各项委员会、办理特教业务及特殊教育学校校长之资格上，均有规范专责办理或具备特教专业素养（第5、6、7、14、26、28条） |
| 充实身心障碍者教育 | 扩大情绪行为障碍适用范围 | 将“严重情绪障碍”修改为“情绪行为障碍”，把ADHD（俗称过动儿）、有情绪问题或行为问题或者两者兼有的学生全部涵盖（第3条） |
| | 提高特殊教育预算经费 | 特殊教育预算经费由原来的3%提高到4.5%；各地仍然维持当地教育主管预算额度的5%（第9条） |
| | 增设特殊教育学校 | 各市、县至少设一所特殊教育学校（分校或班），每校可设多校区以普及特殊教育（第25条） |
| | 扩大特殊教育到成人阶段 | 将旧法规定的教育阶段由高中（职）以下扩展到成人阶段（第10条） |
| | 增加交通费补助 | 旧法只规定在国民教育阶段补助交通费，新法规定在各个教育阶段均能享受交通费补助，避免弱势家庭因支付不起交通费而辍学（第33条） |
| 健全特殊教育体制 | 明确规范各阶段特殊教育咨询委员会及鉴辅会组成 | 将特殊教育咨询委员会和学生鉴定与就业辅导委员会扩大到各级主管机关（第5、6、7条） |
| | 为增设特殊教育行政人员提供法律依据 | 可依据实际需要遴聘及进用特殊教育教师、特殊教育相关专业人员及助理人员（第14条） |
| | 实现零拒绝的目标 | 不得以身心障碍为由，拒绝学生入学或应试，并且应提供适当的升学辅导（第22、27、29条） |
| | 建立特殊教育支持系统及行政网络 | 详细规范特殊教育支援系统、行政支持网络及评鉴办法（第42～47条） |

① 参见张继发、李贤智：《台湾“特殊教育法”立法及其启示》，载《华中师范大学学报》，2006（2）。

② 参见吴胜儒、邱林兴、周国生、陈锡辉：《新修订特殊教育法之特色》，载《身心障碍研究》，2010年第8卷第1编。

## 八、启示

综上所述，美国、澳大利亚、丹麦、加拿大、英国、韩国以及我国台湾地区残障人教育立法给我们带来了一些启示，主要体现在：

第一，上述国家和地区对残障人教育事业非常重视，都认识到健全、完善的立法是推动残障人教育事业健康、持续发展的重要保证。因此，它们根据经济社会发展的实际情况和残障人教育事业的需要，不断修订相关法律、法规，逐步完善有关配套制度，使得残障人教育法律体系比较发达。

第二，在残障人教育立法的路径选择上，有的国家和地区选择了专门立法模式，例如，美国、澳大利亚、韩国和我国台湾地区；有的国家没有采取专门立法模式，而是采取了分散立法模式，残障人教育的有关法律条文体现在多部法律、法规中。加拿大还具有多层次的残障人教育法律体系，既包括教育法，还包括省政府制定的许多法规，甚至还有相关政策和计划备忘录等。

第三，上述国家和地区的残障人教育立法都有许多共同的关注点，主要包括：(1) 将受教育权作为残障人的一项基本权利，尽力使所有的残障人，包括婴幼儿和成人都能接受免费的、适宜的教育，即所谓的“零拒绝”原则。在韩国，政府还要为已过学龄期的残障人提供终身教育设施。(2) 为确保残障学生与普通学生平等竞争，法律要求政府教育主管部门和教育机构为残障学生提供必要的特殊服务和特殊设施，即合理便利，如提供录音笔、盲文教材以及根据残障学生实际情况延长考试时间、免除某些科目考试等。澳大利亚专门对合理调整义务作出了详细规定，残障学生及其家长或监护人提出的合理调整要求，教育机构不得拒绝。(3) 注重个别化教育，依据残障学生的身体状况和学习能力制订具体的教育计划。美国要求教育机构、教师要会同残障学生及其家长或监护人共同制订个别化教育计划，政府教育主管部门要对此进行指导、监督和检查。(4) 保障残障学生及其家长或监护人的合法权益，在残障人教育中，注意保障家长或监护人的知情权、参与权、监督权，并为合法权益遭到侵犯的残障学生及其家长或监护人提供行政和司法救济。澳大利亚人权委员会免费处理残障学生及其家长或监护人的投诉，英国成立了专门的特殊教育需要法庭，听取家长或监护人对特殊教育的意见、建议、要求，处理有关争议。(5) 残障人教育经费投入比较充足，美国在2004年修订《残障人教育法》时，对教育辅助性技术、人员安排、幼儿和学生家庭项目的资助分别提高33%、9%、8%；还有一些国家和地区对教育经费占GDP的比例以及残障人教育经费占总教育经费的比例都作出了明确规定，以保证残障人教育事业的发展需要。(6) 重视残障人教育师资建设，我国台湾地区注重发挥教师的作用，将教师代表引入特殊教育咨询会和学生鉴定与就业辅导委员会；为提高残障人教育学校教师质量，美国2004年《残障人教育法》对“高素质”残障人教师需要具备的条件作了明确规定；丹麦为已经取得普通教育任职资格并具有实际教学经验的教师提供为期1年的特殊教育硕士课程，考核合格后颁发特殊教育教师任职资格证书。此外，还为特殊教育教师和普通学校教师一起培训提供机会，以便他们随时进行研讨和交流，分享彼此的知识、经验和心得体会。

第四，配套制度完善，制度的可操作性较强。残障人教育是一项系统工程，需要各方面的配套制度作为保障。英国根据1993年《教育法》专门制定了《特殊教育需要鉴定与评估实施章程》，阐明了在评定和满足残障人教育需要过程中，学校和地方教育部门应当遵循的程序和准则，并提供详细的教育服务模式以促进残障人教育的发展；加拿大《特殊学生鉴别和安置法规》也对包括残障学生在内的特殊学生的评估、安置以及个别化教育计划等作出了详细规定。

第五，法律、法规对残障人教育各方主体的权利、义务、责任作了清晰规定。加拿大安大略省对教育部、教育机构、教师、家长在残障人教育方面的权利和义务作出了非常详细的规定，前面已经列表说明，不再赘述，其他国家和地区亦有类似规定。

第六，从发展趋势看，残障人教育经历了隔离式教育到一体化教育再到融合教育的发展历程，回归主流和融合教育的理念已经深入人心，残障人教育立法必须顺应这一趋势——无论残障人的类别与程度，应尽可能使每一位残障人都有正常的教育和生活环境，避免残障人的社会隔离。

## 第四节　我国残障人教育立法状况

### 一、我国残障人教育的法律渊源及主要内容

自 1982 年《宪法》颁布以来，我国陆续出台的一些法律、行政法规、地方性法规、部门规章或地方政府规章都有关于残障人教育方面的内容。其中，1994 年颁布的《残疾人教育条例》是我国第一部残障人教育专项行政法规。我国残障人教育的法律渊源及主要规定如下：

#### （一）宪法

《宪法》第 45 条规定，中华人民共和国公民在年老、疾病或者丧失劳动能力的情况下，有从国家和社会获得物质帮助的权利。国家和社会帮助安排盲、聋、哑和其他有残疾的公民的劳动、生活和教育。

#### （二）法律

我国的教育类法律、《残疾人保障法》、《妇女权益保障法》、《未成年人保护法》等法律均对残障人教育有相关规定。具体内容如下：

1.《教育法》。第 10 条规定，国家扶持和发展残疾人教育事业。第 38 条规定，国家、社会、学校及其他教育机构应当根据残疾人身心特性和需要实施教育，并为其提供帮助和便利。

2.《义务教育法》。第 2 条规定，国家实行九年义务教育制度，所有适龄儿童、少年必须接受教育。第 6 条规定，国务院及地方政府应保障残疾的适龄儿童、少年接受教育。第 11 条规定，适龄儿童、少年因身体原因需要延缓入学或者休学的，应得到乡镇人民政府或县级教育行政部门批准。第 19 条规定，县级以上政府根据需要设置特殊教育学校（班），并应具备适应残疾儿童和少年学习、康复、生活特点的场所和设施。普通学校应当接收具有接受普通教育能力的残疾适龄儿童、少年随班就读，并为其学习、康复提供帮助。第 31 条规定，特殊教育教师享有特殊岗位补助津贴。第 43 条规定，特殊教育学校（班）学生人均公用经费标准应当高于普通学校学生。第 57 条规定了拒绝接收具有接受普通教育能力的残疾适龄儿童、少年随班就读的法律责任。

3.《高等教育法》。第 9 条规定，高等学校必须招收符合国家规定的录取标准的残疾学生入学，不得因其残疾而拒绝接收。

4.《职业教育法》。第 7 条规定，国家采取措施扶持残疾人职业教育的发展。第 15 条规

定，残疾人职业教育除由残疾人教育机构实施以外，其他各类教育机构也应按照规定接收残疾学生。第32条规定，职业教育机构对残疾学生的学费应当酌情减免。

5.《残疾人保障法》。该法对残疾人教育的规定主要集中在第三章，主要内容包括：有关单位的职责、依特性实施教育、发展方针、办学渠道、普通教育方式、特殊教育方式、成人教育、师资以及辅助手段九个方面。

6.《妇女权益保障法》。第18条规定，国家采取措施保证残疾人口中的适龄女性儿童、少年完成义务教育。

7.《未成年人保护法》。第10条规定，不得歧视有残疾的未成年人。第28条规定，各级政府应当保障残疾人口中的未成年人接受义务教育。

(三) 行政法规

《残疾人教育条例》、《学校体育工作条例》、《义务教育法实施细则》等行政法规对残障人教育也有相关规定。

1.《残疾人教育条例》。这是我国第一部有关残障人教育的专项行政法规，共分九个部分：总则、学前教育、义务教育、职业教育、普通高级中等以上教育及成人教育、教师、物质条件保障、奖励与处罚、附则。

2.《学校体育工作条例》。第9条规定了学生因病、残免修体育课或者免除体育课考试的办理办法。

3.《义务教育法实施细则》。第26条规定了盲童学校（班）、聋哑学校（班）、弱智儿童辅读学校（班）的设置权限。第32条规定，盲聋哑和弱智儿童学校的师资由省级政府根据实际情况组织培养。

(四) 部门规章

《特殊教育学校暂行规定》的主要内容包括：总则，入学及学籍管理，教育教学工作，校长、教师和其他人员，机构与日常管理，卫生保健及安全工作，校园、校舍、设备及经费，学校、社会与家庭，附则。

(五) 地方性立法

1992年12月28日，全国人大通过《残疾人保障法》后，各地先后制定并出台了相关实施办法，其中有部分内容是关于残疾人教育的。

## 二、残障人教育立法若干重要制度的对比分析

(一) 个别化教育计划

《残疾人教育条例》第19条规定："……并根据学生残疾状况和补偿程度，实施分类教学，有条件的学校，实施个别教学。"第20条规定："残疾儿童、少年特殊教育学校（班）的课程计划、教学大纲和教材，应当适合残疾儿童、少年的特点。"第21条规定："随班就读残疾学生的义务教育，可以适用普通义务教育的课程计划，教学大纲和教材，但是对其学习要求可以有适度弹性。"应该说，这些规定具有个别化教育计划的端倪，但亮点明显不足。首先，这些规定重视对学生的分类，而不是以个人为单位制定个别化教育计划。其次，这些规定过于笼统，难以落实。以美国为例，一项个别化教育计划必须包括以下内容：(1) 孩子当前的学业成就和功能性行为水平；(2) 可测量的年度学业及功能目标，以满足学生特殊的与普通课程相关

的教育需要及与普通课程无关的教育需要；(3) 将如何测量目标的完成情况，及什么时候该定期汇报该目标进展情况；(4) 将要提供的特定的特殊教育及相关服务、补充性辅助和服务、计划调整及人员支持；(5) 儿童在普通课堂以及课外非学术性活动中不能与非残障儿童共同参与的程度；(6) 在州或者地区管理范围内的适当的调整（如果有）；(7) 服务和计划调整的预期频率、持续时间及地点；(8) 转衔目标以及从第一份 IEP 就已拟定、从孩子 16 岁时开始生效的服务。[①] 由此可见，个别化教育计划内容必须非常具体，只有这样，才具备很强可操作性。

### （二）残障人教育经费保障

《残疾人教育条例》第 44 条规定："残疾人教育经费由各级人民政府负责筹措，予以保证，并随着教育事业费的增加而逐步增加。县级以上各级人民政府可以根据需要，设立专项补助款，用于发展残疾人教育。地方各级人民政府用于义务教育的财政拨款和征收的教育费附加，应当有一定比例用于发展残疾儿童、少年义务教育。"第 45 条规定："国家鼓励社会力量举办残疾人教育机构或者捐资助学。"从法律的规定看，我们仅仅明确了残障人教育经费的筹措主体，并在原则上提出要逐步增加，但是却没有具体的量化规定。然而，对比其他国家和地区，绝大多数都有具体的量化规定。例如，在加拿大，特殊教育经费均由政府财政支付，有的省特殊教育经费占到全部教育经费的 10%～15%；我国台湾地区在 2009 年修订"特殊教育法"时，将特殊教育预算经费由原来的 3%提高到 4.5%，各地仍然维持当地教育主管预算额度的 5%。

### （三）合理调整制度

《残疾人教育条例》第 21 条规定："普通学校应当按照国家有关规定招收能适应普通班学习的适龄残疾儿童、少年就读，并根据其学习、康复的特殊需要对其提供帮助。有条件的学校，可以设立专门辅导教室。"这是法律要求教育机构按照残障学生的需要提供特殊服务，以便他们能够顺利进行学习。此项规定与澳大利亚的合理调整义务相比，不仅显得过于笼统，缺乏操作性，而且混淆了义务主体。"能适应普通班学习的适龄残疾儿童、少年"这一限定条件暗示学校没有法定义务接受不符合"条件"的学生。相比之下，在澳大利亚，作为《残障人歧视法》的附属法规，司法部在 2005 年制定的《残障人教育标准》中对合理调整义务作出了详细规定，操作性更强。比如，明确规定合理调整义务主要适用于"教学课程、教学设施、教学方式"等；又如，在履行合理调整义务时，要充分考虑学生的实际情况以及监护人意见，还要考虑履行该义务的成本以及给他人造成的不利影响。同时，还对履行合理调整义务的时间作出了规定，以及不履行该义务的救济措施。

### （四）残障学生的评估、鉴定

《残疾人教育条例》第 16 条规定："县级人民政府教育行政部门和卫生行政部门应当组织开展适龄残疾儿童、少年的就学咨询，对其残疾状况进行鉴定，并对其接受教育的形式提出意见。"该条实际上是有关残障学生就学咨询、评估和鉴定的规定。与我国仅用一项条文作出规定相比，英国等国家对残障学生的评估、鉴定体系要健全、完善得多。例如，英国教育与技术部在 1994 年专门制定了《特殊教育需要鉴定与评估实施章程》，对鉴定和评估过程中有关部门应当遵循的程序和准则作出了详细规定，并且也有大量残障学生接受了评估与鉴定；加拿大也

---

① 参见［美］丹尼尔·P·哈拉汉、詹姆士·M·考夫曼、佩吉·C·普伦：《特殊教育导论》，第 11 版，肖非等译，32 页，北京，中国人民大学出版社，2010。

专门制定了《儿童学习需要的早期鉴别》(1982年修订),《学生心理学测试和评估》(1982年10月11日)等,专门规定残障儿童、少年的评估、鉴定和咨询问题。

(五)残障学生及其家长或监护人的权利保护

《残疾人教育条例》第14条规定:"适龄残疾儿童、少年的父母或者其他监护人,应当依法使其子女或者被监护人接受义务教育。"除此以外,该条例再无残障学生家长或监护人享有的权利方面的规定。相比较而言,丹麦十分重视发挥家长或监护人的参与权和决定权,父母不仅可以参与子女个别化教育计划的制订和实施过程中,还享有对子女学校教育方面每年一次的评价权;在美国,父母或监护人享有"得到书面的有关其子女教育的分类或安置方面的通知"、"在子女的教育问题上发生争议时,有权要求听证"等权利;在澳大利亚,2005年《残疾人教育标准》为残障学生及其家长或监护人提供了畅通的维权渠道,残疾学生及其监护人一旦受到歧视,可以向人权委员会投诉,委员会实行免费服务,通常会组织双方当事人进行调解,如果调解不成,当事人可以向澳大利亚联邦法院或地方法院提起诉讼。

(六)残障人终身教育

关于残障人终身教育的问题,在我国基本属于立法空白。而韩国专门设置了残障人终身教育设施,为那些已过学龄期的残障人接受教育提供服务。[①]

## 三、我国残障人教育立法存在的主要缺陷

从上述对比分析中可以看出,我国残障人教育立法存在明显缺陷,主要表现在:

(一)残障人教育的专门性立法层次低

虽然国务院早在1994年就出台了《残疾人教育条例》,对残疾人教育作出专门规定。然而,这毕竟只是一部行政法规,立法层次较低,难以发挥应有作用。而综观世界发达国家和我国台湾地区,它们都将残障人教育立法摆上很高的立法层次。美国国会在1975年就制定了《所有残障儿童教育法》,并根据实际变化进行及时修改;台湾地区也在1974年制定了"特殊教育法",并在1997年、2001年、2004年和2009年进行了四次修订;英国不仅在《教育法》中对残障人教育作出了规定,而且议会于2001年通过了《特殊教育需求与残障人法案》。国外残障人教育立法主要由国会、议会负责,我国台湾地区是由"立法院"负责。由最高立法机关立法,一方面,体现了它们对残障人教育的重视;另一方面,也保证了法律应有的权威,有助于法律得到良好的执行。此外,我国的残障人教育立法,除了《残疾人教育条例》这部行政法规外,还有若干规定散见于其他法律、法规和规章中,这些规定缺乏统一思想,没有形成逻辑体系,有的甚至出现互相矛盾的现象。

(二)法律规定原则性强而操作性弱

现行残障人教育方面的立法宣誓性条文居多,不少法律条文仅仅带有"鼓励"、"宣誓"、"号召"之意,内容空洞,权责不清,条文与现实脱节,令有关权利与义务主体无所适从,严重损害了法律的权威性。以《残疾人教育条例》第44条第2款为例,该款规定:"县级以上各级人民政府可以根据需要,设立专项补助款,用于发展残疾人教育。"实际上,在什么情况

---

① 韩国《特殊教育法》第34条规定,国家及地方自治团体为那些未接受到基础教育,但已过学龄期的残疾人设置终身教育设施,教室每间实均基准面积49.5平方米以上,并配备必要的学习设施、设备,并提出设置和运营残疾人终身教育设施所需的指导标准等。

下需要，在什么情况下不需要，大家无从得知。此外，如何设立专项补助款，如何使用、管理、监督也都语焉不详。再如，第 44 条还规定："地方各级人民政府用于义务教育的财政拨款和征收的教育费附加，应当有一定比例用于发展残疾儿童、少年义务教育。"在此，一定的比例如何理解？具体是多少没有说明，从理论上说这个一定的比例可以是 1%，也可以是 99%。这样的规定在《残疾人教育条例》等有关残障人教育方面的法律、法规中比较常见，使得这些法律条文沦为"软法"，既没有操作性，也缺乏约束力。

（三）制度不健全、不完善，制度缺失现象普遍存在

残障人教育事业的发展，离不开健全、完善的法律制度作保障。然而，从我国现在的立法情况看，制度缺失的现象普遍存在。《残疾人教育条例》第 19 条规定，"有条件的学校，实施个别教学"，但这仅是一项原则性的规定，和国外的个别化教育制度相去甚远。从国际上通行的做法看，残障儿童入学之前应当经过评估和鉴定程序，以确定他们残障的类型和程度，以便为他们提供适当的教学方式和必要的特殊服务，但是，我国目前的立法并未有关于评估和鉴定制度的系统规定。再就经费保障制度来说，《残疾人教育条例》第七章"物质条件保障"对残障人教育经费问题作出了规定，但是没有建立包括筹集、使用、监督在内的残障人教育经费保障制度。投入不足是制约残障人教育事业发展的一个重大原因。

（四）立法明显滞后，未能体现与时俱进

法律的生命力在于根据时间的推进和实际的变化作出及时修订，以防止内容落后，或与发展脱节。综观发达国家乃至我国台湾地区，它们的立法机关都无一例外地根据变化了的情况及时对残障人教育法律、法规作出及时修订。美国国会在 1975 年制定并颁布了《所有残障儿童教育法》之后，先后于 1986 年、1990 年、1997 年和 2004 年进行了四次修订并更名，以确保该法与社会现实的变化相适应。我国台湾地区在 1984 年制定了第一部"特殊教育法"，并于 1987 年制定了该法的实施细则，对有关规定进行细化，增强法律的可操作性。在此基础上，还在 1997 年、2001 年、2004 年和 2009 年对该法进行了四次修订。韩国在 1977 年颁布《特殊教育振兴法》之后，于 1994 年进行了全面修订，从 2004 年又开始对该法进行批判分析，并于 2007 年通过了新的特殊教育法。反观我国的情况，我国的《残疾人教育条例》制定于 1994 年，至今已实施了近 22 年尚未完成修改（2010 年已启动修订工作）。而在这些年里，随着经济、社会和教育事业的快速发展，法治环境的优化，《残疾人教育条例》已经明显不适应当前残障人教育事业发展的要求，主要体现在：一是大力发展残障人教育事业不仅被提上全面贯彻落实科学发展观、构建和谐社会的重要议事日程，而且逐渐成为全社会的共识。二是《残疾人教育条例》中的部分内容与其他法律、法规不协调。2006 年，第十届全国人大常委会第二十二次会议通过了新的《义务教育法》；2007 年，我国签署了联合国《残障人权利公约》；2008 年，第十一届全国人大常委会第二次会议通过了新的《残疾人保障法》。上述这些国际条约、法律的理念、精神、原则和制度与现行的《残疾人教育条例》不相协调。三是融合教育理念在不断普及和推广，残障人应当在最少差别、最小限制的环境中学习和成长，而当前的《残疾人教育条例》难以满足这一要求。四是《残疾人教育条例》的内容和当前的实践有所脱节。例如，随着经济社会的快速发展，在经济保障方面，我们的物质条件更加雄厚，可以为残障人教育事业提供更大的支持；在残障的界定方面，智力障碍、自闭症、脑瘫以及多重残障婴儿、儿童、少年、成人都应纳入残障人教育范围，成为特殊教育的一部分，享有特殊教育专业支持下的真正

意义的融合教育；此外，近年来，有关残障人教育方面的理论研究成果较多、实践经验也比较丰富，这些都迫切需要反映在立法当中。

## 第五节　我国残障人教育立法的完善

### 一、制定专门的《残障人教育法》

接受教育对残障人未来的生存和发展至关重要。正如邓朴方所说："能否受教育意味着残疾人能否在事实上得到生存的权利，能否掌握自己的命运，摆脱在社会生活中'沉底'的境况。"①第二次全国残疾人抽样调查数据显示，尽管残障人受教育的情况比1987年第一次全国抽样调查时有所提高，但仍然处在较低水平。即使是这样，15岁及以上残障人文盲人口有3 591万人，文盲率为43.29%；在全国残障人口中，具有大专及以上文化程度的残障人为94万人，占全部残障人口的1.13%。②实实在在地发展残障人教育，确保他们接受免费的、适宜的融合教育，不断提高他们的生产、生活和参与竞争的能力，是使他们摆脱依靠社会、他人"输血"，增强自身"造血"功能的重要途径，是其获得平等、参与、共享能力并真正享有人格尊严的基本保证。③一只木桶的容量取决于最短的一块木板；一根锁链的强度取决于最弱的一环。残障人教育状况不仅直接影响到我国的教育事业以及人口素质的整体水平，而且是我国教育水平与社会文明程度的"试金石"。

在民主法治社会，公民的权利主要通过法律保障，残障人接受教育的权利亦不能例外。回顾残障人教育事业的发展历程，我们可以发现，法律对于保障残障人的受教育权有重要的推动作用。早在1970年，比利时就制定了《特殊教育法》，对残障人教育作出系统规定。1972年，丹麦教育部也制定了第一部关于特殊教育的法律条款，随后，又制定了其他六部法律条款。④前面提到，美国制定的《所有残障儿童教育法》经四次修订，并于2004年更名，不仅内容发生变化，对残障人的称谓也及时删除消极的、负面的含义。1977年，韩国颁布了《特殊教育振兴法》，并于2007年在该法的基础上制定了新的《特殊教育法》。我国台湾地区也制定了"特殊教育法"，并于2009年进行了最新修订。改革开放以来，我国残障人教育事业的快速发展与长足进步，一方面是因为经济社会发展取得了举世瞩目的成就，为残障人教育事业奠定了坚实的物质基础；但更为重要、更为直接的原因是《残疾人保障法》、《残疾人教育条例》等法律、法规的颁布实施，从立法上为残障人接受教育、获得更多的发展机会扫清了障碍。

然而，静止是相对的，运动才是绝对的，事物总是在不断地发生变化，当初促进残障人教育事业发展的法律、法规在现实条件下由于自身的缺陷变成了制约残障人教育事业进一步发展的消极因素。如前所述，我国残障人教育立法存在四项明显缺陷：一是立法层次低，法律权威性不足；二是法律条文原则性强而操作性弱；三是国内外一些先进的制度在法律中没有体现，即便是一些基本内容，也存在不健全、不完善的问题；四是立法明显滞后，法律规定与现实存

① 邓朴方：《文明与进步的呼唤》，载《特殊教育文件选编（1990—1995）》（内部资料），204～211页。

② 参见第二次全国残疾人抽样调查主要数据公报，见 http：//www.gov.cn/jrzg/2007-05/28/content_628517.htm。

③ 参见汪海萍：《论加强特殊教育立法的必要性与可行性》，载《中国特殊教育》，2007（7）。

④ 参见钱小龙、邹霞：《丹麦特殊教育的发展概况》，载《中国特殊教育》，2004（4）。

在诸多脱节的地方。上述种种问题的存在，严重地阻碍了我国残障人教育事业的发展进步。由此可见，进一步加大残障人教育立法力度，不仅十分必要，而且非常迫切。

加强残障人教育立法，首先是立法模式的选择问题。综观国内外的立法，主要是或者采取专门立法模式，或者采取分散立法模式。专门立法，即将有关残障人教育方面的法律制度按照一定的逻辑整合、统一，制定一部《残障人教育法》或《特殊教育法》，美国、丹麦以及我国台湾地区主要采取这种模式。分散立法模式，即将有关残障人教育方面的法律制度不集中规定在某部法律中，而是分散规定在若干法律中。英国有关残障人教育方面的法律制度就分散规定在《教育法》、《残障人歧视法》等法律、法规中。还有一些国家从立法上明确把分散立法和专门立法相结合，共同保障融合教育。例如，美国在普通教育法中包含对特殊教育的同等原则，尤其是对专业队伍的质量和老师的专业素养提出了高要求。确保残障学生首先是普通教育学校的学生，特殊教育和普通教育作为相辅相成的一个系统，以成果为导向，共同承担教育残障学生的任务。[①] 我国的残障人教育立法比较适宜采取专门立法模式，理由如下：一是从残障人教育事业发展的现实需求看，我国的残障人数量巨大，专门立法有利于显示国家对残障人群体受教育权这一基本权利的重视，有助于社会各界知法、学法、守法，更有利于有关部门执法，强化尊重和保障残障人受教育权的良好氛围，将残障人教育事业推上法治化、规范化轨道。二是从专门立法的法律基础看，他山之石可以攻玉，世界上其他国家和地区残障人教育立法日趋成熟，他们成功的经验和失败的教训可以为我所用，体现在我们的立法之中。前面提到的《残疾人教育条例》，还有不少法律制度分散在《义务教育法》、《残疾人保障法》、《未成年人保护法》、《妇女权益保障法》中，此外有不少省、自治区和直辖市制定有相应的地方性法规或实施条例，这些法律之间尽管尚未形成科学的逻辑体系，但无疑为制定专门的《残障人教育法》奠定了较好的基础。三是从世界上其他国家的情况看，大多数国家都采取了专门立法的模式，要么制定了残障人教育法，要么制定了特殊教育法。后者相对于前者来说对平等的受教育权利保护更广泛一些，它旨在保障残障和所有有特殊学习需求的人能够在专业的支持下（即特殊教育专业）、在融合的教育系统中接受同等质量的教育，有利于关注每个学生的不同特点和需求，能够给予处于边缘化和高危境地的人群及时的教育保障。即便是一些没有采取专门立法模式的国家，也在教育法或者反歧视法中对残障人教育进行了相对集中详细的规定。在英国，1976年出台的《沃诺克报告》被英国议会接受并成为1981年与1993年《教育法》的基础，这两部法律详细地规定了地方当局确保残障儿童在普通学校接受适当的教育的义务与办法。[②]

其次是立法形式选择问题。当代中国主要的法的形式包括：宪法、法律、行政法规、地方性法规、自治条例与单行条例、行政规章、特别行政区法、国际条约。其中，宪法、法律和行政法规在中国法的形式体系中分别居于核心地位或尤为重要的地位。[③] 就法律和行政法规的比较看：第一，法律是全国人大及其常委会制定，行政法规是国务院制定，两者制定的主体不同。全国人大作为国家最高权力机关，常委会作为国家最高权力机关的执行机关，其权威性显然比国务院要高。第二，法律规定的是国家、社会和公民生活中某一方面带有根本性的社会关

---

① See *No Child Left Behind* (*The Elementary and Secondary Education Act*) 2002, available at http://www2.ed.gov/policy/elsec/leg/esea02/index.html.

② See O'Hanlon, Christine, *Special education integration in Europe*, London: David Fulton Publishers, 1993.

③ 参见张文显主编：《法理学》，2版，74页，北京，高等教育出版社，2003。

系或基本问题，而行政法规是用于行政管理和管理行政事项的，从内容上也可以明显看出法律规定的内容更加重要。第三，从法的位阶上看，法律的地位和效力低于宪法而高于其他法，而行政法规不得与宪法和法律相抵触。由此可见，无论是从法的制定机关，还是从法的内容以及法的位阶上比较，法律都是比行政法规更为权威的形式。我国《残疾人教育条例》作为一部行政法规，实施 22 年来，尽管取得了显著的成效，但是也存在诸多不足之处，而这就与立法层次过低有较大的关系。因此，从残障人教育事业发展的客观需求来说，以《宪法》和《教育法》为依据，在整合现有的立法，即《残疾人教育条例》及其他有关残障人教育方面的法律、法规的基础上，由全国人大或其常委会制定专门的《残疾人教育法》应为首选。

再次是从联合国《残障人权利公约》产生的意义中，我们应当看到制定一部专门的特殊教育法的重要性。残障人权利的推进历来在世界各地都是经历过难以想象的艰难历程。因为许多国家保障残障人权利的规定散落在很多法律中，所以没有得到足够的重视，能够切实落实下来、使残障人受益的很少。尤其是当各种法律之间和执行系统就残障人权利保护方面相互矛盾，不能衔接和相互配合时，对残障人的保护就显得甚微，往往是纸上谈兵。对残障的消极意识和观念导致法律的落实更是难上加难。保障残障人受教育基本权利对于残障人其他权利实现的重要性毋庸置疑。因此，我国亟须制定一部专门的特殊教育法或残障人教育法，在相关概念的科学界定，杜绝基于残障的教育歧视，融合教育的相关原则，普通教育和特殊教育的相关职责，评估与测量，教师资格，各阶段的教育，家庭在幼儿，学前和学龄教育各阶段的权利和义务，经费保障和法律责任等重大问题作出明确规定，这是一件紧迫和意义重大的事件。

## 二、残障人教育法的基本原则

### （一）教育平等原则

教育平等原则是宪法“公民在法律面前一律平等原则”在教育事业中的具体体现，也是社会公平正义这一基础价值在教育领域的延伸。这一原则在残障人教育立法中至少包括以下三层含义：第一，残障人在学习机会和学习过程方面，享有与普通人同等的权利，即要做到“零拒绝”和“无歧视”。第二，平等既包括形式意义上的平等，也包括实质意义上的平等。形式平等就是同等情况同等对待，实质平等则将个人所处的社会背景、曾经遭受的不公正等因素考虑在内，不排斥通过区别对待实现实质上的平等。第三，接受教育既是我国公民的权利，也是一项应尽的义务，受教育权并不是某个年龄段的公民的专利。因此，教育平等原则还要求除了为适龄的残障学生、儿童提供免费的、适宜的教育以外，对于已过学龄期的残障人也要根据实际提供相应的终身教育设施，使得他们能够平等地参与社会竞争。

### （二）适当教育原则

适当教育原则着眼于为残障人创造最少受限制的环境，为他们提供最适宜的教育。美国早在 1982 年就确立了这样的观点：残障学生有权得到免费的、合适的公共教育，为其“提供个别化教学，以进行有效的支持性服务，使得孩子能从此教学中获得教育性利益”。这里的“合适”，重在通过恰当的方法识别残障学生的需要，进而通过改革教育系统，选择适当的方式满足这些需要。实际上，个别化教育计划是适当教育原则在教学活动中的集中体现。坚持适当原则，就要在对残障人进行科学鉴定、评估的基础上，为其提供合适的教学方式、制定合理的教学目标、采取适当的教学措施。

（三）特别扶助和保护原则

从广义上说，特别扶助和保护原则是教育平等原则的一个方面，即对残障人进行特别扶助和保护，是实质平等的内在要求。该原则主要包括以下两层含义：一是体现融合教育的发展方向，最大限度地减少差别，帮助他们克服学习和生活中的困难，使他们能够在与其他人平等的基础上接受教育；二是采取必要的医疗和其他措施，促进残障人康复，逐步改变其弱势地位，为其融入社会奠定基础。

## 三、残障人教育法的主要内容

健全、完善的残障人教育立法，是促进残障人身心健康发展，切实保障残障人受教育权的关键，提高残障人综合素质，促使其更好地平等参与社会的重要途径。在认真分析当前我国残障人教育立法现状的基础上，借鉴世界各国（地区）包括我国台湾地区残障人教育立法的成熟经验，笔者认为，我国的残障人教育法应当包含以下主要内容：

（一）对残障人接受教育实行全覆盖

当前，我国的《残疾人教育条例》将残障人教育分成四个部分，分别为学前教育、义务教育、职业教育、普通高级中等以上教育及成人教育。应该说，从法律条文本身的角度，这样的规定似乎已经将所有残障人都纳入了教育范围。但是，由于条例规定过于纲领性、简单，使得在执行的过程中出现种种问题。大量学龄期的残障人都无法接受教育，更不用说残障婴幼儿和成年残障人了。因此，应充分吸收美国、韩国等国的成功经验，在年龄上将残障人教育向上下两个维度延伸：地方政府必须为3～5岁的学前残障儿童提供免费的、合适的公立教育；要为0～2岁的残障婴幼儿（包括发育迟缓者）提供早期的咨询、干预和康复服务及家长支持；真正树立终身教育原则，加大人、财、物的投入，为已过学龄期的残障人提供终身教育设施和机会，使得残障人能够全部享受教育。对于残障人接受教育进行全覆盖还意味着推进融合教育。只有让主流学校实施融合教育，残障学生才能与同龄人获得同等质量的教育，才能实现就近入学，融入社区。

（二）鉴定、评估和安置制度

对残障人进行科学的鉴定、评估是开展残障人教育的重要前提，健全、完善的鉴定、评估制度有利于及时、准确地界定残障人的类型以及所需要的服务，有助于教育机构为其提供有针对性的教育，也有利于家庭了解和满足孩子的需求。首先，要进一步规范鉴定评估人员资格条件、鉴定评估规则、鉴定评估程序等。具体来说，遴选专家学者、教育行政人员、教育机构行政人员、教师代表、家长代表、专业人员、有关团体代表共同参与残障学生的鉴定、评估和安置；鉴定、评估和安置作为残障人教育的重要配套制度，其实施方法、原则、程序等有关事项，无法在残障人教育法中进行非常细致的规定，可在实施细则中进行详细规定或由有关机关另行规定。其次，要坚持非歧视性原则。对残障学生的评估、鉴定和安置，不受性别、年龄、语言、民族、宗教、家庭情况以及残障特征等的影响，对残障的类型、程度和所需要的教育和服务进行客观、公正的鉴定评估。

（三）优化教育安置方式

融合教育是残障人教育事业的可持续发展方向，残障人教育立法必须顺应这种趋势并在立法中体现出来。应将残障人教育与普通教育相结合，以普通教育为主，在事前鉴定、评估的基础上，鼓励和接受残障儿童进入普通学校就读，并为他们制订个别化教育计划；对残障程度较重、情况特殊，或不愿意到普通学校上学的残障儿童，帮助他们选择适合的特殊学校（班级），进行特殊的教育和培训。值得说明的是，这种安置方式并非一成不变。要打通普通学校和特殊教育学校的机制，使在特殊学校（班级）就读的残障学生，经过特别的培训和康复训练之后，意愿发生改变或者康复效果良好的，也应及时转入普通学校就读。当然，融合教育对普通学校的师资、经费、管理水平、设施等提出了更高的要求，这就需要各级政府采取切实有效措施，为普通学校接纳更多的残障学生提供各方面的保障，并不断提高普通学校教育残障学生的能力。

（四）提高教师的综合素质

目前，我国残障人教育师资建设比较滞后，主要体现在：一是师资队伍的规模不大，不能满足残障人教育事业发展的需要；二是师资队伍稳定性差，师资流失的问题比较突出；三是师资队伍的素质参差不齐，有些不具备专业的知识和技能。据统计，目前仅有1.1%的具有特殊教育大专以上学历，27.6%的具有特殊教育中师学历，17.7%的教师经过半年以上的短期培训。[①] 在这方面，我们可以学习、借鉴我国台湾地区的经验，实行残障人教育教师专业证书制度，并可考虑在残障人教育法之外制定专门的残障人教育专业人员及辅助人员遴选办法，作为配套法规，对残障人教育师资的编制、任职资格、待遇、职称评定标准、遴选聘用、教育培训等事项作出详细规定。

（五）对个别化教育计划作出详细规定

其主要内容包括：学生的基本情况（基本资料、生理状况、智力状况、身心主要障碍或表现情况、目前的教育学业情况），目前学生最主要的特殊教育需要及相应的行为水平或现状（基础量），从特殊需要出发提出的相应的特殊教育的教学目标（目标量），目标完成情况的评价（教学效果），完成目标量所需要的教学教育措施，制订个别化教育计划的成员（包括教师、学校管理人员、家长或监护人、相关专业人员，必要时还包括残障学生本人）。

（六）各主体的权利与义务

第一，地方各级人民政府。地方各级人民政府主要从宏观上对残障人教育事业进行规划，确保残障人教育经费的足额投入，各地政府应当定期就残障人教育经费的投入进行合理预算（在同等情况下，残障学生的经费标准应为普通学生的4～6倍），并保证专款专用；此外，国家每年征收了大量的残障人就业保障金，可以拿出一部分资金用于支持残障人教育事业，尤其是和职业技能相关的学校教育、培训，提高残障人的素质，增强他们的就业能力；要充分认识到融合教育的重要性、发展趋势，做好早期融合的铺垫，统筹规划，逐步提高普通学校接受残障学生的能力，这既是推广融合教育的前提和基础，更是推广融合教育的难点所在。

第二，政府教育主管部门。根据残障人教育方面的法律、法规制定具体实施措施，监督教育机构执行法律、法规的情况，参与制订残障学生的个别化教育计划和服务信息指南，参与残障学生的鉴定、评估和安置，听取残障学生及其家长或监护人的意见建议，对教育机构的教学、管理以及财务情况进行监督等。

第三，残障人教育机构。为残障学生提供适当的教育以及学习和生活中的便利条件，参与

---

① 参见朱寅年：《特殊教育：呼唤走出角落见阳光》，载《现代教育报》，2005-03-17。

个别化教育计划的制订、实施、检查、评估，一定条件下的教育惩戒权；履行合理调整义务，合理调整应考虑残障学生面临的障碍、需要，学生及其家长或监护人的意见，教学的实际要求，给他人带来的利弊以及调整的成本和费用，对于残障学生及其家长或监护人提出的合理调整请求，教育机构应当予以满足。

第四，残障学生及其家长或监护人。家长或监护人有权知道教育机构对子女采取的教育措施，有权查阅子女的教育记录；可以向相关机构提出对子女特殊教育需求的评估与申请，如果对评估结果不满意的，还可以请第三方专业评估人员进行重新评估；有权参加个别化教育计划的制订、实施和检查，与专业人士和教师一起讨论子女的教育目标以及为达到这些目标需要采取的措施。在享受权利的同时，家长或监护人也要履行相应义务：保证残障儿童、少年入学接受教育，协助教育机构实施教育，为子女接受教育提供帮助。

第五，社会。残障学生除了在家庭、教育机构接受教育之外，还要在社会中接受教育和生活，因此，全社会都应当树立尊重、关爱残障人的理念，有关社区、社会组织、工青妇等社会团体要关心残障人教育，发挥积极的作用，采取切实、有效的措施，为残障人接受教育、融入社会创造良好的社会氛围。

（七）建立畅通的权利救济渠道

无救济则无权利。目前，我国法律对残障学生及其家长或监护人正当权益受到侵害时的救济缺乏相应的规定。这也是导致残障人受教育权未能得到充分尊重的原因。因此，应考虑从以下方面制定残障人受教育权的救济制度：一是残障学生及其家长或监护人的正当权益受到侵害的，享有申诉和诉讼的权利；二是教育行政部门对残障学生及其家长或监护人提出的申诉必须进行调查处理，并通报结果，调查处理应有时限规定；三是当事人对调查处理不服的，有权向上一级教育行政部门提出复议，或向人民法院提起诉讼；四是由于残障人在身心上均处于不利地位，有时在维权方面存在困难，法律除了允许其家长或监护人可以代为维权外，还应当探索鼓励公益组织（例如各级残联组织）代为维权；五是无论是申诉还是诉讼，都应是免费的。

# 第五章
# 残障人就业法

## 第一节 残障人就业现状

只要存在针对残障人的就业歧视，势必会对残障人的就业产生非常不利的影响，并且在与就业有关的关键指标上会有十分明显的反映；这些数据也会进一步反证残障人就业歧视的严重程度。

### 一、残障人就业率低且失业率高

就业率是衡量残障人就业歧视的一项最具代表性的指标。由于各国对残障和残障人的认定、就业标准、计算方法等方面存在很大差异，所以，各国残障人的就业率很难进行绝对性的比较。但是，任何国家通过残障人和健全人就业率的比较，可以非常明显、确定地反映出残障人在就业领域遭受歧视的实际情况。从世界卫生组织、世界银行发布的《2011 年世界残障报告》看，男性残障人的就业率整体上比男性健全人低 8 个百分点，女性残障人的就业率整体上比女性健全人低 10 个百分点。

美国劳工部统计数据显示，2011 年 9 月，16 岁以上残障人的就业率①为 17.7%，而非残障人为 63.8%；16 岁以上有劳动能力的残障人的失业率②为 16.1%，而非残障人为 8.5%。2012 年 9 月，16 岁以上残障人的就业率为 18.2%，而非残障人为 64.2%；16 岁以上有劳动能力的残障人的失业率为 13.5%，而非残障人为 7.3%。③ 残障人的就业率与非残障人差距甚大，残障人的失业率相当于非残障人的近两倍。

加拿大关于劳动和收入动态调查资料显示，1999—2002 年间残障人的就业率为 48%～53%，而同时期非残障人的就业率为 76%～77%。2001 年，关于参与和活动限制调查得到了基本相同的结果，调查资料显示，15～64 岁劳动年龄段的残障人就业率为 44%，而非残障人的就业率是 78%。④ 残障人的就业率要远低于非残障人的就业率。

2008 年，西班牙国家统计局“残障、个人自主及依赖情形调查”显示，西班牙残障人的活动率是 35.5%，其中男性为 40.3%，女性为 31.2%。残障人的总就业率是 28.3%，其中男

---

① 指就业年龄段残疾人就业人数与残疾人总人数之间的比率。

② 指就业年龄段残疾人失业人数与就业年龄段有就业能力的残疾人之间的比率。

③ 见美国劳工部网，http：//www.bls.gov/news.release/empsit.t06.htm。

④ See A Government of Canada report，*Advancing the inclusion of persons with disabilities*，p.39，http：//www.sdc.gc.ca.

性为33.4%，女性为23.7%。残障人的总失业率是20.3%，其中男性占17.2%，女性占24%。[①] 调查数据显示，2002年印度残障人的就业比例仅为34%。[②]

2006年，我国台湾地区15岁以上人口的平均劳动参与率为57.92%，但是身心障碍者的劳动参与率却只有24.84%，不足前者的一半。15岁以上人口的平均失业率为3.9%，但是身心障碍者的失业率却高达15.87%，是前者的将近四倍。[③]

2006年，第二次全国残疾人抽样调查数据显示，在我国城镇残障人人口中，就业年龄段在业的残障人数为297万人，就业年龄段不在业的残障人数为470万人，城镇就业年龄段残障人在业率只有38.7%，超过六成的残障人没有就业。[④] 中国残疾人状况及小康进程监测报告显示，2010年度劳动年龄段生活能够自理的城镇残障人就业比例为34.0%，农村为49.2%。城镇残障人登记失业率仍然达到8.6%，为全国城镇登记失业率的2倍。[⑤] 虽然没有我国整体就业率的具体数据，但是从国家公布的2011年年末全国就业人员76 420万人，其中城镇就业人员35 914万人，城镇登记失业人数922万人，城镇登记失业率为4.1%等数据来看[⑥]，我国残障人的就业率与健全人的就业率之间的差距还是很大的。

综上所述，我们可以得出以下结论：虽然世界各国在具体数据上存在较大差距，但总的说来，残障人的就业率远低于健全人的就业率，而残障人的失业率又远高于健全人的失业率。尽管在不同国家这种差距有大有小，但是这种差距还是十分明显地反映出残障人在公开劳动力市场普遍遭受歧视。

## 二、残障人获得的工作岗位较差

对于残障人的就业歧视还体现在工作岗位的获得上。在行业选择上，残障人很难进入一些高薪的行业，残障人多数从事的是一些边缘性行业，我国许多残障人福利性企业即是最好例证。残障人很难获得稳定的就业岗位，残障人获得全职工作岗位的机会明显低于非残障人，许多残障人只能从事非正规就业。我国残障人在进入公务员队伍时面临十分严重的歧视现象，很多符合条件的残障人都难以进入公务员队伍。

2005年美国统计资料显示，21岁至64岁年龄段内残障人获得全职（full-time）工作岗位的比例仅为26.5%，而非残障人的比例为62.9%。残障人获得全职工作岗位的机会不足非残障人的一半。残障人和非残障人获得非全职（part-time）工作岗位的比例大致相同，残障人为19.1%，非残障人为20.6%。[⑦]而另一项调查统计显示，美国44%的残障人从事劳务派遣和非

---

① 参见《西班牙关于〈残障人权利公约〉实施情况的初次报告》，日内瓦：联合国人权高专办，2010。

② 见印度社会公正和权利部网站，见 http://socialjustice. nic. in/aboutdivision3. php.

③ 参见台湾残障联盟：《2008年身心障碍者处境报告》，见身心障碍e能网：http://www. enable. org. tw/iss/detail. php? id=36.

④ 参见第二次全国残疾人抽样调查办公室：《第二次全国残疾人抽样调查主要数据手册》，17页，北京，华夏出版社，2007。

⑤ 参见中国残联：《2010年度中国残疾人状况及小康进程监测报告》。上年度城镇残疾人登记失业率更高，为13.6%。

⑥ 参见人力资源和社会保障部：《2011年度人力资源和社会保障事业发展统计公报》，见 http://www. mohrss. gov. cn。

⑦ See U. S. CENSUS BUREAU, *Americans With Disabilities: 2005*, http://www. census. gov/hhes/www/disability/sipp/disable05. html.

全职工作，而非残障人只有 22%。[①] 印度 87%的残障人士都在非正规就业单位就业。[②]

由于残障人整体上不能进入相对高薪的行业，并且残障人整体上获得稳定就业的可能性也比健全人低，决定了残障人与健全人之间的收入势必会存在较大差距。因此，国家在制定反残障人就业歧视立法和政策时，应当注重消除对残障人的“行业壁垒”，提高残障人稳定就业率，并对从事非正规就业的残障人提供相应保障政策。

## 三、残障人获得的工作报酬较低

由于残障人就业歧视现象普遍存在，残障人通过就业获得的收入要低于非残障人的平均收入。2001 年调查显示，加拿大工作年龄段成年残障人的工资水平为 26 760 加元，而工作年龄段成年非残障人的工资水平为 32 085 加元。[③] 2006 年我国台湾地区就业者的平均薪资为 4 4107 元新台币，而身心障碍者为 27 367 元新台币，仅相当于前者的 62%。[④]

产生这种状况的原因主要有：一是残障人难以进入薪酬待遇较好的行业、难以获得较为稳定的就业岗位，因此导致残障人的收入水平降低。二是残障人就业存在“同工不同酬”的现象，笔者曾经在实地调研中发现，在某残障人集中就业单位，雇主给予残障人职工的工资只相当于健全人职工工资的一半。如果说拒绝招录残障人是赤裸裸歧视的话，对残障人采取“同工不同酬”就是赤裸裸的剥削。三是我国还存在残障人“虚假就业”的现象，一些用人单位为了免交残障人就业保障金或者获得税收减免，将残障人列为职工名单，但是不允许残障人实际就业，每月按照当地最低工资水平甚至象征性地为残障人发“工资”，这不仅导致残障人实际就业权利被侵害，而且导致残障人的收入远远低于同单位的健全职工。

## 四、部分残障人遭受严重歧视

首先，重度残障人会受到比非重度残障人更为严重的歧视。在加拿大，残障程度越重，获得长期工的机会越少，工作年龄段成年轻度残障人可以获得长期、全职工作的比例为 41%，而中度残障人的比例为 28%，重度残障人的比例只有 17%，极重度残障人的比例仅为 10%。[⑤] 美国 21 岁至 64 岁的非残障人就业率为 82%，同年龄段非重度残障人为 77%，而重度残障人只有 26%。[⑥] 另一项调查显示，非残障人获得全职工作的比例为 62.9%，非重度残障人获得全职工作的比例为 48.1%，重度残障人获得全职工作的比例仅为 15.6%。而没有就业的重度残障人比例为 69.3% ，非重度残障人为 24.8%，非残障人为 16.5%。[⑦] 总之，残障人受到的歧视与残障人的残障程度成正向比例，残障程度越重，受到的歧视就越严重；残障人的就业率、

---

①② See World Health Organization ，The World Bank，*WORLD REPORTON DISABILITY*，Malta：World Health Organization 2011，p. 237.

③ See *A Government of Canada Report*，*Advancing the Inclusion of Persons with Disabilities*，p. 4，http：//www. sdc. gc. ca.

④ 参见台湾残障联盟：《2008 年身心障碍者处境报告》，http：//www. enable. org. tw/iss/detail. php? id=36。

⑤ See *A Government of Canada Report*，*Advancing the Inclusion of Persons with Disabilities*，p. 41，http：//www. sdc. gc. ca.

⑥ See Mark L. Lengnick Hall，Philip Gaunt，Jessica Collison，*Employer Incentives for Hiring Individuals with Disabilities*，*Society for Human Resource Management*，USA，2003，p. 1.

⑦ See U. S. CENSUS BUREAU，*Americans With Disabilities*：*2005* ，http：//www. census. gov/hhes/www/disability/sipp/disable05. html.

就业待遇与残障程度成反向比例，残障程度越重，就业率越低，就业待遇越差。

其次，残障类别会对就业歧视产生相关影响，不同类别的残障人受到的歧视会有一些差异，精神障碍人和智力障碍人会受到比其他类别残障人更为严重的歧视。《2011 年世界残障报告》指出，精神障碍人往往受到最为严重的歧视，29%的精神分裂症患者无论是在寻找工作时还是在保有工作上都经历过歧视，42%的精神障碍人在申请工作、教育或者培训时感到必须隐瞒他们的情况。一项研究发现，智力障碍人不能就业的比例是其他残障人的三至四倍，他们要经受更频繁和更长时期的失业。他们更难获得竞争性的就业岗位，更多在隔离性的场所就业。① 1995 年《印度残障人机会均等、权利保护和全面参与法》中规定，政府部门应当为视力障碍人、听力障碍人和行动障碍人分别保留 1%的职位，但对精神障碍人和智力障碍人则无此专门规定。美国听力障碍人的就业率可以达到 59.1%，视力障碍人的就业率仅为 40.8%，有一项或者多项日常活动受限的残障人的就业率只有 19.5%。②

再次，残障妇女经常会受到“残障”和“女性”双重歧视。加拿大 2001 年的调查显示，残障妇女普通收入是20 821加元，低于非残障妇女的24 776加元，低于残障男性的32 385加元，低于非残障男性的38 677加元。残障妇女在工资水平上要受到残障和性别的双重歧视。③ 2012 年 9 月，美国 16 至 64 岁的残障女性的就业率为 25.1%，低于残障男性的 30.3%，远低于非残障女性的 65.5%和非残障男性的 76.3%。④

## 五、残障人经济状况普遍较差

由于歧视的存在，残障人就业率低、工资待遇低、工作稳定性差，残障人经济状况普遍较差，一些残障人生活十分贫困。第二次全国残疾人抽样调查发现，2005 年我国有残障人的家庭户人均全部收入城镇为4 864元，农村为2 260元，而当年全国人均收入水平城镇为11 321元，农村为4 631元；无论是城镇还是农村，残障人家庭的人均收入都不足全国人均水平的一半。⑤残障人个人经济状况更差。按照我国新的国家扶贫标准2 300元计算，我国农村残障人贫困人口的比例超过 40%。美国 25 岁至 64 岁重度残障人的贫困率是 27.1%，而非重度残障人的贫困率为 12.0%，非残障人的贫困率为 9.1%。⑥

残障人往往还存在一些其他健全人不存在的经济支出，比如精神障碍人需要不间断地服药来控制病情；肢体障碍人需要使用轮椅等辅助器具，聋人需要助听器、人工耳蜗等辅助器具，这些辅助器具还需要不时地更换和维修；许多残障人的居住生活场所需要进行无障碍改造；一些残障人的出行也需要无障碍交通工具；等等。残障人在衣、食、住、用、行等方面可能都存

① See World Health Organization ，The World Bank，*WORLD REPORTON DISABILITY*，Malta：World Health Organization 2011，pp. 238，240.

② See U. S. CENSUS BUREAU，*Americans With Disabilities*：2005 ，http：//www. census. gov/hhes/www/disability/sipp/disable05. html.

③ See *A Government of Canada Report*，*Advancing the Inclusion of Persons with Disabilities*，p. 41，http：//www. sdc. gc. ca.

④ 参见美国劳工部网站：http：//www. bls. gov/news. release/empsit. t06. htm。

⑤ 参见第二次全国残疾人抽样调查办公室：《第二次全国残疾人抽样调查主要数据手册》，50 页，北京，华夏出版社，2007。

⑥ See U. S. CENSUS BUREAU，*Americans With Disabilities*：*2005* ，http：//www. census. gov/hhes/www/disability/sipp/disable05. html.

在一些特殊的需求，而这意味着残障人需要比健全人更大的经济支出。

残障人的收入少、支出大，往往导致残障人的经济状况普遍低于社会平均水平。因此，消除残障人就业歧视，不仅有利于保障残障人的就业权利，而且有助于改善残障人的经济状况，为残障人及其家庭的稳步发展奠定基础。

## 第二节 残障人就业特殊保护制度

为了消除对残障人的就业歧视，切实保障残障人的就业权利，许多国家在立法中规定了针对残障人就业的特殊保护制度。最典型的是按比例就业制度，要求雇主必须按照规定的比例安排残障人就业，此外还有专产专营制度，比如，韩国和我国台湾地区规定保健按摩行业交由盲人专营，其他残障人和健全人都不得从事保健按摩行业。我国规定的残障人就业特殊保护制度比较完整，包括针对残障人的按比例就业制度、就业优先制度；针对残障人集中就业单位的专产专营制度、优先生产经营制度、优先采购制度等。通过这些特殊保护制度对残障人就业进行积极保护，以直接对抗雇主可能给予残障人的就业歧视，以确保残障人在就业中的实质平等。

### 一、按比例就业制度

#### (一) 按比例就业制度概述

英文中 quota system 最早出现在 1921 年的美国立法中，最初目的是限制每年进入美国的外来人口数量，随后成为要求雇主按比例雇用少数群体雇工的制度，并被引用到残障人就业之中。按比例就业在不同立法中的具体术语表达有一些差异，比如，中国大陆使用按比例就业，我国台湾地区使用定额进用，香港相关文件中使用就业配额，但是其基本含义没有太多实质性的差别。印度在公立机构中实行职位预留制度（Reservation System），实际也是按比例就业制度，只是按比例就业的落实方式有所不同而已。

按比例就业，是指依据法律规定，雇主应当按照全部雇员的一定比例招募和录用残障人雇员，并为残障人雇员提供与健全人雇员同等待遇的制度。最早规定残障人按比例就业的是 1944 年英国《残障人（就业）法》，该法规定雇员超过 20 人的雇主必须按照规定的比例安排残障人就业，具体比例分为标准比例和特别比例，由劳动和国民服务部部长通过命令规定，实际上执行的标准比例是 3%。按比例就业开创了消除残障人就业歧视的一项全新制度。尽管英国在《1995 年残障歧视法》中取消了按比例就业制度，但是该制度对世界范围内的残障人就业立法产生了重要而深远的影响。1944 年国际劳工组织第 71 号《就业（战争向和平过渡）建议书》中采纳了该制度并向世界各国推广；20 世纪 80 年代之后，许多国家都先后采纳了按比例就业制度。目前，世界大约 50%的国家都采取了按比例就业制度。①

按比例就业制度具有以下四项特征：(1) 按比例就业是雇主的责任，各个国家规定的承担此项义务的雇主范围不同，有的仅规定公立机构具有按比例安排残障人就业的义务，有的则规定无论是公立机构还是私立机构都有按比例安排残障人就业的义务。(2) 按比例就业的对象是残障人，目的是促进残障人就业。由于各国的残障人认定标准不同，有的国家残障人占总人口

---

① See *Quota for Employment in the Public Sector*, http: //www.zeroproject.org.

的比例只有3%，有的国家残障人占总人口的比例达到20%，这会导致各国按比例安排残障人就业的实际状况差异很大。另外，各国对于是否所有残障人都属于按比例安排就业的对象也不尽相同，比如，印度规定只有听力障碍人、视力障碍人和肢体障碍人才属于按比例安排就业的对象范围，德国规定只有残障程度超过50%的人才适用《重度残障人法》的保护。(3) 雇主不履行按比例安排残障人就业的义务将承受不利法律后果。多数国家规定要对雇主按照相应标准征收罚金或类似的补偿金，一些国家还规定了相应的行政责任和刑事责任。国家对于按比例安排残障人就业的雇主和超过比例安排残障人就业的雇主提供相应的政策支持，比如，发放就业补偿金、代替雇主为残障人缴纳社会保险费、税收减免等。(4) 雇主对于雇用的残障人必须与非残障人雇员提供相同或者大致相同的待遇，才符合按比例就业的本意；如果残障人雇员同工而低酬，或者在工作岗位安排、晋升、培训、福利待遇等方面享受的待遇差于非残障人雇员，那么也就背离了按比例安排残障人就业的初衷。

按比例就业制度是针对残障人就业歧视采取的一项积极措施，其目的是通过这种反歧视措施消除残障人承受的就业不利后果，促进残障人实质上的就业公平。

### (二) 按比例就业制度的类型

虽然世界上数十个国家都规定了按比例安排残障人就业制度，但是各国之间的规定还是有很大差异，基本上可以分为三种类型：第一种是仅规定公立机构适用按比例安排残障人就业制度，对私立机构不作规定或者只作鼓励性规定；第二种是规定公立机构和私立机构按照相同比例安排残障人就业；第三种规定公立机构和私立机构按照不同比例安排残障人就业。

#### 1. 类型之一：公私机构按不同比例安排残障人就业

日本按比例就业制度。从1960年起，日本就开始实行按比例安排残障人就业制度。日本《残障人雇用促进法》规定政府和地方公共团体、一般企业都应当按比例雇用残障人，但是没有规定具体比例。雇用残障人的具体比例每五年根据情况重新以政令的形式予以确定。日本目前规定用人单位雇员总数超过56人的，应当承担按比例雇用残障人的义务，一般民间企业为1.8%，特殊法人为2.1%，国家和地方公共团体为2.1%，都、道、府、县等教育委员会为2.0%。对于雇员超过200人的企业，如果未依法雇用残障人的，按照每人每月5万日元征收纳付金，用以补贴、奖励达到残障人法定雇用率的企业和雇用较多残障人的中小企业，雇用1名重度残障人相当于雇用2名残障人。自2015年4月开始，此项规定适用的企业范围将扩大至雇员人数超过100人的企业。

韩国按比例就业制度。韩国《残障人就业促进和职业康复法》规定，国家和地方政府雇用残障人的比例不得低于2%，如果政府雇用的残障人达不到2%的比例，那么政府在新招聘公务员时必须拿出5%的岗位专门用于招聘残障人。1991年在执行该项制度时，政府机构雇用残障人的比例只有0.52%；到2005年，政府机构雇用残障人的比例就达到2.25%。但是，近来这个比例有所下降，2007年仅为1.6%。为了促进政府机构雇用更多的残障人，目前韩国政府机构雇用残障人的比例执行的是3%。《残障人就业促进和职业康复法》规定，国家应当通过总统令的形式在不超过5%的比例范围内合理确定一个比例，作为企业雇用残障人的底线。只要是雇工人数超过50人的企业，所雇用残障人的比例就不得低于这个底线比例。这个底线比例每五年进行合理调整。1991年规定的比例是1%，1992年规定的比例是1.6%，1993年至今规定的比例是2%。有两种例外情况：第一种是对于不适合残障人就业的特殊行业，劳动部长通过法定程序可以规定一个更低的比例；第二种是对于特别适合残障人就业的行业，可以通过总统令的形式规定一个更高的比例，但是这个比例不能解释为强制性比例。韩国目前规定的这个底线比例是2%。2007年，韩国企业雇用残障人的比例达到了1.53%。

我国台湾地区定额进用制度。台湾地区的定额进用制度实际上就是按比例就业制度，只是名称不同而已。台湾地区“身心障碍者权益保障法”第38条规定，所有用人单位都应当定额进用身心障碍者，具体分为两种情况：一是各级政府机关、公立学校及公营事业机构员工总人数在34人以上者，进用具有就业能力之身心障碍者人数，不低于员工总人数3%；二是私立学校、团体及民营事业机构员工人数在67人以上者，进用具有就业能力之身心障碍者人数，不低于员工总人数1%，且不得少于1人。同时，“身心障碍者权益保障法”规定，警政、消防、关务、国防、海巡、法务及航空站等单位定额进用总人数之计算范围，在“身心障碍者权益保障法施行细则”中另行规定。根据“身心障碍者权益保障法施行细则”第13条，警政单位中的警察官，消防单位中实际从事救灾救护之员工，关务单位中担任海上及陆上查缉、验货、调查、灯塔管理之员工，法务单位中的检察官、书记官、法医师、检验员、法警、调查人员、矫正人员及驻卫警，都从用人单位的雇员总数中排除，实际上大大减少了这些单位安排身心障碍者就业的比例。“身心障碍者权益保障法”还在特定的适合身心障碍人士就业的岗位规定了更高的进用比例；第46条之1条规定，政府机关（构）及公营事业自行或委托办理咨询性电话服务工作，电话值机人数在10人以上者，除其他法规另有规定外，应进用视觉功能障碍者达电话值机人数1/10以上。

2. 类型之二：公私机构按同一比例安排残障人就业

德国按比例就业制度。德国按照功能情况将残障分为20度至100度，每10度为一个等级，等级越高，残障程度越重；残障程度超过50度属于重度残障人。德国官方调查仅统计重度残障人，重度残障人占德国居民总数的比例在8%左右。根据法律规定，无论是公立雇主还是私立雇主，只要雇员人数超过20人，就应当按照雇员总数5%的比例雇用重度残障人。但是雇主没有义务为重度残障人创设特别的工作岗位，或者用重度残障人替换掉非残障人雇员。如果雇主不能完成规定的比例，应当按月支付补偿金。补偿金支付的额度如下：超过3%但是不足5%，少安排一个重度残障人每月需支付105欧元；超过2%但是不足3%，少安排一个重度残障人每月需支付180欧元；不足2%，少安排一个重度残障人每月需支付260欧元。随着安排重度残障人比例的增高，支付的补偿金基数呈级差递减，即安排的重度残障人越多，支付补偿金的基数就越低，从而起到鼓励雇主雇用重度残障人的作用。补偿金用于与残障人就业相关的事务。

法国按比例就业制度。法国早在1987年7月10日的法律中规定，雇用20人以上的用人单位必须按照6%的比例雇用残障人。目前，法国保障残障人就业最主要的法律是《残障人机会与权利均等、公民权与参与权保障法》（Loi 2005-102 du 11 février 2005，pour l'égalité des droits et des chances，la participation et la citoyenneté des personnes handicapées），该法进一步确认了1987年法律中按比例安排残障人就业的规定。根据2005年法律规定，私人企业如果连续三年雇用残障人的比例达不到6%，应当按照1 500小时的最低工资（SMIC，相当于13 056欧元）向AGEFIPH（Association de gestion du fonds pour l'insertion professionnelle des personnes handicapées）缴纳“罚款性”捐赠，一般称为残障人融合金。公立机构雇用残障人的比例达不到6%，应当向FIPHFP（Fonds pour l'insertion des personnes handicapées dans la function publique）缴纳残障人融合金。

意大利按比例就业制度。1999 年意大利 68 号法律《残障人就业权利法》（Norme per il diritto al lavoro dei disabili）第 18 条规定，无论是公共机构还是私人机构，只要雇员人数超过 15 人就必须按规定人数或比例安置残障人就业，具体规定为：雇员人数为 15～35 人的用人单位必须雇用不低于 1 个残障人；雇员人数为 36～50 人的用人单位必须雇用不低于 2 个残障人；雇员人数超过 51 人的用人单位必须按照雇员总数 7%的比例雇用残障人。如果用人单位雇用残障人的人数不能达到规定的人数，那么少安排一个残障人，就应当按照每天 52 欧元的标准向地区残障人就业基金缴纳行政罚款。为避免残障人在就业时遭受歧视，1992 年意大利 104 号法律《残障人帮助、社会融合和权利综合法律》规定，用人单位在招聘时，残障人不需要提交身体健康壮实的证明。

3. 类型之三：公立机构按比例安排残障人就业

印度职位预留制度。根据 1995 年《印度残障人机会均等、权利保护和全面参与法》要求，在政府的岗位和服务中为残障人预留职位。2001 年印度人口统计资料显示，印度残障人总数超过 2 100 万人，占人口总数的 2.1%。[①] 印度规定政府部门应当按照残障人占人口总数的比例为残障人预留职位，因此，印度执行的是 3%的比例。政府 A、B、C、D 类职位将保留 3%的空缺直接招录残障人，其中 1%保留给盲人和低视力者，1%保留给听力受损者，1%保留给运动障碍人和脑瘫者。如果某个政府部门想免除部分或全部为残障人预留职位的义务，必须向社会公正和权利部提交说明，并经社会公正和权利部设立的专门委员会讨论后才能决定。印度同时规定，3%的 D、C 类职位的晋升机会直接保留给三类人，但是不超过直接招录者的 75%。残障人如果想获得预留职位，必须提交当局签发的残障证明，并且其残障程度不低于 40%。残障人参加职员选拔委员会的考试，免除申请费和考试费。对预留岗位的公布、调剂等都有十分严格的规定。每年 1 月 1 日以后，每个国家机关的下属部门都要提交两份残障人报告，第一份报告要说明职员总数，适合残障人的职位总数，三类残障人雇员的数量；第二份报告要说明为三类残障人保留的职位总数，以及本年度哪些保留职位准备招收残障人。为保证该规定能够得到落实，招录表都是特制的，每一张表格为 100 人，要求招录部门分别在第 1～33 位，第 34～66 位，第 67～100 位三组中每组分别明确标记一个为残障人预留的职位。

菲律宾按比例就业制度。《菲律宾残障人大宪章》规定，社会福利和发展部、卫生部、教育文化体育部以及其他政府机构、办公室、从事社会发展的公司，应当为残障人预留 5%临时的、紧急的与合同的职位。而对于私立机构，则没有规定强制比例，而是采取激励措施，包括为雇用残障人的私立机构提供充足奖励，按照支付给残障人雇员工资和福利总额 25%的比例减免税收，按照为残障人提供合理便利花费的 50%的比例从净收入中扣减后纳税，向雇用残障人的私立机构定向购买商品等。

### （三）我国按比例就业制度

我国《残疾人保障法》和《就业促进法》中规定残障人就业有三种形式：第一种是残障人在福利企业、盲人按摩机构和其他福利性单位集中就业，一般称为“残障人集中就业”；第二种是国家机关、社会团体、企业事业单位、民办非企业单位按照规定的比例安排残障人就业，

---

① 见印度家庭事务部网站，http：//censusindia. gov. in/Census _ And _ You/disabled _ population. aspx。

一般称为“残障人按比例就业”；第三种是残障人自主择业、自主创业，一般称为“残障人个体就业”。其中第一种残障人集中就业和第二种残障人按比例就业实际上都是按比例就业，只是两者要求的具体比例不同而已。

《残疾人保障法》中虽然规定了国家实行按比例就业制度，但是没有规定具体的比例，而是授权国务院规定残疾人就业的具体办法。《残疾人就业条例》中规定用人单位安排残疾人就业的比例不得低于本单位在职职工总数的1.5%；但是该条例再次授权省、自治区、直辖市人民政府根据本地区的实际情况规定具体比例。在各地实施《残疾人保障法》办法或残疾人保障条例中，大都规定了1.5%的比例，但是也有几个省份提高了比例，最高的是新疆提高到2%，辽宁、北京提高到1.7%，福建、四川提高到1.6%。

我国按比例就业制度有以下三个特点：(1) 无论是公立机构还是私立机构都适用相同的比例，即所有用人单位都按照不低于1.5%的比例安排残障人就业。而我国台湾地区、日本、韩国等针对公立机构和私立机构实行不同的比例，公立机构承担的按比例安排残障人就业的任务更重。(2) 我国承担按比例就业义务的用人单位没有“门槛”限制，即所有用人单位无论职工人数多少，都有按比例安排残障人就业的义务。(3) 我国省级人民政府可以在不低于1.5%的基础上，规定本地区用人单位承担更高按比例安排残障人就业的义务。

#### （四）按比例就业制度的存废之争

对残障人按比例就业制度，一直存在赞同与反对两种声音。支持按比例就业制度的理由包括：(1) 按比例就业制度是针对残障人就业歧视行为采取的典型纠偏行动；(2) 按比例就业制度有利于实现残障人在就业上的实质性公平；(3) 按比例就业制度有助于通过实际行动证明残障人的就业能力。反对按比例就业制度的理由包括：(1) 按比例就业制度构成对健全就业者的反向歧视；(2) 按比例就业制度构成对市场经济的干预；(3) 按比例就业制度侵犯了雇主的用人自主权；(4) 按比例就业制度会导致对残障人更为严重的歧视；(5) 难以得到有效执行。因此，不同国家在是否采取按比例就业制度上也有相当大的分歧，世界上一半左右的国家采纳了残障人按比例就业制度，也有许多国家明确表示反对残障人按比例就业制度，还有一些国家曾有过反复。世界上最早在立法中规定残障人按比例就业制度的英国，后来放弃了残障人按比例就业制度，转而采取消极型反残障人就业歧视制度。美国原来不赞成残障人按比例就业制度，但是近期又在研究残障人按比例就业制度的可行性。是否采取残障人按比例就业制度，受到国家的社会传统、法律文化、经济发展水平等多种因素的制约，甚至与国家残障人数量、残障人运动的发展情况等都有直接关系。特别是在当前世界经济尚未完全复苏、各国失业率高居不下的关键时刻，是否采用按比例就业制度已经不仅是一个技术问题、法律问题，而且已经成为一个国家重大的政治问题。

## 二、残障人就业优先制度

早在1944年国际劳工组织第71号《就业（战争向和平过渡）建议书》中就明确规定，适合重度残障人就业的岗位，要优先安排重度残障人就业。随后针对残障人的就业优先制度逐步被世界上一些国家立法所采纳。

残障人就业优先制度具有以下特征：(1) 残障人就业优先一般限定在特定领域。在多数情况下，残障人就业优先仅限定在公立机构，即只有国家机关或者依靠国家资金运营的用人单位，在公开招录雇员的过程中，才可以适用残障人就业优先制度。在有些情况下，也可以适用于某些特定行业，比如，特别适合重度残障人就业的行业。（2）残障人就业优先权利主体一般限定为残障人。在有些情况下，权利主体的范围更小，仅限定为重度残障人。美国一些州规定了残障人就业优先权的转移制度，即在特定的情况下，残障人的就业优先权可以让渡给残障人的配偶行使，但要受到一系列条件的制约。在这种情况下，就业优先权仍然属于残障人，只是由残障人的配偶代为行使。（3）残障人就业权行使必须在“同等条件下”。所谓同等条件下，是指残障人必须和健全人申请了同一工作岗位，并且残障人和健全人都能适应工作岗位的基本要求。对于“同等条件”不能做过于严格的解释，不是要求残障人和健全人在完全对等的条件下，而只是指残障人和健全人条件大致相当，都能满足工作岗位基本要求的条件下，残障人就可以主张就业优先权。（4）违反残障人就业优先制度将承担不利后果。如果残障人符合工作岗位要求并提出行使就业优先权的情况下，雇主应当优先录用残障人；如果雇主拒绝残障人的就业优先权申请或者通过各种方式拒绝残障人的就业优先权行使，雇主将承担相应的法律责任。一些国家法律规定，应当宣告雇主原先的招录结果无效，重新开始招录工作程序。

美国十多个州的法律中规定公立雇主在招录雇员过程时，应当优先录用残障人，例如，阿拉巴马州、阿肯色州、科罗拉多州、爱达荷州、伊利诺伊州、路易斯安那州、缅因州、内布拉斯加州、新罕布什尔州、新墨西哥州、南卡罗来纳州、得克萨斯州、犹他州、华盛顿州、西弗吉尼亚州等都有类似规定。美国对残障人就业优先权规定比较完善的是蒙大拿州。我国香港特区政府在招录公务员时，实行残障人适度优先的政策。香港政府认为：“政府作为本港最大的雇主，充分明白带头聘用残障人士的重要性。政府的政策是尽可能安排残障人士担任合适的职位。此举配合政府的一般政策，就是借着协助残障人士恢复就业能力，使他们最终可以在工商界或政府部门受雇从事有报酬的工作，从而令他们可以融入社会。”① 但是，招录残障人公务员适当优先的规定，仅仅是香港特区政府的一项政策，并没有上升为法律。经向香港特区政府部门法务人员了解，主要原因是该政策上升为法律面临较大的压力和挑战，有相当大的反对声音。

我国目前的法律、法规中没有规定残障人就业优先制度。北京市人大常委会于 1990 年制定的《北京市残疾人保护条例》第 16 条规定：“……凡适合残疾人的工作，应当优先招收残疾人。”但在作为该条例的替代性立法《北京市实施〈中华人民共和国残疾人保障法〉办法》中并没有继续坚持该项规定。2007 年《安徽省优待扶助残疾人规定》第 8 条规定：“国家机关考录公务员，国有企业和事业单位招聘职员，同等考录或者招聘条件下应当优先录用残疾人。”通过规章确立了残疾人就业优先制度。2012 年《合肥市优待扶助残疾人规定》也作了类似规定。陕西省在修订《陕西省实施〈中华人民共和国残疾人保障法〉办法》时，也作过增加残疾人就业优先制度的努力②，但是最终并未成功。由于《安徽省优待扶助残疾人规定》和《合肥市优待扶助残疾人规定》仅仅是政府规章，而且规定得又比较简单，很难对政府的公务员招录工作真正形成有效约束。

国家为解决在公务员录用过程对残障人的歧视，曾进行了一系列的努力。一是在以往公务员招录过程中，要求考生“身体健康”，但是很多招录单位将“残疾”等同于“不健康”，从而

① 香港特别行政区立法会 CB（1）2117/10—11（03）号文件。

② 参见《〈陕西省实施《中华人民共和国残疾人保障法》办法（修订草案）〉要求同等条件下应当优先录用聘用残疾人》，见中工网，http://job.workercn.cn/c/2011/11/24/111124100714137209005.html。

将残障人统统拒之于公务员队伍的大门外。为了消除这种认识上的误区，在制定《公务员法》时，录取条件不再规定“身体健康”，而规定为“具有正常履行职责的身体条件”，从而为残障人进入公务员队伍扫清障碍。二是修改了公务员录用体检标准，取消了许多身体条件上的不合理限制。三是在《中共中央 国务院关于促进残疾人事业发展的意见》中明确要求“党政机关、事业单位及国有企业要带头安置残疾人”。但是，我国各级国家机关在招录公务员时，仍然对残障人存在普遍性的歧视。许多人依然认为公务员是一种社会精英选拔制度，招录残障人会影响国家机关的形象。人力资源和社会保障部2011年统计，29个省（区、市）近五年仅招录92名残障人公务员，其中大多数还是为各级残联录用。不仅如此，许多国家机关还公开拒录残障人；个别国家机关录用残障人以后，又将残障人辞退，产生了非常恶劣的社会影响。

## 三、残障人专产专营制度

残障人就业领域的专产专营就是指国家为了保障残障人稳定就业，规定某些产品的生产或者服务的提供只能由残障人或者残障人集中就业单位承担，非经法定许可，其他健全人或者普通单位不能从事这些产品的生产或者服务的提供。

残障人专产专营制度具有以下特征：（1）专产专营的主体是残障人、某类残障人或者残障人集中就业单位。（2）专产专营是排他性的生产和经营。即确定属于专产专营的产品和服务，除了残障人或者残障人集中就业单位以外，其他任何人、任何单位都不能从事该产品的生产或者服务的提供，这种专产专营是排他性的、独占性的。比如，韩国、我国台湾地区的盲人保健按摩归属于盲人垄断性专营，健全人甚至其他类别的残障人都无权从事保健按摩。（3）专产专营制度必须通过法律规定。由于专产专营制度牵涉公民的基本权利问题，所以，必须通过法律作出规定，并且该法律规定应当获得宪法授权或者不违反宪法的基本原则。在与专产专营相关的诉讼中，健全人往往会诉称专产专营的规定侵犯了其择业自由权，是违宪行为。（4）专产专营的产品或服务应当适合残障人的身心特点。因为专产专营产品或者服务势必会对健全人的生产和经营造成不公平，所以，专产专营的产品和服务应当仅仅限定在极为有限的领域；同时，只有适合残障人身心特点的产品或者服务才能激发残障人的积极性，发挥残障人的自身优势和才能，生产出优良的产品或者提供优质的服务。

韩国视力障碍人专营按摩业制度。1912年，在日本殖民统治下的朝鲜当局，颁布法令规定只有盲人才能从事按摩业，虽然其本质只是为了帮助盲人谋生，但是其保证了韩国盲人“垄断”按摩业近百年，客观上对于促进盲人就业、提高盲人家庭收入起到了不可否认的积极作用。韩国视力障碍人对按摩业的专营有以下特点：（1）韩国授权视力障碍人专营按摩业，是通过这种方式促进残障人在就业市场的实质性公平，是对残障人长期遭受就业歧视的一种反击措施。（2）韩国视力障碍人专营按摩业有近百年的历史，按摩业非常适合视力障碍人的就业需求；伴随着就业市场竞争的加剧，健全人虽然也有从事按摩业的愿望，但是在保障视力障碍人的生存权和健全人的择业自由权之间，应当优先保护视力障碍人的生存权。（3）虽然韩国宪法法院在保护残障人权益方面很多时候比较消极[①]，与韩国国会在保障残障人权益方面的积极态

① 参见王治江：《韩国残疾人权利保障制度研究》，载林燕玲主编：《反就业歧视的制度与实践——来自亚洲若干国家和地区的启示》，364页，北京，社会科学文献出版社，2011。

度相比反差很明显，但是在残障人的积极抗争、国际残障人运动、社会舆论等多重压力下，韩国宪法法院虽然有过反复，最终还是对视力障碍人专营按摩行业给予了支持，也再次确认了对残障人的特殊就业保护措施不构成对其他人的歧视。

台湾地区视障者专营按摩业制度。台湾地区早在 1980 年的“残障福利法”中就规定，除“医护人员以按摩为病患治疗者”以外，“非本法所称视觉残障者，不得从事按摩业”。“残障福利法”后被修订为“身心障碍者保护法”，再被修订为“身心障碍者权益保障法”，但一直规定只有视障者才能从事按摩业。为了禁止非视障者从事按摩业，“身心障碍者权益保障法”第 98 条规定，非视障者从事按摩业，由劳工主管机关处新台币 1 万元以上 5 万元以下罚锾；如果违法按摩行为是在营业场所内发生的，另外处罚场所的负责人或所有权人新台币 2 万元以上 10 万元以下罚锾，并令限期改善；届期未改善者，按次处罚。罚锾收入纳入政府身心障碍者就业基金，专门用于促进视觉功能障碍者就业之用。但是，一则案件却彻底颠覆了台湾视障者专营按摩业的立法规定。“司法院”于 2008 年 10 月 31 日认定只有视障者才能从事按摩业的规定违宪，应当最迟在届满 3 年时失效。[①] 即台湾视障者已经专营 30 年的按摩业，在 2011 年 10 月 31 日之后对社会所有成员开放。[②]

我国《残疾人保障法》第 36 条规定，县级以上地方人民政府及其有关部门应当根据残疾人福利性单位的生产特点确定某些产品由其专产。《残疾人就业条例》第 18 条中也作了基本相同的规定，只是该规定中没有使用“残疾人福利性单位”，而是使用了“集中使用残疾人的用人单位”。《残疾人就业条例》于 2007 年 5 月 1 日实施，《残疾人保障法》在 2008 年 4 月 24 日修订通过时仍然使用的是“残疾人福利性单位”，并没有修改为“集中使用残疾人的用人单位”，而“集中使用残疾人的用人单位”的范围显然要比“残疾人福利性单位”的范围要大；由于《残疾人保障法》的效力要优于《残疾人就业条例》，所以，“专产”应当限于“残疾人福利性单位”，如果“集中使用残疾人的用人单位”的性质不是“福利性”的，就不能获得此项优惠规定。然而，残疾人福利性单位的专产规定落实的情况非常不理想。2012 年，全国人大常委会进行《残疾人保障法》执法检查时，检查组所到的 6 个省（区、市），二十多年来没有确定过一家专产专营残疾人福利性单位。但是，各地已经开始着手推进此项工作，北京、山西、上海、江西、吉林、河南、湖北、浙江、宁夏、广东、云南 11 个省（区、市）将“编制残疾人集中就业单位专产专营和政府优先采购产品与服务目录”写入本地“十二五”残疾人事业发展纲要中。从实际情况看，各地目前还没有残疾人福利性单位专产专营的实例。

## 四、残障人福利性单位优先生产经营制度

我国《残疾人保障法》第 36 条规定，县级以上地方人民政府及其有关部门应当确定适合残疾人生产、经营的项目，优先安排残疾人福利性单位生产或者经营，即残疾人福利性单位优

① 参见“司法院”2008 年 10 月 31 日大法官释字第 649 号解释，“最高行政法院”2005 年 7 月 7 日第 01291 号裁定、2005 年 9 月 29 日第 02033 号裁定，“台北高等行政法院”2004 年 2 月 25 日简字第 848 号判决、2004 年 3 月 19 日简字第 847 号判决，“台北市政府”2003 年 10 月 2 日府诉字第 09216981000 号诉愿决定书、2003 年 10 月 3 日府诉字第 09216981100 号诉愿决定书。

② 关于此案例的具体评析可参见李晓兵：《台湾“司法院”大法官释字第 649 号解释评析——兼论劳动者工作权的平等保护与基本国策的宪法效力》，载刘小楠主编：《反就业歧视的策略与方法》，北京，法律出版社，2011。

先生产经营制度。《残疾人就业条例》第 18 条作了基本相同的规定，只是享受优先生产经营的主体没有规定为“残疾人福利性单位”，而是规定为“集中使用残疾人的用人单位”。1990 年《残疾人保障法》中仅仅规定了残疾人福利性单位优先生产制度，优先经营制度是 2008 年《残疾人保障法》修订时增加规定的。因为《残疾人保障法》的效力层级高于《残疾人就业条例》，所以，应当按照《残疾人保障法》的规定执行。

残障人福利性单位优先生产制度源于我国计划经济时代。在计划经济时代，企业的生产和销售都源于政府的指令性计划，残障人福利性单位只要从国家获得相应生产计划，政府部门就会为残障人福利性单位提供生产原料、产品销售方面的保障，残障人福利性单位只需要组织生产即可。社会福利企业因此获得了近十年的黄金发展期。1990 年制定《残疾人保障法》时，我国还处于从计划经济向市场经济的转型时期，社会福利企业也正处于高速发展时期，因此，在立法上明确规定残障人福利性单位的优先生产制度在当时还是有积极意义的。2008 年《残疾人保障法》修订时增加规定优先经营制度，其目的是为残障人福利性单位争取更大的优先权；但无奈计划经济时代社会福利企业的辉煌已经不再，伴随着市场经济的形成，残障人福利性单位的优先生产经营制度基本上已难以落实。

残障人福利性单位优先生产经营制度具有以下特征：(1) 享受优先生产经营制度的主体是残障人福利性单位。残障人福利性单位是残障人集中就业的主要机构，残障人福利性单位的整体生产经营能力显然要弱于其他企业；优先生产经营制度就是国家针对残障人福利性单位设立的专门扶助制度，是计划经济条件下保障残障人福利性单位稳定发展的有效措施。(2) 优先生产经营制度的核心是国家为残障人福利企业优先安排生产经营项目。在计划经济条件下，通过落实优先生产经营制度，残障人福利性单位可以获得适合自身特点、适销对路的生产经营项目，并在原材料、贷款、销售等方面获得相应的优先保障，确保了残障人福利性单位的正常生产经营。(3) 优先生产经营制度的最终目的是促进残障人就业。通过优先生产经营制度，残障人福利性单位可以获得更多利润，不仅保障了残障人职工的稳定就业，而且还能提高残障人职工的福利待遇，彰显残障人的劳动价值，改变社会对残障人的偏见和错误认识。

## 五、残障人福利性单位优先采购制度

我国台湾地区“身心障碍者权益保障法”第 69 条规定，各级政府机关、公立学校、公营事业机构、接受政府补助的机构，按照合理价格、一定金额，优先采购身心障碍福利机构或团体、庇护工场的物品或服务。2005 年 10 月 12 日，台湾制定“优先采购身心障碍福利机构或团体生产物品及服务办法”，经过 2006 年 1 月 24 日和 2008 年 1 月 23 日两次修订，并更名为“优先采购身心障碍福利机构、团体或庇护工场生产物品及服务办法”。该办法规定物品种类包括食品、手工艺品、清洁用品、园艺产品、辅助器具、家庭用品、印刷品以及其他经主管机关公告的物品；服务种类包括清洁、餐饮、洗车、洗衣、客服、代工、演艺、交通以及其他经主管机关公告的服务。该办法规定“一定金额”为 100 万元新台币，“一定比例”为 5%。该办法还规定了具体程序和检查监督方法。如果义务采购单位达不到采购比例，必须说明理由，检讨改进；没有正当理由的，依据“身心障碍者权益保障法”的规定，处以新台币 2 万元以上 10 万元以下罚锾。台湾主管机构专门建立“优先采购网络信息平台”，各义务采购单位如果采购符合优先采购要求的物品和服务，应当在“优先采购网络信息平台”上进行公告；只有身心障碍福利机构或团体过期不予联系，义务采购单位才可以自行购买其他供应商的物品和服务。

我国《残疾人保障法》第 36 条规定："政府采购，在同等条件下应当优先购买残疾人福利性单位的产品或者服务。"《残疾人就业条例》第 18 条规定："政府采购，在同等条件下，应当优先购买集中使用残疾人的用人单位的产品或者服务。"这构成了我国残障人福利性单位优先采购制度的法律依据。2003 年，我国《政府采购法》生效，而残障人福利性单位优先采购是在 2008 年《残疾人保障法》修订时新增加的内容，总的来说，残障人福利性单位优先采购制度还是一项比较新的制度，具体如何落实，国家缺少统一的指导政策，各地对此项工作的重视程度也不够，因此，残障人福利性单位优先采购制度在各地执行的效果并不理想。

我国残障人福利性单位优先采购制度具有以下基本特征：(1) 采购主体限定为政府采购。在市场经济中，只要交易的内容不违反法律的禁止性规定，交易应当是买卖双方的一种自由行为，国家不应当干涉。但是，为了加强对残障人福利性单位的支持与保护，国家采取一些特殊措施，强制要求采购主体优先购买残障人福利性单位的产品和服务；这种强制性优先购买行为显然与交易自由存在冲突，因此必须进行严格的限定。一般来说，采购主体仅限定在公立机构，不能扩大到私立机构。(2) 采购对象限定为残障人福利性单位的产品和服务。优先采购制度是消除残障人就业歧视、保障残障人就业的积极促进措施，但是这种措施不是直接服务于残障人就业，而是通过强制公立机构优先购买残障人福利性单位的产品和服务，激励残障人福利性单位安排更多的残障人就业，引导其他用人单位积极成为残障人集中就业单位，从而间接实现消除残障歧视、促进残障人就业的目的。(3) 采购所使用的资金是政府财政资金。政府采购的主体即国家机关、事业单位、团体组织使用政府财政资金的行为才会受到强制，如果不是政府财政资金则不受此约束。比如，我国的一些慈善团体，日常办公经费属于政府财政资金，其采购行为要受优先采购规定的约束；但是对于慈善团体的善款，特别是指定采购方式的善款，则不应受优先采购规定的约束。

为了贯彻落实残障人福利性单位的优先采购制度，部分地区出台了具体政策。例如，《上海市财政局关于落实政府采购优先购买福利企业产品和服务的通知》(沪财库〔2009〕19 号) 要求：采购人或其委托的采购代理机构应当在采购文件中明确规定，在同等条件下优先采购福利企业的产品和服务。有些地方规定对残障人福利性单位产品进行单一来源购买。例如，2005 年《青岛市政府采购暂行办法》规定，对需要购买由社会福利企业、慈善机构或其他特定机构生产的产品的，采购人可以采用单一来源方式，直接向一家供应商进行采购。还有些地方规定政府采购进行招投标时，对残障人福利性单位采取加分政策。例如，《福建省实施〈残疾人就业条例〉办法》第 17 条规定："政府采购应当按照公开、公平、同等优先的原则，优先购买集中使用残疾人的用人单位的产品或者服务。采用招标方式进行采购的，对集中使用残疾人的用人单位的产品或者服务，应当给予加分或者价格扣除等优惠待遇。"

## 第三节　残障人就业歧视法律救济制度

所谓残障人就业歧视救济程序，就是指遭受就业歧视的残障人获得法律救济所应当遵循的基本程序。根据一般法理，有损害必有救济，针对残障人就业歧视行为，国家应当制定相应的法律救济程序，确保遭受就业歧视的残障人可以依法通过诉讼程序或者非诉程序获得法律救济，以弥补其因为歧视所遭受的损害。

## 一、美国残障人就业歧视法律救济制度

美国残障人如果在就业或者求职过程中遭受了就业歧视，可以依据其《残障人法》及相关反歧视法寻求法律救济。美国规定平等就业机构的救济程序是司法救济程序的前置程序和必经程序。也就是说，残障人就业歧视案件只有经过平等就业机构救济程序之后，才可能进入法院的司法程序。对于平等就业机构不能解决纠纷的案件，当事人或者美国平等就业机会委员会可以向联邦地区法院提起民事诉讼，并按照关于民事诉讼的相关规定上诉和终审。

美国《1964年民权法》第7章为"平等就业机会"，明确禁止在就业过程中基于种族、肤色、宗教信仰、性别或者民族的歧视，并规定成立平等就业机会委员会（Equal Employment Opportunity Commission）[①]，负责第7章的实施。一旦残障人向平等就业机会委员会投诉，委员会就会尝试通过调解解决双方当事人的纠纷，调解是一个非正规的、秘密的争议解决方式，委员会会安排一个中立的调解人帮助双方当事人解决纠纷。调解人会积极听取双方当事人的关切，但是不会决定谁对谁错，而是积极提出相关建议，促进当事人之间争议的解决。如果当事人不接受调解或者调解不成功，案件将被转交给委员会的调查人员。在调查结束后，委员会会让双方当事人了解调查结果。如果通过调查发现不存在歧视行为，委员会将为残障人出具诉权通知（Notice of Right to Sue）。如果通过调查发现存在歧视行为，委员会仍然会尝试通过调解或者和解结案；如果案件得不到解决，案件将转交委员会的法律部门决定是否提出诉讼。法律部门在决定是否直接提起诉讼时，需要考虑以下因素：歧视行为的严重程度、案件的法律争议类型、法律诉讼对消除歧视的影响力等。如果法律部门决定不提起诉讼，委员会将为残障人出具诉权通知。1997年至2007年间，平等就业机会委员会受理的残障人就业歧视投诉基本保持在1.5～1.8万件之间，占委员会受理的投诉总数的20%左右；2008年至2011年，残障歧视投诉数量逐年递增，2011年达到25 742件，占委员会受理的投诉总数的25.8%。

残障人无论在上述何种情况下获得诉权通知，都可以依据该通知在90日内向联邦地区法院提起民事诉讼；如果平等就业机会委员会发现确实存在歧视行为，并且通过调解难以解决纠纷，委员会可以直接向联邦地区法院提起民事诉讼。如果雇主是政府或者政治机构，平等就业机会委员会应当将案件移送总检察长，由总检察长向联邦地区法院提起民事诉讼，如果总检察长在规定期间没有提起民事诉讼，应当通知受害人提起民事诉讼。如果总检察长有合理的理由相信存在歧视行为，也可以主动向联邦地区法院提起民事诉讼。如果受害人申请，法院可以许可民事诉讼程序中断，以便为双方当事人达成和解留出相应的时间。如果法院在审理的时候发现被告故意从事歧视行为或者一直从事歧视行为，法院可以责令被告停止歧视行为，或者命令被告采取一些积极行为，包括但不限于支付欠薪或者不支付欠薪的复职、录用，以及法院认为合适的其他反歧视措施。对于联邦地区法院的裁决，当事人可以依法向联邦上诉法院提起上诉，也可以向最高法院申请终审裁决。

---

① 平等就业机会委员会由5名成员构成，均由总统任命，任期为5年；平等就业机会委员会向总统和国会报告工作。

## 二、香港特区残障人就业歧视法律救济制度

根据香港《残疾歧视条例》及相关法律规定，香港残障人士遭受就业歧视以后，可以选择直接向法院提起民事诉讼，也可以选择通过香港平等机会委员会处理。根据《残疾歧视条例》规定，严重的残疾中伤行为可能会构成刑事责任，警察部门会主动调查并按照刑事公诉程序予以处理。

香港平等机会委员会是1996年成立的法定机构，负责执行《性别歧视条例》、《残疾歧视条例》、《家庭岗位歧视条例》和《种族歧视条例》。残障人士在雇佣、教育、接受服务、无障碍、会社和体育活动、政府活动等方面遭遇歧视、骚扰或中伤，均可以向平等机会委员会投诉。平等机会委员会处理投诉完全免费。平等机会委员会将对投诉进行调查，并在调查过程中保持独立、公正。平等机会委员会有1 000余名调解员，会积极促进当事人通过调解解决争议；平等机会委员会不能对投诉进行裁决。平等机会委员会的调解对于双方当事人完全自愿、免费、省时、保密、方式灵活。调解涉及的数据和当事人的表态都绝对保密，不能作为今后诉讼中的证据。如果调解达成协议，双方当事人签署协议，具有法律效力。委员会可以在调查过程中即尝试为双方调解，被称为“提早调解”。解决争端的方式包括要求道歉、更改政策和行事方式、检讨程序、复职、金钱赔偿等。如果调解不成功，投诉人可以自行向区域法院提出民事诉讼。近五年来，香港平等机会委员会每年收到的残障歧视投诉占各类歧视投诉的比例都在55%以上。平等机会委员会进行的残障人就业歧视投诉调查占残障歧视投诉调查总数的比例基本在70%以上。据此推算，平等机会委员会每年处理的歧视案件三成左右都是残障人就业歧视案件。①

根据香港特区法律规定，残障人士遭受就业歧视后有三种司法救济途径：第一种是遭受歧视的残障人士直接向区域法院提出民事诉讼；第二种是遭受歧视的残障人士先向平等机会委员会投诉，平等机会委员会调解不成功的，残障人士或者平等机会委员会代表残障人士向区域法院提出民事诉讼；第三种是严重的残障中伤行为属于刑事行为，遭受中伤的残障人或者其他人都可以向警察部门反映，由警察部门进行侦查，并按照刑事法律规定提起公诉；平等机会委员会在处理案件过程中，如果发现存在严重的残障中伤行为，应当将案件转交警察部门处理。但是，自《残疾歧视条例》实施以来，香港还没有因为严重中伤行为被追究刑事责任的案例。

## 三、我国台湾地区残障人就业歧视法律救济制度

台湾地区身心障碍者在求职过程中或者就业过程中遭受就业歧视时，一般有两种救济途径：第一种是行政及行政司法救济，即遭受就业歧视的身心障碍者向当地的就业歧视评议委员会申诉；劳工部门会根据就业歧视委员会的裁定决定是否进行行政处分；对于劳工部门的行政处分，当事人可以向“行政院”劳工委员会提出行政诉愿；对行政诉愿不服，可以提起行政诉讼。第二种是民事司法救济，即遭受就业歧视的身心障碍者向地方法院民事庭起诉，不服判决可以向高等法院民事庭上诉，仍然不服判决可以向“最高法院”民事庭申请终审。行政及行政司法救济主要是追究雇主的行政责任；民事司法救济则主要是给予遭受歧视的雇员相应的

---

① 见香港平等机会委员会网站，http：//www.eoc.org.hk。

民事赔偿。

截至 2006 年 12 月底，台湾地区已经建立了 28 个就业歧视评议委员会，平均每个委员会有 11～12 名委员。为了处理针对身心障碍者的就业歧视行为，许多委员会都吸收 1～2 名身心障碍者团体的代表作为委员。就业歧视评议委员会收到申诉书 20 日内开展调查；调查一般由劳工局派员进行调查；必要时指派委员两人以上组成专案小组进行调查。在调查过程中，调查人员可以尝试通过调解解决争议。在调查结束时如果调查人员认为可能构成就业歧视，即召开就业歧视评议委员会会议。如果评议委员会认定构成就业歧视，应当书面通知双方当事人，并由评议委员会移送劳工局按照“就业服务法”第 65 条规定处理，即由劳工局对雇主作出新台币 30 万元以上 150 万元以下的罚锾。整个评议工作应当在 3 个月内结束，必要时可以延长一次，延长时间不得超过 3 个月。如果当事人对劳工局的行政裁定不服，可以依据“诉愿法”向“行政院”劳工委员会提起行政申诉；如果劳工委员会驳回申诉，当事人可以依据“行政诉讼法”诉至高等行政法院和“最高行政法院”。

对于身心障碍者就业歧视案件来说，行政及行政司法救济程序仅仅是确定歧视行为是否存在；如果构成就业歧视行为，劳工部门将对雇主进行行政处分，处新台币 30 万元以上 150 万元以下的罚锾。而遭受就业歧视的身心障碍者并不能从行政及行政司法救济程序中获得补偿。为了解决身心障碍者因为就业歧视所遭受的财产损失和精神损害，台湾地区许可身心障碍者基于就业歧视行为另行提起民事诉讼，要求雇主给予相应的赔偿。另外需要指出的是，民事法院多次在判决中指出，在就业歧视案件的处理上，民事法院既不受就业歧视委员会决议的拘束，也不受行政法院的拘束，而仅仅根据当事人提供的证据认定是否存在损害事实。

## 四、加拿大残障人就业歧视法律救济制度

加拿大残障人在遭受就业歧视以后，可以根据本地的法律规定，向本地的人权委员会或加拿大人权委员会进行投诉，人权委员会主要通过调解解决纠纷；如果通过人权委员会不能解决纠纷，残障人可以向上级人权委员会或者准司法机构加拿大人权裁判庭起诉，人权裁判庭的裁决经过普通法院登记后即产生法律效力。如果当事人对人权裁判庭的裁决不服，可以向联邦法院申请复审（review），并可以向联邦上诉法院上诉和向加拿大最高法院申请终审。

加拿大人权委员会由国会于 1977 年设立，根据授权开展工作，完全独立于加拿大政府。[①] 认为遭受就业歧视的残障人可以向加拿大人权委员会（Canadian Human Rights Commission）投诉。加拿大人权委员会应当委派调查人员对案件进行调查，法院可以根据申请为调查人员发放有关调查授权的令状。在调查结束后，委员会根据调查报告向当事人发出和解的书面通知，委员会也可以委派人员对案件进行调解。案件达成调解协议或者和解协议后，由委员会或当事人向法院申请批准，协议即获得法律效力。如果双方当事人不能通过调解解决争议或者加拿大人权委员会认为案件需要进一步调查，加拿大人权委员会将把案件移交加拿大人权裁判庭。近五年来，加拿大人权委员会每年受理的案件超过 70%都与就业有关；根据歧视原因划分，加拿大人权委员会受理的残障歧视投诉数量最多，超过投诉总数的 30%。据此推算，加拿大人

① 加拿大人权委员会由 8 名委员组成，其中专职委员不超过 2 人，任职期限为 7 年，兼职委员任职期限为 3 年。

权委员会每年受理的残障人就业歧视案件所占比例应当在20%左右。①

加拿大人权裁判庭（Canadian Human Rights Tribunal）是准司法机构（quasi-judicial body），它可以决定是否存在歧视行为。加拿大人权委员会通过调解无法解决的案件和需要进一步调查的案件移交加拿大人权裁判庭，加拿大人权裁判庭也只受理加拿大人权委员会移交的案件。加拿大人权裁判庭对于加拿大人权委员会移交的案件，仍然会鼓励当事人之间通过调解解决争议。如果当事人之间不能通过调解解决争议，人权裁判庭将会举行公开听审，双方当事人需要相互辩论和传唤证人；人权裁判庭最后裁决是否构成法律禁止的歧视。人权裁判庭的裁决在普通法院登记后生效。对于人权裁判庭的裁决，当事人可以向联邦法院、联邦上诉法院和加拿大最高法院要求复审。但是加拿大最高法院对于人权裁判庭的准司法权进行了一系列的限制，比如，它裁决的赔偿额最多不能超过20 000加元；它可以裁决对当事人在维权过程中的费用支出进行补偿，但是法律服务费用不能包括在内。② 人权裁判庭与普通法院之间在司法权限方面还是存在一些差异的。

加拿大司法救济程序比较复杂。加拿大同时受到英美法系和大陆法系的影响，魁北克省采用的是大陆法系，其他地方采用的是英美法系，至今没有全国统一的民事诉讼法。联邦法院受理的民事案件又包括复审（review）和诉讼（action）两类。残障人就业歧视案件的当事人如果不服人权裁判庭的裁决，可以向联邦法院申请复审；对于联邦法院的复审决议，当事人也可以向联邦上诉法院提出上诉和向加拿大最高法院申请终审。

## 五、我国残障人就业歧视法律救济制度

我国在《就业促进法》、《残疾人保障法》、《残疾人就业条例》中也有一些直接禁止就业歧视并给予相应法律救济的规定，但是由于这些规定过于简单，可操作性太差，故我国司法实践中极少有就业歧视案件。因此，认真对我国残障人就业歧视的法律救济程序进行反思并提出完善的相关建议，对于我国禁止残障人就业歧视行为、保障残障人的平等就业权利具有十分重要的意义。

### （一）实体性规定过于原则

我国立法明确规定禁止残障人就业歧视。1982年《宪法》第33条第2款规定，我国公民在法律面前一律平等；第42条第1款规定，我国公民有劳动的权利和义务；也就是说，《宪法》保障所有公民的平等就业权，这也成为我国进行反就业歧视立法的基本依据。1990年制定的《残疾人保障法》明确禁止残疾人就业歧视，其中第38条第2款规定，在职工的招用、转正、晋级、职称评定、劳动报酬、生活福利、休息休假、社会保险等方面，不得歧视残疾人。2007年《残疾人就业条例》也明确规定，用人单位不得在晋职、晋级、评定职称、报酬、社会保险、生活福利等方面歧视残疾人职工。总的说来，我国法律、法规中已经明确规定禁止对残障人进行就业歧视。

虽然1990年制定的《残疾人保障法》中已经明确禁止残疾人就业歧视，但是1994年制定的《劳动法》中却没有将残疾列为就业歧视的原因之一。《劳动法》第12条明确规定：劳动者

---

① 见加拿大人权委员会网站，http：//www.chrc-ccdp.ca。

② See Tonda MacCharles，*Human Rights Tribunal can't Award Legal Costs：Supreme Court*，http：//www.thestar.com，Published on Friday October 28，2011.

就业，“不因民族、种族、性别、宗教信仰不同而受歧视。”明确列举的就业歧视原因只有四个，反映了当时我国在反残疾人就业歧视立法上采取比较保守的态度。2007 年制定的《就业促进法》第 3 条规定：“劳动者就业，不因民族、种族、性别、宗教信仰等不同而受歧视。”虽然明确列举的四种就业歧视原因与《劳动法》相同，但是又有所突破，在四种就业歧视原因后增加了“等”，实际上扩大了就业歧视原因的范围。不仅如此，第 29 条规定了用人单位招用人员“不得歧视残疾人”，第 30 条规定“不得以是传染病病原携带者为由拒绝录用”，第 31 条规定“不得对农村劳动者进城就业设置歧视性限制”，从而使该法实际明确列举的就业歧视原因达到了七种。但是与民族、种族、性别、宗教信仰等就业歧视相比，《就业促进法》对残疾人就业歧视采取的态度仍然不够积极。

虽然我国法律有禁止残障人就业歧视的具体规定，但是《就业促进法》、《残疾人保障法》、《残疾人就业条例》中的规定都过于简单，基本上都是“一句话”规定。尽管这些规定表明了国家对残障人就业歧视的基本立场和态度，但是这种规定在保障残障人平等就业权上不免乏力。残障人就业歧视行为的特征是什么？残障人就业歧视是仅仅包括直接歧视，还是也包括间接歧视？骚扰、报复是否会构成残障人就业歧视？不提供合理便利是否会构成残障人就业歧视？这些都很难从这些原则性规定中直接推导出来，在司法适用中会面临很多困难。

### （二）程序性规定严重缺失

我国历来存在“重实体、轻程序”的弊端，虽然近年来国家立法加强了诉讼程序和非诉程序立法，但是总的来说我国的程序性立法仍然滞后，难以有效满足司法实践的需要。“由于程序意识、法学研究和立法技术诸方面的原因，中国的具体立法往往缺乏关于程序性要件的规定，以致很难解释适用。”① 这种状况在残障人就业歧视立法中表现得尤甚。我国早在 1990 年的《残疾人保障法》中就明确规定禁止残疾人就业歧视，但是该法仅在第 49 条笼统规定：“残疾人的合法权益受到侵害的，被侵害人或者其代理人有权要求有关主管部门处理，或者依法向人民法院提起诉讼。”由于该规定操作性太差，又缺少具体的配套立法，所以，尽管实践中残障人就业歧视现象非常严重，但是《残疾人保障法》通过后的 20 年内全国各级法院竟然没有审理一起残障人就业歧视案件。

2007 年《就业促进法》第 62 条明确规定劳动者遭受就业歧视的，可以向人民法院提起诉讼。有学者认为该规定“标志着我国平等就业保障制度质的飞跃”②，因为原来的立法草案并没有赋予劳动者针对就业歧视行为的起诉权。2008 年《残疾人保障法》修订时，采纳了《就业促进法》第 62 条的规定。《残疾人保障法》第 64 条规定，在职工的招用等方面歧视残疾人的，残疾人劳动者可以依法向人民法院提起诉讼，从而明确授予了残疾人劳动者对就业歧视行为的诉权。虽然此类规定对于反击残障人就业歧视的积极作用不容忽视，但是单靠这“半句话”规定，无论是对于残障人还是对于法院来说，都有点无所适从。遭受就业歧视的残障人是提起劳动诉讼还是一般民事诉讼？法院是按照劳动纠纷处理还是按照民事侵权处理？该规定语焉不详，导致了法律适用上的无穷困惑。

### （三）法律责任条款太过简单

《残疾人保障法》第 67 条规定，侵害残疾人的合法权益，可以根据其他法律、法规规定进

---

① 季卫东：《法律程序的意义——对中国法制建设的另一种思考》，载《中国社会科学》，1993（1），100 页。

② 李静：《〈就业促进法〉中平等就业权司法救济条款的缺陷与完善》，载《现代财经》，2008（2），73 页。

行行政处罚；如果给残疾人造成财产损失或者其他损害，可以要求侵权人依法承担民事责任；构成犯罪的，应当依法追究责任主体的刑事责任。但是很难从文义上推导出该规定是否适用于残疾人就业歧视行为；即使该规定可以适用于残疾人就业歧视行为，好像也很难找出更为具体的规定追究责任主体的法律责任。

就行政责任来说，《就业促进法》中列举的行政责任条款基本上都与就业歧视行为无关；《劳动保障监察条例》、《残疾人就业条例》中也没有对残疾人就业歧视追究行政责任的明确条款。《就业服务与就业管理规定》中虽然在第18条规定“用人单位招用人员，不得歧视残疾人”，但是也没有对应的行政责任条款。《劳动法》第105条的规定与《残疾人保障法》第67条的规定基本相同，关于行政责任的规定都是指向其他法律、法规，可是从现有有关法律、法规上又找不到残疾人就业歧视的责任条款，也就是说，对残疾人就业歧视行为追究行政责任基本上没有直接依据。唯一可以称得上是行政责任的条款应当是《残疾人保障法》第64条，该条规定在职工招用等方面歧视残疾人的，由有关部门责令改正。也就是说，“责令改正”是目前我国立法中针对残疾人就业歧视行为唯一可以适用的行政责任形式。“由有关部门责令改正”的规定好像也有一些问题：首先，“有关部门”的规定过于笼统，没有明确指出具体的执法部门；其次，该规定没有要求有关部门“必须”或“应当”责令改正，强制性不足，容易导致该规定流于形式。

就刑事责任来说，虽然《就业促进法》第68条和《残疾人保障法》第67条有类似追究刑事责任的指引条款，但是存在以下问题：首先，该规定能否适用于残障人就业歧视并不明确；其次，从目前《刑法》所规定的罪状很难适用于残障人就业歧视行为。因此，根据当前的法律规定，残障人就业歧视行为不会构成犯罪，当然也不会有刑事责任承担问题。根据“法无明文不为罪”的基本原则，在实践中也不可能有此类刑事案例。

就民事责任来说，《就业促进法》第68条和《残疾人保障法》第67条规定了侵害劳动者合法权益，并造成财产损失或者其他损害的，可以要求责任主体依法承担民事责任。该规定是最有可能适用于残障人就业歧视行为的责任条款。但是，该规定也过于简单，没有明确规定责任主体应当承担的具体民事责任，所以，只能适用侵权责任法的一般性规定处理案件。

（四）司法适用比较混乱

由于我国就业歧视立法并不完善，所以，为各级法院审理残障人就业歧视案件带来很多困难。最高人民法院对于就业歧视案件的审理也缺少统一指导。2008年制定的《民事案件案由规定》中没有直接规定关于就业歧视的案由。2011年修改后的《民事案件案由规定》中规定的一至四级案由分别为10个、42个、424个和367个，但是仍然没有关于就业歧视案由的直接规定。这导致了司法实践中的混乱局面。虽然各级法院实际审理的就业歧视案件并不多，但是对于案由和诉求相同或近似的案件，法院的立案理由却完全不同。2008年地方法院受理的几起就业歧视案件，法院确定的案由分别为“一般人格权纠纷”、“其他人身权纠纷”、“特殊侵权纠纷”、“一般劳动争议纠纷”、“平等就业纠纷”，有的法院认为就业歧视案件属于劳动争议案件，要求当事人起诉前必须先经过劳动仲裁，还有的法院以找不到案由为理由拒绝立案。①

① 参见陈冬梅、林锐君：《反思与构筑：我国平等就业权诉讼制度——和谐社会背景下就业平等的新探索》，见广州审判网，http://www.gzcourt.org.cn/fxtt/2012/02/21094756801.html。

对于在公务员录用过程中发生的就业歧视行为，公开的几起案件都是行政诉讼案件。

法院在就业歧视案件案由上的混乱局面，反映了不同法院对于就业歧视案件的性质认定存在很大差异，这也势必导致在法律适用上的“百花齐放”。对于反歧视案件来说，目前基本上可以分为三种情形：第一种是在公务员招录过程中发生的就业歧视案件，基本上提起的是行政诉讼，对责任主体主要追究的应当是行政责任。第二种是按照一般民事案件处理，认为侵犯的是当事人的一般人格权，对责任主体主要追究的是民事责任，民事责任形式主要是赔礼道歉、赔偿损失（包括经济损失和精神损害赔偿）。第三种是按照劳动纠纷处理，根据具体的歧视情况决定责任承担方式。对于相同性质的案件，适用不同的司法程序审理，并依据不同的部门法作出判决，其结果当然会大相径庭。

残障人在就业过程中遭遇歧视的情况很多，但是由于种种原因限制，真正提起诉讼的案件并不多。目前，公开报道的案件只有 2012 年宣某诉安徽省人力资源和社会保障厅的两起行政诉讼案件。第一件，宣某认为安徽省人力资源和社会保障厅没有为其参加公务员考试提供相应服务；第二件，宣某认为安徽省人力资源和社会保障厅限制盲人报名参加公务员考试的行为违法。虽然最后两起案件分别被二审法院驳回，但是该案件对于今后残障人就业歧视案件的司法处理将产生重要的影响。因为残障人就业歧视案件极少，所以很难说在残障人就业歧视案件上存在司法适用混乱的情况，但是其他就业歧视案件上司法适用混乱的情况也许正是导致残障人就业歧视案件少的原因之一。

## 第四节　我国残障人就业立法的完善

完善我国反残障人就业歧视立法应当从以下两个方面入手：一是完善残障人就业歧视特殊保护制度，充分发挥其优势和功能。对按比例就业、就业优先、专产专营、优先生产经营、优先采购等具体制度进行立法评估，研究其制度设计上存在的不足与缺陷，分析其在实践运行中存在的困难与障碍，从而提出进一步完善的具体建议，发挥其在促进残障人就业上的积极作用。二是加强残障人就业歧视法律救济制度的整体设计，要将残障人就业歧视置于我国就业歧视整体制度设计中考量，既要体现残障人就业歧视案件的特殊性，也要充分发挥司法资源效能，使残障人在遭受就业歧视后，可以方便、快捷地获得法律救济。

### 一、完善残障人就业特殊保护制度的建议

我国残障人就业歧视特殊保护制度存在的主要问题在于法律规定过于原则，操作性不强，导致这些法律规定成为“弹性条款”和“休眠条款”。国家应当通过完善相关立法，增强“弹性条款”的“刚性”，将“休眠条款”唤醒，充分发挥积极型法律制度对反残障人就业歧视的功能和作用。

#### （一）残障人按比例就业制度之完善

我国残障人按比例就业制度存在四个方面的问题，即用人单位安排残障人就业的比例较低，没有体现对小型用人单位的照顾，缺少对公立机构按比例安排残障人就业的强制措施，残障人集中就业单位优惠措施有待加强。针对这些问题，提出如下完善按比例就业制度的具体建议。

1. 建立用人单位按比例安排残障人就业的信息公开制度

建议我国借鉴其他国家和地区的做法，建立用人单位安排残障人就业的信息公开制度，通过社会监督手段促进用人单位积极安排残障人就业。信息公开制度应当遵循以下原则：(1) 所有用人单位应当在每年年底前主动申报本单位安排残障人就业的情况，人力资源和社会保障部门及时公布相关信息；(2) 按照属地原则，由当地人力资源和社会保障部门在官方网站公布，国家人力资源和社会保障部应当对各地相关信息进行统计分析，并向社会公布相关结果；(3) 应当完善相关法律规定，对于拒不配合公布信息的用人单位，由人力资源和社会保障部门进行行政处罚。

2. 对用人单位按比例安排残障人就业进行分层管理

我国目前按比例安排残障人就业的义务适用于所有用人单位，对于小型用人单位来说未免过于严苛。建议50人以下的用人单位安排残障人就业没有必要规定强制比例；50人以上的用人单位按照2%的比例安排残障人就业；安排残障人就业的比例超过25%的用人单位，认定为残障人集中就业单位。

3. 国家机关应当成为依法安排残障人就业的典范

残障人进入公务员队伍是国家文明进步的重要标志。各级国家机关应当认真履行法定义务，努力成为依法安排残障人就业的典范，从而带动其他用人单位更加积极地安排残障人就业。为进一步推进各级国家机关安排残障人就业，提出以下建议：(1) 尽快修改公务员体检标准，进一步放宽对残障人参加公务员考试的限制，使更多的残障人获得参加公务员考试的机会；(2) 制定残障人参加公务员考试的具体管理办法，为残障人提供无障碍服务，包括提供无障碍化的考场，根据需要提供盲文、大字体试卷，在特殊情况下延长考试时间等；(3) 对于残障人公务员连续三年达不到法定比例的国家机关，参照北京市、河南省地方性法规的规定，实行岗位单列、定向招录的办法，挑选符合岗位要求的残障人进入公务员队伍。

### (二) 残障人就业优先制度之完善

我国目前没有在国家法律、法规中明确规定残障人就业优先制度，而仅在个别地方政府规章中有所体现。因此，应当在我国公务员招录中建立残障人就业优先制度。

残障人就业优先制度应当遵循以下原则：(1) 残障人就业优先制度仅适用各级国家机关的公务员招录，并不要求其他用人单位强制适用残障人就业优先制度。(2) 残障人就业优先制度是“适度优先”，也就是指在残障人与其他求职者在条件大致相当的情况下，才能优先招录残障人。(3) 鉴于我国各级国家机关公务员招录已经实现了“逢进必考”，所以，残障人就业优先的具体操作程序可以进行如下设计：残障人应当和其他非残障人参加统一的公务员的招录考试；只有残障人通过笔试进入面试环节以后，残障人才可以行使就业优先权。残障人是否行使就业优先权由残障人决定，残障人一旦决定行使就业权，那么在残障人满足工作岗位要求的情况下，即认为残障人和其他求职者大致相当，用人单位应当优先录用残障人；如果用人单位不予优先录用残障人，必须书面说明具体理由，而且具体理由仅限定在残障人存在不能适应工作岗位要求的原因。(4) 残障人如果认为自己的就业优先权受到侵犯，可以依法申请行政复议，提起相应的行政诉讼。

### (三) 残障人专产专营制度之完善

由于专产专营制度与市场经济的自由竞争原则存在一定程度的冲突，所以，各国会尽量避免实行专产专营制度，努力为市场竞争提供充分的空间。但是，各国基于国家安全、国民生活保障等原因，也会对一些行业进行专产专营或者绝对性控制。我国烟草、食盐、铁路、邮政、军工等产品和行业基本上由国有企业专产专营，国家立法机关专门制定了《烟草专卖法》、《食盐专营办法》等法律、法规，为专产专营提供法律、法规依据；我国政府还对一些关系国家国民经济命脉的重要行业和关键领域保持绝对的控制力，如电网电力、石油石化、电信、煤炭、民航等。我国《残疾人保障法》和《残疾人就业条例》规定了残疾人福利性单位和残疾人集中就业单位的专产制度，实际上是基于我国原来的计划经济采取的针对残障人就业的特殊保护措施；由于市场经济已经替代计划经济，所以，残障人福利性单位和残障人集中就业单位的专产制度在我国一直没有真正建立起来。

我国目前的残障人福利性单位专产制度主要存在以下问题：(1) 立法仅限定为专产制度不妥，从实践情况看，专营制度也许比专产制度更具可行性，因此，应当将专产制度扩大为专产专营制度；(2) 立法要求由地方政府确定专产产品不妥，根据我国的具体国情，应当由国家层面确定专产专营的产品和服务种类，并且明确哪些产品和服务是由残障人福利性单位专产专营的，哪些产品和服务是由某类残障人专产专营的。

究竟有没有适合残障人或残障人福利性单位专产专营的产品和服务？答案是肯定的，关键在于政府是否愿意将相关产品和服务交由残障人或残障人福利性单位专产专营。根据实际情况，目前可以交由残障人专营的服务有两类：(1) 保健按摩；(2) 残障人专用机动轮椅车营运。由于韩国和我国台湾地区保健按摩交由视力障碍人专营出现了多次反复，我国当前保健按摩行业本身的经营管理也不够规范，因而保健按摩行业实现盲人专营的可能性有，但是难度较大。残障人专用机动轮椅车营运是介于公共交通和出租车营运之间的一种交通运输方式，而且从业人数较多，营运时间较长，管理比较规范。残障人专用机动轮椅车营运当前面临的主要问题是部分地方政府部门的认识不到位，认为残障人机动轮椅车的运营对于城市"形象不佳"，并采取强制性的取缔措施。但到目前为止，尚没有任何城市完全杜绝了残障人专用机动轮椅车营运。国务院有关部门对残障人专用机动轮椅车营运比较支持，通过相关文件事实上授权残障人专营。因此，建议国家通过立法明确将残障人专用机动轮椅车营运授权下肢残障人专营，并进一步研究其他可以授权残障人专产专营的产品和服务种类。对于残障人福利性单位专产专营问题，国务院也应当进行认真研究，及时出台残障人福利性单位专产专营的产品和服务目录。

#### (四) 残障人优先生产经营制度之完善

优先生产经营也是基于计划经济产生的针对残障人就业的特殊保护制度。优先生产经营主要是通过对原材料控制、经营许可控制等手段，确保残障人福利性单位在生产和经营上的优先地位。与专产专营相比，优先生产经营制度的实现难度相对较低；尽管残障人福利性单位优先生产经营制度落实得也不够理想，但是部分地方已经开始着手推进此项工作。

我国已经完成从计划经济向市场经济的转变，原来通过各种原材料控制手段实现残障人福利性单位优先生产的可能性越来越小。如前所述，优先生产经营对于促进残障人就业、振兴残障人福利性单位非常重要，所以，国家应当进一步采取有效措施，促使现有法律规定的真正落实。完善残障人福利性单位优先生产经营制度的基本方向是：国家应当确定残障人福利性单位优先生产经营的产品和服务目录，特别是应当将国家控制行业的相关产品和服务如邮政报刊经营、通信产品维修销售、石油石化产品销售等领域，划定一定比例授权残障人优先生产经营。

前文提及的保健按摩业如果不能实现专营，也可以划定一定的市场份额，通过经营许可控制的方式优先安排残障人优先经营。通过这些措施，实现优先生产经营制度不仅适用于残障人福利性单位，也可以适用于某类别残障人。

#### （五）残障人优先采购制度之完善

我国《残疾人保障法》规定的残障人福利性单位优先采购制度和《残疾人就业条例》规定的残障人集中就业单位优先采购制度，目的是通过政府优先采购产品和服务，保障残障人福利性单位和残障人集中就业单位的经营利益，从而实现残障人的稳定就业。在其他国家也有类似规定，优先采购制度是普遍认可的一项针对残障人就业的特别扶助措施。

我国优先采购制度的关键在于落实。根据当前的实际情况，就完善我国优先采购制度提出以下具体建议：(1) 将享受优先采购制度的单位范围扩大到所有残障人集中就业单位。(2) 应当通过立法要求所有政府采购的一定比例必须用于优先采购残障人就业单位的产品和服务，初步建议该比例为5%。(3) 国家应当制定具体的操作办法，建立全国统一的政府采购网络，所有政府采购必须通过政府采购网络进行；各级政府应当及时公布残障人集中就业单位的产品和服务目录，采购单位在采购同类产品时必须通过政府采购网络提前向残障人集中就业单位公布采购计划；只有在残障人集中就业单位不能或不愿提供采购产品和服务时，采购单位才可以采购其他单位的产品和服务。(4) 必须制定相应的制裁措施，政府应当按年度公布不能完成优先采购计划的采购单位名单，如果无法完成采购计划的，应当给予相应的行政处罚。

## 二、完善残障人就业歧视法律救济制度的建议

残障人就业歧视法律救济制度的完善有两个关键点：一是确立残障人就业歧视的认定标准，即用人单位的何种情况构成对残障人的就业歧视；只有明确了标准，用人单位才能规范自己的行为，残障人才能明确自己的权利，专门机构和司法机关处理案件才有法可依。二是确立残障人就业歧视的法律救济程序，让遭受就业歧视的残障人可以方便、快捷地维护自己的合法权益。

#### （一）残障人就业歧视认定之完善

##### 1. 招录过程中的歧视认定

如果残障人认为用人单位在录用过程中存在歧视，残障人可以向专门机构投诉或者向法院起诉。由于招录行为的主动权掌握在用人单位手中，残障人求职者处于绝对的劣势，所以，各国会在举证责任分配上有所侧重。残障人一般需要承担初步证明责任，即残障人只要证明自己具备完成岗位职责的能力即可；用人单位需要证明拒绝录用残障人是有合理依据的，并非基于歧视。用人单位的证明责任实际上要重于残障人的证明责任。只要用人单位不能提交充分的证据证明自己拒绝录用残障人的决定是合理的，用人单位即构成对残障人求职者的歧视，应当承担相应的不利后果。

##### 2. 工作过程中的歧视认定

因为用人单位在劳动关系中往往占据了优势地位，残障人相对处于弱势地位，所以，举证责任分配上在用人单位和残障人之间应有所侧重。残障人需要提交初步证据证明自己受到了较差待遇或者承受了额外要求即可。而用人单位需要证明自己的差别对待的合理性。专门机构和人民法院在处理残障人就业歧视争议时，判断是否构成就业歧视应遵循以下两项基本原则：

(1) 残障人是否受到较差待遇或者承受额外要求。较差待遇和额外要求是指残障人和非残障人在相同情况下是否存在待遇和要求上的差别，如残障人和非残障人从事相同的工作岗位，工作职责完全相同，但是残障人的工资待遇却低于非残障人，即认为构成较差待遇；残障人和非残障人从事相同的工作岗位，但是用人单位提出残障人每天应当“早来晚走”等要求，即构成额外要求的歧视。(2) 用人单位能否提供正当理由。用人单位首先要证明残障人受到的差别对待是否存在，如果能够证明这种差别不存在，即可以推翻残障人的指控。如果这种差别对待存在，用人单位需要证明针对残障人的差别对待是合理的，比如，给予残障人的工资待遇低的原因是因为采取计件工资，残障人比非残障人完成的工作量少，并且给予残障人的工资没有低于最低工资标准，那么这种差别对待并不构成歧视。如果用人单位不能证明自己的差别对待是合理的，即构成就业歧视，应当承担相应的法律后果。

### (二) 残障人就业歧视法律救济程序之完善

#### 1. 处理残障人就业歧视的专门机构

学术界的观点可以归纳为以下三种：第一种观点，建议在国家、省级、市级成立平等机会委员会，国家和省级平等机会委员会，负责组织、协调、指导反就业歧视工作；直辖市、设区的市平等机会委员会，主要受理本行政区域的劳动者有关就业歧视的申诉。[①] 第二种观点，认为没有必要单独设立一个“平等就业机会委员会”，直接将就业歧视作为劳动争议处理，纳入现行劳动争议的受案范围，赋予劳动争议仲裁委员会相应的权力即可。[②] 第三种观点，建议国家对各级残疾人联合会进行授权，由各级残疾人联合会负责处理残疾人就业歧视案件。[③] 笔者比较支持按照第一种形式，即建立反就业歧视专门机构，用于处理包括残障人就业歧视案件在内的所有就业歧视案件。就业歧视专门机构的名称可以定为“平等就业委员会”，参照劳动争议仲裁委员会的设立原则，按照“统筹规划、合理布局和适应实际需要”，不按行政区划层层设立。由省、自治区人民政府决定在市、县设立，初期可以仅在设区的市设立；由直辖市人民政府决定在区、县设立。我国台湾地区的就业歧视评议委员会由于人员结构过于松散，而且残障人就业歧视案件需要召开就业歧视评议委员会全体会议处理，所以效率较低。因此，平等就业委员会应当注重专业化和工作的常规化。平等就业委员会应当有专门的调查人员和调解人员；如果最终不能通过调解解决纠纷，则由3～7名单数委员组成合议机构，裁定就业歧视是否成立。委员组成应当包括劳动法专家、残障人组织代表、劳动行政部门代表等。平等就业委员会处理案件应当是免费的、保密的、灵活的，主要是以调解或者促成当事人之间的和解为目的。如果双方当事人无法通过调解解决争议，可以由3～7名委员对案件进行审理，裁定是否构成残障人就业歧视，并告知双方当事人。如果裁定构成就业歧视，平等就业委员会应当将案件移送劳动行政部门，由劳动行政部门依法处理。如果残障人选择提起民事诉讼，平等就业委员会应当支持起诉，再次对用人单位形成压力。

---

① 参见蔡定剑、刘小楠主编：《反就业歧视专家建议稿及海外经验》，9页，北京，社会科学文献出版社，2010。类似观点亦可参见张宗浩、陈亚东：《反就业歧视论》，载《求索》，2006 (8)，117页。

② 参见林嘉、杨飞、林海权：《劳动就业法律问题研究》，255页，北京，中国劳动社会保障出版社，2005；翁里、宋丽燕：《对就业歧视的法理探讨》，载《兰州学刊》，2004 (6)，262页；竹文君：《试论就业歧视及其公法规制》，载《河北法学》，2004 (10)，80页。

③ 此为笔者参加研讨会时听到的观点。

2. 关于劳动行政部门救济程序

根据《残疾人保障法》第 64 条的规定，针对歧视残疾人就业的行为，劳动行政部门可以责令改正。建议国家修改相关立法，进一步明确用人单位歧视残障人的行政责任。（1）增加罚款规定。考虑到就业歧视行为对社会的恶劣影响，建议在立法中明确规定，用人单位歧视残障人的，按照 1 万元以上 20 万元以下的标准处以罚款。（2）进一步明确责令改正的内容，根据歧视的具体内容不同，可以要求用人单位建立或维持与残障人的劳动关系、补发工资福利、提供合理便利、制订消除残障人就业歧视的方案等，从而弥补残障人因为就业歧视受到的损失。

3. 民事诉讼救济程序

建议从以下四个方面进一步加强残障人就业歧视的民事诉讼救济程序：（1）遭受就业歧视的残障人可以直接提起民事诉讼；也可以先向平等就业委员会投诉，在无法通过调解解决争议时，无论平等就业委员会是否裁定歧视成立，残障人都可以提起民事诉讼。如果平等就业委员会裁定歧视成立，平等就业委员会应当出庭支持残障人诉讼。（2）最高人民法院应当在《民事案件案由规定》中增加单独的“就业歧视”案由，作为残障人直接提起就业歧视案件的依据，不能作为普通就业争议案件，更不能要求残障人必须经过劳动争议仲裁后才有权提起民事诉讼。（3）应当增加举证责任的明确规定。遭受就业歧视的残障人需提供能够证明歧视行为存在的初步证据，用人单位需要提交证明自己的行为不构成就业歧视的证据和理由。（4）应当进一步明确构成就业歧视的民事责任。如果就业歧视成立，用人单位应当赔偿遭受歧视的残障人相应的损失，包括相应的精神损害赔偿。建议国家增加惩罚性赔偿制度，对于恶意歧视残障人的行为，应当判令用人单位支付惩罚性赔偿。

4. 行政诉讼救济程序

对于残障人在公务员招录过程中遭遇就业歧视的，残障人可以依法提起行政复议和行政诉讼。建议从以下三个方面完善我国的行政诉讼救济程序：（1）如果残障人在公务员招录过程中遭遇就业歧视，当残障人提起行政复议和行政诉讼时，原招录岗位应当冻结，避免残障人赢了官司，失了岗位；（2）如果公务员招录公告、招录过程存在对残障人群体的歧视，并没有针对具体残障人个人，则允许任何人、任何部门、任何组织提起行政复议和行政诉讼；（3）必须进一步明确对残障人进行就业歧视的法律责任，包括机关和直接责任人的法律责任，残障人损失的赔偿责任等。

5. 刑事诉讼救济程序

建议国家完善相关刑事立法，对于通过公开方式恶意散布歧视残障人的言论，或者教唆他人歧视残障人的行为，则构成刑事违法行为，由公安机关立案，通过刑事诉讼程序追究当事人的刑事责任。

# 第六章 残障人社会保障法

## 第一节　我国残障人社会保障法的历史发展

残障人社会保障，是指国家根据残障人的生活和特殊需要，给予其特别扶助，保障其基本生活和社会参与权益的制度。它的主要内容就是保障残障人的基本生活；开展及时、有效的医疗康复，避免或减轻残障；大力发展残障人教育和培训，提高残障人的文化和职业技能，培养残障人的自立能力；保障残障人的就业权利和自我实现的权利；开展丰富多彩的残障人文化体育活动，培养残障人自立、自强精神；建设一个无障碍的社会环境，为残障人参与社会提供有利条件。

### 一、我国古代和近代残障人社会保障立法概述

人类社会发展至今，无论是先天原因还是后天原因造成的残障，还都无法完全消除。从社会发展角度来说，残障并非个别现象，也不是个人原因造成的，而是一种社会现象。这个群体的数量和社会处境给社会保障立法提出了长久和严峻的话题。从我国古代社会开始就对残障人开展了具有国家组织性的社会保障。但是社会体制、经济发展水平以及传统文化对残障人社会保障起到了决定性的作用，纵观新中国成立之前整个残障人社会保障历史，不难发现残障人社会保障具有以下特征：

#### （一）残障人社会保障仅限于社会救济范畴

古代统治者对残障人等弱势群体的特殊保障，主要是为了宣扬仁政，维护统治者的统治，其对残障人的认识也是不足的，总体上还是前面所提到的传统的医学视角。因此，我国古代社会虽然在残障人社会保障方式上以提供衣食住所，到提供医药药方，甚至到提供侍丁、保姆，到减免税法，提供丧葬帮助，方式、方法不可谓不多，但总体上却没有为残障人提供有效的保障制度，尤其是忽略了借靠社会力量解决残障人问题的途径。[①] 到了近代，虽然残障人的保障程度有了提高，但总体上仍处于较低层次的社会救济水平。

#### （二）残障人无法享有平等的社会政治权利

残障人虽然受到一定的特殊照顾，但同时也被剥夺了一些非残障人享有的权利。例如，残障人被剥夺了一般民事案件的诉讼权及作证资格和从政为官的权利，宋朝就规定“自今进士及诸科充举人被废疾者，诸州不得解送，礼部不授蝶”[②]。这些都是对残障人权利的限制。可见，

---

① 参见罗财喜：《从古代残疾人法律制度审视当今残疾人保障法的完善》，载《吉首大学学报》，2005（10），124页。

② 罗财喜：《从古代残疾人法律制度审视当今残疾人保障法的完善》，载《吉首大学学报》，2005（10），124页。

我国古代和近代残障人立法并没有把残障人作为人的独立人格与社会价值体现出来。

（三）残障人社会保障立法落后，不成体系

由于我国古代社会法律制度没有明确的体系和分类，对残障人的社会保障也只是出于统治阶级实行仁政的需要，并没有建立一套完善的残障人社会保障法律保护体系。除了国家设立救济院收养残障人外，对残障人施行救济的另一种方式就是赏赐和发放生活用品，保障其基本生活。但对残障人的特殊需要却没有提供相应的保障，对涉及残障人精神与生活需求的医疗康复、特殊教育、劳动就业、社会参与以及便利设施等更没有涉及，残障人仍然无法融入社会。同时，严格地说，我国古代残障人社会保障只是一些零星的措施，并没有形成固定的制度，更没有相关方面的专门立法。民国时期虽然进行了大量的立法活动，但受当时的经济、政治发展的影响，很多法律、法规并不能有效发挥其应有的作用，社会保障立法处于初期形成阶段，残障人社会保障方面的立法更是缺乏。同时，由于经济发展落后、社会动荡，加上战争频繁，科技落后，对社会上的大量残障人无法提供有效的社会保障。因此，真正的残障人社会保障立法，是新中国成立以后的事情。

## 二、新中国成立后残障人社会保障立法的演进

我国残障人社会保障事业是随着新中国的成立，随着经济和社会的发展而逐步发展起来的。新中国成立后，比较重视发挥人的作用。作为一个特殊的群体，残障人问题逐渐得到政府的关注，残障人组织也开始成立，残障人工作逐步成为一项重要的政府工作。但由于历史原因，我国残障人社会保障起步晚、发展慢，并且受经济、社会发展的制约，立法也比较滞后，不成体系。在“文化大革命”期间又受到了严重影响，残障人社会保障出现了停滞。改革开放时期，我国残障人社会保障才有了迅猛的发展，立法也逐渐向系统化发展。进入21世纪之后，随着我国社会保障法律制度的建立与完善，残障人社会保障水平也得到很大提高，尤其是2008年，中国成功举办了残障人奥运会，对开展残障人立法、推进残障人社会保障制度建设创造了良好的社会环境，现代文明社会的残障人观开始形成，中国残障人社会保障也进入了一个新的发展阶段。从发展阶段上划分，中国残障人社会保障立法的演变大致可分为四个阶段：初创时期、“停滞”时期、恢复发展时期和快速发展新时期。

（一）初创时期（1949—1966年）

新中国成立后，社会趋于稳定，经济逐渐得到恢复与发展。残障人社会保障开始了艰难的起步。1950年，中国政府成立了中国人民救济总会，制定并通过了《中国人民救济总会章程》，开展包括残障人在内的社会救济工作。对生活困难的残障人进行救济，保障其基本生活。一些无依无靠的残障人（包括很多孤儿、老人），分别被安置在陆续建立的儿童福利院、社会福利院和敬老院，基本生活得到了保障。1951年2月，政务院颁布了《劳动保险条例》，对于生、老、病、死、伤、残等情况的保险都有了具体规定，使暂时或长期丧失劳动能力的职工在生活上有了基本的保障。条例规定保险经费由企业负担，并且还举办各种集体劳动保险事业。

（二）“停滞”时期（1966—1976年）

在“文化大革命”期间，我国社会发展遭遇严重挫折，残障人社会保障出现停滞甚至倒退。1968年，主管残障人工作的内务部被撤销，残障人福利事业受到严重影响，几乎陷于停顿。“五保”制度受到批评，许多敬老院被解散。残障人职工的疗养、休养事业被迫停办。残

障人福利企业受到冲击。

在这一时期，国家也出台了部分法规文件、国家领导人对残障人事业也作出过一些重要指示，例如，在“文化大革命”开始时中断招生的北京市盲聋学校在1970年又恢复了招生；1971年，中央军委副主席叶剑英视察北京市第三聋校，看望聋童，嘱托老师对聋童进行职业教育；1973年，周恩来指示有关部门组织调查组到北京、上海、辽宁、吉林、黑龙江、江苏、安徽、云南等省市调查盲人、聋哑人的情况；1975年，国务院、中央军委批转卫生部、公安部、财政部、农林部、商业部、总后勤部《关于加强麻风病防治和麻风病人管理工作意见的报告》等。[①] 但从整体来说，我国社会处于一种极不正常的状态，残障人社会保障事业无论在立法上还是工作机构上都受到严重影响，停滞不前。

**（三）恢复发展时期（1976—2001年）**

“文化大革命”结束以后，中国进入以经济建设为中心的新的发展时期。残障人工作逐渐得到恢复和发展：1978年，中国盲人聋哑人协会恢复活动；1984年3月，中国残疾人福利基金会成立；1986年7月，联合国“残障人十年”（1983—1992年）中国组织委员会成立；1987年4月，进行了第一次全国残疾人抽样调查[②]；1988年3月，中国残疾人联合会成立；随后，各省、市、区县都建立了残联组织，形成了统一的残疾人组织体系。1993年9月，国务院成立了残疾人工作协调委员会，包括三十多个部门，地方各级政府也成立了相应的机构，在方针、政策、法规、规划等重大问题与措施上加强领导与协调，形成全国残障人工作的领导和组织体系。

制度建设离不开法律的支持。我国1982年《宪法》第45条首次规定：“国家和社会帮助安排盲、聋、哑和其他有残疾的公民的劳动、生活和教育。”1988年9月，经国务院批准颁布实施《中国残疾人事业五年工作纲要》。随着我国残疾人事业的恢复和发展，制定一部残疾人基本法，对残疾人提供全面的法律保护，已成为社会共识。1990年12月，全国人大常委会审议通过了《残疾人保障法》，这部法律系统总结了我国残障人事业发展的经验，并借鉴了国外残障人立法，体现了社会参与模式的残障人发展观，对促进我国残障人事业发展起到了巨大的推动作用。1991年12月，国务院批准颁布《中国残疾人事业“八五”计划纲要》及其16项实施方案，随后又分别制定了“九五”、“十五”、“十一五”、“十二五”等发展规划和计划纲要。一系列重大举措的实施，使中国残障人社会保障由救济安养为主的阶段，开始逐步进入残障人康复、教育、就业、文化体育、福利、环境、法制建设全面发展的阶段。

这一时期也是我国社会保障制度发生深刻变革的时期。由于我国统一的社会保障制度体系尚不清晰，对残障人社会保障在这一体系内的地位也存在很多争议。受整体环境的影响，残障人社会保障虽然取得了很大发展，但仍处于较低水平。

**（四）快速发展新时期（上海特奥会、北京残奥会及后残奥会时期，2001年至今）**

2001年，中国取得了2008年奥运会和残奥会的举办权。由于国际社会对举办残奥会有很高的标准，不仅体现在场馆设施等环境建设上，更体现在一个国家整体的残障人事业发展上。2007年，国际特殊奥林匹克夏季运动会又在上海举办。这就要求我国不仅要加快残障人社会保障立法，更要树立平等、参与、共享的残障人事业发展理念，为残障人创造一个良好的社会

---

①② 参见中国残疾人联合会，组织机构，大事记，见 http：//www.cdpf.org.cn/zzjg/lsyg/。

环境。在这一背景下，我国残障人社会保障立法进入了一个全新的发展阶段。这一时期，我国的残障人社会保障立法，无论是数量还是涵盖内容上，都出现了空前的繁荣。

## 三、残障人社会保障的法理基础

### （一）生存权思想

生存权是指作为社会个体的人生存所不可缺少的权利，是基于人类生存本能而自然产生的。生存权是人权的一项重要内容。社会保障立法与人权、特别是生存权的观念有着密不可分的关系。它是人权思想发展到一定程度，特别是将生存权明确提出后在法律上的确认。[①] 与普通人相比，残障人的生存环境更为恶劣，更需要生存权的保障。因此，生存权思想对残障人社会保障具有更为突出的意义。

《世界人权宣言》明确宣称，人人有权享有生命、自由和人身安全，并在第 25 条规定："人人有权享受为维持他本人和家属的健康和福利所需的生活水准，包括食物、衣着、住房、医疗和必要的社会服务；在遭到失业、疾病、残障、守寡、衰老或在其他不能控制的情况下丧失谋生能力时，有权享受保障。"生存权的基础是生命权。联合国《残障人权利公约》第 10 条规定，缔约国重申人人享有固有的生命权，并应当采取一切必要措施，确保残障人在与其他人平等的基础上切实享有这一权利；为残障人提供适足的生活水平和社会保障是残障人生存权的重要内容。《残障人权利公约》第 28 条规定："缔约国确认残障人有权为自己及其家属获得适足的生活水平，包括适足的食物、衣物、住房，以及不断改善生活条件；缔约国应当采取适当步骤，保障和促进在不受基于残障的歧视的情况下实现这项权利。"我国《宪法》第 45 条也明确保障残障人的生存权和社会保障权：公民在年老、疾病或者丧失劳动能力的情况下，有从国家和社会获得物质帮助的权利。国家发展为公民享受这些权利提供了所需要的社会保险、社会救济和医疗卫生事业。国家和社会帮助安排盲、聋、哑和其他有残疾的公民的劳动、生活和教育。我国《残疾人保障法》第 46 条进一步规定，国家保障残疾人享有各项社会保障的权利，政府和社会采取措施，完善对残疾人的社会保障，保障和改善残疾人的生活。

作为人类存在的基础，生存权体现了人的尊严与存在价值。同时，生存权也体现了残障人作为一个人，与其他人一样，具有固有的、不可剥夺的基本权利。保障残障人的生存权，是与过去那种视残障人为负担、漠视残障人存在的旧的残障人观格格不入的，它要求现代国家必须采取各种有效的社会保障措施，保障残障人的生存权。生存权又是残障人享有其他权利的基础，是建设一个促进残障人"平等、参与、共享"社会的前提条件。

保障生存权最重要的制度安排就是建立一整套完善、高效的社会保障制度，使其覆盖到包括残障人在内的每一个公民。"只要生存发生了困难，都应普遍地、无例外地给予基本生活的保障。"[②] 生存权思想认为国家应把保护弱者生存作为自己的义务。德国法哲学家费希尔特认为，人能够活，生存才有保障，这是国民应有的权利，不能生存时，他对国家有提出要求生活保障的生存权。[③] 建设残障人社会保障制度，为残障人提供生活保障，是现代文明国家的责任和义务，不是对残障人的恩赐，社会保障权是残障人应当享有的基本权利。

---

① 参见林嘉：《社会保障法的理念、实践与创新》，132 页，北京，中国人民大学出版社，2002。

② 黎建飞：《社会保障法》，3 页，北京，中国人民大学出版社，2006。

③ 参见林嘉：《社会保障法的理念、实践与创新》，134 页，北京，中国人民大学出版社，2002。

### （二）社会公平思想

“鉴于对人类家庭所有成员的固有尊严及其平等权利的承认，乃是世界自由、正义与和平的基础……”《世界人权宣言》第1条即庄严声明：“人人生而自由，在尊严和权利上一律平等。他们富有理性和良心，并应以兄弟关系的精神相对待。”

弱势群体尤其需要社会保障。社会保障法律制度自历史上开始出现，就被社会寄予了厚望。社会保障法作为应对风险的防治法、维护人权的保障法和保障公平的再分配法，体现了人权保障思想、社会平等思想和社会慈善思想，因而被一些学者称为公平良善之法律。[①] 作为弱势群体，残障人更需要这种良善之法的保障。一般认为，社会有三种分配：一是以竞争为动力的分配，根据能力决定收入；二是以公平为原则的分配，即通过社会保障的再分配；三是以道德力量为动力的分配，有钱人自愿把钱或物分给穷人，这就是慈善事业。[②] 建设残障人社会保障制度正是体现了社会保障这种分配形式重要的地位。

随着经济社会的发展和人类文明程度的提高，残障人的社会保障受到国际社会的普遍重视，以“平等、参与、共享”为核心内容的现代文明社会残障人观逐渐形成，并不断丰富和发展。联合国《残障人权利公约》特别强调了残障人的平等权：在法律面前，人人平等，有权不受任何歧视地享有法律给予的平等保护和平等权益；应当禁止一切基于残障的歧视，保证残障人获得平等和有效的法律保护，使其不受基于任何原因的歧视；为促进平等和消除歧视，缔约国应当采取一切适当步骤，确保提供合理便利；为加速或实现残障人事实上的平等而必须采取的具体措施，不得视为本公约所指的歧视。

我国宪法明确规定我国公民在法律面前一律平等，作为与其他公民享有平等权利的残障公民，同样受到法律的保护。残障人与其他公民一样平等享有各种权利，对正在积极建设覆盖城乡的统一的社会保障制度的中国来说，为残障人提供充分的社会保障是国家的重要责任。

### （三）人道主义思想

人道主义是人类对自身的社会性认识后的情感，是人类社会文明进步的结果。人道主义一词是从拉丁文（humanistas，人道精神）引申来的，体现了人类社会对人的生命与价值的尊重。“社会保障法通过在社会组织中的个人合理地分配社会责任和义务，形成风险共担的社会保障责任机制，实现富裕的对贫困的、健全的对病残的、年轻的对年老的、强者对弱者的社会关照和社会扶助，体现出敬老爱幼、扶弱济贫、友爱助人、和谐共存的道德伦理原则。”[③] 在建立和完善残障人社会保障制度的过程中，基于公平，对人与人之间互助互爱的人道主义思想也提出要求。正是从这种意义上，对中国残障人事业作出重要贡献的邓朴方将人道主义称为残疾人事业的旗帜和调节人际关系的准则。[④] 中国共产党“十七大”明确提出要发扬人道主义精神，发展残疾人事业。值得注意的是，发扬人道主义要以保障残障人固有的权利为前提。残障人社会保障是残障人事业的核心，因为它为残障人提供了基本生活、医疗康复、教育、就业、文化体育以及无障碍环境等一系列保障。

---

① 参见郭成伟、王广彬：《公平良善之法律规制——中国社会保障法制探究》，61～78页，北京，中国法制出版社，2003。

② 参见蒋月：《社会保障法》，101页，厦门，厦门大学出版社，2004。

③ 黎建飞：《社会保障法》，8页，北京，中国人民大学出版社，2006。

④ 参见邓朴方：《人道主义的呼唤》，第1辑，80页，北京，华夏出版社，2006。

完善残障人的社会保障，需要一个平等、接纳和友善的环境。现代文明社会残障人观认为，应该消除对残障人的歧视和偏见，形成人人理解、尊重、关心、帮助残障人的良好社会风尚。由于传统观念的影响，我国社会对残障人的认识还存在误区，人道主义思想还不浓厚，因而需要在全社会大力开展文明教育和人道主义教育，为建设残障人社会保障创造一个良好的社会氛围。

我国越来越重视社会保障制度的公平。我国提出要建立、健全覆盖全社会的社会保障体系的目标就是为全体公民提供公平的福利待遇。对国民尤其是残障人等弱势群体提供充分的保障，政府和社会必须承担起责任，建立残障人社会保障制度，使他们以平等的地位和均等的机会，参与社会生活，共享发展成果，不仅是国家责任和社会义务的体现，最终也有利于全社会的和谐发展。

## 第二节　我国残障人社会保障立法状况

### 一、我国残障人社会保障立法现状

我国残障人社会保障的迅速发展是以20世纪80年代中国残疾人联合会的成立和90年代初《残疾人保障法》的颁布为标志的。自那时至今，中国残障人社会保障取得了明显成效。这一时期，国家不仅制定了一系列法律、法规保障残障人的各种合法权益，还开始制订促进残障人事业发展的国家计划，详细地规定了保障残障人权益的方针、政策。尤为重要的是，随着经济社会的发展和人类文明程度的提高，现代文明社会残障人观和人道主义思想得到进一步弘扬，尊重和帮助残障人的道德风尚在全社会开始逐步形成。但是，由于我国残障人社会保障还没有形成完整的体系，立法也不完善，社会上对残障人社会保障的理解还存在争论，残障人社会保障还面临许多问题。党的"十八大"报告提出，到2020年全面建成覆盖城乡居民的社会保障体系，让包括残障人在内的全社会充满期待。

我国理论与实务界根据残障人工作的特点和《残疾人保障法》的立法结构，一般将残障人社会保障体系分为康复保障、教育保障、劳动就业保障、文化体育保障、无障碍环境保障以及社会保险、社会救助等内容。其中，《残疾人保障法》第六章"社会保障"主要是对残障人参加社会保险，开展社会救助和其他帮扶措施的规定，体现了残障人社会保障的一般需要。

#### （一）社会保险

由于我国仍处于城乡分割的二元社会，社会保险制度在全国也不统一，不仅城市与农村社会保险制度也处于分割状态，全国各个省市、自治区甚至同一个省级区域内社会保险关系也处于分割状态。虽然《社会保险法》已经公布，但要建立全国统一的社会保险体系仍任重道远。对于残障人来说，这一问题更显严重。

目前我国的社会保险制度并不统一，基本分为城镇职工社会保险制度、城镇居民基本社会保险制度、农村居民社会保险制度，虽然城乡居民基本养老保险已经统一，但是三种医疗保险制度的统一尤其是职工和居民社会保险制度的统一还未实现。由于大部分残障人无法就业，其社会保障权利也受到限制。特别是在农村地区，虽然参加基本养老保险和新型农村合作医疗缴费较低，但对生活困难的残障人来说，仍然有一定障碍。

### (二) 社会救助

社会救助，是指国家与社会面向由贫困人口与不幸者组成的社会脆弱群体提供款物接济和扶助的一种生活保障制度，它通常被视为政府的当然责任或义务，采取的也是非供款制与无偿救助的方式，目的是帮助脆弱群体摆脱生存危机，进而维护社会秩序的稳定。社会救助的外延，包括贫困救助、灾害救助及其他针对社会弱势群体的扶助措施。①

由于各种条件限制和障碍的存在，残障人大多无法以自己的独立能力参与社会竞争，以获得生活质量的提高。因而，对残障人开展必要的社会救助便成为保障残障人基本生活的重要途径。目前，我国针对残障人的社会救助主要有最低生活保障制度、“五保”供养制度以及社会扶贫等四个方面。

第一，最低生活保障。目前，中国的最低生活保障制度已经基本覆盖全国城镇与乡村，并将大批残障人纳入其中。最低生活保障制度可以保障残障人的基本生活，避免其陷入贫困境地，体现了社会的人文关怀。另外，北京等地区还对残障人实行分类救助，对重度残障、一户多残等特困残障人给予了特别扶助，以进一步提高他们的保障标准和水平；一些地方对城镇贫困残障人个体户参加基本养老保险给予补贴。

第二，贫困救助。对残障人的扶贫主要体现在加强对残障人职业技能的培训，促进其劳动就业权的实现；安排专项贷款，开展残障人扶贫；选择适合残障人特点的扶贫开发项目和方式。② 在农村地区，继续加强对残障人开展的专项扶贫，《中国农村扶贫开发纲要（2001—2010年)》要求继续把残障人的扶贫开发作为21世纪初扶贫开发的重要内容。

第三，“五保”制度。“五保”制度是依托集体经济组织对农村无依无靠的老、弱、孤、寡、残实施基本生活保障的一种农村社会保障制度。“五保”制度的实施，使农村中的老、弱、孤、寡、残人员的基本生活有了保障，体现了国家对这些弱势群体的关怀。“五保”制度在集体经济时代成为农村社会保障制度的重要组成部分，也是保障没有生活自理能力的农村残障人生活的重要制度。1994年，国务院颁布了《农村五保供养工作条例》，正式以行政法规的形式对这一制度加以规范。③

第四，其他社会救助。如各级残联组织每年都在传统节日、国际残障人日、全国助残日等节日走访慰问残障人，以送生活用品和慰问金的形式开展助残活动。随着中国公益事业的发展，“志愿者助残”、“文化助残”、“科技助残”、“法律助残”等多种形式的救助活动逐渐开展起来，起到了很好的社会效果。

综上所述，我国残障人的社会保障工作取得了长足的发展，越来越多的残障人得到了救助和保障，温饱问题初步解决，社会参与能力正在提高。但由于中国整体的社会保障制度尚不完善，残障人社会保障法律制度还有待于进一步深入。

## 二、我国残障人社会保障存在的问题

目前，我国残障人社会保障制度的立法体系、制度框架等尚不统一，直接影响了我国残障人社会保障制度的发展。另外，由于残障人自身条件以及其他因素的限制，在市场竞争中处于

① 参见郑功成：《社会保障学——理念、制度、实践与思辨》，13～14页，北京，商务印书馆，2004。

② 参见相自成：《中国残疾人保护法律问题史论》，401页，北京，中国法制出版社，2003。

③ 2006年1月，国务院又发布了最新修订的《农村五保供养工作条例》。

不利的地位，在基本生活、医疗康复、教育、就业等方面还存在较大困难。残障人的整体状况仍然与我国经济社会的发展水平存在很大差距。总体来看，我国残障人社会保障主要存在以下四个方面的问题：

（一）立法滞后

立法是保障残障人合法权益最基本、最有效的手段，也是做好残障人社会保障的基础。我国《宪法》第45条把国家和社会帮助安排盲、聋、哑和其他有残疾的公民的劳动、生活和教育作为一项宪法原则予以规定。近年来，我国又出台了一系列保障残障人权利的法律、法规，最重要的是1990年通过并于2008年进行了重大修订的《残疾人保障法》、1994年通过的《残疾人教育条例》、2007年通过的《残疾人就业条例》、2012年通过的《无障碍环境建设条例》等。但从总体来说，我国的残障人社会保障存在立法滞后、执行不力的问题。

现有的残障人社会保障立法层次较低且数量较少。在法律层次上，我国只有一部《残疾人保障法》作为残障人基本法；行政法规只有《残疾人教育条例》、《残疾人就业条例》和《无障碍环境建设条例》。对残障人社会保障具有重要意义的康复、社会保障、社会服务等尚未立法。经济发达国家在这方面大多已经形成了较为完整的残障人立法体系。例如，美国自1920年制定《职业康复法》后，陆续颁布了《康复法》、《建筑无障碍法》、《残障儿童教育法》、《关于处于发展阶段的残障人法》、《美国残障人法》等；日本除颁布了《残障人基本法》作为保障残障人的基本法外，还陆续制定了《残障人福利法》、《残障人教育法》、《残障人雇用促进法》、《残障人职业训练法》、《特殊儿童抚养补贴法》、《残障人福祉协会法》、《精神保健福利法》等十几部具体领域的法律，加上《儿童福祉法》、《老人福祉法》、《母子福祉法》等与残障人有重要关系的一系列法律，形成了较完备的残障人社会保障法律体系。由此可见，与国外相比，我国在残障人社会保障立法方面还存在较大差距。

立法技术落后，内容分散，可操作性不强。由于我国立法技术相对落后，在残障人立法中有很多条款内容模糊，政策性、原则性强，却缺乏法律应该具有的可操作性。例如，《残疾人保障法》虽然在2008年进行了重大修订，但许多条文仍然停留在原则性的规定上，宣示意义大于实际意义。同时，我国有关残障人社会保障的专门法律、法规只有《残疾人保障法》、《残疾人教育条例》、《残疾人就业条例》、《无障碍环境建设条例》，其他有关残障人社会保障的立法则分散在《社会保险法》、《就业促进法》、《劳动法》、《教育法》、《婚姻法》、《妇女权益保障法》、《未成年人保护法》、《老年人权益保障法》、《公益事业捐赠法》等五十多部法律中。

（二）执法不力

残障人法执行性差，法律强制力低。由于我国残障人立法中有过多的政策性规定，造成法律功能弱化，缺乏可操作性，严重地影响了法律的实施效果。除了《残疾人保障法》存在原则性强、执行性差问题，作为保护劳动者就业权利的重要法律，例如，《劳动法》、《劳动合同法》、《就业促进法》对残障人劳动就业的规定也显得比较乏力，残障人在求职过程中仍然受到严重歧视。

社会公众对涉及残障人的法律、法规比较轻视，残障人法权威性不强。由于社会上对待残障人的观念尚未得到根本的转变，相关部门和单位、公众对残障人法不够重视。例如，一些单位和个人在对待残障人的就业和教育上依然存有歧视，往往作出许多对残障人不平等的限制性规定，将残障人排除在教育和就业范围之外，并且这种歧视很难受到法律的制裁；虽然国家明确要求发展残障人的无障碍设施，但现有的无障碍设施还主要集中在大中城市和城市的主要街道及公共建筑之中，在残障人生活比较集中的社区中却很少；对于城市无障碍设施的维护和管理还缺乏力度，不少地方对于残障人无障碍设施的占用现象还比较严重。

政府有关部门和组织法律监督功能弱化。例如，作为残障人工作的指导和协调机构，残疾人工作委员会在残障人法的监督方面存在缺位；在残障人就业、社会保障方面，劳动与社会保障部门的监督也有待加强。同时，对违反残障人法的法律责任不严格。只有使违反残障人法的行为及时受到法律的制裁，才能保证残障人法的有效实施。而事实上，对社会中众多的歧视残障人的行为，法律往往无能为力，这也严重地影响了法律的实施效果。

### （三）制度框架不明晰，体系不完整

与我国计划经济体制相适应，新中国成立后我国长期实行的是体制内的国家保障而非社会保障，即对于社会保障体制内的人的生老病死基本上由国家包下来，个人不需要承担什么义务。同样，我国残障人社会保障也是在20世纪80年代之后才逐渐被提出来的，理论上的称谓也不统一，如残障人事业、残障人福利、残障人保障等。随着我国社会保障制度的不断发展，残障人社会保障才慢慢被社会接受。

新中国成立至今，我国残障人社会保障虽然取得了显著成绩，但由于我国残障人社会保障起点低、发展慢，一直没有形成自己完整、清晰的制度框架，致使理论与实务中关于残障人社会保障制度的内容到底包括哪些，一直众说纷纭，争论不休。

长期以来，我国残障人社会保障制度的内容是根据残障人工作的需要分为康复保障、教育保障、就业保障、生活保障以及环境保障五项。① 这种分类方法虽然不是很科学，但由于适应了残障人工作的实际需要，基本上被理论与实务界接受。长期以来，我国残障人社会保障制度建设也基本上是按照以上分类进行的。如果说，这一制度框架适应了早期残障人工作的需要，在一定时期内对发展我国残障人社会保障起到了重要的作用。但随着经济社会的发展、覆盖城乡的社会保障体系的建立以及残障人社会保障理念的发展，这一制度框架显然不能满足新的发展需要了。残障人社会保障不仅包括以上方面，还应该被纳入覆盖全民的社会保障体系，而原有的制度框架则没有体现出来。同时，医疗康复、心理康复、精神保障、托养照顾等体现残障人福利的保障内容也越来越体现出其重要地位，这就对我国残障人社会保障进行合理的制度设计提出了要求。

中共中央、国务院在《关于促进残疾人事业发展的意见》中，从事业发展的整体出发，将残障人事业分为以下六个方面：（1）加强残障人医疗康复和残疾预防工作。包括保障残障人享有基本医疗卫生服务、健全残障人康复服务保障措施、建立健全残疾预防体系。（2）保障残障人基本生活。包括做好残障人生活救助、完善残障人社会保险、发展社会福利和慈善事业。（3）促进残障人全面发展。包括发展残障人教育、促进残障人就业、繁荣残障人文化体育事业。（4）改善对残障人的服务。包括健全残障人服务体系、加快无障碍建设和改造、发展残障人服务业。（5）优化残障人事业发展的社会环境。包括增强全社会扶残助残意识、加强残障人事业法律法规和制度建设、推进残障人事业国际交流与合作。（6）加强对残障人事业工作的领导。包括健全残障人工作领导体制、发挥残障人组织作用、动员社会各界共同参与、加强残障

---

① 参见张琪、吴江等：《中国残疾人就业与保障问题研究》，121页，北京，中国劳动社会保障出版社，2004。

人工作干部队伍建设。该《意见》虽然没有明确残障人社会保障的制度内容，但基本上包含了残障人社会保障制度应该具有的主要内容，对构建我国残障人社会保障法律制度具有重要的指导意义。

从以上分析可以看出，随着我国经济社会发展和覆盖城乡的社会保障法律制度体系的逐渐确立，我国理论与实务界关于残障人社会保障的研究也在逐渐深入，制度框架也日渐清晰。在残障人社会保障的制度设计上，理论界与实务界逐渐取得共识，即残障人社会保障不仅要纳入全社会统一的社会保障体系，还具有其特殊的内容，需要建立特殊的保障制度予以满足。但这种特殊的保障是不是一个完全独立的残障人保障体系，与覆盖城乡的社会保障体系有何关系，理论上还有待廓清。

目前，我国关于残障人社会保障制度的内容主要集中在社会保险、基本生活保障、医疗康复保障、教育保障、就业保障、无障碍环境保障等方面，对于适应残障人特殊需要的职业康复、心理康复、文化体育等精神保障以及以福利机构为骨干、以社区为依托、以家庭为补充的残障人托养照料等残障人服务业关注不够。

（四）保障水平低，资金投入不足

残障人的社会保障问题是当今我国面临的一个重大社会问题，不仅涉及 8 500 万残障人及其家庭的切身利益，也直接涉及我国社会的稳定与发展。虽然我国残障人的总体状况逐步改善，但与我国社会经济发展的现状相比，还处于滞后状态，残障人社会保障法律制度还没有真正建立起来。

1. 残障人社会保障覆盖面窄，保障不充分，城乡、地区差异巨大

目前，我国残障人社会保障主要集中在残障人基本生活保障、教育、就业等方面，对残障人医疗康复、文化生活、托养照料以及无障碍环境建设等问题关注不够。同时，残障人社会保障覆盖面窄，一是城乡残障人保障水平差异较大。多数农村残障人除了基本生活保障外，在养老、医疗康复、文化生活、托养照料以及无障碍环境等方面还存在差距。二是东西部地区差异大。由于我国东西部经济发展不均衡，残障人社会保障水平也存在较大差距。三是在城镇残障人中，职工社会保障水平与普通居民社会保障水平差距巨大。根据第二次全国残疾人抽样调查结果[①]：在城镇残障人口中，有 275 万人享受到当地居民最低生活保障，占城镇残障人口总数的 13.28%。9.75%的城镇残障人领取过定期或不定期的救济。16 岁及以上城镇残障人参加养老、医疗、工伤、失业社会保险的比例分别为 27.87%、36.83%、1.11%、1.35%。在农村残障人口中，有 319 万人享受到当地居民最低生活保障，占农村残障人口总数的 5.12%。11.68%的农村残障人领取过定期或不定期的救济。16 岁及以上农村残障人参加养老、医疗、工伤、失业社会保险的比例分别为 1.95%、29.39%、0.10%、0.07%。中国残疾人联合会 2008 年残疾人状况监测表明，城镇残障人仍有一半左右没有参加基本养老和医疗保险，30%的残障职工没有参加任何一项社会保险。根据中国残疾人联合会《2014 年中国残疾人事业发展统计公报》，2014 年新型农村和城镇居民社会养老保险统一合并实施后，已有 2 180 万城乡残障居民参保，参保率 74.2%，领取养老金待遇的人数达到 858.6 万人。可见，进步还是很

① 为保证数据的权威性和准确性，文中主要数据来源于第二次全国残疾人抽样调查结果（2006 年）。另外，中国残疾人联合会每年都会发布《中国残疾人事业发展统计公报》，相关数据会有更新。

大的。

2. 残障人口贫困现象严重

据统计，随着我国贫困人口的逐年下降，残障人的贫困比例却在大幅度上升，根据第二次残疾人口抽样调查之前的统计，在全国尚未脱贫的3 000万贫困人口中，残障人约占了其中的80%。第二次全国残疾人抽样调查数据显示，2005年，全国人均收入水平城镇为11 321元，农村为4 631元，残障人家庭人均收入不足全国人均水平的一半。2.95%的农村残障人家庭户年人均全部收入低于683元，7.96%的农村残障人家庭户年人均全部收入在684～944元之间。至2013年，根据中国残疾人联合会《2013年度全国残疾人状况及小康进程监测报告》，城镇残障人家庭人均可支配收入15 851.4元，农村残障人家庭人均可支配收入7 829.9元，残障人家庭人均可支配收入仅为全国居民家庭人均可支配收入的56.7%，差距明显。可见，提高残障人尤其是特困残障人的生活水平仍面临许多难题，残障人在劳动就业、职业培训、教育、医疗康复问题上依然缺乏强有力的措施予以解决。加上残障人家庭医疗支出与就业困难，问题更加严重。①

3. 残障人社会保障尚未走出以家庭保障为主的落后局面

由于我国社会保障法律制度不完善，传统上以家庭保障为主的状态一直没有得到很大改变。残障人保障尤其如此。而家庭保障由于受到资金、技术等限制，除了提供基本的生活供养外，无法适应专业的残障人康复、教育的需要。

4. 资金投入少，筹资渠道不畅

据国家统计局统计，2013年，中国GDP已经达到56万亿元，财政收入超过了12万亿元。而当年我国社会保障支出仅6 550亿元，不到财政收入的5.5%，投入比例不仅远低于西方发达国家，甚至比部分非洲贫穷国家还少，对残障人社会保障的投入就更少了。例如，英国的疾病和残障补贴构成了社会保障预算的第二大部分，仅次于在养老金方面的支出。② 由于残障人与一般人相比有更多的特殊支出，如医疗康复费用、辅助器具支出、无障碍环境改造与建设费用等，要在我国社会保障财政投入偏低的情况下搞好残障人社会保障是很困难的。

5. 社会环境有待优化

残障人社会保障法律制度的建设离不开良好的社会环境。社会环境包括经济环境、政治环境、舆论环境。这里的社会环境主要是指舆论环境，即社会氛围。

目前，我国残障人社会环境还有待改善，主要体现在以下三个方面：

第一，现代文明社会的残障人观尚未形成，残障人依然面临严重歧视。残障人观，是指社会公众对残障人的认识和态度。受传统观念的影响，社会上对残障人的偏见和歧视仍然普遍存在。例如，认为残障人社会保障就是生活保障，往往忽视残障人存在的社会价值，对残障人的人格尊严和价值追求不够尊重，视残障人为社会负担。现代文明社会残障人观就是用现代文明

---

① 中国残疾人联合会《2013年度全国残疾人状况及小康进程监测报告》显示，残疾人家庭人均医疗保健支出占全部消费支出的比重，城镇为18.5%、农村为17.8%，分别比全国城镇、农村居民家庭人均医疗保健支出比重高出12.3和8.5个百分点；城镇残疾人登记失业率为10.8%，是全国城镇登记失业率4.1%的2倍多。

② See K. Rowlingson and R. Berthoud, *Disability, Benefits and Employment*, DSS Research Report No. 54 (London: hmso, 1996), p. 17. 转引自［英］内维尔·哈里斯等：《社会保障法》，李西霞、李凌译，363页，北京，北京大学出版社，2006。

社会的文明、进步、科学的观念，正确认识和处理残障人问题，从而建立一系列关于残障人问题的总的看法和根本观点，其核心内容是“平等、参与、共享”。这一观念的建立是社会进步和残障人事业发展到一定阶段的结果，是对把残障看成是“天意”、是“前世作孽”的因果报应、视残障人为单纯的救济和怜悯对象的旧残障人观的否定。从整体看，现代文明社会残障人观在我国还未成为主流观念，残障人依然面临严重歧视。

第二，扶残助残意识比较淡薄，人道主义教育亟待加强。虽然经过2008年北京残奥会后，中国公众对残障人的观念有了很大变化，扶残助残意识有了加强，但从总体来说，当前社会尚未形成关心、爱护、帮助残障人的浓厚氛围，社会公众主流意识对残障人大多仍然停留在同情的层次上。因此，亟须加强对公众的人道主义教育，使社会形成浓厚的扶残助残意识和人道主义思想。

第三，社会慈善事业发展落后。随着一个国家经济的发展和人们生活水平的提高，民众对社会管理和公益事业的参与程度也在逐渐提高。西方发达国家残障人的保障水平之所以比较高，在一定程度上是与其发达的慈善事业分不开的。西方主要发达国家的公益组织可谓多如牛毛，根据美国《基金会年鉴》2000年版提供的数字，资产在300万美元以上、年捐款在20万美元以上的基金会就有10 492家，而且这一数字还不到全美所有基金会的1/4。① 我国慈善事业的起步较晚，各类企业组织对慈善事业不热心。据一份慈善公益组织的调查显示，国内工商注册登记的企业超过1 000万家，有过捐赠记录的不超过10万家，即99%的企业从来没参与过捐赠，也就是说，只有1%的企业曾经参与捐赠。② 相比国际一些知名的富豪把慈善作为人生追求的现象，我国企业家的捐赠热情明显不高。

观念性的东西往往影响巨大，如果不能从根本观念上改变残障人所处的不利环境，残障人社会保障的发展也将受到严重制约，残障人与普通人之间的差距也会越来越大。当然，仅仅依靠道德教化尚不足以改变目前富豪捐赠情况的尴尬，宜通过减税等投资促进型措施，以法制化的路径引导社会慈善事业向纵深发展。

综合以上分析，我国残障人社会保障由于面临立法滞后、保障水平低且不平衡、制度框架不明晰、体系不完善、没有形成浓厚的社会氛围以及残障人组织和工作机构功能弱化等众多问题，这些问题已经严重影响我国残障人社会保障法律制度的建设，在解决这些问题的同时，也就是在构建一个适应我国特点的、完整清晰的残障人社会保障法律制度。

## 第三节　其他国家残障人社会保障立法

20世纪中期以来，世界各国在保障残障人权利和建立残障人社会保障制度方面取得了巨大进展。但由于造成残障人边缘化的社会环境和法律障碍依然存在，残障人在医疗康复、教育、就业等方面的权利仍然受到较大限制。由于经济社会发展程度的巨大差异，各国残障人社会保障状况也有很大不同。总体来说，欧美等经济发达国家社会保障法律制度完善，残障人生活保障水平和社会参与程度都比较高，而许多发展中国家则由于经济社会发展水平较低，社会

① 参见资中筠：《财富的归宿——美国现代基金会评述》，4页，上海，上海人民出版社，2006。

② 参见崔清新、高海珊：《我国将通过“捐款免税”政策鼓励慈善捐赠》，见新华网，http://news.xinhuanet.com/politics/2005-11/21/content_3814209.htm。

保障立法不完善，残障人社会保障水平也比较低。

## 一、美国残障人社会保障立法

与大部分西方发达国家相比，美国的社会保障法律制度建立时间是比较晚的。这与崇尚个人奋斗的美国传统文化和自由放任的社会政策有关。美国人普遍追求独立、崇尚通过个人奋斗获取成功。他们认为，个人的不成功、贫穷等问题主要是因为自己的懒惰造成的，即使有怨言，也只能对上帝倾诉，政府不应为此承担责任。“19 世纪 30 年代，托克维尔[①]访问美国时就发现美国富人与穷人之间有一种共同的价值理念和经济原则，没有欧洲的贵族与平民之间的那种鸿沟。美国人对个人致富的权利从不怀疑，但对富人如何使用其财产却非常关心。”[②] 因此，长期以来，美国对贫困人口的救济主要是通过民间组织尤其是慈善组织提供的。

1929 年开始的大危机为美国社会保障制度的建立提供了契机，尤其是罗斯福实行新政，并于 1935 年颁布了《社会保障法》，“这部法律使美国开始走向福利国家的道路，改变了历来只靠自助与个人负责的传统观念，使政府在公民的社会保障和福利方面承担了重要责任”[③]。其中涉及残障人的主要内容是：（1）实行社会保险，包括老年、遗属、残障、健康以及失业保险；（2）开展社会救助，包括老人、残障人、孤儿以及疾病救助，主要是对贫困的视力障碍人提供补助；（3）提供儿童福利服务，包括妇幼卫生、残障儿童以及一般儿童福利服务，具体又包括对残障儿童提供康复服务、对无人抚养的残障儿童给予补助；（4）加强残障人职业康复服务，联邦政府对州政府为残障人重新就业而进行的培训给予财政补助。《社会保障法》历经多次修正和补充，对残障人的适用范围也逐渐扩大。

此后，美国又陆续制定了许多关于残障人保障的法律，主要有：1968 年《建筑无障碍法》、1973 年《残障人康复法》、1965 年《老年医疗法案》、1975 年《救助发展中的残障人法案以及人权法案》、1975 年《全体残障儿童教育法案》、1980 年《残障人社会保障修正案》、1990 年《美国残障人法》。其中，1990 年《美国残障人法》是一部最重要的法律，对世界各国尤其是欧盟立法产生了重要的影响。

《美国残障人法》（ADA）是一部公民社会政治权利法规，禁止在就业、政府服务和公共权力获取方面基于残障的歧视，它的三项中心权利使残障人不再被歧视。此外，《美国残障人法》在推动国外有关残障立法方面也起到了重要的作用，有超过 40 个国家在立法中采用了该法案中的一些表述。[④] 美国还设立了美国残障人委员会，为独立的联邦机构，是美国政府有关残障人事务的官方联络机构，并负责监督和评价《美国残障人法》的执行情况。

美国残障人社会保障法的主要特点体现在：（1）重视非政府力量的投入，形成了国家与地方政府的分权以及国家与私人、志愿机构互动互补的格局；（2）重视残障人专业人才的培养，形成了一支规模巨大、专业性强的残障人工作者队伍；（3）重视资金筹集，例如，美国的许多

---

① 托克维尔（1805—1859 年），法国历史学家、社会学家。主要代表作有：《论美国的民主》（第一卷，1835 年）、《论美国的民主》（第二卷，1840 年）、《旧制度与大革命》。《论美国的民主》使他享有世界声誉。

② 资中筠：《财富的归宿——美国现代基金会评述》，16 页，上海，上海人民出版社，2006。

③ 黎建飞：《社会保障法》，297 页，北京，中国人民大学出版社，2006。

④ 参见［美］麦克尔·施太因（Michael Stein）：《〈美国残疾人法案〉的经验与教训》，载王利明、马玉娥、安守廉主编：《残疾人法律保障机制研究》，18 页，北京，华夏出版社，2008。

康复机构都设有“发展办公室”，专门负责筹款，有效地解决了康复费用问题。

需要说明的是，虽然《美国残障人法》(ADA) 制定了严格的反歧视条款，但美国残障人权利的保障效果仍存在不令人满意的地方，比如就业率仍然偏低。据美国残障人联合会2000年的调查，18～64岁的残障人就业率仅32%（非残障人为82%）。“ADA在这方面的失败在很大程度上要归因于国会限制它作为一个传统的反歧视的工具在规范公民权利范围内的运用。因此，虽然ADA禁止就业歧视，但它并没有规定支持残障人与主流社会相抗衡所需要的经济的、社会的和文化的权利。”① 与反歧视法相比，“美国残障人法在于雇主给予残障雇员提供‘合理的照顾’以保证残障人员享有平等雇用机会。照顾责任强调的是平等雇用机会而不是平等对待”②。如果雇主在为残障雇员提供照顾时需要克服的困难或费用较大，雇主可以“过度负担”进行抗辩。③ 由此也可以看出，美国在消除基于残障的歧视方面仍然任重道远。

## 二、德国残障人社会保障立法

在德国，根据《社会法典》，残障被定义为一种在相应的年龄时身体的、智力的或心理的偏差的一种情形，该严重情形应持续至少6个月以上。鉴于此情形，参加生活和社会活动必将受到限制和阻碍。

德国是世界上最早推行社会保障制度的国家。19世纪后期，在普鲁士的领导下，经过三次普法战争，建立了德意志帝国，扫清了资本主义发展的障碍，社会得到迅速发展。但是，随着工人运动的高涨，社会矛盾也在加剧。为了缓和社会矛盾，维护资产阶级统治，德国开始推行社会保障制度。1883年，德国制定了世界上第一部《劳工疾病保险法》，1884年通过了《劳工灾害保险法》，1889年又颁布了《劳工老年残障保险法》。这些法律至今仍被沿用。其中关于医疗和工伤保险的法律可以说是对残障人最早的法律保护。

德国残障人社会保障法发展至今，是相当健全和完善的，但德国却不存在一部统一的残障人法。除了1986年《德国重度残障人法》，2000年《重度残障人失业保障法》、2002年《残障人平等对待法》以及《社会法典》第九篇关于残障人的规定以外，民法、刑法、行政法、监护法、心理健康法等法案中也有很多关于残障人的规定。此外，德国残障人法还受到欧盟立法的影响，例如，《1989年欧共体社会宪章》规定，无论其残障的根源和性质，所有残障人必须有权享受额外的旨在提高其社会与职业融入的具体措施。这些措施必须涉及职业培训、人类工程学、进入市场的可能性和机动性、交通方式和住房等方面。④ 欧盟《关于建立就业与职业平等待遇总体框架指令》规定，在反对基于残障的歧视中，提出措施满足工场场所中残障人的需要非常重要。⑤

在残障人的专门立法上，《德国重度残障人法》是一部最重要的残障人专门立法。《德国重度残障人法》最早颁布于1953年，保护对象为盲人、聋哑人和残障军人。经过1974年修订，

---

① ［美］麦克尔·施太因 (Michael Stein)：《〈美国残疾人法案〉的经验与教训》，载王利明、马玉娥、安守廉主编：《残疾人法律保障机制研究》，22页，华夏出版社，2008。

② 林晓云等：《美国劳动雇佣法》，114页，北京，法律出版社，2007。

③ See Laura Rothstein, *Disability Law: Cases, Materials, Problems*, Matthew Bender & Company, Inc. 2002, p. 230.

④ 参见［英］凯瑟琳·巴纳德：《欧盟劳动法》，付欣译，314～315页，北京，中国法制出版社，2005。

⑤ 参见周伟：《反歧视法研究》，208页，北京，法律出版社，2008。

该法将适用范围放宽到所有残障人。至2005年年底，德国有670万重度残障人，占总人口的8.2%。达到或超过福利部门认定的残障标准的50%（50度）的残障人可被认定为重度残障人。53%的重度残障人年龄超过65岁。[①]《德国重度残障人法》的保障对象分为两类：(1)重度残障人，是指残障等级达到至少50度的残障人，只要他们在本法适用范围内有合法的住所、合法的经常居留地或者被合法地雇用在第7条第1款规定的工作职位；(2)同等地位的人，是指没有达到重度残障人的条件，残障等级小于50度但大于30度的人，如果他们因为残障而不能平等地获得或者保持第7条第1款规定的适当的工作职位，根据残障人本人的申请，由当地劳动局根据第4条的规定决定赋予其与重度残障人同等的地位。赋予与重度残障人享有同等地位的决定，自收到申请之日起生效，并可以受到期限的限制。

2001年6月19日，德国专门规定残障人保障的法律——“残障人康复与参与法”以《社会法典》第九篇的形式颁布，并于2001年7月1日以“残障人的康复与参与”的名称生效，德国形成了专门性的残障人保障立法。但“遗憾的是立法者没有达到原来的期望，制定出一部完整的‘残障人法律’”[②]。德国残障人保障法关注的不再仅仅是对残障人或面临残障风险的人提供照料，而且要保障他们自主地参与社会以及减少他们在获取平等机会存在的障碍，为残障人或有残障危险的人创造更好的生活。因此，《社会法典》第九篇规定了残障人医疗、职业和福利津贴待遇等各个方面，以更快、更有效、更经济和更持久地实现上述目标。[③]

德国的社会保障体系有三大支柱：社会保险、补偿、社会援助和扶持。[④] 残障人社会保障基本上被纳入了整个社会保障法律体系，构成统一的社会保障法律制度。除此之外，国家还对残障人采取特殊的扶助措施。因此，德国社会保障法律体系不仅包含了对一般人群的保障，也突出了对残障人等特殊弱势群体的保障。

德国对残障人的社会保障在总体上是纳入全社会统一的社会保障法律体系的。但同时又针对残障人的特殊需要提供专门的社会保障措施，例如，对残障人发放福利津贴；开展长期护理保险；重视职业康复；严格推行按比例就业，政府等公共部门承担更大责任；严格解雇保护，保护残障人工作权益；对无法从公共劳动市场就业的残障人推行一体化项目和建设庇护工厂；无障碍环境设施比较完善等。

但是，德国残障人社会保障仍存在不足之处，例如，在2004年的平均就业配额中，3.6%由私营雇主完成，5.6%由公共事业单位完成。在该就业配额的规定中，用人单位应当在其5%的岗位中雇用重度残障人士，但2004年超过1/3的用人单位没有雇用任何种类残障人士。这就直接导致了高额的税收补偿，2004年该项收入达到573.78亿欧元。这部分收入主要用于用人单位综合效益补助（雇用残障人士、提供工作场所以及住宿的工资补助金），重度残障员

---

① 参见［德］戴蓓蕊（Barbarra Darimont）：《德国的残疾人社会保障》，载《首届中国残疾人事业发展论坛论文集》，2007年12月，124页。

② ［德］戴蓓蕊（Barbarra Darimont）：《德国的残疾人社会保障》，载《首届中国残疾人事业发展论坛论文集》，2007年12月，125页。

③ 参见乔庆梅：《德国残疾人社会保障：内容、经验与启示》，载《人文杂志》，2008（6），165～166页。

④ 参见［德］特来莎·德格纳（Theresia Degener）：《德国残疾人法律》，载王利明、马玉娥、安守廉主编：《残疾人法律保障机制研究》，26页，北京，华夏出版社，2008。

工（补助金、其他辅助设备等）或用于一体化项目及庇护工厂。[①] 总的来看，德国社会已经不再把残障人仅仅看作是接受救济的对象，而是把残障人看成是权利的享有者。

总之，德国虽不存在一部统一的残障人法，但其对残障人的法律保护总体来看是比较详尽和完善的。这对社会保障制度体系尚不完善、各种制度交错存在的中国来说，尤其具有借鉴意义。

## 三、瑞典残障人社会保障立法

瑞典、挪威等北欧国家是崇尚平等的高福利国家的典型代表。尤其是瑞典的高福利和社会保障制度为其增光无限，并以鲜明的“中间道路”闻名于世，有人把它加以总结，称其为所谓的“瑞典模式”[②]。瑞典由于资源丰富、人口密度小、经济发达，加上推崇社会福利政策的社会民主党长期执政，“20 世纪 60 年代，社会民主党提出‘为建立一个更加公正的社会而争取更大平等’的口号，并在大选后予以实施”[③]，由此，瑞典建立了一套极为完善的社会保障法律制度，基本上承担起瑞典公民生老病死的一切保障，即“从摇篮到坟墓”的全部过程。

瑞典在 1993 年制定了《功能受损人士支持和服务法》、《帮助补贴法》，1998 年制定了《残障补贴和护理补贴法》等，但瑞典也没有专门的综合性的残障人保障立法。不过，瑞典通过其完善的社会保障制度，将对残障人各项权利的保障纳入了相关法律之中。瑞典对残障人的社会保障全面体现了社会融合的思想，即不把残障人看作是另类人，也不认为残障人是一个固定的群体，而是动态地看待残障人，体现了对残障人的理解和尊重。

瑞典社会保障制度主要由社会保险、社会福利和医疗保健三个部分组成，为国民提供社会救助、国民基本年金、国民附加年金、国民健康保险、失业保险、工伤保险、培训补助、儿童津贴、房租补贴以及免费教育等各种福利，涉及老年、残障人、儿童、妇女、贫困家庭等不同的群体。残障人基本上全被纳入社会保障体系，除了享受普通国民应当享有的各种社会保障待遇的同时，还受到特殊的保护与扶持。正因为瑞典残障人享受各种完善的社会保障待遇，以至于有人称瑞典为“残障人的天堂”。

总的来看，瑞典的残障人立法体现了全面参与的社会融合思想，强调残障人与其他公民是完全平等的，国家采取各种措施保障残障人平等权利的实现，反对基于残障歧视，为残障人全面融入社会创造了较好的条件。

瑞典由于经济社会发展程度较高，其各项社会保障制度基本上覆盖了全体公民，残障人群体在享受着全民福利的同时，还受到国家和社会提供的各种特殊的扶助，享受着较为充分的社会保障。由于瑞典长期实行高福利的社会保障政策，在制度运行过程中也面临严重的财政压力，并造成了许多社会问题，因而这种高福利的保障模式很难在我国实行。但是，瑞典对残障人推行的各种社会保障措施以及其先进的残障人社会保障理念对我国仍具有重要的借鉴意义。

## 四、日本残障人社会保障立法

日本社会保障制度的建立时间较晚，但第二次世界大战后发展很快，最初主要是对西方国

---

① 参见［德］特来莎·德格纳（Theresia Degener）：《德国残疾人法律》，载王利明、马玉娥、安守廉主编：《残疾人法律保障机制研究》，35～36 页，北京，华夏出版社，2008。

② 孙炳耀：《当代英国瑞典社会保障制度》，260 页，北京，法律出版社，2000。

③ 杨玲：《美国、瑞典社会保障制度比较研究》，38 页，武汉，武汉大学出版社，2006。

家的简单模仿，例如，1874年的《恤救规则》、1922年的《健康保险救护法》、1949年的《养老金保险法》等。日本社会保障制度真正开始确立并将其作为国民权利开始于第二次世界大战后。由于政府重视，日本社会保障制度发展极为迅速。1946年，日本成立了社会保障研究会，同年11月，日本颁布的《宪法》第25条对国民的生存权和国家承担的生活保障义务作了如下规定："全体国民具有健康的，在文化上最底限度的生活权利；国家必须努力提高生活的所有方面，包括社会福祉、社会保障以及公共卫生的水平。"到今天，日本已经建立内容丰富、体系完善、水平较高的社会保障法律制度，主要由社会保险、社会福利、公共扶助、公共卫生以及老年保健等内容组成。

日本从社会保障制度建立之初就明确残障人享有平等获得社会保障的权利。1949年日本制定了《残障人福利法》，规定国家和政府应给残障人提供福利性服务；1950年通过《社会保障制度建议书》，强调残障人有平等获得社会保障的权利。总的来看，日本将适用于残障人等弱势群体的社会保障作为社会保障的一环，统称为"社会福祉"（社会福利）。

日本具有发展残障人事业的较好的社会氛围。究其原因，除了日本经济社会发达，国民素质较高之外，日本政府比较重视残障人权利保障，从立法上确立残障人基本权利并大力推动残障人事业发展。日本《残障人基本法》规定，中央政府应当制定实施残障人政策的基本计划；都道府县应当以残障人基本计划为标准，根据该地区的残障人状况，制订本地区实施残障人政策的基本计划；市镇（街）村应当以残障人基本计划和都道府县残障人计划为标准，结合地方自治法的基本精神，并根据本辖区的残障人状况，致力于制定本辖区的实施残障人政策的基本计划。同时，日本《残障人基本法》还规定，为了提高国民对残障人福利的认识和关注，增强残障人积极参加社会、经济、文化及其他领域活动的热情，设立残障人周。残障人周为12月3日至12月9日。良好的社会氛围极大地推动了日本残障人社会保障制度的发展。

目前，日本已经形成了比较完备的残障人社会保障法律体系：日本于1970年颁布了《残障人基本法》，作为保障残障人权利的基本法，确立了残障人保护的基本理念：（1）所有残障人享有个人尊严受到尊重以及维护其尊严而给予合理生活保障的权利；（2）所有残障人作为社会成员拥有参与社会、经济、文化及其他领域活动的机会；（3）任何人不得以残障为由，歧视残障人及从事其他侵害其权益的行为。此外，日本还制定了《残障人福祉法》、《残障人教育法》、《残障人雇用促进法》、《残障人职业训练法》、《特殊儿童抚养补贴法》、《战伤病者特别援助法》、《残障人福祉协会法》、《精神保健福祉法》等十几部残障人具体领域的法律，同时还有《儿童福祉法》、《老人福祉法》、《母子福祉法》等与残障人保障相关的法律。

日本残障人社会保障法律制度具有以下五个特点：（1）确立了先进的立法理念，不仅强化政府责任，还重视对国民的文明教育，明确规定了国民的义务和责任。例如，《残障人基本法》第6条规定，基于社会连带理念，国民应努力实现一种使残障人的人权受到尊重、残障人不受歧视并能够参加社会、经济、文化以及其他所有领域活动的社会。因而日本社会扶残助残意识浓厚，残障人社会保障有优良的社会环境。（2）重视民间力量，共同促进残障人保障事业，减轻了政府财政负担。（3）重视社区助残。日本社会认为，残障人的困难是因残障障碍制约了他们的活动空间，影响了他们与外界的交流和信息量的获得，如能改造人们现有的社会生活和工作环境，残障人就可以走出家门，接受教育、娱乐、交友、了解世界，提高他们的自理、自立的水平，享受与健全人同样的生活。而能满足残障人等弱势群体正常生活的社会环境，也正是健全人最理想的生活环境。日本重视社区助残事业，就是按照这一思路展开的。[①]（4）通过构建护理保险制度，解决老年残障人的护理问题。（5）重视残障预防，有效降低残障发生率。

总的来看，日本经济社会发达，社会保障制度健全，残障人社会保障一直受到政府的高度重视，制度设计合理，法律体系完善。但由于日本经济发达，社会生活节奏加快，生存压力大，抑郁、自杀现象严重，精神障碍人不断增加，日本在精神障碍人的康复问题上面临严重挑战。2012 年 10 月，一项由日本内阁府实施的针对公众的调查问卷显示，将近 90%的受访者认为，残障人在日本社会中仍旧面对各种歧视。相对于 5 年前所进行的同样调查，这一数值上升了 6%。普通民众明显地感受到了残障人在社会上的劣势[②]，面临严重挑战。可见，与完备的法律相比，残障人在就业等问题上仍面临严重歧视。

## 第四节　我国残障人社会保障立法的完善

### 一、我国残障人社会保障的基本理念和原则

在社会保障制度建设过程中，“确立先进的理念与目标要优于制度设计，而合理的制度设计又要优于各种技术方案，这对于残障人社会保障事业的发展同样适用”[③]。正如全社会统一的社会保障制度建设要遵循一定的基本理念与原则一样，残障人社会保障更有其特殊的理念与原则。

#### （一）我国残障人社会保障的基本理念

理念是人们思想认知的基础，发展残障人社会保障，要树立平等、参与、共享的理念。中共中央、国务院在《关于促进残疾人事业发展的意见》中指出，要倡导“平等、参与、共享”的现代文明社会残障人观，消除对残障人的歧视和偏见，形成人人理解、尊重、关心、帮助残障人的良好社会风尚。现代文明社会残障人观是随着我国经济社会的发展，随着我国残障人事业的进步和人道主义思想在社会上的传播而逐步在 20 世纪 80 年代确立的。现代文明社会的残障人观是人类先进思想文化的一个组成部分，为我国残障人社会保障事业发展奠定了理论基础，是文明认识和解决残障人问题的指南，也是建设我国残障人社会保障法律制度的基础，对于推动我国社会文明进步也具有重要的意义。

“平等、参与、共享”是现代文明社会残障人观的核心，也是构建与完善残障人社会保障必须遵循的理念。“平等、参与、共享”是在总结我国残障人社会保障事业发展实践的基础上，借鉴国际残障人运动的经验而提出的崇高目标，是现代文明社会残障人观的核心内容，并成为社会宣传和残障人自我激励的口号。“平等”是指残障人在政治、经济、文化、社会和家庭生活等方面，享有同其他社会成员平等的权利，这种权利受宪法和法律保护，不得因残障等原因而受到限制或排斥。在社会生活中，残障人的平等权利常常表现为要求机会均等。“参与”是指残障人参与社会生活和发展，包括参与经济和社会的发展，同时获得自身的发展。“参与”是残障人对环境和社会的积极意识和行为，残障人通过积极地参与，使自己融入社会主流，消

① 参见张暄、谢芳：《国外城市社区救助》，186 页，北京，中国社会出版社，2005。

② 参见《日华媒：日本社会歧视残疾人 被批“臭名远扬”》，见新华网，http：//news. xinhuanet. com/world/2013-06/15/c_124858266. htm。

③ 郑功成：《中国残疾人社会保障的宏观思考》，载《河南师范大学学报（哲学社会科学版）》，2007（6），86 页。

除边缘化状态。“共享”是指残障人与其他社会成员共同负担社会义务，共同创造财富，同时共同分享由经济社会发展带来的物质和精神成果。①

建立残障人社会保障制度是构建全社会统一的社会保障体系的重要内容，也是残障人权利的基本内容，不是对残障人的特殊恩赐，而是残障人应当享有的权利。在“平等、参与、共享”理念中，“平等”是残障人社会保障制度的核心和基础，“参与”是保障残障人合法权益得以实现的手段，而“共享”则是通过发展残障人社会保障，使残障人真正参与社会生活，共享社会文明发展成果，促进社会和谐。

（二）我国残障人社会保障的基本原则

1. 立法先行

制度建设，立法先行。纵观世界上社会保障制度比较完善的国家，其制度建设都是在国家立法的基础上发展起来的。例如，1990 年《美国残障人法》明确禁止在就业、政府服务和公共权力获取方面基于残障的歧视，标志着美国残障人社会保障事业进入了全面融合的社会参与模式；英国通过 1944 年《残障人（就业）法》和 1995 年《残障歧视法》，建立了一整套保障残障人权利的制度；日本制定了《残障人基本法》、《残障人雇用促进法》、《残障人职业训练法》、《残障人福祉法》、《残障人教育法》、《特殊儿童抚养补贴法》、《残障人福祉协会法》、《精神保健福祉法》等，建立了比较完备的残障人社会保障法律制度。可见，开展残障人立法已成为世界各国保护残障人基本权益的重要手段。联合国《残障人权利公约》也明确要求会员国要采取一切适当的立法、行政和其他措施实施本公约确认的权利；采取一切适当措施，包括立法，以修订或废止构成歧视残障人的现行法律、法规、习惯和做法。

只有构筑了内容完善的法律体系，制度建设才会有保证。“法律是制度化最为规范化的体现，立法是任何制度实现规范化的根本保证。因此，残障人社会保障的制度化与规范化必须从立法层面开始，逐步建立残障人社会保障制度的基本法律框架。”② 完善的立法强化了国家责任与社会意识，并为制度建设提供了明确的方向和方案设计。我国 1990 年颁布的《残疾人保障法》就将残障人工作分成康复、教育、就业、福利、环境等方面，直接影响了我国残障人社会保障事业的发展。随着经济社会发展和我国覆盖城乡的社会保障制度建设的进展，我国在 2008 年又对《残疾人保障法》进行了重大修订，对残障人事业的内容做了相应调整，具体分为康复、教育、就业、文化体育、社会保障（社会保险和社会救助）以及无障碍环境等方面。

虽然我国已经颁布了基本法《残疾人保障法》和《残疾人教育条例》、《残疾人就业条例》、《无障碍环境建设条例》等专门法规，但从整体上看，我国残障人立法数量较少、层次较低，缺乏强制力，残障人法律体系不完善。这种状况直接影响了我国残障人社会保障制度的建设。因此，只有完善的残障人立法，才能从根本上推动我国残障人社会保障法律制度的建设。

2. 一般保障和特殊保障相结合

残障人与其他人是平等的，应当享有任何其他人应该享有的基本权利。但是，残障人群体又是一个特殊的群体，这种特殊体现在他们的身体、智力和精神存在不同程度的障碍，这种障碍的存在造成他们无法与其他普通人一样无障碍地参与社会生活。

---

① 参见《中共中央 国务院关于促进残疾人事业发展的意见》，53～54 页，北京，华夏出版社，2008。

② 谈志林：《残疾人社会保障问题研究》，载王利明、马玉娥、安守廉主编：《残疾人法律保障机制研究》，142 页，北京，华夏出版社，2008。

"有些法律权利是只为残疾人提供的。"① 过分强调残疾人存在的障碍，不利于树立正确的残障人观，以至于忽视残障人的基本权利。但如果忽视残障人由于面临这种障碍而产生的特殊需要，将他们的需要完全等同于普通人，也会产生对残障人的不公平。例如，我国最低生活保障制度，对于保障低收入群体的基本生活、维护基本人权、促进社会稳定，确实起到了巨大的社会作用。但是，对于残障人来说，仅仅保障其基本生活是不够的，因为残障人在与普通人一样要维持最基本生活的同时，还有一些额外的特殊支出，如残障人辅助器具的购买和维修支出、为稳定精神残障人的病情而产生的日常药物费用支出等。不仅如此，由于我国最低生活保障制度是以家庭人均收入作为衡量标准的，没有将残障人的家庭结构、医疗康复和生活照料以及其他特殊支出等因素考虑在内，以至于造成很多残障人无法享受到最低生活保障。因此，残障人贫困问题一直难以从根本上予以解决。

我国已经全面推进覆盖城乡的社会保障制度的建设，残障人群体与其他国民一样，都要纳入统一的社会保障法律体系，如社会保险、社会救助、社会福利等。但是，面向全体国民的一般性制度安排无法满足残障人的特殊需要，例如，残障人必须通过康复等手段实现功能恢复与心理恢复；对存在严重障碍无法进入普通学校学习的残障人要开展特殊教育；对残障人就业要有特殊保障措施；为了保障残障人生活、出行和社会参与的权利，要为他们创造一个无障碍的环境；老年残障人、重度残障人还需要开展居家服务等。正如英国《贝弗里奇报告》中指出的："对那些经过经济状况调查证实确需帮助的人员，政府有义务提供一定的直接救助。因为一个社会保险无论被设计得多么复杂，总会有一些人因为体弱而完全无力缴费，总会有一些人得不到任何形式的保险。"②

总之，"残疾人与健康人一样都需要有养老保险、医疗保险、社会救助等制度安排，这些社会保障项目无疑应当与其他群体保持相同性，从而也应当通过一般性社会保障制度的途径来满足；但残疾人还有特殊的社会福利与就业保障需求"③。因此，对残障人的这种特殊需要必须通过建立特殊的制度予以解决。这就是建立残障人社会保障制度要遵循的一般社会保障与特殊保障相结合的原则。

3. 国家责任、社会责任、家庭责任相结合

我国《残疾人保障法》第 46 条明确了政府和社会责任，即政府和社会采取措施，完善对残障人的社会保障，保障和改善残障人的生活。

第一，残障人社会保障首先要突出国家责任。联合国《残障人权利公约》明确要求缔约国承诺确保并促进充分实现所有残障人的一切人权和基本自由，使其不受任何基于残障的歧视。这就是国家责任的体现。日本《残障人基本法》专门规定了国家责任："国家和地方公共团体应当维护残障人的权利和防止歧视，为支持残障人自立和参与社会，负有增进残障人福利的义务和责任。"1990 年《美国残障人法》也规定：国家对于残障人的适当目标是力求保证他们获得平等的机会、能够全面参与社会并独立生活、拥有经济上的自足。

---

① Jeremy Cooper and Stuart Vernon, *Disability and the Law*, Jessia Kingsley Publishers, 1996, p. 10.

② ［英］威廉姆·贝弗里奇：《贝弗里奇报告——社会保险和相关服务》，原劳动和社会保障部社会保险研究所译，10 页，北京，中国劳动社会保障出版社，2004。

③ 郑功成：《中国残疾人社会保障的宏观思考》，载《河南师范大学学报（哲学社会科学版）》，2007（6），86 页。

我国《残疾人保障法》规定残疾人在政治、经济、文化、社会生活等方面享有同其他公民平等的权利，禁止基于残疾的歧视，并要求国家采取辅助方法和扶持措施，对残疾人给予特别扶助，减轻或者消除残疾影响和外界障碍，保障残疾人权利的实现。《残疾人保障法》和《残疾人就业条例》、《残疾人教育条例》、《无障碍环境建设条例》都体现了国家责任，明确规定了国家（政府）在保障残障人权益方面应该采取的各种措施，体现了现代文明国家的责任意识，这也是各级政府和相关部门在开展残障人社会保障工作中的重要方针。

国家责任最明显的标志就是国家的社会保障支出情况。近年来，我国国家财政支出用于社会保障的比例已经从1998年的5.52%提高到2006年的11.05%。[①] 但之后部分年份却又出现比例下滑。从整体上看，在我国国家财政支出中，用于社会保障的支出较低，不仅远低于西方发达国家，也低于很多发展中国家。在这种较低的社会保障支出水平下，用于残障人社会保障的支出就更少了。“政府与社会投入的两个不足，是造成残疾人社会保障严重不足的根本原因。”[②] 因此，在我国经济社会不断发展的情况下，必须加大财政投入，使残障人共享社会发展成果。根据财政部的数据，2003—2007年，中央财政通过财政拨款、彩票公益金安排的残障人事业发展相关经费超过32亿元，年均增长35%，超过了同期财政收入的平均增幅。但与我国财政收入和社会保障支出总数相比还有很大差距。随着社会发展，国家对残障人事业发展的投入在逐渐增加。2013年，在济南举行的残疾人权益保障与公共服务研讨会上获悉，中央财政近五年来已经为残障人事业投入110亿元，地方财政投入852亿元，有力地推动了残障人事业发展。

残障人社会保障是造福于全社会的崇高事业。残障人社会保障尤其要突出国家责任。随着经济社会的发展和政府执政理念的进步，国家越来越关注残障人等社会弱势群体。2006年10月，中共中央在《关于构建社会主义和谐社会若干重大问题的决定》中明确提出要健全公共财政体制，调整财政收支结构，把更多的财政资金投向公共服务领域，加大财政在社会保障等方面的投入。中国共产党“十八大”报告中明确提出加强社会建设，必须以保障和改善民生为重点。提高人民物质文化生活水平，是改革开放和社会主义现代化建设的根本目的。要多谋民生之利，多解民生之忧，解决好人民最关心、最直接、最现实的利益问题，在学有所教、劳有所得、病有所医、老有所养、住有所居上持续取得新进展，努力让人民过上更好的生活。中共中央、国务院在《关于促进残疾人事业发展的意见》中也明确提出要加强对残疾人工作的领导，健全残疾人工作领导体制，要求中央和国家有关部门、单位要将残疾人工作纳入职责范围和目标管理，密切配合协作，切实提高为残疾人提高社会保障和公共服务的水平。

第二，要吸收民间力量进入残障人社会保障领域，提升社会责任意识。突出国家责任并非是要国家包揽一切。即使是北欧国家的高福利模式，由于面临严重的财政压力，也在进行反思。有人在称赞高福利的“瑞典模式”的同时，也出现了对所谓“瑞典病”的批评。国家同样不能包办残障人社会保障。近年来，虽然我国社会经济发展较快，但仍然是发展中国家，即使将来经济发达了，维持高福利的社会保障水平也是不可能的。因为我国人口众多，人均国民生产总值与人均收入总体较低，在这种情况下无法建立高福利的残障人社会保障制度。同时，由于社会保障制度具有刚性特点，提高容易降低难，过分依靠国家的高福利保障，一旦国家财政

---

① 参见国家统计局：《中国统计年鉴》，北京，中国统计出版社，2007。

② 郑功成：《残疾人社会保障：现状及发展思路》，载《中国人民大学学报》，2008（1），5页。

出现压力，就很容易引发社会问题，在这方面法国就是最典型的例子。国家的力量是有限的，由于我国拥有数量巨大的残障人口，单纯依靠国家力量，无法建立较高水平的社会保障制度。因而，我国必须积极吸收民间力量，提升社会的责任意识，依靠全社会的力量。市场经济社会是一个尊重个人创造的社会。近年来，随着我国社会经济的发展，民间力量逐渐发展壮大，各种各样的慈善团体等民间非政府组织纷纷成立，它们积极投身于各种公益事业，客观上促进了我国社会事业的发展。截至2013年年底，我国民间组织总量已达到54.1万个。民间力量的壮大，客观上为促进残障人社会保障创造了条件。我国《残疾人保障法》明确规定，国家鼓励社会组织和个人为残疾人提供捐助和服务。鼓励民间组织参与残障人社会保障事业，不仅可以降低国家管理成本、弥补国家财政的不足，而且可以促进我国民间服务业的发展，刺激社会消费，有助于人道主义思想的培养，并促进我国公民社会的形成，进而促进我国政治文明的发展。残障人社会保障的很多领域都可以鼓励民间组织介入：民间组织可以通过设立残障人康复、教育、收养等机构，对残障人开展康复、教育、养护等工作；开展残障人职业训练，促进残障人职业康复和就业；开办残障人护理机构，与国家护理制度相结合，促进对残障人的护理工作；开展各种慈善活动，为残障人社会保障事业募集资金等。许多国家都很重视民间力量。国外的实务表明，很多"公共服务"是由非政府组织的公益团体、慈善机构提供的。但是，鼓励民间组织参与残障人事业，并不意味着政府置身事外。为了保障社会的稳定发展和避免损害残障人权益的发生，对它们必要的管理和监督是必不可少的。

第三，要维持家庭责任。构建残障人社会保障制度并不意味着抛弃家庭责任。由于我国传统历史文化的影响，家庭观念深入人心。作为社会构成最小的单元，家庭仍然具有社会保障制度无法代替的重要作用：(1）家庭是人们生活的最基本依靠。家庭成员之间的相互照顾，能够提供最基本的生活照顾，这是社会保障无法全部代替的。尤其是许多残障人家庭观念强烈，不愿离开家庭，这对发挥家庭保障的作用提出了新的要求。(2）家庭的精神慰藉作用不能被社会保障替代。与普通人相比，残障人不仅需要物质保障，更需要精神慰藉和心理安慰，而最好的精神慰藉和心理安慰只能从家庭成员之间的亲情获得，社会保障无法代替这种亲情的慰藉作用。(3）家庭责任是社会责任和国家责任的基础。无论是国家责任还是社会责任，其源泉都来自家庭责任和个人责任，家庭责任的缺失会从根本上动摇这种基础。同时，提倡社会保障的家庭责任也有助于发扬尊老爱幼、扶弱济贫的传统美德。人是社会的人，人类的任何活动都摆脱不了家庭环境的影响。但是，维持家庭责任也并不是用家庭责任代替国家责任。家庭责任只能对国家责任和社会责任起补充作用。

## 二、我国残障人社会保障的立法模式

### （一）残障人社会保障立法模式概述

制度设立，立法先行。在法治社会，任何制度建设都需要建立在完善的立法基础之上。"从立法角度促进残疾人社会保障事业的发展是最好的保证。只有建立健全我国的社会保障法律体系，残疾人的社会保障才能真正实现。"① 但由于各国社会经济发展水平和历史、文化等

① 黎建飞：《中国残疾人的社会保障——现状、问题与出路》，载《河南省政法管理干部学院学报》，2007（3），74页。

存在差异，其残障人社会保障法律制度的立法模式也有所不同。

国内有的学者通过比较研究，将各国残障人社会保障制度的立法模式分为以下三种类型[①]：（1）统一模式。以英国、瑞典为典型代表，欧洲高福利国家多与之相似，由于这些国家经济发达，法律体系完善，建立了一套完整而细致的覆盖全体国民的社会保障体制，以高福利支出和高福利的待遇为特征。残障人社会保障被逻辑地建构于统一的社会福利体系之中，以全民社会保险为基础，辅之以高福利水平的社会化福利系统。这一模式下的残障人保障制度建立于“第三条道路”的社会理念上，以高福利支出为基础，为社会成员提供相对完善的福利待遇。（2）独立模式。美国是独立模式的典型代表。作为以市场取向、低福利支出为特点的福利国家，美国建立了以社会保险为主、补充保障收入为辅的残障人社会保障制度。此外，国家还对残障人提供有限的福利服务。残障人社会保障作为全民社会保障制度的有机组成部分，自成体系。例如，完全由联邦政府管理的“补充保障收入”（Supplemental Security Income，简称SSI），主要面向至少65岁的老年人、失明人、残障人和低收入人群。其他还有针对残障人提供的无障碍环境、教育、居家照料和护理等。（3）统分模式（也称为整合模式和统分结合模式——笔者注）。以日本为代表，本质上是“补缺型”的体制。从第二次世界大战后到20世纪70年代的短短30年间，日本已系统地建立了涉及残障人就业、教育、康复、福利、残障津贴等方面的残障人社会保障制度，主要由残障年金制度和残障福利两方面构成。残障人群体的福利被逐步纳入由国家、市场、社会和家庭共同担当的社会福利网络。

通过对各国残障人社会保障制度立法模式的比较和分析，对于我国具有重要的参考价值。但从整体看，一个国家虽然可以制定一部单行的残障人法律，但完全统一或者完全独立的残障人社会保障立法是不存在的，主要原因如下：（1）残障人社会保障涉及残障人生活、医疗康复、教育、就业、文化体育、无障碍环境等各个方面，既有与健全人相同的制度设计，又有自己的特殊需要。对于养老、医疗、工伤、失业等社会保险制度要通过一般性的社会保障制度安排予以实现，但对体现残障人特殊需要的医疗康复、教育、就业、无障碍环境保障等要通过残障人福利制度等特殊保障予以解决。（2）制定独立的残障人社会保障立法不仅会造成整体社会保障制度的分割，而且不利于共通性制度的相互衔接。德国学者维尔特劳特·图斯特、彼得特伦克·欣特贝格尔等人认为：“一部统一的残障人法是不存在的……人们一般以‘残障人法’这样一个概念表明大量法律和从属于法律的法规（条例、规章）的特征，他们涉及残障的事实和由此产生的法律后果……大多数情况下残障作为特殊事实被规定在法律中，这些法律的意图通常不是专门针对残障……但正是这些法律把残障人作为一个群体与许多其他群体一并规定进去。”[②] 德国残障人社会保障立法就具有这一特征。例如，德国并没有一部统一的残障人法，残障人社会保障立法主要有1986年《重度残障人法》、2000年《重度残障人失业保障法》、2002年《残障人平等对待法》以及《社会法典》中关于残障人社会保障的法律。因此，在以全面融合为特征的现代文明社会残障人观的时代，提高残障人社会福利水平，使残障人逐渐融入主流社会，才是最佳选择。（3）即使在欧美等西方发达国家，其残障人社会保障立法也并非

---

① 参见韩央迪：《制度的实践逻辑：发达国家残疾人社会保障制度的比较研究及启示》，载《中国地质大学学报（社会科学版）》，2008（6），90～91页。

② ［德］维尔特劳特·图斯特、彼得特伦克·欣特贝格尔：《残疾人法——对实践和研究的系统论述》，刘翠霄译，1页，北京，法律出版社，1999。

是完全统一或独立的，对于体现残障人特殊需要的医疗康复、教育、就业、无障碍环境等问题，仍然是进行了特殊的制度设计，使残障人既能与健全人一样平等地享受各种社会保障待遇，又能得到国家与社会针对其特殊需要提供的特殊保障措施。因此，虽然不存在一部完全独立或统一的残障人社会保障立法，却不影响对残障人提供充足的社会保障。

（二）我国残障人社会保障立法模式

我国理论与实务界也曾提出建立独立的残障人社会保障法律制度的立法建议。“随着社会保障制度的完善，随着我国经济实力的增长，对残疾人的保障与福利可以考虑从整个社会保障体系中分化出来，这有利于保护残疾人的特殊利益。”① 2007年，由9名全国人大代表向第十届全国人大提交了“关于建立健全残疾人社会保障制度的建议”，建议在社会保障体系建设过程中，根据残疾人的特点和特殊需求，参考对年老、失业、疾病、生育等的保障，建立专门的残疾人社会保障制度。② 这一立法建议体现出来的指导思想对我国残障人社会保障建设产生了重要的影响。

相较而言，日本关于残障人社会保障的立法对我国更具有学习和借鉴意义。“它深刻结合本国固有文化，以低福利支出为特点构建有效的统分模式，在与社会经济发展水平相宜的基础上，合理而有效地利用有限的社会资源，为特殊的社会成员建立了有力的支持网络。”③ 日本社会保障制度虽然开始较晚，但发展迅速，并且不片面追求制度上的统一，例如，医疗保险方面就有全国的医疗保险、雇员保险、海员保险、中央及地方政府雇员的互助组织、私立学校员工的互助组织及老人保险等。可见，日本的社会保障制度虽然内容繁杂，但不混乱，尤其值得我国学习和借鉴。日本残障人社会保障制度也体现了这一特点，既有全民性的社会保障制度，如国民年金，又制定了专门的《残障人基本法》作为保障残障人的基本法。此外，日本还制定了《残障人福祉法》、《残障人教育法》、《残障人雇用促进法》等十几部残障人具体领域的法律，形成了系统的残障人社会保障法律体系。

无论是高福利的欧美国家还是作为东亚福利模式典范的日本，其残障人社会保障立法实际上都是一种统分模式的立法，其不同的地方只是统分程度存在差异而已。经过艰难的制度转型，我国覆盖城乡的社会保障法律体系已经基本建立，基本养老、基本医疗等社会保险已经对包括残障人在内的全体国民开放，最低生活保障等社会救助制度对保障残障人的基本生活也起到了重要的作用。对于体现残障人特殊需求的医疗康复、教育、就业以及无障碍环境保障等，则主要通过建立、健全残障人福利制度予以解决。由此可见，我国残障人社会保障立法仍然是一种统分模式，既要融入全社会统一的社会保障立法，又要有体现残障人特殊需要的专门立法。具体来说，残障人养老、医疗、工伤等社会保险要纳入统一的社会保险立法，社会救助也要基本纳入社会救助法律体系，而残障人康复、教育、就业、文化体育、无障碍环境以及残障人服务业等则要通过开展残障人社会福利立法予以解决。

---

① 朱力：《对我国残疾人事业的基本判断与若干建议》，载广州市社会科学界联合会、广州市残疾人联合会：《残疾人社会保障研究》，34页，广州，广东人民出版社，2004。

② 参见厉才茂、陈晓芬：《北京市残疾人社会保障状况与制度建设研究》，载赵春鸾：《北京市第二次全国残疾人抽样调查研究论文集》，135页，北京，华夏出版社，2008。

③ 韩央迪：《制度的实践逻辑：发达国家残疾人社会保障制度的比较研究及启示》，载《中国地质大学学报（社会科学版）》，2008（6），91页。

## 三、我国残障人社会保障法的制度设计

### （一）残障人社会保险与立法

残障人参加社会保险的情况主要分为三类：（1）已经实现就业的残障人，按照法律规定参加职工基本养老保险、医疗保险、工伤保险、失业保险和生育保险；（2）对于非就业的城镇残障人，主要通过城镇居民基本医疗保险解决医疗问题，通过城乡居民基本养老保险解决养老问题；（3）对农村残障人，主要是纳入农村新型合作医疗和城乡居民基本养老保险。

总的来说，我国社会保险立法“层次低下、立法内容分散、立法体例不规范等问题突出，直接导致实践中相关的争议不能及时、有效地解决，更加凸显出加快《社会保险法》制定的紧迫性”①。2010 年，《社会保险法》终于颁布，受我国经济社会发展程度影响，内容虽然还不完善，但总体上体现了覆盖全民的社会思想，残障人作为与其他人拥有完全平等权利的公民，自然应被纳入全社会统一的社会保障体系，这一体系从而构成残障人社会保障的基础。完善的社会保险立法，对于保障国民基本生活，促进社会发展具有极为重要的意义和作用。随着我国覆盖城乡的社会保障制度的构建，《社会保险法》还需进一步完善。

目前，专门的社会保险行政法规也只有《失业保险条例》和《工伤保险条例》，养老保险、医疗保险以及生育保险还没有国家层面的立法。同时，为了解决老年人和残障人的护理问题，《护理保险法》的制定也日益迫切。立法的缺失，无疑使社会保险法律制度的建立与推行受到严重阻碍。因此，随着我国社会保险立法进程逐步加快，养老保险、医疗保险、生育保险以及护理保险立法也应相应推进。

### （二）残障人社会救助与立法

残障人群体是社会救助制度的重点对象。目前，我国社会救助体系主要包括城乡居民最低生活保障制度、“五保”制度、住房救助制度以及其他救助制度。其中，“五保”制度又兼具社会福利的性质。

#### 1. 最低生活保障制度

目前，我国覆盖城乡的城镇居民最低生活保障制度已经基本建立。监测数据显示，2013 年，城镇残障人领取最低生活保障金的比例为 21.7%，农村残障人领取最低生活保障金的比例为 30.6%。② 但由于最低生活保障制度是以家庭人均收入为计算标准的，没有考虑到残障人的特殊需要，因而，这一最初发源于残障人救济的社会救助制度反而不能满足残障人的需要了，在继续扩大残障人最低生活保障救助范围的基础上，还必须探讨其他保障方式。最低生活保障制度能为低收入阶层提供最基本的生活救助，从这一意义上说，最低生活保障制度无疑是现阶段社会救助制度的核心内容。“但各地的实践表明，仅有最低生活保障制度已经不可能真正免除国民的生存危机，还需要各种专项救助制度，只有完备的社会救助体系才可以切实免除困难群体的生存危机。因此，应当进一步完善最低生活保障制度向项目齐全的综合型救助体系

---

① 黎建飞：《雪中送炭，还是锦上添花：〈社会保险法〉制定中的疑惑》，载《河南省政法管理干部学院学报》，2005（5），7 页。

② 参见中国残联：《2013 年度中国残疾人状况及小康进程监测报告》，见 http：//www.cdpf.org.cn/sjzx/jcbg/201408/t20140812_411000.shtml。

迈进。”[1] 例如，医疗救助、住房救助、教育救助、法律救助等。

2. “五保”制度

“五保”制度是依托集体经济组织对农村无依无靠的老、弱、孤、寡、残障人员实施基本生活保障的一种农村社会保障制度。在大部分农村，“五保”制度仍然是解决老、弱、孤、寡、残障人员基本生活的主要形式。1994 年 1 月，国务院颁布《农村五保供养工作条例》，这是农村“五保”供养事业发展中的重要里程碑，标志着农村“五保”供养开始走上了规范化、法制化的管理轨道。1997 年 3 月，民政部颁布了《农村敬老院管理暂行办法》。2006 年 1 月，国务院又发布了最新制定的《农村五保供养工作条例》。截至 2014 年，全国纳入农村“五保”供养的人数为 529.1 万人，其中有 66.2 万残障人被纳入农村“五保”供养。[2]“五保”制度是具有中国特色的一项社会救助制度，几十年的经验表明，“五保”制度对于解决农村无依无靠的老、弱、孤、寡、残障人员的生活发挥了重要的作用。

3. 住房救助制度

由于残障人整体经济状况低下，在住房等问题上面临较大困难，因而需要对残障人开展住房救助。在城镇主要是实施廉租房政策，在农村则主要通过开展农村贫困残障人家庭危房改造项目予以救助。2003 年 11 月 15 日，建设部发布了《城镇最低收入家庭廉租住房管理办法》，但在农村贫困人口住房救助方面还没有出台全国性的政策、法规，目前只有各地自行制定的政策。例如，北京市从 2004 年开始实施的安居助残工程，全面改善本市贫困残障人的住房条件，对于农村贫困残障人救助对象的住房救助，则纳入民政部门优抚、社会救济对象的农村危房翻建维修计划中，到 2008 年基本完成了农村无房户建房和危房改造工作。

社会救助内容丰富，除了以上内容，社会救助还包括灾害救助、医疗救助、教育救助、司法救助以及其他形式的救助。总体来看，覆盖中国城乡的社会救助制度已经基本建立，社会救助工作逐渐走上了综合协调发展的新阶段，将残障人纳入综合的社会救助体系，对保障残障人合法权益具有重要的意义。

由于最低生活保障等救助制度没有考虑到残障人的特殊需要，有些地区开始探讨实行分类救助。所谓分类救助，是基于贫困人群内部的需求差异，通过制订合理、科学的救助标准体系，对不同需求人群实施有差别的救助。[3] 面对需求多样化的贫困群体，传统上“一刀切”的社会救助模式逐渐不能满足需要。尤其是残障人，不仅有基本生活需要，还有特殊性的支出，如辅助器具的购买和维修、精神障碍人经常性的药物费用支出等。而且现有的最低生活保障是按照家庭人均收入计算的，没有考虑到残障人的特殊需求，导致很多残障人没有被纳入低保，甚至很多重度残障人家庭和一户多残家庭都无法纳入低保。虽然有的省市如浙江省对残障人按照个人收入计算低保标准，直接解决了一户多残等问题；上海市将重度残障人全部纳入低保体系，但是无法彻底解决贫困残障人的生活保障问题。因此，对不同残障程度的残障人实行分类救施，分类施保，区分不同需求，突出重点保障，便成为一项现实选择。目前，北京等地区已

---

① 郑功成：《中国社会保障 30 年》，177～178 页，北京，人民出版社，2008。

② 见中华人民共和国民政部官网和中国残疾人联合会官网统计数据，http：//www.mca.gov.cn/article/zwgk/mzyw/200809/20080900019775.shtml [2008-09-08]。

③ 参见李迎生、韩央迪等：《超越统合救助模型：城市低保制度改革中的分类救助问题研究》，载《学海》，2007 (2)，115 页。

经开展了分类救助，例如，北京对低保户中的重残人、老残一体的，按照城乡不同标准给予100元或者50元的补助；针对不符合低保标准、又无业的重度残障人，则开展特殊救助。

同时，我国现行的社会救助法律体系尚不完善。社会救助领域的立法只有《城市居民最低生活保障条例》、《农村五保供养工作条例》，农村最低生活保障制度尚未正式立法，只是以《国务院关于在全国建立农村最低生活保障制度的通知》形式推行的，随着我国社会经济发展和城市化的加快，制定一部统一的《最低生活保障条例》已有必要。另外，分类救助、住房保障、法律救助以及其他救助等尚未立法。因此，应当尽快完成《社会救助法》制定工作，对社会救助作出综合规定，同时分别制定《最低生活保障条例》、《五保供养条例》、《住房保障条例》、《灾害救助条例》、《司法救助条例》等，形成完备的社会救助法律体系，并对残障人的救助作出专门规定。

**（三）残障人福利制度与立法**

与普通人相比，残障人具有更为特殊和急迫的保障需求，例如，医疗康复的需要、特殊教育的需要、职业训练及就业的需要、无障碍环境的需要等，这些都要通过残障人社会福利制度予以解决。

残障人在医疗康复、教育、就业、生活服务等方面面临常人难以想象的困难，必须采取专门的措施满足残障人在这些方面的需要。2006年第二次全国残疾人抽样调查资料显示，残障人曾接受过医疗服务与医疗救助、贫困救助与扶持、康复训练与服务、辅助器具配备服务、生活服务、就业安置或扶持服务的比例分别占残障总人口的35.61%、12.53%、8.45%、7.31%、5.45%、0.81%，而对以上六项需求的比例分别达到残障总人口的72.78%、67.28%、27.69%、38.56%、19.13%、5.36%。可见，残障人的基本需求与已经提供的服务之间存在较大差距，而这些需求大多体现了残障人的特殊需要，仅仅通过一般性的社会保障制度安排是无法满足残障人的需要的，必须通过特殊的制度设计予以满足，而这种特殊的制度设计就是开展残障人福利立法，建立、健全残障人福利制度。

残障人福利是指国家和社会在保障残障人基本物质生活的基础上，为残障人在生活、教育、劳动就业、医疗康复、文化生活以及无障碍环境等方面提供的设施、条件和服务，是社会福利的一个重要项目。[①] 残障人福利的主要内容和任务是要为残障人提供基本的生活保障；开展及时、有效的医疗与康复，避免或减轻残障；大力发展残障人教育和培训，提高残障人的文化素质和职业技能，培养残障人的自立能力；多渠道、多层次、多形式地开拓残障人就业门路，扩大就业范围，提供就业机会，保障残障人的工作权利和自我实现的权利；开展丰富多彩的残障人文化体育活动，培养残障人自立、自强精神；建设一个无障碍的社会环境，为残障人参与社会提供有利条件；做好残障预防工作，从根本上减少残障的发生。

承认残障人福利是残障人社会保障的核心，对于构建我国残障人社会保障法律制度具有非常重要的意义。建议国家以残障津贴为重点，推进残障人福利制度的逐步形成与完善。

残障津贴，是国家为保障残障人基本生活，对残障人提供的现金补助，是社会福利的一种。采取残障津贴这样一种社会福利措施，体现了残障人社会保障的福利化发展趋势，不仅可以有效保障残障人的生活需要，还能使残障人走出被救济和同情的传统意识，使残障津贴以社

① 参见黎建飞：《社会保障法》，264页，北京，中国人民大学出版社，2006。

会成员固有权利的姿态出现在社会面前，维护了残障人的人格尊严，凸显了现代文明国家的责任意识。

根据残障程度和生活自理能力发放残障人福利津贴是很多经济发达国家和地区的做法，例如，北欧国家、德国、日本、我国香港地区等。在英国，与残障人有重大关系或直接针对残障人的各种补贴和津贴就有 1983 年实行的法定病假工资、1995 年推行的丧失工作能力补贴、1992 年实行的残障生活津贴以及护理津贴等。[①] 在香港特区，残障津贴是公共福利金计划的重要组成部分，一般按照残障程度，发给“普通残障津贴”、“高额残障津贴”或“伤残补助金”。例如，对 60 岁以上老人和残障程度达到 100%的单身人士以及 60 岁以下、残障程度达到 50%的单身人士，每月均可以给予一定津贴；需要经常护理的单身残障儿童，还有一户多残家庭中健全的人士，每月均可以按规定享受一定的津贴补偿。在前苏联时代，对所有残障人，“不论其是否有收入，都发给不同档次的补助金，例如，盲人每月领取 70～130 卢布，加上工资，盲人的收入高于健全人”[②]。苏联解体后，即使在经济发展尚处于复苏阶段的俄罗斯，仍然大体上继承了前苏联时期的社会福利政策，为残障人、儿童等提供数目繁多的各种补贴，对于保障残障人生活、促进其全面发展起到了重要的作用。因此，我国应该借鉴这一做法，尽快建立残障津贴制度。

建立和实行残障津贴制度，一是要根据残障程度进行分级，主要针对因残障造成失去部分劳动能力或残障对其就业产生明显影响的残障人；二是要考虑到不同残障程度的日常支出情况，如辅助器具的购买和维修、精神障碍人的药物费用支出等；三是要和最低生活保障制度相区分，不能以残障津贴制度代替最低生活保障制度；四是要考虑不同年龄段残障人士的不同需求，例如，对残障儿童发放残障儿童津贴，对退休年龄段的残障人发放福利津贴时要与养老金相衔接等。

我国《残疾人保障法》规定对生活困难的残疾人实行社会保险补贴、对生活不能自理的残疾人实行护理补贴、对困难残疾学生实行教育资助，但还没有关于残障津贴、医疗康复津贴、就业津贴、护理津贴的规定，建议今后增加这方面的内容，同时就残障人津贴制度进行立法，制定《残障津贴法》，对残障津贴的内容、享受对象、程序以及资金筹集等作出全面的规定，建立完善的残障津贴制度。

---

① 参见［英］内维尔·哈里斯等：《社会保障法》，李西霞、李凌译，391～414 页，北京，北京大学出版社，2006。

② 全国人大法工委、全国人大内司委、国务院法制局、民政部、中国残疾人联合会：《中华人民共和国残疾人保障法立法报告书》，176 页，北京，华夏出版社，1991。

# 第七章

# 无障碍环境法

## 第一节　无障碍环境的概念及理论基础

### 一、无障碍环境的概念

无障碍环境在狭义上是指为保障社会全体成员特别是残障人、老年人、孕妇、伤病人和儿童的通行安全和使用便利，在道路、公共交通、信息通讯、公共建筑、住宅等与公共生活相关的建设工程中配套建设的服务设施；在广义上还要包括保障社会成员平等参与社会生活的人文环境。在现实中，广义与狭义的无障碍环境相互作用，人文因素对于无障碍设施的影响尤为突出。讨论无障碍环境必须从物质层面扩展到社会群体的精神层面，因此，无障碍环境除了包括物质无障碍环境、信息与交流无障碍环境以外，还要包含社会文明无障碍环境。

在以非残障人主导的社会环境中，交通、建筑、学习、工作、社区等各个方面对于残障人存在各种障碍，其中不仅包括物理性的障碍，也包括制度上的障碍或意识的障碍。因此，消除这些障碍，让所有人都能共同参与社会活动是无障碍环境所秉持的理念。无障碍环境代表一个国家文明进步、公平正义与人文关怀的成长指数，为身心障碍人提供最少限制的环境和公平发展的机会，不仅仅是保障存在特殊要求的社会成员基本人权的必要措施，也能够体现一个国家、社会的整体文明水平。

无障碍环境设计（barrier-free environment design）理念成为社会保障的主题是在20世纪50年代以后。无障碍理念主要起源于北欧斯堪的纳维亚半岛诸国去机构化运动，当时主张让残障人也能和非残障人同样过普通的生活，使残障人回归社会主流（mainstreaming）、达到融入社会的目的。这种从保障残障人基本权利出发，强调“只以非残障的人为中心的社会并不是正常的社会”，主张残障人应在小区中和其他人共同生活的正常化（Normalization）思想，自北欧诸国向欧洲本土延伸然后扩及美国。①

### 二、正常化原则、社会角色维持理论与无障碍环境

国内外对于无障碍环境的理论探讨大都认为其起源于“正常化”（Normalization）原则，以及依据正常化原则而发展起来的社会角色维持理论（Social Role Valorization）。正常化原则与社会角色维持理论都主张社会融合，但是在内涵上还是有所不同的，两者出现的年代与国家

① 参见曾思瑜：《从“无障碍设计”到“通用设计”——美日两国无障碍环境理念变迁与发展过程》，载《设计学报》，2003（2），57页。

不同，所秉持的理论模型也有所差异。了解这些模型的理论基础对了解无障碍环境立法有很大帮助。

19世纪中叶，像瑞典这样的国家已经为智力障碍人提供大型的机构进行矫治，尽管当时的目的是为矫治智力障碍人的行为，并为其重返社会进行准备，但其目的逐渐地偏离初衷，从矫治、复健转向了保护并防止社会受到残障人的伤害，因此，大型治疗机构也就成为了隔离机构，生活在那里的残障人士境遇悲惨，生活饱受贫困之苦。① 一方面是对大型隔离机构弊端的反思，另一方面经过两次世界大战以及经济危机等世界变革，残障人数量大幅增加并且生活上愈加贫困，社会上开始愈加重视残障人的生活状况。去机构化运动（deinstitutionalization）随之发展起来，其核心就是让残障人回归社会主流，融入一般社区，强调将过去教养机构养护模式转化为社区养护模式或家居模式，同时提供专业照料。正常化的理念正是在这个背景下提出和发展起来的。早在1943年，瑞典的一个委员会就提出了正常化原则（the normalization principle），认为正常化原则就是“尽可能将残障人（the partially ablebodied）纳入国家日常的社会服务系统当中”②。

北欧的正常化原则是一个社会政治学的概念，缺乏具体性与操作性。随后的很多学者进一步丰富和发展了此理论。在美国，过去50年中对正常化原则的发展贡献最大的人士是Wolfensberger，他不仅是正常化原则的倡导者，而且对其进一步发展并形成了具有自己独特视角、以经验为基础的社会学理论，即社会角色维持理论（Social Role Valorization）。按照他的定义，社会角色维持，是指“通过加强一个群体能力与形象的手段——对形成一个群体当前或潜在的社会角色的经验的运用——这样就可以尽可能地提升他们在社会（感知者眼中）中的价值”③。从定义中可以看出他不仅把其理论适用的对象扩张到所有社会价值被贬损的或有贬损可能的人员范围，而且基于经验主义基础对社会角色价值的作用及其维护进行了研究，建构了比正常化原则更加体系化、更加复杂的理论，他自己称之为社会学与心理学的融合。首先，该理论认为人的社会角色是可以被评估的，这是基于经验主义的分析。其次，社会角色价值高的群体更易于取得一些好的东西，如尊严、教育、被接受、参与机会等；然后，可以通过一些手段如增加能力、提升形象，从而在不同层面稳固社会角色价值。这样，社会价值维持理论就从原来的正常化原则的社会政治学理论向社会学发展。该理论不仅注意到物质层面，也从精神层面和社会制度层面更好地阐述了对弱势群体的关照，成为北美国家在这个领域的重要理论基础。但有意思的是，社会角色维持理论因被认为过于复杂并没有在正常化原则的发源地北欧获得承认，所以，正常化原则与社会角色维持理论处于共存的局面。

然而，无论是“正常化原则”还是“社会角色维特理论”，它们都在谁造成了残障这一问

---

① See Kent Ericsson, *The Principle of Normalization: History and Experiences in Scandinavian Countries*, Presentation, ILSMH Congress Hamburg, 1985.

② Kent Ericsson, *The Principle of Normalization: History and Experiences in Scandinavian Countries*, Presentation, ILSMH Congress Hamburg, 1985.

③ “The application of empirical knowledge to the shaping of the current or potential social roles of a party (i. e., person, group, or class) ——primarily by means of enhancement of the party's competencies & image——so that these are, as much as possible, positively valued in the eyes of the perceivers” (Wolfensberger & Thomas, 2005). Wolfensberger and Tullman (1982) refined the definition: “Normalization implies, as much as possible, the use of culturally valued means in order to enable, establish, and/or maintain valued social roles for people.”

题上含糊其辞。于是，残障研究提出了残障的模型理论，其解决的问题包括是什么导致了残障？在满足残障人需要方面社会应该承担怎样的责任？谁应该承担这一责任？西方残障模型可分为两大类：个体模型和社会模型。[①] 个体模型背后隐含的假设是，残障是残障人个人的事情，与社会无关，残障人为此应承担全部的责任。与个人模型相反，社会模型强调社会结构中存在的不平等，把残障视为社会排除或压迫的综合结果，而非个人疾病或伤残所导致的结果。既然残障人所面临的问题是社会环境所造成的，当然要改变的是社会环境，而不是要求残障人改变他们自己，去迎合所谓“正常人”的标准。

北欧的正常化原则虽然注意到了将残障人融入社会生活的必要性，但其出发点仍是建立在残障人本身的缺陷基础之上，未能意识到残障人社会生活的障碍不是由于其本身肢体或精神上的限制造成的，而是由其所处的社会环境造成的。因此，从社会模型的结论出发，无障碍环境建设就具有更充分的正当性，其出发点从“关照残障人”转变为追求社会平等，对社会结构中长期存在的不公进行纠偏。社会模型理论对于无障碍环境立法的影响是深远的，当残障人不能完成某项工作，分析其原因时就可能看到如建筑物的不良设计、他人提出的不切实际的预期指标和生产组织不良或不适宜的住房环境等因素。社会模型能够促使施政者努力理解损伤与残障之间的实质关系，防止工具主义与官僚主义的立法、司法与执法模式。

## 三、通用设计与无障碍环境

所谓通用设计，就是指 Universal Design，这个概念是 1974 年由美国教授 Ron Mace 在国际残障人生活环境专家会议上提出的。[②] 1997 年，通用设计中心（The Center for Universal Design 简称 CUD）将通用设计定义为“在最大限度的可能范围内，不分性别、年龄与能力，适合所有人方便使用的产品与环境之设计”。从设计行为或思考的视点而言，通用设计应基于人类的多元化需求，而非以主流用户的平均标准从事设计。通用设计的宗旨是以考虑所有的人（For All）为目标，务使所有的人都能自由活动、舒适生活。通用设计的提出将残障、老龄化、性别以及年龄等因素考虑在内，使产品或设施的使用者更加多元化。

通用设计的原则是[③]：

——平等的使用（Equitable Use）

——使用中的灵活性（Flexibility in Use）

——简单甚至无须学习的使用方法（Simple and Intuitive Use）

——明显的提示信息（Perceptible Information）

——容忍误操作（Tolerance for Error）

——尽量少的依靠身体功能（Low Physical Effort）

——尺寸与空间的可及性（Size and Space for Approach and Use）

由此可见，通用设计是一种基于多元化视角，注重社会公平的设计理念，其目标是实现使用者能够获得无障碍的使用体验。就通用设计与无障碍的关系而言，可以说无障碍是原则和目

---

① 参见［美］Juliet C. Rothman：《残疾人社会工作》，曾守锤、张坤等译，5～20 页，上海，华东理工大学出版社，2008。

② Ron Mace 除了是建筑师兼工业设计师外，也是小儿麻痹症患者。

③ See http://www.design.ncsu.edu/cud/univ_design/princ_overview.htm.

标，通用设计既是一种基于无障碍原则的设计理念，也是实现无障碍目标的一种手段。需要注意的是，通用设计的理念并不排斥为残障人专门定制辅助用具。相反，只有将通用设计的理念最广泛地应用于新产品的开发和生产，才能提高物质环境的无障碍，环境的整体无障碍性有助于辅助器具达到最佳效果，进而让物质环境的无障碍水平更上一层楼。

## 第二节　国际以及国外无障碍环境立法状况

### 一、国际上无障碍设计理念的变迁及国际立法趋势

在回归社会主流及正常化原则思潮的冲击之下，国际社会与发达国家开始进行无障碍设计的立法。1961 年，美国国家标准协会 ASA 制订《使残障人易于接近和使用的美国建筑物及设施设计标准》。1959 年，欧洲议会通过了《方便残障人使用的公共建筑的设计与建设的决议》。1963 年联合国在挪威奥斯陆召开的会议上，正式使用“正常化”，倡导“正常化”的理念，这也带动欧美各国开始着手修订有关无障碍建筑设计准则。在 1969 年联合国颁布了《禁止一切无视残障人的社会条件的公约》，同年康复国际（Rehabilitation International）设计了让残障人容易接近、方便使用建筑物的“为残障人而设计的国际符号标志”，这些为 1974 年联合国国际残障人专门会议作成无障碍设计报告书提供了契机。之后，“无障碍设计”（Barrier-Free Design）一词才正式被使用。1975 年，联合国发表了《残障人权利宣言》，国际标准化机构（International Organization for Standardization，ISO）也提出“考虑残障人需要的一般规格标准化系列”的设计指引。1976 年，联合国在瑞士日内瓦召开专家会议，提出除了应排除住宅、公共建筑物、都市结构等硬件建筑空间的障碍外，也应该将文化、态度、社会价值观等软件社会制度上的障碍排除。1977 年修订的瑞典建筑法规是世界上最早在建筑法中导入无障碍住宅标准的案例，三楼以上的共同住宅必须设置电梯，并详细规定适合轮椅使用者的走道、厕所、寝室等空间及高低差，除了休闲用住宅外所有住宅都适用此规范。同时期，丹麦及法国也以考虑轮椅使用者生活需求为前提，而修正住宅法的集合住宅设计基准。世界各国为促使早日实现残障人在一般小区与非残障人共同生活的理念，1981 年展开以“全面参与和平等”为主题的“国际残障人年”，明确表明残障人有权全面参与社会的生活和发展，享受与其他公民相同的生活条件，平等分享社会经济发展带来改善的生活条件。1982 年，联合国制定“关于残障人的世界行动计划”，为了使各国政府和组织能实施《世界行动计划》所提出的各项活动，第三十七届会议决定 1983—1992 年为联合国残障人十年，并通过第 37/52 号决议《关于残障人的世界行动纲领》。1990 年，第四十五届联合国大会通过决议，从 1991 年开始，每年 10 月 1 日为“国际老年人日”，并通过《联合国老人政策纲领》提出实践高龄者福利的五大原则：独立自主、社会参与、照护、自我实现、生活尊严，以建构适合各个年龄层生活的社会。

《残障人权利公约》第 9 条对无障碍的内涵及各国政府的责任作出了具体的规定，第 2 条就给出了一系列与无障碍相关的定义，如通用设计、合理便利、交流和语言的多种形式。此外，联合国残障人权利委员会还通过了第 2 号一般性意见，进一步阐明了无障碍的重要性，无障碍在国际法中的渊源，无障碍的解读，以及无障碍和合理便利、通用设计之间的关系。

## 二、美国无障碍环境立法

### (一) 立法情况

美国的无障碍立法具有其特殊性，不仅体现在当时实际环境，也体现在美国民权运动的盛行。这也导致了美国开创了残障人保障的一种典型模式。除了上述美国在经过第二次世界大战、交通事故中残障人数量倍增的实际环境之外，在整个 20 世纪，残障人权利运动成为促进社会变革和权利倡导的一支重要力量，而且，与其他相似的权利运动——如妇女权利运动，拉丁裔人权利运动、同性恋者权利运动一样，残障人权利运动从 19 世纪 60 年代兴起的旨在争取黑人的平等和自由的伟大公民权利运动中获得了灵感。权利倡导、非暴力运动、静坐示威、抗议活动——这些策略被所有的权利运动用来争取其平等权利。如今残障人权利运动依然成为美国政治生活的一支重要力量。[①] 例如，1964 年《公民权法》(Civil Rights Act of 1964)，禁止因人种、肤色、出生国别、宗教、性别差异所造成的差别待遇，对 20 世纪 70 年代到 90 年代的身心障碍人相关人权立法有很大的影响。

1959 年，美国总统肯尼迪任命成立委员会研讨无障碍环境的设计基准。1961 年，美国民间组织美国国家标准协会（American National Standards Institute ，ANSI）公布《使残障人易于接近和使用的美国建筑物及设施设计标准》（American Standard Specifications for Making Buildings and Facilities Accessible to and Usable by the Physical Handicapped)，这是美国第一个无障碍环境设计准则，但该规则并无强制约束力，由美国各州自发采用实施。该《标准》中包括对残障及其相关术语的定义，方便轮椅和拐杖使用者的建筑物及设施的设计原则和注意事项，对人行道、停车场以及营业场地的要求，对建筑物的入口、坡道、门、楼梯间等的要求，对卫生间、盥洗室以及电话机等器材的要求以及对通信、身份识别、预警信号等设施的要求等。联邦政府在 1964 年制定了《住宅法》(The Housing Act) 与《都市大众交通法》(Urban Mass Transportation Act)，规定自法律颁布之日起凡接受政府补助的建筑物与交通系统，都应符合残障人和老年人的正常使用需求与可及性。1965 年《职业康复法》的修正案（Vocational Rehabilitation Act Amendments of 1965）是联邦政府正式制定的与无障碍环境相关的法案，为了推行无障碍环境的建设，法案中规定必须在全国范围内成立建筑障碍排除委员会，同时要求企业的相关建筑物必须符合残障人的使用方便性。1968 年，美国政府制定了《无障碍建筑法》(The Architectural Barriers Act)，规定凡是由联邦政府出资修建的建筑物或受联邦政府融资补助的新建筑物及改建的建筑物，至少应有一个出入口方便残障人进出，以保障其可及性和使用权利。此后美国各州也据此制定无障碍落实法案。这部法案被认为是美国公共建筑物或设施无障碍的基本法。但是上述法案的立法精神仍然没有脱离慈善、恩给的精神，因此，法律的推行并不尽如人意。

由于法律的推行不力以及注意到立法精神的缺陷，20 世纪 70 年代身心障碍人自动发起了“身心障碍人不要慈悲，要求提供促进独立自主的服务及环境设备”的独立生活运动（Independent Living Movement)。1974 年，联合国身心障碍人生活环境专家会议召开之后，美国在

---

① 参见［英］迈克尔·奥利弗、鲍勃·萨佩：《残疾人社会工作》，2 版，高巍、尹明译，36 页，北京，中国人民大学出版社，2009。

首都华盛顿设立“国立无障碍环境中心”(The National Center for a Barrier Free Environment),促进并推广无障碍环境的实现。1973 年,美国政府颁布《康复法》(The Rehabilitation Act of 1973)[①],强调反对歧视残障人,不论残障与否,生存、就业的权利人人均等,并明确规定凡接受联邦政府补助的新建筑物及相关公共设施,必须确保残障人使用的可及性和便利性。美国这时期从传统“弱者、医疗、复健、福祉、慈善”的无障碍理念逐渐转换成追求“确保平等、社会参加权益”的价值观。1973 年的《康复法》是第一次以人权平等的角度进行的残障人立法,此后的《美国残障人法》是对《康复法》第 504 条的重申以及具体化。比如说在有政府财政支持的学校,如果要遵守第 504 条应当符合下列程序:鉴定学生是否有残障,对残障学生进行评估,如果该残障学生符合法律所保护的主体资格,学校要写一份安置计划(称为 504 计划)。学生的父母有权要求举行听证会,如果学校违反了第 504 条则有可能被削减政府财政资助。

为进一步促进无障碍环境建设,1974 年,美国政府设置了建筑和交通无障碍委员会(The Architectural and Transportation Barriers Compliance Board, ATBCB),该委员会的任务是监督《无障碍建筑法》的落实。随后,政府又分别于 1974 年和 1977 年两次修订《康复法》,将老年人也划入了法律保护的范围,并规定凡接受联邦政府补助的机关或计划案,有义务平等对待残障人。虽然此时对无障碍建筑的强制性要求的主体范围仍限于接受联邦政府补助的机关,但已经为之后美国无障碍建设的核心法——《美国残障人法》的颁布构建了基础,成为美国无障碍法律体系发展的重要转折,此后美国各州政府也根据自己的情况颁布了一系列无障碍环境建设相关的政策标准和设计指南。1984 年,为了使各州不同的可及性设计指南统一化,美国国防部、住宅和城市发展部等部门整合了 1961 年《使残障人易于接近和使用的美国建筑物及设施设计标准》的内容,共同发表《联邦可及性统一标准》(Uniform Federal Accessibility Standards, UFAS)。《联邦可及性统一标准》中明确规定所有政府机关必须遵循最低统一标准。1986 年,美国国会又通过了税收调整法,规定用于无障碍技术改造的费用可替代部分税收。同年,《航空运输无障碍法》通过,标志着国会开始由建筑领域向其他领域扩张残障人权利。1990 年 6 月,美国国会正式通过《美国残障人法》(Americans with Disabilities Act of 1990, ADA)。《美国残障人法》是残障人的权利宪法,在残障人保障中具有基础性地位。该法案的内容主要包括就业、公共服务、公共交通、私人机构和电信五个方面的内容:(1)在就业无障碍方面,规定雇用员工达到 15 人或者以上的雇主不得歧视符合任职条件的残障人,雇主在力所能及的范围内必须为残障员工提供适当的办公环境,包括工作岗位和工作设备。(2)在公共服务无障碍方面,规定州与地方政府的服务,如公众教育、就业、交通、医疗服务、社会服务、投票等必须考虑到残障人的特殊需求,避免因残障而产生的歧视和不平等现象。(3)在公共交通方面,规定公共交通管理机关得以任何理由拒绝为残障人提供服务,应当在新设施中提

① 美国《康复法》是以前的《职业康复法》的修正,因其没有实施细则,因此实际生效时间是,1977 年,并在此后发挥了很好的作用。值得注意的是,1972 年,尼克松总统否决了《康复法》。Judy Heumann 和其他公民权利活动家在尼克松总统否决该法案之后仍努力争取让这部法案获得通过。1973 年,国会不顾总统的否决,通过了这部法案。但是一直到 1977 年秘书处仍然拒绝发布实施细则,于是残疾人活动家在全国十多个城市组织示威活动以示抗议。150 多名残疾人示威者在洛杉矶占领了联邦政府办公大楼并拒绝离开。秘书处终于发布了该法案的实施细则——当时,示威者们的条件是,在离开联邦政府办公大楼之前看到该法案实施细则的内容。参见[英]迈克尔·奥利弗、鲍勃·萨佩:《残疾人社会工作》,2 版,高巍、尹明译,42 页,北京,中国人民大学出版社,2009。

供无障碍设备，并且改造已有设施，以减轻或消除外在障碍。(4) 在私人机构方面，规定由私人营运的公共便利设施和服务，包括私人拥有的公共场所（例如旅店、餐馆、超市、商场、体育场、电影院、护理中心、学校和大学、银行等）都必须给予所有人平等的机会，禁止因把"公众场所"作为"私有实体"而造成对残障群体的歧视。(5) 在电信方面要求电信服务运营商必须为聋哑障碍人提供特殊的服务与设备，以满足他们的通信需求。同时为了落实《美国残障人法》的执行，美国建筑及交通无障碍委员会（ATBCB）配合制定《美国残障人法可及性指导方针》(Americans with Disabilities Act Accessibility Guidelines，ADAAG)，将各项条款的执行标准予以细化。随着《美国残障人法》的普及，残障人群体作为美国的公民应当享有与正常人相同的尊严和权利的观念逐渐被广泛接受。此后美国政府 1996 年的《通信法》(Telecommunication Act of 1996)、1998 年的《康复法》(Rehabilitation Act of 1998) 修正案和同年《辅助科技法》(Assistive Technology Act) 中分别制定相应条款，以促进信息通信的"通用设计化"，使包括残障人、老年人在内的所有人都能拥有享受各种信息服务以及平等操作使用各类机器设备的权利。①

**(二)《美国残障人法》的实施**

《美国残障人法》的公布开拓了残障人保障的新纪元，它从人权视角保护残障人权利尤其是获取无障碍环境的权利，这在当时的世界立法上是绝无仅有的。但是，它的发布并不是没有反对的声音，因为在无障碍建设方面它不仅囊括了政府部门也包括私有实体，在以健全人为标准进行经营设计的私有商业体系上强制实施无障碍环境必然意味着成本的支出。这样尽管有益于残障人的生活，但另一方面也会影响健全人的生活，而且通过法律强制性的实施也会产生手段合法性的争议，不当限制经营者的行为，这种利益的交错与矛盾使《美国残障人法》被认为是一部最难以实施的法律，如何推进无障碍环境法律的实施不仅是美国，也是其他国家所面临的主要问题。

*1. 残障人参与的必要性与法律制度化*

首先，尽管法律由议会通过，但是《美国残障人法》的实施具有实践性，不可能在一部法律中制定详细的准则以及其他具体评估方法，而相关的行政法规的实施会触及各方利益，残障人与相关人员的利益衡量直接涉及合法性的问题。因此，在制定行政法规及实施细则时各职能部门都要有专门的民意机构，比如，司法部要设置专门的委员会，由利益相关人组成，而交通部则有专门的人权办公室听取意见，在州的立法层次也是如此。建筑和交通无障碍委员会在吸收一定比例的残障人成员之前也无法发挥其应有的效力。

其次，"依据本条颁布之相关行政法规应当规定，每个营运固定道路交通系统的公共机构在准备第（7）项规定之计划时应当举行听证会、提供公众发表意见的机会并与残障人协商"。在具体层面保障相关利益。

除此之外，残障人与民间团体的积极参与也在一定程度上反映了民意。美国人权运动非常普遍，各种民间团体盛行而且用于斗争，这是无障碍环境能够推行的重要因素。在立法过程中，民间团体与残障人都积极参与立法程序，共同影响无障碍法律政策的走向。无障碍设计规

① 参见安天义：《我国无障碍法律环境研究及国际比较》，清华大学 2010 年硕士学位论文。相关问题还可参见闫蕊：《美国的无障碍环境建设》，载《社会保障研究》，2007 (1)。

范就是由民间团体组织设计，最终由政府接受。

2. 经济成本与残障人权利的利益衡量

为了不给当事人施加不合理的负担，因此，在立法技术上，《美国残障人法》多考虑当事人所能采取的合理措施。一是规定了过度财政负担限度，“依据本条颁布的行政法规应当规定，如果公共机构能够提供让交通部满意的证明，说明本条所要求的辅助客运系统和其他特殊交通运输服务之规定对其施加了过度的财政负担，则该公共机构应当仅被要求仅在不会施加过度负担的限度内提供上述服务，无须考虑本条的其他规定”。二是区分了新设施和现有设施，对于现有设施的责任主体规定了不等期限的义务。三是区分了公共机构与私有实体，而对后者而言，义务的承担更具有渐进性与缓和性。四是规定了替代措施与免责条款，对义务履行进行了利益衡量，以防止责任的施加过于严格，对于非可归责于当事人的事由不认为是对义务的违反。尤其是对于具有历史特征的交通工具，只设置了最低要求。在履行义务可能构成不合理的负担时，允许责任人选择替代措施履行。

3. 法律实施统一性与效力

为了确保《美国残障人法》能够具体实施，建筑、交通、通信等方面法律授权主管部门发布实施细则，主管部门主要包括司法部、联邦交通部、联邦通信委员会。联邦交通部、联邦通信委员会负责各自主管工作的实施细则的制定，司法部除了负责联邦交通部、联邦通信委员会以外的领域的实施细则的制定以外，还负责全国无障碍建设的监督工作，受理投诉，代表起诉。其辖下的建筑和交通无障碍委员会负责制定辅助规则（最低标准的制定），但没有强制法律效力，需各部委采用。这些部委制定的实施细则一经公布，通常具有法律解释力，尽管各州都具有各自的无障碍立法权限，但实际上各州的无障碍制定标准不得低于这些部委所制定的最低标准，否则在法院的审判中可能会被推翻。因此，根据《美国残障人法》的规定，各州在制定法律或法规时需要向司法部进行认证，以确保其制定的标准不低于联邦最低标准，司法部的认证可以被视为责任主体符合无障碍法律规定的一项可推翻的证据。无论是细则还是最低标准指引，都会在一定期间内更新。最近的一次更新是 2010 年司法部对于《美国残障人法》第二部分和第三部分实施细则的更新，其在 2011 年 4 月 15 日生效，但必须在 2012 年 4 月 15 日以前符合其所制订的标准。

4. 赋予公民诉讼的权利

《美国残障人法》之所以没有被称作残障人保障法或福利法是因为其是以人权的视角规范残障人的权利。对于不履行无障碍设施建设义务的责任人，残障人、司法部都可以向法院提起诉讼，要求履行无障碍建设义务或者金钱损害赔偿以及惩罚性赔偿。这在《美国残障人法》中都有明确的规定。通过歧视诉讼，无障碍环境建设可以被更好地监督与推进。同时由于立法的粗放，法律的许多内容仍需进一步解释，比如，法律所保护的适格的残障人、责任主体是否包含建筑师等，都是通过具体个案明确下来的。

5. 通过激励措施保障无障碍建设的实施

美国目前对于无障碍建设的鼓励措施是通过《联邦税法》第 44 条和第 190 条进行减税，使无障碍的成本减半，最高可达15 000美元。但总体上看，鼓励措施只是一项辅助性的措施，主要是以责任的承担作为法律推行的手段。这也是以人权角度实施无障碍建设的一个特点。

## 三、日本无障碍环境立法

### (一) 立法情况

1949 年，日本厚生省便制定《残障者福祉法》，之后相继颁布的《心理保健及精神障碍人福祉法》和《智残障者福祉法》，但当时社会并未将无障碍环境的问题作为政府工作重心，制定相关政策、法规是在 20 世纪 70 年代左右。受西方去机构化运动的影响，70 年代日本开始倡导“居家福祉”理念，让轮椅使用者能“走出机构到街道上”，并成为一种社会潮流，比较著名的运动是 1970 年仙台市首先发起的无障碍环境营造活动，呼吁扩大身心障碍人生活圈，“考虑残障者需求的小区营造运动”，并由此揭开了建设无障碍环境的序幕。1970 年，日本政府颁布《残障者对策基本法》，要求在住宅、公共设施、交通等方面保证残障者的需求。1973 年，厚生省颁布《残障者福祉示范城市计划》，开始在城市层面积极推动无障碍环境发展，并指定全国 51 个城市为无障碍示范城市，因此，1973 年也被称为日本福祉元年，以町田市为首的其他城市也都相继制定了《福祉环境建设纲要》。同年，召开了全日本轮椅使用者公民会议，主张政府提供无障碍环境设施是实现轮椅使用者参与社会的一项公民权。但是 1976 年还是发生了残障人集体向公交公司抗议遭到歧视的事件，加之受美国独立生活运动的影响，日本各地也组建了许多保护残障人权益及提供咨询的“独立生活中心”。1981 年，在国际残障人年“机会均等与完全参与”理念的影响下，日本建设省和运输省相继发表《政府考虑残障者使用的设计规范》(1981 年)、《考虑残障者使用的建筑设计标准》(1982 年)、《公共交通枢纽无障碍设施建设导则》(1983 年) 和《盲道设置技术规范》(1985 年)，形成全国统一的设计标准。1982 年，为了推行残障人政策的实施、并协调各政府部门之间的关系，日本政府专门成立了残障人政策推进本部，部员由总理大臣及官房长官各部部长担任（期间经过几次修订，在 2001 年因中央政府机构整编重新建立)。20 世纪 80 年代中后期，日本老龄化进程加剧。1986 年，为了建立能够适应人口老龄化状况的社会经济体制，日本政府颁布《长寿社会对策大纲》，将重点放在促进高龄者之社会参加、居家照护，向建构理想建筑物、住宅的方向发展，将无障碍设计适当地融入住宅范畴。同年，日本政府颁布《银发住宅计划》(silver housing project)，将日本老龄社会的住宅政策也纳入无障碍建设的轨道之中。自此以后，政府将高龄者与残障人的社会需求进行综合考虑，倡导建设“任何人都能方便居住的社会环境”，并由政府制定实施一系列的方针政策倡导鼓励无障碍环境的建设，其中包括将高龄者及残障者的公共建筑物的无利、低利融资予以制度化。可以看出，在 1993 年修订《残障人对策基本法》之前，基本是由中央政府牵头，各地政府跟进的政府政策支持局面，在此期间，日本政府发布各种方针、政策大规模推动无障碍环境建设，确实起到了很好的作用，但是政府的政策及方针仅具有指导作用，并没有形成法律上的强制力，不能够满足残障人对于自身权利的要求，因此，无障碍建设从政策层面开始逐渐向法律层面发展。首先是 1993 年将《残障人对策基本法》修订为《残障人基本法》，其后在 1994 年日本制定了《关于促进高龄者、残障者等能自由利用的特定建筑物的建设法》(称为《爱心建筑法》)，要求建筑设计——特别是公共建筑要充分考虑能够方便老人及残障者的使用。2000 年，日本又颁布了《关于促进高龄者、残障者等利用公共交通机构移动的无障碍化法律》(称为《交通无障碍法》)，在该法律的指引下，通过改造的公共交通汽车、电车逐渐使老年人、残障人在通行方面更加便利。2005 年 12 月，日本政府将上述两个法律文本合并，修订为《关于促进高龄者、残障者等的移动无障碍化的法律》（以下简称《无障碍新法》），新法执行时，上述两部相关法律同时废除。[①]

《无障碍新法》增加了五个方面的内容：（1）法律的界定对象有了扩充，不再局限于身体残障者，还包括了智障、精神障碍、发育不良等所有残障人员；（2）对象设施的扩充，即在原来的建筑物、公共交通工具及道路以外，还加上了道路以外的停车场、城市公园以及福利出租车；（3）基本构想制度的扩充，即重点推行的无障碍化对象区域要扩充到不包含旅客设施的地区；（4）在确定基本构想之时邀请当事人参加，并将确定基本构想时的协议制度法定化，并创设了来自于居民的基本构想的提案制度；（5）软件实施政策的充实，与相关者相协作朝着无障碍实施政策的持续性、阶段性发展，导入“螺旋上升模式”；促进每一个国民把对老年人及身体不自由者等所感受到的困难当做自己的问题认识，即“心的无障碍”。

《无障碍新法》由7章64条构成，另有“附则”11条。该法总则的第1条明确了该法的目的，认为“该法是围绕确保老年人、身体不自由者等的独立自主的日常生活与社会生活，通过为推进公共交通机构的旅客设施及车辆等、道路、路外停车场、公园设施及建筑物的构造，以及为了设备改善的措施、在一定地区的旅客设施、建筑物等及构成这些建筑物间联系的道路、车站前广场、通道及其他设施的一体化的整备而采取的措施，以图不断促进老年人、身体不自由者等在移动上以及设施利用上的便利性的提高，以有利于公共福利的增进为目的的”。

该法对城市无障碍化建设管理中的国家责任、地方政府责任以及相关机构责任等作了明确规定。该法认为：“国家必须要与老年人、身体不自由者等、地方政府、设施设置管理者以及其他相关者合作，对基本方针及以此为基础的设施设置管理者应该采取的措施的内容及其他为促进移动等无障碍化的实施政策的内容进行思考、对移动无障碍化进展状况不断地把握，在为反映这些相关者的意见而采取必要措施的基础上，适时探讨切实的方法，并根据研究结果努力采取必要措施。”另外，国家必须努力通过教育活动、广告活动，使国民对关于促进移动无障碍化有深入的理解，同时要求国民对于其实施予以协作。上述规定强调了政府的主要责任是组织各方力量推进事业的发展，而不是亲临一线自行建设与管理。地方政府必须根据国家的实施政策努力为促进移动无障碍化采取必要的措施。而相关设施设置管理者及其他相关人员则必须努力设置老年人、身体不自由者等的独立自主的日常生活或者社会生活中所利用的措施。另外，管理者必须为了移动无障碍化采取必要的措施。而作为国民也要对确保老年人、身体不自由者等的独立自主的日常生活与社会生活的重要性予以深入的理解，必须努力为确保移动无障碍化及其设施的利用予以协作。

该法第三章中对无障碍的标准及义务的种类作了详细的规定。主要有“公共交通事业者等的基本适合义务”、“旅客设施及车辆等相关的基本适合性审查等”、“道路管理者的基本适合义务等”、“路外停车场管理者的基本适合性义务等”、“特定路外停车场相关的基本适合性命令等”、“公园管理者等的基本适合性义务等”、“特定建筑物的建筑主的基本适合性义务等”、“特定建筑物相关的基本适合性命令等”、“特定建筑物的建筑主的努力义务等”、“特定建筑物的建筑以及维持保全计划的认定”、“特定建筑物的建筑等以及维护保全计划的变更”、“认定特定建

① 以下有关日本法律具体内容的介绍主要摘自俞慰刚：《现代城市规划建设管理的人本规制与践行策略——以日本城市规划建设管理为例》，载《上海城市管理》，2011（5），22～23页。

筑物的容积率的特例”、“认定特定建筑物的表示等”、“对于认定建筑物的改善令”、“既存特定建筑物中设置电梯的建筑基本法的特例”、“能让高龄者、残障者等自由利用建筑物容积率的特例”等。

2008年，日本签署了联合国《残障人权利公约》，为了使国内法律与公约相适应，日本政府开始进一步修改《残障人基本法》，并于2009年成立了残障人制度改革推进本部。除了接续以前残障人政策推进本部的任务以外，还负责制度的改革研究。目前，日本在残障人制度方面制度改革推进本部处于领先地位。2011年7月29日通过了《残障人基本法》修正案，在残障人保护的观念上迈出了一大步。

(二) 法律政策推进情况

日本在残障人保护的问题上多吸取国外及国际条约的先进理论，并在自身社会高龄化的环境以及政治制度特点的情况下产生了自己新的特点。

1. 日本无障碍环境法律对于无障碍建设推进有很大作用

尽管有《残障人基本法》的支撑，但《关于促进高龄者、残障者等能自由利用的特定建筑物的建设法》出台之前（该法2004年以前仅规定了努力义务），关于无障碍环境建设的推动只是依赖于政策的推动，尽管成绩显著，但也出现了强制力不足的情况。尤其是对于私人所有、管理的公共设施并没有强制有效的法律责任，容易让人感觉无障碍环境建设只是政府的恩给，而非残障人的权利。在注重政府作用的同时，更应该注意到日本的政治改革对于政府推进无障碍建设作用的影响。1999年之前，尽管日本《宪法》中有地方自治条款以及相应的地方自治法，但在实际运作过程中，日本地方自治长期以来还是被评为“三成自治”，中央政府往往利用“机关委任事务制度”以及衍生的“预算经费”进行控管，进而掌握对地方政府的控制且限制其权限。因此，在当时的政治制度下，中央政府的方针对于地方政府来讲是具有实际约束力的。1999年，地方分权法及相关法案通过，日本中央政府与地方政府之间的关系从过去的“上下、主从”改为“对等、伙伴”关系。中央政府主要承担在国际社会中的国家事务，以及那些以实行全国性统一规定为宜的事务等；至于有关住民日常生活方面的行政事务则尽量由地方自治体承担；该法规定了有关中央政府干预的基本原则、对每一新种类事务干预的基本模式、干预的程序及对干预过程中产生的诉讼的处理方式；同时，还规定依据个别法律进行的干预应在基本模式的最小限度内，此后的一系列改革都在增强地方自治体的自治地位。在这种情况下，无障碍建设的推动更加有赖于地方自治体的努力。在《无障碍新法》中，政府的作用与职能也被强调，比如，中央政府要制定全国无障碍建设的基本政策，而各地方自治体则根据本地区的情况作出各自区域的政策、构想。但目前并不是所有的县、市都制定了相应的方针以及实施条例，政策的推行完全取决于地方自治体的决定。当然，正因为推动无障碍环境建设的主力是公共团体，因此，各地政府的执政能力也就成为无障碍环境推动的关键因素。

2. 日本无障碍环境法律执行的确保

日本无障碍环境的法律目前主要是2006年制定的《无障碍新法》，《无障碍新法》中对于国家、地方自治体、设施管理者、国民的义务都有所规定。国家的义务主要是在相关者的协力下，听取各方意见推动无障碍建设的进行并采取必要的措施，并且推动民众对无障碍的理解。地方自治体则负有根据国家政策为推进无障碍建设采取必要措施的义务。设施管理者的义务是努力使其设施适合高龄、残障人使用。国民的义务是要高度理解无障碍内涵（心的无障碍），并努力为保证无障碍设施的使用提供协力。这些义务都是倡导性规范，并没有施加相应的责任，而能够产生责任的义务在《无障碍新法》中只有基准适合义务。所谓基准适合义务，就是建筑物（特定建筑物）和其他设施必须符合相应的最低标准，比如，走廊的幅度要能使行人和轮椅能够并行通过；如果违反就可能产生法律责任。基准适合义务是 2004 年《爱心建筑法》修正时所设定的强制性义务，并被以后的《无障碍新法》所沿袭。与之相对的是努力义务，一般针对的是既存设施以及特定建筑物的管理人，没有强制性的要求。此外，日本比较注重诱导措施，采取奖励的方式鼓励当事人达到更高的标准，比如，走廊的幅度要能使两个轮椅并行通过；在特定建筑物的建筑计划被认可后，政府将给予财政支持、低利贷款、税收优惠以及增加建筑容积率等手段予以支持，地方自治条例还会对成绩显著者予以表彰。基准义务遵守的确保是通过事前指导和事后惩罚协力完成的。以建筑为例，首先在建筑施工前（一般 30 日）要与地方首长签订事前协议，明确所应采取的标准（2004 年以后，强制义务的产生使事前协议的达成成为建筑法许可中的一部分）。在这个阶段，当事人一般都会遵守，但是也会经常发生伪造书面文件或不执行的情况。这个时候根据《无障碍新法》，主管机关（主管部或地方自治体）可以采取应有的措施命令当事人改正，如果仍然不遵守可根据新法第 59～64 条科以罚金。按照目前各地的条例，地方自治体的措施还是以行政指导为主，包括指导建议、劝告、公示。[①]但在实践中劝告、公示的作用也必须有赖于强有力的指导建议，因此，条例的遵守率是 7 成左右。日本地方自治体的条例制定分为两种形式：一种是将《无障碍新法》的实施条例与自己地方的《福祉城市建设条例》分开制定；另一种是将法律实施条例纳入福祉城市建设条例中。但是无论怎样，都会将法律实施条例的标准与自治体标准区分开，法律的标准涉及基准适合义务，最终会处以罚金；而地方自治标准通常会高于法律标准，但是法律的强制力只限于指导建议、劝告、公示。尽管日本地方自治体有权设定更强力的处罚措施，但是通常对于高于法律的标准并不设置财产处罚措施，这体现了日本对于无障碍建设以鼓励为主的思路。但是《无障碍新法》规定了地方自治体可以根据地方的自然环境等因素，设定特定建筑物的范围对当事人科以基准适合义务。因此，也只有通过范围的设定，自治体条例才能使强制力适用标准提高或降低。

3. 日本无障碍建设法律将关系人的参与制度化

日本无障碍环境法律制度特别注重关系人的参与，这不仅和无障碍环境法律制度的特点有关，也和日本不强调惩罚为基础的制度有关。在《无障碍新法》中将关系人的参与法律制度化是《无障碍新法》的一大特征。该法规定，在设计地区构想时地方自治体必须建立协议会听取相关人的意见，其中包括市町村、设施管理者、公安委员会、特定事业或能够预见参加的其他

---

① 日本《宪法》第 94 条规定：地方公共团体具有管理财产、处理事务及执行行政之权能，在法律范围内，得制定条例。《地方自治法》第 2 条第 2 项规定：普通地方公共团体，处理法律或基于法律之政令所定之地区事务及其他事务。《地方自治法》第 14 条规定：普通地方公共团体在不违反法令之范围内，关于第 2 条第 2 项之事务，得制定条例（第 1 项）。除法令另有特别规定者外，普通公共团体对于课予义务或权利限制事项，应制定条例（第 2 项）。除法令有特别规定者外，普通地方公共团体得在其条例中，对于违反条例者，规定处以 2 年以下有期徒刑或拘役、100 万日币以下罚金、拘留、罚及没收之刑，或处以 5 万日币以下罚锾（第 3 项）。《地方自治法》第 15 条规定：地方公共团体之行政首长，在其事务范围内得制定规则（第 1 项）。除法令有特别规定者外，普通地方公共团体之行政首长得在规则中，对违反规则者，处以 5 万日币以下罚锾（第 2 项）。而《无障碍新法》为地方自治体将诱导标准、努力义务的义务化留下可能。

事业的经营者、老年人、残障人、学者等。特定事业的实施都需要听取相关者的意见，比如，公共交通、道路、都市公园、停车场等。

4. 能否依据无障碍法提起诉讼

日本对于无障碍歧视诉讼目前并不支持，日本法院曾经在1990年（2003年再审）、1995年（2001年再审）、2002年（2003年再审）的三个判例中都否认了原告要求被告完善设施的诉请。以1995年的大阪判例为例，可以看出日本对此类诉讼的态度。原告是一位肢体障碍人，距离他家最近的车站是高架车站，由于原告的轮椅是载有蓄电池的轮椅，再加上原告自身的重量，使得原告从售票处到车站需要6个人的协助。尽管当时车站配备了升降机，但是这种升降机很不安全，经常发生跌落受伤、死亡事件。因此，原告要求被告能够配备电梯保证其自由出行，但被告车站一直不予理睬。此外，原告对于一直以来司乘人员对于其言语上的歧视也一并提起精神损害赔偿诉讼。要求被告设置电梯的诉求的法律根据是《宪法》第13条规定的追求幸福的权利、根据《宪法》第22条移动自由权所制定的法律、《残障人基本法》以及《大阪福祉城市建筑条例》中规定的整备义务。法院认为原告所提出的法律依据是规范国家、地方公共团体与被告之间的关系，而非原告与被告之间的关系，鉴于电梯的设置不可避免地受到经济费用的制约，被告的义务不能超过道义上的努力义务范畴。尽管法院也确认了设备管理者的投资应当尽量优先无障碍建设的项目进行，但是被外界评论认为法官是在竭力为原告说些没有用的好话。而其他两个案例更是认为《残障人基本法》的诸项规定都是国家施策的基本方针，仅限于抽象义务，而对于无障碍设施的投入，被告享有自主决定的自由，因此不能够作为诉请的依据。所以，类似这样的诉讼一直以来不能得到法院的支持。但是，在日本于2011年修订《残障人基本法》之后这种状况得到改变，因为《残障人基本法》第3条从人权的角度确保全体残障人能够正常融入社会生活，第4条规定不能以残障为理由对残障人实施歧视以及侵害其利益，并要求相关人承担积极的合理注意义务，这就为无障碍环境歧视诉讼奠定了基础。受美国以及英国的影响，残障人制度改革推进本部也在筹谋建立统一的反歧视法律，将对残障人的歧视与其他类型的歧视进行规范，可能会从反歧视的角度赋予无障碍环境法律的司法裁判效力。可以看出，日本在对残障人无障碍环境的法律制度上开始从政府主导型向美国式的赋权型转变。

## 四、美日无障碍环境建设推动的异同及立法原则

美国与日本的政治体制与人文环境的不同，决定了它们在无障碍环境推动上的区别，也体现出个人模型与社会模型立法上的区别。

1. 无障碍环境建设的推动力不同

美国的无障碍环境建设是残障人反歧视运动的结果，因此，无障碍环境理念在美国深入人心；日本尽管也出现众多残障人运动，但是政府推动起了决定性作用，因此，日本目前更加注重“心的无障碍”推广。

2. 法律的强制程度不同

美国自《美国残障人法》颁布以后无障碍建设就具有强制性，对既存建筑物也设置了无障碍化期限，且美国的鼓励措施只有减税措施；日本在2004年以前一直以“努力义务”规范无障碍建设，没有任何强制力，在手段上以鼓励措施为主，重视“诱导措施”的使用。

3. 是否赋予个人诉权不同

美国从反歧视的角度理解无障碍环境，因此，诉讼在无障碍环境建设中具有重要的监督作用，原告可以是任何残障人公民或者诉讼也可以由司法部代表提起。也正因为可以提起诉讼，所以，受理申诉的机构会以更方便的方式受理；而日本传统上并不受理要求相对方增建无障碍设施的诉讼，在无障碍环境的建设方面更强调的是政府责任，当然在2011年《残障人基本法》修订以后，这种状况可能会得到改变。

美国与日本在无障碍环境的推动上有众多相似点，例如，注重民众的参与，包括无障碍理念的深入以及相关标准的制定；由政府设置强有力的部门推进；注重经济成本与残障人权利的衡量，在义务的标准上区分不同类别，比如，对于新建、改建建筑物与旧有建筑物的区分；在遵守统一强制性标准的前提下，结合各自地方的立法权限以及各自区域的自然环境、社会环境制定相应的法律或条例；设置相关的激励措施；处罚措施明确、并且直接规定在无障碍法中，使救济措施法定化。

通过上述的相似点，我们可以整理出一些无障碍环境立法的共同原则：

（一）法定原则

法定原则包括：客体法定，即无障碍环境所适用的范围必须明确，比如，公共建筑物的范围、交通工具的适用范围等；最低标准法定，无障碍环境立法通常都会有相应的最低标准，这些标准基本上是法定的，违反这些最低标准就是对无障碍环境法律的违反；责任法定，作为法律，无障碍环境立法必须明确规定相应的责任，责任的类型与程度必须法定，责任主体法定，责任主体的确定对于追究责任有重要的意义，立法应尽量明确责任主体，以避免以后执法的模糊性。

（二）合理性原则

合理性原则，是指在无障碍环境建设过程中要考虑成本支出的合理性，不能对责任人施加不合理的负担。这样不可避免地要结合不同的因素对主客体、建设标准以及其他方面作出不同的划分，并采取缓和的手段，以期能够进行利益衡量。这些措施包括：对新（改、扩）建筑物与既存建筑物的区分；公共建筑与其他建筑的区分，指建筑物是否属于公用领域，是否付费以及所有权的归属并不是判断因素；责任主体性质的区分，区分私人实体与公共机构，对于私人实体所有者应当给予比公共机构更加缓和的措施；根据地方自然条件及经济条件进行相应的立法，但是不能低于最低的标准；不能构成不合理的负担；替代性原则，如果最低标准的采用或者欠缺最低标准的情况下使用一种方式将给责任人构成不合理的负担，应当允许责任人采用替代方式或者其他；要考虑历史价值及其他相关因素。

（三）政府支持原则

作为福祉法律，必须有政府的支持与政策的倾斜。这表现在：政府有推进无障碍环境建设的义务；政府通常会设置独立机构保障无障碍环境法律的执行；对于私人实体的项目，通常会有政策资金扶持，鼓励无障碍环境建设。

（四）相关群体参与原则

在制定法律、设置标准时，将听取相关群体意见制度化、法律化。一方面，能够使设施利用者真正能够参与到法规的制定过程中，维护自己的权益，并从使用者的角度提出意见，提高设施的使用效率；另一方面，也能听取相关人的意见，作出合理的判断，减少法律执行的阻力，并能使无障碍环境理念深入人心。

## 第三节 我国无障碍环境立法进程

### 一、我国无障碍建设概况

1985年3月，中国残疾人福利基金会、北京市残疾人协会、北京建筑设计院联合召开了首届“残疾人与社会环境”研讨会，提出了“为残疾人创造便利的生活环境”的倡议。倡议书包括10项具体措施：对现有公共建筑入口的一部分台阶及人行道口的路缘石进行改造，公共厕所设置残障人使用的坐便器和安全抓杆，影剧院中的观众厅内设置轮椅席，大型公共场所电梯向残障人开放并配备轮椅车，在主要街道口的红绿灯设置音响指引器及公共汽车盲文站牌等。倡议书中还包括新建的公共建筑应在设计中考虑方便残障人通行和使用的相应设置等。倡议书一经发布便在社会范围内引起很大反响，在同年全国“两会”期间，部分全国人大代表和全国政协委员提出了在建筑设计规范和市政设计规范中考虑残障人需要的特殊设置的建议和提案。北京市政府决定对王府井、东单至东四、西单至西四、美术馆至朝阳门四条大街，以及百货大楼、新华书店、工艺美术服务部、吉祥戏院、儿童影院等建筑进行无障碍改造。这些首批按照无障碍最低标准改造的建筑，于1986年通过验收，并被授予“国际通用无障碍建筑”的标牌。第十一届北京亚运会工程的规划设计中也规定新建场馆务必结合无障碍技术处理，进一步推动了无障碍环境建设。根据第六届全国人民代表大会第三次会议“在建筑设计和市政设计中要为残疾人的生活、工作创造方便条件”的提案，1986年7月，建设部、民政部、中国残疾人福利基金会共同商定编制我国第一部《方便残疾人使用的城市道路和建筑物设计规范（试行）》，国务院于1989年4月正式批准了该《规范》。1990年5月，为了使该《规范》能切实贯彻实施，建设部、民政部、国家计委、中国残疾人联合会联合发布了《关于认真贯彻执行〈方便残疾人使用的城市道路和建筑物设计规范〉（JGJ50—88）的通知》。通知规定：新建的城市道路，以及国家级、省（自治区、直辖市）级和大城市、沿海开放城市、重点旅游城市中的重要公共建筑必须执行此规范，原有的道路、重要公共建筑也应按本规范的要求有步骤地予以改建，同时规定中小城镇中，凡有条件的，在新建、改建和扩建项目中，也应积极推行规范。通知中还要求各省、自治区、直辖市以及计划单列市的建委（建设厅）必须将贯彻执行规范的工作纳入城市规划和工程建设计划中去，结合当地的具体情况进行统筹安排，制定必要的补充规定和实施细则。

1990年12月国家颁布的《残疾人保障法》，其中“第七章 环境”中有4条是关于无障碍环境的规定，这是第一次以法律形式规范无障碍环境建设，但当时的认识仅限定在道路和建筑物设计规范上，并没有意识到服务与信息无障碍的环境建设。1995年，建设部和国家技术监督局发布了《铁路旅客车站建筑设计规范》，其中规定了若干无障碍建设标准。1996年颁布的《老年人权益保障法》（2015年修正）第63、64条规定，新建或者改造城镇公共设施、居民区和住宅，应当考虑老年人的特殊需要，建设适合老年人生活和活动的配套设施。自此，无障碍环境建设开始在法律层面进行规范，尽管没有具体的处罚措施，但是在中央政府、各部委以及地方政府的大力推动下，无障碍建设的法律强制力实际上不断增强。政府在这方面的工作主要是制订各种方案，督促各部门及地方政府实施无障碍建设工作。1999年，建设部、民政部颁布了《老年人建筑设计规范》。2001年6月21日，建设部、民政部、中国残疾人联合会发布了《城市道路和建筑物无障碍设计规范》，取代了以前的《方便残疾人使用的城市道路和建筑物设计规范》，其中有24条为强制性标准，要求必须执行。这一标准的颁布尽管没有处罚措施，但实际上使无障碍环境建设由倡导阶段进入了强制阶段。国务院在《中国残疾人事业“十五”(2000—2005)计划纲要》中确立开展创建全国无障碍设施建设示范城活动。2002年活动开始后，颁布了《全国无障碍设施建设示范城（区）工作实施方案》和《全国无障碍设施建设示范城（区）标准》，北京、天津、上海、大连、青岛、南京、杭州、厦门、广州、西安、苏州、秦皇岛12个城市为首批全国无障碍设施建设示范城（区）创建城市。各个示范城市分别制定了各自的实施办法，大部分地方将无障碍环境设施作为建筑许可申请的前提条件，使得无障碍设施建设成为建筑法规范的内容。比如，《关于贯彻实施〈上海市无障碍设施建设和使用管理办法〉的若干意见》(2003年）规定：“1. 未按照无障碍设施建设强制性标准设计、建造、监理的建设单位和施工单位、监理单位，由市、区建设行政主管部门按照《建筑法》、《建设工程质量管理条例》、《上海市建筑市场管理条例》等法律、法规、规章的规定进行行政处罚。2. 对不按照无障碍设施年度改造计划实施改造的行为，由市或区（县）建设行政管理部门责令限期改正；逾期不改正的，根据情节轻重，处5 000～30 000元的罚款。”2007年，建设部、民政部、中国残疾人联合会、全国老龄工作委员会办公室联合发布《关于开展创建全国无障碍建设城市工作的通知》，决定组织100个城市开展创建全国无障碍建设城市活动，带动各地制定更多的无障碍建设地方性法规和规章。

除了道路建设以外，其他部门也在自己主管范围内发布或修改相关的设计规范。2000年，中国民航总局颁布《民用机场旅客航站区无障碍设施设备配置标准》、建设部和教育部于2003年颁布《特殊教育学校建筑设计规范》、铁道部于2005年颁布《铁路旅客车站建筑设计规范》(行业标准)、2007年修订1995年国家标准形成了新的《铁路旅客车站建筑设计规范》国家标准（GB50226—2007)、信息产业部于2008年发布《信息无障碍身体机能差异人群网站设计无障碍技术要求》，形成信息无障碍标准。除了相应的设计规范以外，众多领域的部门规章都规定了相应的无障碍环境条款，比如，1997年《城市出租汽车管理办法》、2003年《公共文化体育设施条例》、2005年《电信服务规范》、《城市公共汽电车客运管理办法》。2008年7月，为满足北京奥运会、残奥会残疾人航空运输需求，国家民航局联合北京奥组委和中国残联共同发布了《北京奥运会（残奥会）残疾人航空运输政策》，对保障奥运会、残奥会的成功举办起到了积极的作用，得到了社会各界的普遍好评。为促进民航科学发展，方便残障人乘机，国家民航局运输司对《北京奥运会（残奥会）残疾人航空运输政策》的实施情况进行了跟踪调研，在行业内外广泛征求意见，形成了《残疾人航空运输办法（试行)》，从而将好的做法得以常态化。2012年3月30日，住房和城乡建设部、国家质量监督检验检疫总局联合发布《无障碍设计规范》(GB 50763—2012)，自2012年9月1日起实施，是统领国家无障碍建设的国家标准。2012年6月13日，国务院颁布了我国第一部无障碍环境行政法规——《无障碍环境建设条例》，弥补了我国无障碍环境建设在行政法规上的空白。2015年3月1日，《残疾人航空运输管理办法》正式实施，放宽了残障人乘坐飞机的标准，减少了通知承运人提供特殊服务的时间限制，在机场航站楼的主要入口设置综合服务柜台，为残障人免费提供移动辅助设备服务等。

二十多年来，我国无障碍设施建设在起步晚、起点低的情况下取得了较快发展，多数城市的干道、主要商业街、广场、医院等建筑，不同程度地建设了无障碍设施，城市住宅小区的无障碍设施也开始起步。特别是经过“十五”、“十一五”期间的快速发展，我国城市无障碍水平显著提高。据《2009年中国残疾人状况及小康进程监测报告》统计，2009年度城镇残障人对无障碍设施的满意度指标的实现程度为74.3%。我国的部分城市还相继建设了一批有特色的无障碍设施，例如，南京的盲人植物园、大连的野生动物园、西安的秦始皇兵马俑博物院等，在国际上产生了一定的影响。但与发达国家相比，中国的无障碍建设在立法、管理、运行等方面，在信息交流无障碍、公共服务无障碍等领域，还有许多需要改进的地方。

## 二、我国无障碍环境立法体系

我国无障碍环境立法体系包括法律、行政法规、部门规章及部门制定的国家标准、行业标准、地方性法规。

### （一）法律

1990年12月，第七届全国人民代表大会通过的《残疾人保障法》，是我国最早颁布的、明确规定无障碍建设内容的法律。该法第七章“环境”中规定了4项条文，重点集中在城市道路和建筑物设计规范，虽然规定了国家、社会和公民的义务，但都只是倡导性规范，并没有赋予任何强制措施。但自此以后，国家相关的部门规章和行业标准中都规定了无障碍环境条款，并为以后强制性标准的制定奠定了基础，因此具有开拓性的意义。经过二十多年的实践探索，2008年修订通过的《残疾人保障法》将原法第七章的章名“环境”修改为“无障碍环境”，不仅包括物质无障碍环境，还包含了信息无障碍和接受公共服务无障碍等方面的内容。相较而言，该法还是失之笼统，对法律适用的范围及标准都没有作出详细的规定，尤其是责任部分规定“违反本法规定，新建、改建和扩建建筑物、道路、交通设施，不符合国家有关无障碍设施工程建设标准，或者对无障碍设施未进行及时维修和保护造成后果的，由有关主管部门依法处理”。在实践中很难得到严格执行。

### （二）行政法规

2012年，我国颁布了第一部无障碍环境建设行政法规《无障碍环境建设条例》，弥补了我国无障碍立法在行政法规上的缺失。《无障碍环境建设条例》是目前为止无障碍环境建设最系统的规定。这体现在：

第一，对于无障碍环境建设的概念进行整合，将“便于残疾人等社会成员自主安全地通行道路、出入相关建筑物、搭乘公共交通工具、交流信息、获得社区服务所进行的建设活动”都纳入无障碍环境建设，并将其分为“无障碍设施建设”、“无障碍信息交流”、“无障碍社区服务”三章，分别设置了各自的标准。

第二，设置了基本原则，即“无障碍环境建设应当与经济和社会发展水平相适应，遵循实用、易行、广泛受益的原则”。可以看出无障碍环境建设是以通用设计为理念。此外，在“无障碍设施建设”一章中还设置了一直以来遵循的“同步设计、同步施工、同步验收投入使用”三同步原则。

第三，注重残障人组织的意见，规定“编制无障碍环境建设发展规划，应当征求残障人组织等社会组织的意见”。

第四，将国家责任具体化，明确规定主管部门，其中国务院住房和城乡建设主管部门负责全国无障碍设施工程建设活动的监督管理工作，会同国务院有关部门制定无障碍设施工程建设标准，并对无障碍设施工程建设的情况进行监督检查。国务院工业和信息化主管部门等有关部门在各自职责范围内，做好无障碍环境建设工作。

第五，专门设定了“法律责任”一章，增强了法律效力规定。

第六，区分了强制义务与努力义务，对于努力义务要求逐步达到相应无障碍标准，并且努力义务分为设期限的努力义务与一般的努力义务。义务的多样化为以后的调整及地方条例制定奠定了基础。

（三）部门规章与技术标准

1989 年实施的《方便残疾人使用的城市道路和建筑物设计规范（试行）》是我国第一部关于无障碍建设的行业标准，规定新建的城市道路，以及国家级、省（自治区、直辖市）级和大城市、沿海开放城市、重点旅游城市中的重要公共建筑，“必须”执行该规范，该设计规范“颁布九年来，在部分城市取得了一定成绩，但就全国而言，由于没有采取强制执行措施，这一《设计规范》基本上没有得到很好执行。我国新建、改建的城市道路和建筑物，绝大部分没有采取无障碍设施，应该按照无障碍设计规范改造的也没有进行改造”。因此，建设部发出通知要求“新建城市道路、大型公共建筑和居住区时，必须严格按照《方便残疾人使用的城市道路和建筑物设计规范》规定建设无障碍设施；规划设计与建筑设计单位进行有关规划和设计时，应当按规范规定考虑无障碍设施。城市规划行政主管部门在对新建道路、大型公共建筑、居住区等进行规划审查时，必须严格按照现行规范提出无障碍设计要求，对不符合规范要求的有关建设一律不予批准，不核发《建设工程规划许可证》；建设行政主管部门组织审查设计文件时，对违反规范设计要求的，必须责令设计单位按规范规定进行修改。城市规划行政主管部门要加强有关建设的批后管理和监督，对不按规范规定进行施工的，要责令其限期按规范规定改正；有关建设竣工申请规划验收时，对于违反规范要求、未设置无障碍设施的，不得发放验收合格证明，并作为违章建设依法严肃处理，责令建设单位限期予以改正”[①]。即要求各地建委、规划局在规划、审批、验收时进行把关，实际上是想将设计规范与《建筑法》结合，使效力法定化，成为强制性规定。2001 年 6 月 21 日，建设部、民政部、中国残疾人联合会发布了《城市道路和建筑物无障碍设计规范》，取代了以前的《方便残疾人使用的城市道路和建筑物设计规范（试行）》，其中特别明确地规定了 24 条强制标准，这样不但可以适用《建筑法》的相关规定，更能够适用刚颁布一年的《实施工程建设强制性标准监督规定》、《建设工程质量管理条例》。[②] 为了进一步推动地方的无障碍环境建设，2002 年全国开展无障碍设施示范城区创建工作的标准之一就是“有比较完备的无障碍设施建设与管理地方性法规、行政规章”。“各级建设行政主管部门，切实采取措施，确保新建、改建的道路和建筑物在规划、设计、施工、验收、监理等各个环节严格执行《城市道路和建筑物无障碍设计规范》（JGJ50—2001）、《老年人建筑设计规范》（JGJ122—99）。”可见，对于建设规范的强制效力仍然需要政策的推行。2003 年，相关部委又联合发出《关于加强无障碍设施建设和管理工作的通知》，明确了强制性条文

① 1998 年中国残联《关于转发建设部〈关于做好城市无障碍设施建设的通知〉的通知》。

② 同样也可以依据《中华人民共和国标准化法》、《中华人民共和国标准化法实施条例》、《关于加强强制性标准管理的若干规定》等文件赋予的强制标准效力，但上述文件缺乏对于建筑标准处罚措施的规定，因此，这里只能适用《建设工程质量管理条例》和《实施工程建设强制性标准监督规定》。

的效力，并对违反强制性标准的法律责任进行明确。除了城市道路与建筑物的设计规范以外，铁路车站、民航运输、网站设计都有自己的强制性规范，但政策推行力度视适用范围及主管部门的监督情况而定。2005 年的《城市公共汽电车客运管理办法》、2009 年的《残疾人航空运输办法（试行）》，都是直接具有强制效力的规范性文件。2012 年，住房和城乡建设部、国家质量监督检验检疫总局联合发布《无障碍设计规范》（GB 50763—2012），是关于无障碍环境建设的国家标准，其内容包括城市无障碍设施的设计要求、城市道路、城市广场、城市绿地、居住区、居住建筑、公共建筑、历史文物保护建筑无障碍建设与改造等。

（四）地方性法规

在我国，地方性法规在无障碍环境建设中具有相当重要的地位。我国无障碍环境法律效力的强化是一个渐进性的过程，最先由政策推进、法律倡导，法律本身并没有规定强制性效力，效力的强化首先是通过建设部的行政规定（通知），然后借由修订强制化标准，通过行业标准或国家标准赋予强制效力，但最终效力的实现还是有赖于地方性法规。这既是无障碍环境建设的一大特点，也是我国政府职能强化的产物。我国无障碍环境建设地方性法规在责任规定的方式上分为三种：第一种直接规定违反建设规范的责任，如《北京市无障碍设施建设和管理条例》。第二种规定无障碍环境设计为限制审批、验收的必要环节，但未直接规定违反的法律后果，仅规定对于违法行为“依法处理”。第三种是援引《建设工程质量管理条例》。第一种与第三种基本上并无不同，但第二种就略显模糊。

## 第四节　我国无障碍环境立法的完善

### 一、我国无障碍环境法律实施存在的问题

我国的无障碍法律体系是从政策导向向法律规制逐步发展形成的，和日本非常相似。近三十年来，我国无障碍环境建设取得了巨大的成绩，但是成绩背后也存在一些问题。

（一）关于设施无障碍问题

首先，从我国的实际情况看，老式建筑较多，改造成本高，规定较苛刻的责任，很难实行。如果地方政府不予财政支持，私有建筑改造的积极性不高，尤其是老旧住宅小区建筑，所住残障人、老年人人数众多，建筑产权多元化，无障碍改造难度很大。

其次，新建项目无障碍设施不够系统、规范，人性化程度不高，还有丢项、漏项的情况，“改新建”的问题比较突出。主要原因是：（1）对新建项目无障碍建设的监管还存在薄弱环节。比如，根据《无障碍环境建设条例》，新建项目无障碍建设必须同时设计、同时施工、同时验收交付使用，其监管工作主要由市规划委、住房和城乡建设委负责，规划委负责规划审批和施工图审核，住房和城乡建设委负责验收备案。我国目前执行的是房屋竣工验收备案制。所谓验收备案制，就是房屋在验收时，由政府行业质量监督部门监督，开发商、设计、施工和监理四家单位共同对房屋质量进行验收，即通常所说的四方验收，验收合格后，准备齐全建设工程竣工验收报告和规划、公安消防、环保等部门出具的认可文件或者准许使用文件等材料，到政府部门备案，备案后即可投入使用。四方验收，从字面上看，是有四个主体对房屋质量进行把关，可在这四方中，设计单位、建筑单位、监理单位都是受雇于开发商的，验收过程就很容易被开发商主导。（2）执法力度不够。《北京市无障碍设施建设和管理条例》中对新建项目没有

设计和建设无障碍设施的，规定了对设计、施工单位的具体处罚措施。但由于种种原因，执法和处罚难度较大。《北京市无障碍设施建设和管理条例》出台多年，还没有一起处罚案例。(3) 缺乏精通无障碍设计的专业人员。目前，绝大多数建筑设计师、工程师、监理师没有接受过无障碍设计的专业培训，在高等学校相关专业中也没有设置相应的课程，无障碍设计、建设人才缺乏。

最后，设施无障碍的管理也存在严重的问题。根据一项调查，南京市建设的盲道已经覆盖主城区的主要道路和主要商业场所，覆盖率达到100%。但盲道的维护使用情况不容乐观。在调查中，仅有18%的盲道是完好的，27%受到损坏，38%被占用，17%存在既被占用又被损坏的情况。这种情况大大影响了盲人的出行，有些盲人还因此受了伤。在调查的30个盲人中，仅有2个人说使用盲道行走过，还有5个人压根就不知道什么是盲道。在调查的10个肢体障碍人中，有7个人说出行一般都有亲友陪伴，无法单独出行，有8个人说城市的无障碍设施无法正常使用。在调查的13个商场、超市中，只有1个商场内有残障人专用厕所（位）。在被调查的10个酒店中，只有4个在正常使用。在客运集散地的残障人厕位存在设施不齐备、有垃圾、没有扶手等情况。[①] 很多车站的升降电梯因经常处于锁闭状态，失去了无障碍设施“实用、易行、广泛受益”的特征。尽管很多地方性法规规定占用盲道的按照道路交通安全法律、法规或者市容环境卫生管理条例处罚，但明显执法力度不够，占用盲道的现象非常普遍。对于合理的临时占用必须有严格审批条件，并且需要设置警示标志或者信号设施。占用期满，占用单位必须及时恢复无障碍设施的原状。例如，《天津市无障碍设施建设和管理办法》第12条规定，因城市建设或者大型群众性活动，需要临时占用城市道路的，应当避免占用无障碍设施；确需占用无障碍设施的，应当经市政主管部门依法批准；影响道路交通安全的，还应当依法征得公安机关道路交通管理部门同意。在道路两侧和公共场地堆放杂物、搭建建筑物、构筑物或者其他设施占用无障碍设施的，还应当经市容环境管理部门依法批准。占用单位临时占用无障碍设施，应当设置警示标志或者信号设施。临时占用期满，占用单位应当恢复无障碍设施的原状。

（二）关于信息交流无障碍问题

信息交流无障碍，是指任何人在任何情况下都能平等地、方便地、无障碍地获取信息、利用信息，并与对方交流。信息无障碍主要包括两个范畴：(1) 电子和信息技术无障碍，即电子和信息技术相关软硬件本身的无障碍设计以及辅助产品和技术；(2) 网络无障碍，即网页内容无障碍、网络应用无障碍以及它们与辅助产品和技术的兼容。交流无障碍则是指任何人在任何情况下都能平等地、方便地、无障碍地获取信息，与对方交流信息。

《无障碍环境建设条例》对信息无障碍作出了一些具体规定，许多省、市的地方无障碍立法，对信息无障碍也有所规定。例如，《内蒙古自治区无障碍建设管理办法》第4条规定，公共交通停靠站盲文站牌的位置、高度、颜色、形式和内容应当方便视力残疾者使用，公共建筑的玻璃门、玻璃墙、楼梯口、电梯口、通道等处，应当设置警示性标志，医院、车站、机场等重点公共场所应当建立信息屏幕系统，公共交通车辆应当配备字幕报站和语音报站系统，火

① 参见朱久兵、周东：《关于残疾人无障碍设施建设的反思——以南京市为例》，载《南京特教学院学报》，2010 (2)，47～48页。

警、匪警、医疗急救、交通事故等紧急呼叫系统应当具备文字报警、呼叫功能，电视新闻、电影、电视剧中应当加配字幕，电视新闻节目应当加配手语翻译。2009 年 12 月通过的《深圳市无障碍环境建设条例》设“信息交流”一章。但仍然有很多地方性法规未规定或未具体规定信息无障碍条款，而且即使规定也很少有强制性的规定，或者缺乏相应的处罚措施。以电视新闻栏目为例，2011 年 9 月 25 日，在第五十四次“国际聋人日”期间，一些听力障碍人对 35 家中央和省级电视台晚间黄金时段的新闻栏目进行了一次调查，发现只有西藏卫视、青海卫视和甘肃卫视三家电视台配有字幕解说，其他 32 家电视台播音员播报内容都没有字幕。这些没有加配字幕的新闻节目就包括中央电视台的“新闻联播”。

政府承担着公共管理和服务的职能，其行政行为很可能涉及残障人的利益，必须采取措施保证政府的信息能够被残障人获取。因而各级人民政府和有关部门应当采取措施保障残障人信息交流的无障碍。各级人民政府和有关部门发布重要的政务信息和与残障人相关的政务信息时，应当采取无障碍方式发布。此外互联网、电信服务等残障人的可及性及利用率都很低，政府在信息无障碍方面的扶持力度还要加大。

有研究认为，我国目前信息无障碍建设存在立法理念落后、法律体系紊乱与不完整、法律可操作性不强等问题，建议明确以人为本、公平正义的立法思想，转变“慈善主义”的立法精神，明确信息无障碍是残障人的基本权利；借鉴发达国家经验，完善以《残疾人保障法》为基本法的信息无障碍法律体系；明确义务实现主体，明确规定法律责任，使立法真正具有可操作性。① 对此立法机关应予重视。

（三）关于交通无障碍问题

交通无障碍是无障碍建设的一项重点内容。总体看，我国交通无障碍建设近几年发展很快，已经初步形成系统化的无障碍环境体系，地铁、公交、出租、机场、铁路等交通运输部门积极落实无障碍要求，较好地保障了残障人、老年人等特殊群体的基本出行需求。但与残障人、老年人日益增长的无障碍出行需求相比，交通无障碍建设还存在明显的薄弱环节。

以北京市为例，突出表现在无障碍出租车正常运营存在较大困难。一是无障碍出租车数量很少（三种车型共 70 辆），且适用于轮椅残障人使用的两种车型仅 40 辆，难以满足残障人出行的需求。在奥运会、残奥会后，有许多残障人向市残联反映无障碍出租车预约十分困难。有的残障人反映需要提前几天预约，有的反映预约无障碍出租车还要预付空驶费。据北京市残联向无障碍出租车队领导和司机了解，目前无障碍出租车主要业务是接送病人往返医院，残障人用车十分紧张。二是由于无障碍出租车集中在首汽、北汽两家公司，采取电话预约式服务，导致无障碍出租车空驶成本过高，运营企业亏损，在奥运会前刚刚成立的无障碍出租车队面临解体的危险。在上海世博会期间成立的“阳光车队”经过连年亏损，在世博会后车辆转卖、人员遣散，无障碍出租车已基本上隐匿不见。按照出租车 4 年更新一轮的规律，很快所有无障碍出租车都可能退出运营。

实践中残障人停车位预留问题严重，航空公司存在拒载残障人乘客问题。民间公益组织发布的《残疾人乘机状况调查报告》显示，包括四大航空公司（国航、南航、东航、海航）在内的全国 24 家航空公司都有关于残障人乘机的相关规定。航空公司拒载残障人主要集中在三大

---

① 参见刘榆伟：《残疾人信息无障碍权利与保障》，中国人民大学硕士学位论文。

理由上：未提前申请或告知，未提供相关（医疗）证明，有可能引起其他乘客不适或反感。在这些公司中，要求残障人乘机须“事先告知”并经承运人同意的有22家，占92%，其中有8家要求在指定地点购票时申请；有13家规定有权拒绝承运“可能引起其他乘客不适或反感”的残障人，占54%。调查发现，在7则“残疾人登机被拒”的新闻报道中涉及7家航空公司，在航空公司的拒绝理由中，2起为“没有事先告知”，2起为“缺乏医院开具的适宜乘机的证明”，2起为“安全因素”，1起为“不具备承载高危病人的能力”。调查报告认为，拒载残障人并非个案，也非某一地、某一航空公司的特殊做法。如何监督相关标准的实施也是需要注意的问题。

### （四）对残障人的歧视问题

尽管在硬件上符合相关措施，但是仍然会有其他形式妨碍残障人进行社会活动和接受公共服务，这种问题往往会以保护残障人人身安全的名义出现。除了上述航空公司拒载以外，2009年，南昌百盛商场还出现过商场拒绝为残障人提供服务的情况。目前的处罚措施通常是依照民法违约责任起诉[①]，而对于没有契约关系拒绝服务的情形，目前依据我国关于民事责任的规定是很难获得赔偿的；行政措施方面因为没有任何具体的法律依据，也很难对其进行处罚，只能施加政策上的压力。《无障碍环境建设条例》也未对拒绝提供服务的情况进行明确规定。

## 二、完善我国无障碍环境法律的相关建议

以上问题的出现有现实因素，也有法律因素。从美国、日本无障碍环境的发展看，赋予残障人无障碍环境诉讼权利将成为今后的发展趋势。结合我国的实际情况，建议如下：

### （一）应当明确责任内容及责任主体，尽量不要通过援引的方式规定处罚措施

《无障碍环境建设条例》规定违反无障碍建设义务“依法追究责任”，但是“依法”的指向又不太明确，不利于实践中的执行。同时，责任主体的确定也相当重要，到底应当由谁承当责任是必须明确的问题，设计者、管理者、所有者、施工单位、建筑单位都要规定相应的责任，做到有法可依，尽量不要规定援引其他法律规范。

### （二）应当加强事后监督

从无障碍环境的发展看，交通无障碍建设还存在无障碍环境建设法律只规范国家与无障碍设施管理人及其他相关人的关系，个人不能够提起反歧视诉讼，不利于监督。可以考虑：(1) 建立强有力的专门监督部门，便于相关人投诉，查处后可以责令限期整改直至处罚；(2) 制定验收的法律程序及标准，对于公共建筑，尤其是市政工程的无障碍设施进行有效评价；(3) 授予残障人个人反歧视诉讼权利；(4) 将拒绝服务也纳入无障碍环境当中，如果拒绝为残障人服务可以提起诉讼，要求精神损害赔偿。

### （三）注重相关群体的参与

尽管我国无障碍环境建设也有要求残障人及相关人参与的规定，但条文过于抽象，没有真正形成完整的制度。残障人及相关群体真正了解设施使用者的需要，残障人及相关群体的参与有利于防止把无障碍环境建设做成面子工程，有利于提高无障碍设施的利用率。通过参与活

---

① 2012年2月24日，昆明市官渡区人民法院对“成都航空公司拒载朱某某”一案作出了判决：被告成都航空公司并未按合同约定的时间和航班承运朱某某，在其到达登机口乘机时也未提供必要的协助，导致朱某某被拒载，其行为已构成违约。最终判决成都航空公司退还朱某某机票款860元并赔偿其经济损失2 000元。

动，能够培养残障人的权利意识，并让无障碍观念深入人心。同时能够合理权衡各方利益，有利于执法的自觉性。因此，应当建立相关人的参与制度，并且要制定专门的参与程序，比如，代表的选举、代表的权利与义务，并将会议内容、代表意见进行公示。

（四）政府应当在资金上给予支持

国外在无障碍设施的建设上都会向责任人提供一部分财政支持，尤其是私有实体。美国无差别采取税收优惠；日本区分强制标准与诱导标准，对于诱导标准可以采取一系列优惠政策。这样既可以促进无障碍建设，也可以减少责任人的抵触情绪。我国没有区分公共机构与私有实体，在义务上无差别对待，这不利于无障碍建设在私有设施上推进。此外，法律及条例或者部门规章中都没有涉及财政支持，只有个别地方性法规有一些规定，不利于无障碍建设工作的推进。

（五）更加注重无障碍理念的宣传贯彻

无障碍设施不仅服务于残障人，也可服务于老年人、孕妇、病人乃至所有人。通用设计由于并未融入健全人的生活，理念的缺失也正是健全人不爱护无障碍设施的主要原因之一。政府应当积极开展无障碍理念的宣传，使大家真正关心无障碍建设工作，只有这样，才能更好地使残障人进入主流社会，消除无形的障碍。

# 第八章 联合国残障人权利公约和文件

## 第一节　联合国核心人权公约与残障人人权保障

第二次世界大战是历史上死伤人数最多的战争，大约有6 000万人死亡，至少 1.3 亿人受伤。联合国作为国际联盟的继承者，在第二次世界大战战胜国的倡议下，作为对战争和纳粹主义带来的苦难的一种反映，成立于 1945 年。[①]《联合国宪章》开篇即指出“ 我联合国人民同兹决心欲免后世再遭今代人类两度身历惨不堪言之战祸”。联合国致力于维护世界的和平与安全，避免战争产生更多伤残人士。从此角度而言，联合国的成立与残障人问题之间存在一定的联系。在联合国成立后的二十多年时间里，联合国秘书长及经社理事会、国际劳工组织、世界银行等都对残障人问题表示过不同程度的关注，也实施了一些关于残障预防和残障人康复的项目。总的来说，联合国及其机构当时对残障人问题的认识尚未上升到人权高度，主要是从社会福利角度给予残障人一些必要的帮助和支持，联合国的相关人权公约并未充分反映对残障人的人权保障。

1948 年 12 月 10 日，联合国大会通过的《世界人权宣言》(UDHR)、1966 年 12 月 16 日，联合国大会通过的《公民权利和政治权利国际公约》(CCPR)、《经济、社会及文化权利国际公约》(CESCR)，三者共同构成了“国际人权宪章”。其中《公民权利和政治权利国际公约》和《经济、社会及文化权利国际公约》中没有关于残障人权利的任何直接描述，《世界人权宣言》仅在第25 条中将“残障”作为“有权享受保障”的情况之一。[②] 1965 年 12 月 21 日，联合国大会通过的《消除一切形式种族歧视国际公约》(CERD) 和 1984 年 12 月 10 日，联合国大会通过的《禁止酷刑和其他残忍、不人道或有辱人格的待遇或处罚公约》(CAT) 中也没有直接涉及残障人的内容。1979 年 12 月 18 日，联合国大会通过的《消除对妇女一切形式歧视公约》(CEDAW) 中把“残障”作为妇女享有社会保障的权利以及享有带薪假的权利的情况之一。[③]

在联合国核心人权公约中，只有 1989 年 11 月 20 日联合国大会通过的《儿童权利公约》(CRC) 中有专门规定残障人权利的条款。《儿童权利公约》第 23 条是关于残障儿童的专门规

---

① 参见［奥］曼弗雷德·诺瓦克：《国际人权制度导论》，柳华文译，70 页，北京，北京大学出版社，2010。

② 《世界人权宣言》第 25 条规定：“人人有权享受为维持他本人和家属的健康和福利所需的生活水准，包括食物、衣着、住房、医疗和必要的社会服务；在遭到失业、疾病、残废、守寡、衰老或在其他不能控制的情况下丧失谋生能力时，有权享受保障。”

③ 《消除对妇女一切形式歧视公约》第 11 条规定：“ 1.缔约各国应采取一切适当措施，消除在就业方面对妇女的歧视，以保证她们在男女平等的基础上享有相同权利，特别是：…… (e) 享有社会保障的权利，特别是在退休、失业、疾病、残废和老年或其他丧失工作能力的情况下，以及享有带薪假的权利。”

定。主要内容有四项：(1) 残障儿童能在确保其尊严、促进其自立、有利于其积极参与社会生活的条件下享有充实而适当的生活；(2) 残障儿童有接受特别照顾的权利；(3) 为残障儿童提供教育、培训、保健服务、康复服务、就业准备和娱乐机会等方面的援助；(4) 在预防保健以及残障儿童的医疗、心理治疗和功能治疗领域进行国际合作。此外，第 2 条还规定儿童享有公约规定的权利，不因儿童或其父母伤残而有任何差别。但是，如前面章节提到的，《儿童权利公约》并没有说明残障儿童和其他儿童享有同等的权利，依然存在某种程度的区别对待。

残障人作为社会弱势群体中最为困难的群体，联合国既没有关于残障人的专门人权公约，在核心人权公约中也缺少保障残障人权利的具体内容，这无论如何都是说不过去的。伴随着国际残障人运动的不断发展，从 20 世纪 60 年代末开始，联合国针对残障人制定了一系列国际文件，开展了一系列保障残障人权利的行动，从而将全世界的目光逐步凝聚到残障人身上。

**联合国核心人权公约**

——《公民权利和政治权利国际公约》(CCPR)(联合国大会 1966 年 12 月 16 日第 2200A (XXI) 号决议通过)

——《经济、社会及文化权利国际公约》(CESCR)(联合国大会 1966 年 12 月 16 日第 2200A (XXI) 号决议通过)

——《消除一切形式种族歧视国际公约》(CERD)(联合国大会 1965 年 12 月 21 日第 2106A (XX) 号决议通过)

——《消除对妇女一切形式歧视公约》(CEDAW)(联合国大会 1979 年 12 月 18 日第 34/180 号决议通过)

——《禁止酷刑和其他残忍、不人道或有辱人格的待遇或处罚公约》(CAT)(联合国大会 1984 年 12 月 10 日第 39/46 号决议通过)

——《儿童权利公约》(CRC)(联合国大会 1989 年 11 月 20 日第 44/25 号决议通过)

——《残障人权利公约》(CRPD)(联合国大会 2006 年 12 月 13 日第 44/25 号决议通过)

## 第二节 联合国关于残障人的重要行动和国际文件

从 20 世纪 60 年代末开始，联合国对残障人问题的认识才从“残障医疗模式”转变为“残障社会模式”，认识到残障人面临的困难不仅仅是因为残障人自身的不便造成的，更多的是因为社会障碍的存在。残障人人权这一概念才在国际上被更多地接受。[①] 联合国及相关国际组织针对残障人采取了一些重要行动，制定了一系列国际性文件，为推动国际残障人运动和各国残障人工作开展作出了积极而重要的贡献。

① See The *United Nations and Disabled Persons-The First Fifty Years*, http://www.un.org/esa/socdev/enable/dis50y00.htm.

## 一、联合国关于残障人的重要行动

### （一）国际残障人年

宣布国际年和国际十年，是联合国对影响全球人口的重要问题提高认识的一种途径。1959—1960年作为第一个国际年是由前联合国秘书长哈马舍尔德宣布的“国际难民年”[①]。1975年，联合国关于残障人的工作计划即将到期，康复国际起草了一项决议并请哥伦比亚政府代表在联合国经济社会理事会会议上提出，当时的康复国际秘书长诺曼·阿克登代表国际残障人理事会发言呼应，强调联合国残障人工作计划不但应该继续，而且应当在计划中列入新内容，使世界对残障人事务更加深入了解。联合国经济社会理事会通过这一决议并提交联合国大会批准。随后，利比亚驻联合国大使兼常驻代表马苏尔·齐亚齐与诺曼·阿克登共同起草了一项决议，由马苏尔·齐亚齐在1976年联合国大会上提出。该决议经修改后于同年12月26日由联合国大会一致通过，即第31/123号决议，其中宣布1981年为“国际残障人年”[②]。

“国际残障人年”主题为“充分参与”，该决议要求全体会员国和各有关组织注意拟订措施和方案，以实现下列目标：（1）帮助残障人在身体上和心理上适应社会；（2）促进在国家一级和国际间作出一切努力，向残障人提供适当的协助、训练，照顾和指导并为他们提供从事适当工作的机会，确保他们能够充分参加社会生活；（3）鼓励旨在便利残障人实际参与日常生活的研究项目，例如，如何改善他们出入公共建筑物和交通系统的办法；（4）教育公众了解残障人参与经济、社会和政治生活的各个方面并对其作出贡献的权利；（5）鼓励采取有效措施，预防残障的发生并帮助残障人的康复。[③] 1977年12月16日，联合国大会通过第32/133号决议，决定设立国际残障人年咨询委员会，由根据公平地域分配原则征得各区域集团同意后任命的15个会员国代表组成。咨询委员会的任务主要是审议秘书长拟订的“国际残障人年”方案草案，并就该草案与各会员国和各专门机构进行协商。1979年12月17日，联合国大会通过第34/154号决议，决定将国际残障人年的主题扩大为“充分参与和平等”。1980年12月11日，联合国大会通过第35/133号决议，督促各国积极制定国际残障人年的相关方案，采取相关行动。1981年12月8日，联合国大会通过第36/77号决议，对国际残障人年进行了总结。该决议指出世界上至少有5亿人身受某种形式残障的痛苦，估计其中有4亿人生活在发展中国家[④]；联合国对于各会员国为了实现国际残障人年目标而拟订的国家政策和方案表示满意；建议尽早完成《关于残障人的世界行动纲领》。

### （二）联合国残障人十年

“国际残障人年”的成功举办，使各国政府和残障人组织充分认识到发展残障人事业的重要意义。但是，残障人事业的全面发展不仅需要基本理论指导，更需要各国政府和残障人组织制定实施相关计划。为了给政府和组织实施《关于残障人的世界行动纲领》规定的行动设立一

---

① 陈新民主编：《残疾人权益保障——国际立法与实践》，50页，北京，华夏出版社，2003。

② 郭建模主编：《残疾人工作基本知识读本》，255～256页，北京，华夏出版社，2002。

③ See United Nations General Assembly：31/123 *International Year of Disabled Persons*，December 16，1976，available at http：//www.un-documents.net/a31r123.htm.

④ See United Nations General Assembly：*International Year of Disabled Persons*，December 8，1981，available at http：//www.un.org/documents/ga/res/36/a36r077.htm.

个时间表，联合国大会宣布1983—1992年为“联合国残障人十年”。在这十年中，联合国大会通过了一些重要的决议和动议，另外还存在一些区域性关于残障人的十年。亚太地区宣布1993—2002年为“亚太残障人十年”，目的在于促进残障人融入社会并纳入所有主流发展计划当中，从而实现残障人充分参与和平等的目标。在“亚太残障人十年”结束后，亚太地区又宣布2003—2012年为第二个“亚太残障人十年”，目标是残障人在生活的各个方面都能够全面参与和获得平等，并且达成了《琵琶湖千年行动纲要》(Biwako Millennium Framework for Action)，提出了为残障人建造一个包容的、无障碍的和以权利为本的社会所面临的有关问题、行动计划和战略。非洲宣布2000—2009年为“非洲残障人十年”，以“促进由残障人、为残障人和与残障人一起争取机会均等以及促进和保护他们的人权”。事实证明，“联合国残障人十年”为国际和各国残障人事业发展提供了时间上的保障，许多国家在这一时期制定了残障人立法，实施了残障人事业发展计划，残障人状况得到不同程度的改善。“联合国残障人十年”是残障人运动空前发展的一个重要里程碑。①

**（三）国际残障人日**

1992年10月12日至13日，第四十七届联合国大会举行了自联合国成立以来首次关于残障人问题的特别会议。会议肯定了联合国残障人十年期间为改善残障人处境所采取的积极措施，客观地分析了残障人依然所处的困境，认识到必须采取更积极、更广泛的行动和措施，才能实现残障人十年和《关于残障人的世界行动纲领》的各项目标。1992年10月14日，联合国第四十七届大会通过关于国际残障人日的决议，该决议的主要内容是：(1) 请各成员国和有关组织加紧努力，采取持久、有效的行动，以期改善残障人的处境；(2) 宣布12月3日为国际残障人日；(3) 敦促各国政府以及各个国家、区域和国际组织充分合作庆祝国际残障人日。其后，联合国每年都确定不同的国际残障人日主题，并举行相应的庆祝活动，有助于引起全球范围内对残障人问题的关注。自1992年起，历年的主题旨在提升对残障事务的认识和关注以及寻求对残障人的尊严、权利和体面生活的极大支持和可持续发展路径。从以下历年的主题我们可以看出对消除社会障碍和保护残障人对自己切身事务参与的侧重。

**历年国际残障人日主题**

- 2014：Sustainable Development：The Promise of Technology（可持续发展：让技术为我所有）
- 2013：Break Barriers，Open Doors：for an Inclusive Society and Development for All（打破障碍，敞开大门：建设包容所有人的社会）
- 2012：Removing Barriers to Create an Inclusive and Accessible Society for All（消除障碍，为所有人创造一个包容和无障碍的社会）②
- 2011：Together for a Better World for All：Including Persons with Disabilities in Development（共建更美好世界，造福全民，造福参与发展的残障人）
- 2010：Keeping the Promise：Mainstreaming Disability in the Millennium Development Goals towards 2015 and beyond（履行诺言：将残障问题纳入千年发展目标）

① 参见郭建模主编：《残疾人工作基本知识读本》，258页，北京，华夏出版社，2002。
② 本表格中括号内的中文为笔者翻译。

- 2009：Making the MDGs Inclusive：Empowerment of Persons with Disabilities and Their Communities Around the World（让千年发展目标具有包容性：增强世界各地残障人及其社区的力量）
- 2008：Convention on the Rights of Persons with Disabilities：Dignity and Justice for All of Us（残障人权利公约：尊严公义你我有份）
- 2007：Decent Work for Persons with Disabilities（为残障人提供体面的工作）
- 2006：E-Accessibility（信息无障碍）
- 2005：Rights of Persons with Disabilities：Action in Development（残障人的权利：参与发展）
- 2004：Nothing about Us without Us（没有我们的参与，不能作出与我们有关的决定）
- 2003：A Voice of Our Own（我们自己的声音）
- 2002：Independent Living and Sustainable Livelihoods（独立生活，可持续生计）
- 2001：Full Participation and Equality：The Call for New Approaches to Assess Progress and Evaluate Outcome（充分参与和平等：呼吁新的办法评估进展和评价结果）
- 2000：Making Information Technologies Work for All（使信息技术工作服务所有人）
- 1999：Accessibility for All for the New Millennium（新千年无障碍服务所有人）
- 1998：Arts，Culture and Independent Living（艺术、文化和独立生活）
- 1997：Empowerment of Disabled People - Building Civil Dialogue（赋权残障人，建立民间对话）
- 1996：Poverty and Disability（贫困和残障）

## 二、联合国关于残障人的重要国际文件

### （一）《智力迟钝者权利宣言》(Declaration on the Rights of Mentally Retarded Persons 1971)

1969年12月11日，联合国大会通过的《社会进步和发展宣言》（The Declaration on Social Progress and Development）中强调必须保障包括残障人在内的身体和精神上处于不利地位者的权利，确保其福利，采取适当方式促进其康复。在此基础上，1971年12月20日，联合国大会通过了《智力迟钝者权利宣言》，这是联合国针对残障人出台的第一份国际性文件。该宣言强调智力迟钝者与其他人享有的权利相同，智力迟钝者有权享有适当的医疗、教育、训练、康复及指导、生活水平、工作的权利，享受家庭生活、参加社区活动、获得照顾的权利，免遭剥削、虐待、侮辱，获得法律保障的权利等。该宣言要求各方将宣言作为共同基础，以国家和国际行动保障这些权利的实现。虽然该宣言不具有法律效力，但体现了国际社会对智力迟钝者权利的关注。同时，此宣言的标题折射出当时相对落后的残障观念，也从一个侧面体现出从20世纪70年代至今在国际范围内对残障意识的转变过程。

### （二）《残障人权利宣言》(Declaration on the Rights of Disabled Persons 1975)

1975年12月9日，联合国大会通过了《残障人权利宣言》。[①] 与《智力迟钝者权利宣言》

---

① 联合国中文译本原为《残废者权利宣言》，联合国关于"国际残疾人年"等决议中文译本也使用"残废者"。由于此翻译容易引起歧义，后国内在引述这些文件和决议时一般都翻译为"残疾人"，本文采用"残障人"的提法。

相比，前者保障的人群范围明显扩大，从智力障碍扩大至所有类别的残障人。从内容上看，除了明确规定残障人基本权利以外，《残障人权利宣言》还有以下四个特点：(1) 对残障人进行了定义，“‘残障人’一词的意义是指任何由于先天性或非先天性的身心局限而不能保证自己可以取得正常的个人生活和（或）社会生活上一切或部分必需品的人”，这是国际社会对“残障人”进行的第一次明确界定。(2) 禁止对残障人及其家属进行区别或歧视。(3) 对于有关残障人权利的一切问题，应与残障人组织进行协商，这是本宣言比较进步的一面，即对残障人参与切身事务的决策鼓励和保护。(4) 应当通过一切适当方法，不仅使残障人而且使残障人的家属和社会都充分了解残障人的权利。这一点体现了家庭作为一个系统在残障人权利保护中的重要作用。虽然宣言所涉内容相对简单，但是基本表明了联合国在残障人问题上的立场和态度，为联合国制定其他国际文件、采取相关行动奠定了基础。

**(三)《残障人职业康复和就业公约》**(Vocational Rehabilitation and Employment [Disabled Persons] Convention, 1983)

1983 年 6 月 20 日，国际劳工组织通过《残障人职业康复和就业公约》，并于同年发布了针对此公约的《建议书》。该公约虽然不是联合国大会通过的国际性文件，但是对国际残障人运动发挥了积极的作用，特别是对于促进残障人就业具有非常重要的指导作用。该公约对残障人的就业能力给予了积极而正面的评价，确立了残障员工与一般员工机会平等、男女残障员工机会平等、对残障人工作的特别措施不是对其他工人的歧视等基本原则，对于促进残障人在公开市场获得平等就业机会十分重要。截至 2008 年 6 月，已经有 80 个国家批准了此公约。[①]

**(四)《保护精神病患者和改善精神卫生保健的原则》**(The Protection of Persons with Mental Illness and Mental Health Care)

1991 年 12 月 17 日，联合国大会通过了《保护精神病患者和改善精神卫生保健的原则》，其中规定了保护精神病患者的 25 项原则，主要包括基本自由和基本权利、保护未成年人、在社区中的生活、精神病的确定、体格检查、保密、社区和文化的作用、护理标准、治疗、药物、同意治疗、权利的通知、精神病院内的权利和条件、精神病院的资源、住院原则、非自愿住院、复查机构、诉讼保障、知情权利、刑事犯罪、控告、监督和补缴、执行、与精神病院有关的原则范围、现有权利的保留。《保护精神病患者和改善精神卫生保健的原则》规定的内容比较丰富，对精神障碍人的权利保障比较全面，因此成为各国制定本国精神卫生立法的重要依据。

**(五)《关于残障人的世界行动纲领》和《残障人机会均等标准规则》**

联合国大会还分别于 1982 年 12 月 3 日通过了《关于残障人的世界行动纲领》、1993 年 12 月 20 日通过了《残障人机会均等标准规则》，这两份国际文件对于国际残障人运动具有非常重要的指导作用，是联合国关于残障人的代表性国际文件，下文详述。

**联合国关于残障人的国际文件**

——《智力迟钝者权利宣言》(联合国大会 1971 年 12 月 20 日第 2856（XXVI）号决议通过)

——《残障人权利宣言》(联合国大会 1975 年 12 月 9 日第 3447（XXX）决议通过)

---

① See International Labor Organization: *ILO Vocational Rehabilitation and Employment (Disabled Persons) Convention (No. 159) and Recommendation* (No. 168), 2008, ILO: Geneva.

——《关于残障人的世界行动纲领》(联合国大会 1982 年 12 月 3 日第 37/52 号决议通过)
——《残障人职业康复和就业公约》(国际劳工组织 1983 年 6 月 20 日第 159 号决议通过)
——《保护精神病患者和改善精神卫生保健的原则》(联合国大会 1991 年 12 月 17 日第 46/119 号决议通过)
——《残障人机会均等标准规则》(联合国大会 1993 年 12 月 20 日第 48/96 号决议通过)

## 第三节　联合国主要残障人国际文件述评

### 一、《关于残障人的世界行动纲领》述评

由于普遍存在的社会各种障碍，大量的残障人无法充分参与社会生活，许多人过着隔离、低微卑贱的生活。导致残障率高和残障人被边缘化的原因主要包括：歧视和偏见、战争、贫困、落后、卫生知识缺乏、健康服务缺乏、公共服务不可及、公共基础设施薄弱、事故、自然灾害、环境污染、社会压力增大、滥用药物、灾害应急处理不当、城市化、人口增长等。而人类掌握的知识和技能能够预防许多残障的发生，能够减轻残障人的障碍程度，改善残障人面临的困境。因此，第三十七届联合国大会于 1982 年 12 月 3 日第 37/52 号决议通过《关于残障人的世界行动纲领》，这也是 1981 年“国际残障人年”最主要的成果。

《关于残障人的世界行动纲领》全文围绕预防、康复和机会均等三个领域展开。此行动纲领内容具体分为三部分：第一部分指出了目标、背景，以及与伤残问题有关的各项原则、概念和定义；第二部分分析了全球残障人问题的基本情况；第三部分提出了国家、区域和国际执行行动纲领的行动建议。

《关于残障人的世界行动纲领》的宗旨是要促进推行有关伤残预防和伤残康复的有效措施，并促进实现残障人“充分参与”社会生活和发展、享有“平等地位”的目标。《关于残障人的世界行动纲领》的一项非常重要的贡献是确认了世界卫生组织对限制、残障和障碍的定义，对世界各国的残障人立法和政策制定产生了重要的影响，许多国家对残障和残障人的定义皆源于此。

《关于残障人的世界行动纲领》对残障人的基本情况进行了阐述和分析，指出全球大约 5 亿残障人中至少有 3.5 亿残障人难以得到协助他们克服身体限制的服务，残障人到处都碰到物质、文化和社会障碍；列举了导致残障率升高和残障人被边缘化的各种因素，指出贫困与残障容易产生恶性循环，发展中国家的残障人问题应当给予特别重视，同时强调妇女、儿童、老人受到残障的不利影响更大；大多数国家残障人获得平等机会和参与社会的程度远不能令人满意，许多发展中国家的残障儿童没有接受义务教育的机会，许多残障人不能就业或者只能得到职务卑微和报酬低廉的工作，各种不正确的态度和行为往往使残障人被排斥于社会和文化生活之外。

《关于残障人的世界行动纲领》要求会员国必须采取积极措施，促进残障人参加决策，制定伤残预防协调方案，提供伤残康复服务，在立法、物质环境、收入保障和社会保障、教育和训练、就业、娱乐活动、文化、宗教信仰、体育运动、社会活动、工作人员培训、宣传和公众教育等方面有所作为，促进残障人的机会平等。同时指定联合国经济和社会事务部社会发展和

人道主义事务中心作为协调中心，负责协调和监督纲领的实施，国际组织和机构为各国实施纲领提供协助。鼓励和支持双边、多边、区域间的合作和援助。从而使《关于残障人的世界行动纲领》能够在国际层面、区域层面、国家层面同时展开行动，有利于纲领目标的实现。《关于残障人的世界行动纲领》还要求在国际、区域、国家范围内定期地进行监督和评价工作，建立基准衡量纲领执行进展情况，对有关残障人的情况定期作出评价。同时建立了纲领的定期修改机制，原则上每五年修改一次。

《关于残障人的世界行动纲领》是联合国关于残障人问题的综合性国际文件，内容比较丰富，有利于推动世界各国正视并解决残障人问题。“机会均等”作为《关于残障人的世界行动纲领》的中心主题和指导理论，对世界各国残障人政策的制定和执行产生了重要而深远的意义，各国不再孤立地处理残障人问题，而是注重通过更加社会化的方式予以解决。联合国认为，《关于残障人的世界行动纲领》与国际残障人年对残障人领域的进展提供了强大的推动力①，两者一起开启了一个新时代——一个寻求将伤残问题定义为残障人与环境之间的相互关系的时代。人们日益认识到，必须消除阻碍残障人充分参与的社会障碍。② 但是，《关于残障人的世界行动纲领》也存在一些先天性不足：一是纲领虽然对各会员国提出了许多目标和任务，但是由于纲领本身不是国际公约，不具备相应的法律效力，对于各国的约束力有限，因而，其目标的实现缺少有效保证。二是纲领内容中对于预防和康复内容过于偏重，对残障人不同权利的保障有些失衡，因此，从短期看，纲领对国际残障人运动的作用明显，但是从长远看，其存在对国际残障人运动“统领”作用不足的弊端。因此，当联合国《残障人权利公约》生效后，许多国家就建议精简报告机制，取消《关于残障人的世界行动纲领》、《残障人机会均等标准规则》文书报告制度，合并为一个综合报告，并明确以《残障人权利公约》为重点，因为它具有法律约束力。同时，审查并修改特别报告员的作用，将与残障问题有关的所有行动纳入其中，并将实施公约作为重点。③

## 二、《残障人机会均等标准规则》述评

联合国制定《残障人机会均等标准规则》的背景是，虽然国际社会在残障人领域采取了一些积极措施，但是无知、忽视、迷信、恐惧等社会因素致使残障人陷入孤立，并阻延了残障人的发展进程。1987 年，联合国残障人十年中期审查《关于残障人的世界行动纲领》执行情况的全球专家会议，建议联合国大会召开一个特别会议，以期拟定一项消除残障人的一切形式歧视国际公约草案，在十年结束之前提交各国批准。意大利编拟了公约大纲初稿并提交第四十二届联合国大会审议，随后瑞典在第四十四届联合国大会上进一步提出了关于公约草案的陈述。但是这两次会议都没有达成共识，许多代表认为当时的人权文件似乎足以保证残障人享有与其他人的同等权利。根据联合国大会的审议意见，经济及社会理事会于 1990 年 5 月 24 日第 1990/26 号决议授权社会发展委员会在第三十二届会议上考虑成立一个由自愿捐款提供经费的政府专家特设不限成员名额的工作组，与一些专门机构、其他政府间机构和非政府组织特别是

---

① 参见联合国《残障人机会均等标准规则》导言。

② See *History of United Nations and Persons with Disabilities*, http://www.un.org/disabilities/default.asp?id=121.

③ 参见联合国：《执行〈关于残疾人的世界行动纲领〉A/62/157（秘书长的报告）》，见 http://www.un.org。

残障人组织一起密切合作，拟定关于残障儿童、青年和成年人机会均等的《残障人机会均等标准规则》。制定《残障人机会均等标准规则》的倡议得到社会发展委员会第三十二届会议代表的普遍支持，通过决议成立了工作组。在此基础上，第四十八届联合国大会于1993年12月20日第48/96号决议通过了《残障人机会均等标准规则》。

《残障人机会均等标准规则》的内容包括导言、序言和正文，正文包括平等参与的先决条件、平等参与的目标领域、执行措施和监督机制四部分，前三部分规定了22条规则。《残障人机会均等标准规则》创造性地规定了"导言"。导言指出了背景和当前的需要，此前的国际行动，《残障人机会均等标准规则》的由来、宗旨和内容，残障人政策的一些基本概念，如残障与障碍、预防、康复、机会均等。序言指出了《残障人机会均等标准规则》制定所依据的联合国宪章和人权公约、残障人国际文件，联合国关于残障人的国际行动和达成的共识，阐明了制定《残障人机会均等标准规则》所期望达到的目的。从导言和序言看，《残障人机会均等标准规则》对《关于残障人的世界行动纲领》进行了不同层面、不同角度的评价，是对《关于残障人的世界行动纲领》的进一步完善和发展。

《残障人机会均等标准规则》正文前三部分规定了22条规则。在第一部分"平等参与的先决条件"中规定了4条规则，分别是提高认识、医疗护理、康复、支助服务；第二部分"平等参与的目标领域"中规定了9条规则，分别是无障碍环境、教育、就业、维持收入和社会保障、家庭生活和人格完整、文化、娱乐和体育活动、宗教；第三部分"执行措施"中规定了10条规则，分别是信息和研究、决策和规则、立法、经济政策、工作协调、残障人组织、人员培训、国家对残障方案的监督和评价、技术和经济合作、国际合作。《残障人机会均等标准规则》正文第四部分规定了"监督机制"，包括在社会发展委员会各届会议范围内对规则进行监督；任命一名在残障人问题上和国际组织中具有丰富经验的特别报告员负责监督规则的执行；在经济社会理事会有咨商地位的国际残障人组织和代表中创立一个专家小组，为特别报告员和秘书处提供咨询意见。

虽然《残障人机会均等标准规则》受《关于残障人的世界行动纲领》的影响较大，但是无论是从内容上还是实际效果看，《残障人机会均等标准规则》要明显优于《关于残障人的世界行动纲领》。《残障人机会均等标准规则》把"平等参与"作为根本原则和指导思想，所有内容都围绕"平等参与"展开，注重残障人各项社会发展权利，强调执行和监督，内容比较丰富，结构比较平衡，对于各项残障人事业发展具有重要的指导作用。《残障人机会均等标准规则》指出各国负责成立和加强国家协调委员会或类似机构，作为本国主管残障人事项的协调中心。许多国家都依此成立了本国的残障人工作协调机构，从而使各国残障人工作成为本国多个部门分工合作、共同推进的工作，残障人工作也因此进一步纳入各国的总体发展规划之中。中国政府在原联合国残疾人十年中国组织委员会的基础上，根据《残障人机会均等标准规则》的要求，于1993年9月成立国务院残疾人工作协调委员会，地方各级人民政府也成立了本级残疾人工作协调委员会，作为政府的常设议事协调机构。残障人事务特别报告员①制度对于《残障

① 第一位特别报告员是瑞典的本特·林克韦斯特（1994—2002年），第二位特别报告员是卡塔尔的谢哈·侯萨·阿勒萨尼（2003—2009年），第三位特别报告员是南非的舒艾卜·查克伦（2009年7月1日—2014年12月31日）。2014年7月14日，联合国人权理事会第二十六届会议通过A/HRC/RES/26/20决议，决定设立残疾人权利问题特别报告员，替代之前的残疾人事务特别报告员。2014年12月1日，卡塔丽娜·德班达斯·阿吉拉尔成为首位残疾人权利问题特别报告员。

人机会均等标准规则》的执行也起了重要的促进作用，本特·林克韦斯特担任特别报告员期间就先后提交了三份关于《残障人机会均等标准规则》执行情况的报告。特别报告员会对《残障人机会均等标准规则》执行情况作出评价，对联合国组织、会员国提出执行建议，并提出进一步更新和完善《残障人机会均等标准规则》的建议。

《残障人机会均等标准规则》对国际残障人运动的贡献是毫无争议的，但其本身也存在一些不足之处。一是与《关于残障人的世界行动纲领》过于强调预防和康复不同，《残障人机会均等标准规则》规定了残障人教育、就业、社会保障等方面诸多社会发展内容，但是对残障人人权保障内容明显偏少。正如本特·林克韦斯特在提交的报告中指出的一样："《标准规则》文件有许多优点。规则订得很简明，在一些领域集中提出了指南。这些指南以许多不同方式应用于众多的国家。""但《标准规则》文件中也有缺点。残障政策的有些方面没有得到充分的讨论。""人权领域的重要活动也许应当得到更清楚的反映。"① 二是《残障人机会均等标准规则》同其他国际性文件一样，不具备相应的法律效力。《残障人机会均等标准规则》在制定时也明白这一弊端，在导言中指出，"本《规则》虽然不是强制性的，但如果为数众多的国家都本着尊重国际法规则的意向而付诸实施，那么即可能成为国际惯例法"。这种良好的愿望虽然美好，但规则本身对于各国的约束力毕竟有限。

## 第四节　联合国《残障人权利公约》述评

### 一、公约制定进程

在相当长一段时间里，国际上没有专门性保护残障人权利的公约，妇女、难民、少数民族和儿童的权利都已有相应的国际人权公约加以保护，作为弱势群体中最为困难群体的残障人反而缺少相应公约的保护，这是不正常的，也反映了国际社会缺乏对残障人问题的关注。制定一部具有法律约束力的国际残障人人权公约有助于提高人们对残障人权利的认识，有利于引起国际社会对这些问题的关注，并将残障人纳入其计划之中；也可以为国内法律和政策的制定，提供权威性的和全球性的参考，提高一般公众对残障人人权的认识。

为了推动残障人权利公约的制定，残障人及其代表组织召开了无数次会议，发出了许多号召。1987 年，在评价《关于残障人的世界行动纲领》执行情况的全球专家会议上，专家们建议联合国召开特别会议起草残障人权利公约，意大利因此草拟了一份公约大纲草案提交联合国大会。但最终没有达成一致意见。1989 年，瑞典政府向第四十四届联合国大会提交制定公约的动议，再次被否决。联合国经社理事会在 1990 年同意取而代之制定一份国际文件，即 1993 年通过的联合国《残障人机会均等标准规则》。尽管对制定新的具有法律效力的国际公约存在一些分歧，但许多国家政府和残障人组织仍然继续提倡制定残障人权利公约。在 2000 年的联合国人权会议上，爱尔兰建议应当明确支持公约的制定。但是，这项建议被否决了，会议的最后决议中未提及制定公约一事。因此，虽然联合国作出了很多努力，出台了一系列残障人国际文件，但是真正的具有约束力的残障人权利公约一直没有出台。

2001 年，墨西哥总统文森特·福克斯（Vicente Fox）在第五十六届联大会议上递交了一

① 联合国社会发展委员会第三十八届会议报告（E/CN. 5/2000/3，附件）。

项动议，建议联合国建立“特设委员会”(Ad Hoc Committee)，负责制定一项旨在促进和保护残障人权利和尊严的综合性国际公约。联合国大会于2001年12月19日通过第56/168号决议，决定设立一个特设委员会“以便根据社会发展、人权和不歧视领域工作所采取的整体办法，并考虑到人权委员会和社会发展委员会的各项建议，审议关于促进和保护残障人权利和尊严的全面和综合国际公约的建议”，“请各国政府、联合国系统各有关机构和组织，包括相关的人权条约组织、各区域委员会、社会发展委员会残障问题特别报告员以及关心此事的政府间和非政府组织”参与公约的制定。

2002年7月29日至8月9日，在纽约联合国总部召开了第一次特委会会议，会议决定征集各国政府以及所有相关国际组织、地区组织和国家组织对公约的观点和建议。2003年6月16日至27日，在纽约联合国总部召开了第二次特委会会议，会议决定成立一个工作组拿出公约的草案，作为各国政府协商的基础。2004年1月5日至16日，工作组会议在纽约联合国总部召开，工作组由27个政府代表组成（其中7名来自亚洲，中国政府代表包括在内），另外还包括12名非政府组织代表和1名国家人权机构代表。① 会议制定了一个包含25条的公约草案文本②，作为以后特委会会议谈判的基础。2004年5月至2006年8月，特设委员会先后召开了第三届至第八届会议，完成了关于《残障人权利公约》及其《任择议定书》的协商。2006年12月13日，联合国大会协商一致通过《残障人权利公约》及其《任择议定书》。

公约的制定过程呈现如下特点：(1) 各国对制定一项保障残障人权利的国际公约有普遍的愿望，每次会议都有一百多个国家参与公约的磋商和谈判。虽然对公约的具体内容曾经存在许多争议，但是各国都为制定这样一项公约付出了积极努力，作出了妥协与让步，没有出现坚决抵制公约制定的情况。因此，只用了四年多时间就完成公约的谈判。(2) 非政府组织积极参与了公约的制定过程。尽管公约主要是由各国政府磋商制定，但是残障人组织和其他非政府组织是《残障人权利公约》制定的重要参与者。在特委会的商议过程中，非政府组织无权投票，非政府组织参加特委会会议的规则和程序由联合国成员国政府决定。但是，通过特委会会议的结果看，非政府组织有许多重要的机会影响政府磋商和特委会的程序。这也是联合国公约制定史上的突破和创新，参加第八次特委会会议的非政府组织人员一度达到八百多名，这在以往是不多见的。

《残障人权利公约》及其《任择议定书》于2006年12月13日由联合国大会通过，并于2007年3月30日开放供各国签署，当天即有81个国家及区域一体化组织的代表签署公约，44个国家和地区签署任择议定书，1个国家批准了公约。这是有史以来在开放签署日获得签署数量最多的联合国公约。截至2015年5月，159个国家签署公约，154个国家批准公约，92个国

① 工作组成员国家和组织包括：喀麦隆、加拿大、中国、哥伦比亚、科摩罗、厄瓜多尔、德国、印度、爱尔兰、牙买加、日本、黎巴嫩、马里、墨西哥、摩洛哥、新西兰、菲律宾、大韩民国、俄罗斯联邦、塞尔维亚和黑山、塞拉利昂、斯洛文尼亚、南非、瑞典、泰国、乌干达、委内瑞拉；澳大利亚残疾有限组织、残疾人国际协会、残疾人国际协会（非洲）、欧洲残疾人论坛、融入社会生活国际组织、美洲残疾研究所、地雷幸存者网络、国际康复会、世界盲人联合会、世界聋人联合会、世界聋盲人联合会、精神病治疗受疗者和幸存者世界网络；南非人权委员会。

② 25条内容主要包括宗旨、基本原则、定义、一般义务、促进形成对残疾人的积极态度、统计和数据采集、平等和非歧视、生命权、法律面前的平等人格、自由和安全权、免予遭受酷刑和不人道待遇、免予遭受暴力和虐待、言论表达以及获得信息的自由、尊重隐私和家庭、独立生活和融入社区、残疾儿童、教育、参与政治公共生活、无障碍、独立行动、保健和康复权利、工作权、社会保障和适当生活水平、参与文化娱乐体育活动、监测等。

家签署任择议定书，86 个国家批准任择议定书。

## 二、公约的宗旨和基本原则

《残障人权利公约》第 1 条开宗明义地指出了公约的宗旨是“促进、保护和确保所有残障人充分和平等地享有一切人权和基本自由，并促进对残障人固有尊严的尊重”。此规定与《世界人权宣言》和联合国核心人权公约的宗旨是一脉相承的，体现了公约在保障残障人权利方面的基本立场和目标。此宗旨的含义有三个方面：(1) 公约确认残障人享有一切人权和基本自由；(2) 残障人享有的一切人权和基本自由不仅是充分的，而且是和其他人平等的，不能对残障人进行差别对待；(3) 尊重残障人的固有尊严。

在联合国核心人权公约中，没有关于公约原则的单独条款，都是散见于公约的不同条款中。《残障人权利公约》则在第 3 条集中规定了 8 条一般原则，这也是联合国人权公约中的一个创举。这些一般原则包括：(1) 尊重固有尊严和个人自主，包括自由作出自己的选择，以及个人的自立；(2) 不歧视；(3) 充分和切实地参与和融入社会；(4) 尊重差异，接受残障人是人的多样性的一部分和人类的一分子；(5) 机会均等；(6) 无障碍；(7) 男女平等；(8) 尊重残障儿童逐渐发展的能力并尊重残障儿童保持其身份特性的权利。这些一般原则中有些是其他人权公约中所共有的，如尊重固有尊严、不歧视、男女平等、机会均等等，有些是《残障人权利公约》所特有的，如充分参与和融入社会、尊重差异、无障碍等。

公约的宗旨和一般原则是公约的灵魂，公约的主要内容和框架都是围绕宗旨和一般原则展开的。《残障人权利公约》的宗旨和一般原则确立了残障人在社会中的平等地位，为残障人各项权利的保障奠定了基础。

## 三、公约的主要内容

《残障人权利公约》内容包括序言和正文。

序言共有 25 条，回顾了联合国有关公约和文件对保障残障人人权和自由的重要性，指出了残障和残障人问题的多样性、复杂性，强调了保障残障人权利和解决残障人问题的重要意义，确认了制定公约的必要性。

正文共有 50 条，基本可以分为一般性条款、人权条款、经济社会条款、监督机制条款、程序性条款五个部分。一般性条款主要包括：宗旨；定义；一般原则；一般义务；平等和不歧视；提高认识，统计和数据收集；国际合作（第 1～5 条，第 8 条，第 31～32 条）。人权条款主要包括：残障儿童；残障妇女；生命权；危难情况和人道主义紧急情况；在法律面前获得平等承认；获得司法保护；自由和人身安全；免予酷刑或残忍、不人道或有辱人格的待遇或处罚；免予剥削、暴力和凌虐；保护人身完整性；迁徙自由和国籍；独立生活和融入社区；表达意见的自由和获得信息的机会；尊重隐私；尊重家居和家庭；参与政治和公共生活（第 6～7 条，第 10～19 条，第 21～23 条，第 29 条）。经济社会条款主要包括：无障碍；个人行动能力；教育；健康；适应性训练和康复；工作和就业；适足的生活水平和社会保护；参与文化生活、娱乐、休闲和体育活动（第 9 条，第 20 条，第 24～28 条，第 30 条）。监督机制条款主要包括国家实施和监测；残障人权利委员会；缔约国提交的报告；报告的审议；委员会与其他机构的关系；委员会报告；缔约国会议（第 33～40 条）。程序性条款主要包括保存人；签署；同意接受约束；区域一体化组织；生效；保留；修正；退约；无障碍模式；作准文本（第41～50条），其中无障碍模式的规定是其他公约中所没有的。

公约的内容呈现如下特点：(1) 公约内容既有保障残障人人权的内容，也有保障残障人社会发展的内容，基本上是发达国家和发展中国家相互妥协的产物；(2) 公约内容比较全面，力图从各个领域、各个方面对残障人的权利进行充分保护；(3) 公约内容既有实质条款，又有监督公约实施的条款，有利于确保公约在各缔约国的有效实施。

《残障人权利公约任择议定书》共有18条，主要规定了个人来文、调查、访问等相关内容。

### 四、公约通过的意义

第一，《残障人权利公约》是21世纪第一个综合性人权条约，也是首个开放供区域一体化组织签字的人权公约，标志着人们对待残障人的态度和方法发生了“示范性转变”[①]，预示着国际社会对残障人事务认识和关注的提升。联合国前秘书长安南在评价公约的意义时说：《残障人权利公约》是全世界6.5亿残障人的一个历史性成就，标志着残障人与其他人享有同等权利和机会新时代的到来。

第二，《残障人权利公约》的出台标志着国际公约体系趋于完善。联合国已经通过了保障妇女、儿童、难民、土著等弱势群体权利的公约，一直缺乏保障残障人权利的国际公约。作为弱势群体中最为困难的群体，残障人面临的困难和障碍最为突出和显著。《残障人权利公约》的通过，完善了联合国的公约保障体系，具有深远的历史意义。公民政治、经社文、酷刑、种族、妇女、儿童、残障人等方面的公约，构成联合国核心人权公约体系。

第三，《残障人权利公约》的通过有利于促进各缔约国残障人事业的发展和残障人权益的保障。《残障人权利公约》是具有法律约束力的国际文件，各缔约国都应当遵守。公约本身也建立了保障公约实施的监督机制，有利于促进各缔约国按照公约的要求，加强残障人权益保障工作，积极发展残障人事业。

## 第五节　联合国《残障人权利公约》对我国的影响

中国政府高度重视残障人事业发展，积极参与国际残障人事务。例如，为配合“联合国残障人十年”活动，中国政府成立了联合国残疾人十年中国组织委员会；积极倡导并参与“亚太残障人十年”相关活动，承办“联合国亚太经社会发动‘亚太残障人十年’大会”；积极参与联合国《残障人机会均等标准规则》的制定并认真予以执行等。通过积极参与国际事务，不仅促进了国际社会对中国残障人事业的了解，也有利于世界各国分享中国残障人事业发展中的经验。中国政府不仅是联合国《残障人权利公约》的重要倡导国、参与国，也是第一批缔约国，为联合国残障人立法作出了积极的贡献。

### 一、我国对公约制定的贡献

中国是公约制定的积极倡导国。中国政府积极倡导制定一个保护残障人权利的国际公约。

① 见联合国官网，http：//www.un.org/chinese/disabilities/default.asp？navid=12&pid=714。

为此，中国政府积极促成国际上最具代表性的五大残障人组织——残障人国际、康复国际、世盲联、世聋联和融合国际于2000年3月在北京召开最高领导人会议，通过了《新世纪残障人权利北京宣言》，呼吁联合国制定残障人权利国际公约，时任外交部长唐家璇接见了与会代表，表达了中国政府对制定公约的希望和信心。中国残联主席邓朴方曾多次与联合国秘书长以及人权高专官员、欧盟官员、部分国家元首就公约问题交换看法。

中国是公约制定的积极参与国。在公约制定过程中，中国政府积极参加了公约谈判的所有特委会会议，并与有关国家、非政府组织进行了许多非正式磋商，在残障人经社文权利保障、公约合作等方面，中国政府积极呼吁、协调，为相关条款的最后达成发挥了重要而不可替代的作用。

中国对公约文本作出了实质贡献。结合残障人事业发展和残障人权益保障的实际情况，中国政府于2003年10月提出了公约的中国文本，成为公约谈判的重要依据。在工作组制定公约文本草案过程中，中国政府作为工作组27个政府代表之一，积极促成了文本草案的达成。在公约的制定过程中，中国政府积极把残障人事业发展和权益保障的经验与各国分享，在最后达成的公约文本草案中有许多中国烙印。

中国是公约的第一批缔约国。2007年3月30日，中国政府在开放签署日当天就签署了该公约。2008年6月26日，第十一届全国人大常委会第三次会议批准中国加入该公约。2008年9月，公约对中国生效，中国成为公约的第一批缔约国。

## 二、我国积极履行公约义务

公约要求缔约国采取一切适当的立法、行政和其他措施实施公约所确认的权利，在一切政策和方案中考虑保护和促进残障人的人权，并要求积极提供社会对残障人的认识。作为《残障人权利公约》的缔约国和世界上人口最多的国家，中国积极履行公约规定的各项义务，不仅为公约在世界各国的执行具有示范意义，而且对于中国残障人事业发展、保障残障人权益、改善残障人状况具有重要的促进作用。

第一，完善残障人立法体系。与《残障人权利公约》制定过程同步，中国启动了《残疾人保障法》的修改进程。2008年4月24日，全国人大常委会通过了修订后的《残疾人保障法》，其内容与公约相关内容保持了有效衔接：一是加强了残障人权利保障，在原来规定残障人享有教育、劳动权利的基础上，又增加规定了残障人享有康复服务、文化生活、社会保障权利。二是将原来的“福利”章改为“社会保障”章，将原来的“环境”章改为“无障碍环境”章，并丰富了所属条款内容。三是根据公约精神在其他章节增加了相关内容，例如，序言中的“禁止基于残疾的歧视”即是直接援引自公约原文，从而使《残疾人保障法》与公约的原则精神保持了一致。四是国务院加快了配套行政法规制定工作，2007年通过了《残疾人就业条例》，2012年通过了《无障碍环境建设条例》，正在制定残疾人康复条例、修订《残疾人教育条例》。五是各地根据公约和修订后的《残疾人保障法》的原则精神，修订本地《残疾人保障法》实施办法，制定残疾人保障条例，不断加强地方残疾人立法。六是就业促进法、社会保险法、义务教育法、精神卫生法等立法也与公约的相关内容保持一致，从而使中国以《残疾人保障法》为核心的残障人立法体系不断健全、完善。

第二，制订残障人相关规划和计划。中国从“八五”开始，连续将残障人事业发展纳入国民经济社会发展“八五”、“九五”、“十五”计划和“十一五”规划。中国政府在《中华人民共和国国民经济和社会发展第十二个五年规划纲要》中继续纳入残障人事业发展内容，并制定《中国残障人事业“十二五”发展纲要》，分析了中国残障人事业面临的形势，明确地指出了“十二五”时期残障人事业发展的总目标、指导原则和主要任务。《国家基本公共服务体系十二五规划》第十一章专章规定了“残疾人基本公共服务”，明确地指出了“十二五”时期残疾人基本公共服务的重点任务、基本标准和保障工程。《国家人权行动计划（2009—2010 年）》和《国家人权行动计划（2012—2015 年）》都规定了关于残疾人权利的专节内容。

第三，加强公约的教育宣传。中国重视对公民的普及法律常识教育，连续制定了六个五年普法规划。在《关于在公民中开展法制宣传教育的第六个五年规划（2011—2015 年）》中要求学习宣传维护残疾人权益的法律、法规，做好特殊群体的权益保障工作。中国残联作为残疾人的代表、服务、管理组织，也制订相应的五年普法规划，在《全国残联系统关于开展法制宣传教育的第六个五年规划》中要求大力宣传联合国《残障人权利公约》。目的不仅在于使广大残障人、残障人亲友了解残障人的各项公约权利，也使政府和社会各界了解残障人的各项公约权利，并为残障人的权利实现提供各种便利条件。

第四，按时接受联合国对公约履行情况的审议。公约要求缔约国在公约对其生效两年内，通过联合国秘书长向残障人权利委员会提交一份全面报告，说明为履行公约规定的义务而采取的措施和在这方面取得的进展。以后每四年提交一次。中国政府根据公约要求，在广泛征求残障人和残障人组织意见和建议的基础上，于 2010 年 9 月提交了中国政府关于公约的第一份履约报告，并于 2012 年 9 月接受了联合国残障人权利委员会的审议，认真履行了缔约国的责任和义务。

## 三、公约对我国残障人事业发展的影响

《残障人权利公约》是联合国第一部关于残障人权利的综合性公约，公约对残障人的基本人权、自由和主要经社文权利保障提出了相应标准，对缔约国履行公约义务提出了明确、具体的要求，这是国际残障人运动的最新成果，是各国对残障人权利保障的基本共识。因此，中国作为公约的缔约国，意味着中国政府将在立法、政策制定等方面采取更多积极措施，推动残障人事业在新的起点上加快发展，促进残障人各项权益的保障，这必将进一步促进残障人状况的改善，逐步缩小残障人和社会平均水平之间的差距，不断提高残障人的素质和能力，促进残障人更加充分、平等地融入社会生活，共享经济社会发展和改革开放成果。因此，公约对于中国残障人事业发展是重要的机遇。

同时，加入公约意味着中国残障人事业发展将置身于国际监督之下，中国残障人事业发展将接受国际社会的全面评价。中国政府将按照公约要求定期提交履约报告，中国残障人事业发展的经验可以供其他国家分享，中国残障人事业发展的不足也可能会受到国际社会的批评，甚至会导致更大的压力。加入公约无疑也为中国残障人事业发展带来巨大的挑战。但总的说来，无论是肯定性评价还是否定性评价，对于中国残障人事业的健康发展都是有利的，对于提高残障人权益保障水平都是有利的。因此，公约对于中国残障人事业的机遇要大于挑战。

各级政府是履行公约义务的责任主体。各级政府应当充分了解公约的基本原则和精神，掌握公约的基本内容，并融入日常工作之中；进一步加强理念转变，把发展残障人事业和保障残

障人权益作为政府的义务和责任，不能把对残障人的优惠认为是一种恩赐，要把残障人真正作为法律平等保护的权利主体；应当认识到，只有大力发展残障人事业才能促进残障人状况的改善，才能使残障人真正实现和享有公约规定的各项权利；应当重视残障人和残障人组织的参与，在制定涉及残障人的重大法律、政策时，应当认真倾听不同类别残障人和残障人组织的意见和建议；应当进一步加大对公约的宣传，使社会各界都能关注残障人，消除对残障人的错误认识和不正确观念，消除对残障人的各种歧视，动员社会力量为残障人事业发展做贡献，促进公约在中国的更好执行。

**图书在版编目（CIP）数据**

残障人法教程／黎建飞主编．—北京：中国人民大学出版社，2016.5
21 世纪通用法学系列教材
ISBN 978-7-300-22846-4

Ⅰ.①残…　Ⅱ.①黎…　Ⅲ.①残疾人保障法-中国-高等学校-教材　Ⅳ.①D922.182.3

中国版本图书馆 CIP 数据核字（2016）第 087119 号

21 世纪通用法学系列教材
**残障人法教程**
主　编　黎建飞
副主编　王治江　崔凤鸣
Canzhangrenfa Jiaocheng

---

| | | | |
|---|---|---|---|
| **出版发行** | 中国人民大学出版社 | | |
| **社　址** | 北京中关村大街 31 号 | **邮政编码** | 100080 |
| **电　话** | 010－62511242（总编室） | | 010－62511770（质管部） |
| | 010－82501766（邮购部） | | 010－62514148（门市部） |
| | 010－62515195（发行公司） | | 010－62515275（盗版举报） |
| **网　址** | http：//www.crup.com.cn | | |
| | http：//www.ttrnet.com（人大教研网） | | |
| **经　销** | 新华书店 | | |
| **印　刷** | 北京易丰印捷科技股份有限公司 | | |
| **规　格** | 185 mm×260 mm　16 开本 | **版　次** | 2016 年 5 月第 1 版 |
| **印　张** | 13.5 插页 1 | **印　次** | 2016 年 5 月第 1 次印刷 |
| **字　数** | 326 000 | **定　价** | 28.00 元 |

---

# 《　　　　　　　》※任课教师调查问卷

为了能更好地为您提供优秀的教材及良好的服务，也为了进一步提高我社法学教材出版的质量，希望您能协助我们完成本次小问卷，完成后您可以在我社网站中选择与您教学相关的1本教材作为今后的备选教材，我们会及时为您邮寄送达！如果您不方便邮寄，也可以申请加入我社的**法学教师QQ群：83961183（申请时请注明法学教师）**，然后下载本问卷填写，并发往我们指定的邮箱（cruplaw@163.com）。

邮寄地址：北京市海淀区中关村大街31号中国人民大学出版社411室收

邮　　编：100080

再次感谢您在百忙中抽出时间为我们填写这份调查问卷，您的举手之劳，将使我们获益匪浅！

**基本信息及联系方式：**※

姓名：＿＿＿＿＿＿　性别：＿＿＿＿＿＿　课程：＿＿＿＿＿＿＿＿＿＿

任教学校：＿＿＿＿＿＿＿＿＿＿＿＿＿＿　院系（所）：＿＿＿＿＿＿＿＿

邮寄地址：＿＿＿＿＿＿＿＿＿＿＿＿＿＿　邮编：＿＿＿＿＿＿＿＿＿＿

电话（办公）：＿＿＿＿＿＿　手机：＿＿＿＿＿＿　电子邮件：＿＿＿＿＿＿

**调查问卷：**※

1. 您认为图书的哪类特性对您使用教材最有影响力？（　　）（可多选，按重要性排序）

   A. 各级规划教材、获奖教材　　B. 知名作者教材

   C. 完善的配套资源　　D. 自编教材

   E. 行政命令

2. 在教材配套资源中，您最需要哪些？（　　）（可多选，按重要性排序）

   A. 电子教案　　B. 教学案例

   C. 教学视频　　D. 配套习题、模拟试卷

3. 您对于本书的评价如何？（　　）

   A. 该书目前仍符合教学要求，表现不错将继续采用。

   B. 该书的配套资源需要改进，才会继续使用。

   C. 该书需要在内容或实例更新再版后才能满足我的教学，才会继续使用。

   D. 该书与同类教材差距很大，不准备继续采用了。

4. 从您的教学出发，谈谈对本书的改进建议：＿＿＿＿＿＿＿＿＿＿＿＿＿＿

＿＿＿＿＿＿＿＿＿＿＿＿＿＿＿＿＿＿＿＿＿＿＿＿＿＿＿＿＿＿＿＿＿＿

＿＿＿＿＿＿＿＿＿＿＿＿＿＿＿＿＿＿＿＿＿＿＿＿＿＿＿＿＿＿＿＿＿＿

**选题征集：**如果您有好的选题或出版需求，欢迎您联系我们：

联系人：黄　强　联系电话：010-62515955

**索取样书：**书名：＿＿＿＿＿＿＿＿＿＿＿＿＿＿＿＿＿＿＿＿＿＿＿＿＿＿

书号：＿＿＿＿＿＿＿＿＿＿＿＿＿＿＿＿＿＿＿＿＿＿＿＿＿＿＿＿＿＿

---

**备注：※ 为必填项。**

# 21世纪高等院校法学系列精品教材

| 书名 | ISBN | 作者 | 定价 |
| --- | --- | --- | --- |
| 行政法与行政诉讼法（第四版） | 978-7-300-21648-5 | 叶必丰　主编 | 39.80 |
| 海商法专论（第三版） | 978-7-300-20444-4 | 司玉琢　著 | 49.80 |
| 经济法学 (第二版) | 978-7-300-16089-4 | 张守文　著 | 45.00 |
| 财税法学（第四版） | 978-7-300-19447-9 | 张守文　著 | 48.00 |
| 民事诉讼法 (第三版) | 978-7-300-21614-0 | 张卫平　著 | 49.80 |
| 物权法（第三版） | 978-7-300-18799-1 | 崔建远　著 | 59.80 |
| 判例刑法学（教学版） | 978-7-300-14059-9 | 陈兴良　著 | 39.80 |
| 规范刑法学（教学版） | 978-7-300-20430-7 | 陈兴良　著 | 48.00 |
| 刑法总论（第二版） | 978-7-300-14090-2 | 周光权　著 | 45.00 |
| 刑法各论（第二版） | 978-7-300-14202-9 | 周光权　著 | 55.00 |
| 刑事诉讼法学（第四版） | 978-7-300-18548-4 | 郑　旭　著 | 45.00 |
| 侵权法学 | 978-7-300-13533-5 | 周友军　著 | 49.80 |
| 普通公司法 | 978-7-300-11227-5 | 邓　峰　著 | 68.00 |
| 网络法学（第二版） | 978-7-300-21814-4 | 刘品新　著 | 29.00 |
| 中国宪法（第四版） | 978-7-300-12301-1 | 许崇德　主编 | 29.80 |
| 商法学（第4版） | 978-7-300-20622-6 | 徐学鹿　主编 | 49.80 |
| 证据学（第六版） | 978-7-300-21850-2 | 陈一云　主编 | 36.00 |
| 外国法制史（第三版） | 978-7-300-16149-5 | 林榕年 叶秋华 主编 | 38.00 |
| 婚姻家庭法学（第三版） | 978-7-300-16894-4 | 杨大文 龙翼飞 主编 | 29.00 |
| 法社会学新阶 | 978-7-300-18452-4 | 付子堂 主编 | 32.00 |
| 民事诉讼法（第四版） | 978-7-300-18072-4 | 田平安 主编 | 48.00 |